Colette Laberge • Stéphane Vallée

Plus de 100 tests
pour se préparer et réussir !

4e année
FRANÇAIS - MATHÉMATIQUE - ANGLAIS
UNIVERS SOCIAL - SCIENCE

CAR
ACT
ÈRE

Conception graphique et mise en pages : Bruno Paradis
Couverture : Bruno Paradis d'après un concept de Cyclone Design
Illustration de la couverture : Getty Images
Illustrations : Agathe Bray-Bourret, Julien Del Busso, Hugo Desrosiers, Alexandre Bélisle
et Daniel Rainville

Imprimé au Canada

ISBN 978-2-89642-647-8

Dépôt légal – Bibliothèque et Archives nationales du Québec, 2012

© 2012 Éditions Caractère inc.
3ᵉ impression, mai 2014

Canadä

Visitez le site des Éditions Caractère
editionscaractere.com

TABLE DES MATIÈRES

Plus de 100 tests pour se préparer et réussir! s'adresse aux parents qui veulent aider leurs enfants à progresser dans leur cheminement scolaire. Ce livre vise à tester les connaissances de votre enfant et à vérifier quelles notions sont bien apprises et lesquelles nécessitent un peu plus de travail.

Nous avons divisé le livre en cinq sections qui couvrent l'essentiel du Programme de formation de l'école québécoise. Votre enfant pourra ainsi revoir à fond la majorité des notions apprises au courant de l'année scolaire. Vous n'avez pas à suivre l'ordre des sections. Vous pouvez travailler les sujets selon ce que votre enfant a déjà vu en classe.

Le principe est simple : un premier test portant sur une notion spécifique vous donnera une idée de ce que votre enfant connaît et des éléments qu'il ou elle doit travailler. Si le premier test est réussi, le test suivant, qui porte sur un autre sujet, peut alors être entamé. Si vous voyez que votre enfant éprouve quelques difficultés, une série d'exercices lui permettra d'acquérir les savoirs essentiels du Programme du ministère de l'Éducation, du Loisir et du Sport. Un deuxième test est donné après la première série d'exercices dans le but de vérifier la compréhension des notions chez votre jeune. Si ce test est réussi, le test suivant devient alors son prochain défi, sinon une autre série d'exercices lui permettra de s'entraîner encore un peu plus. La plupart des sections de cet ouvrage sont ainsi divisées.

Les exercices proposés sont variés et stimulants. Ils favorisent une démarche active de la part de votre enfant dans son processus d'apprentissage et s'inscrivent dans la philosophie du Programme de formation de l'école québécoise.

Cet ouvrage vous donnera un portrait global des connaissances de votre enfant et vous permettra de l'accompagner dans son cheminement scolaire.

Bons tests !

Colette Laberge

Colette Laberge

FRANÇAIS

1. Parmi les mots suivants, encercle ceux qui sont bien orthographiés et recopie correctement ceux qui sont mal écrits.

amoureu	dimanche	horloje	pissine
byciclette	écureuille	insectte	ponpier
broccoli	famille	journé	reine
chapeau	fauteuille	lanpe	restauran
chemain	fole	maison	sapin
chocola	foulard	musique	secrètaire
cloture	fromage	nouvo	tableau
concombre	histoirre	ordinateure	toujour
dernière	hockey	parapluie	tabourè

_____

_____

_____

_____

2. Complète les mots suivants en ajoutant la voyelle manquante.

a) ____nnexe   b) procha____ne   c) aff____ire   d) bonh____mme

e) m____llion   f) fr____mboise   g) imp____rtant   h) guerr____

i) s____pprimer   j) ____ppeler   k) pampl____mousse   l) appét____t

m) ép____ngle   n) all____mette   o) emb____uteillage   p) escali____r

3. Souligne le mot bien orthographié.

a) escalier ou escalié   b) espasse ou espace   c) québec ou Québec

d) toujours ou toujour   e) souvent ou souven   f) écureuille ou écureuil

g) plui ou pluie   h) printemps ou printemp   i) autonne ou automne

j) bicyclette ou byciclette   k) callorie ou calorie   l) bonshommes ou bonhommes

m) joyeu ou joyeux   n) fesons ou faisons   o) cauchemar ou cauchemard

Test • Français

1. Ajoute un ou deux *n* pour compléter le mot.

a) a____eau   b) machi____e   c) a____iversaire   d) bo____et

e) e____emi   f) a____alyse   g) colo____e   h) a____omalie

i) astro____aute   j) i____ocent   k) ma____equin   l) bana____e

2. Ajoute un ou deux *t* pour compléter le mot.

a) comè____e   b) bisco____e   c) ci____adin   d) caro____e

e) assie____e   f) clarine____e   g) cha____on   h) omele____e

i) acroba____e   j) car____e   k) flo____aison   l) absen____e

m) fla____eur   n) dispu____e   o) correspondan____e   p) salope____e

q) jaque____e   r) bou____ique   s) gou____e   t) bou____on

u) noise____e   v) aven____ure   w) spaghe____i   x) ba____aille

3. Ajoute un ou deux *m* pour compléter le mot.

a) po____iculteur   b) ma____ifère   c) do____age   d) bru____e

e) a____ertume   f) co____estible   g) i____édiat   h) costu____e

i) co____un   j) i____age   k) po____e   l) e____ener

4. Ajoute un ou deux *f* pour compléter le mot.

a) gou____re   b) bou____e   c) a____in   d) a____ricaine

e) veu____   f) gira____e   g) cara____e   h) blu____

i) ga____e   j) chi____on   k) agra____e   l) éto____e

5. Recopie les nombres qui sont mal orthographiés.

a) trente : _____   b) cinquante : _____   c) vint : _____

d) cinque : _____   e) trente deux : _____   f) dix sept : _____

6. Suis le chemin des mots bien écrits pour que le hibou se rende à son nid.

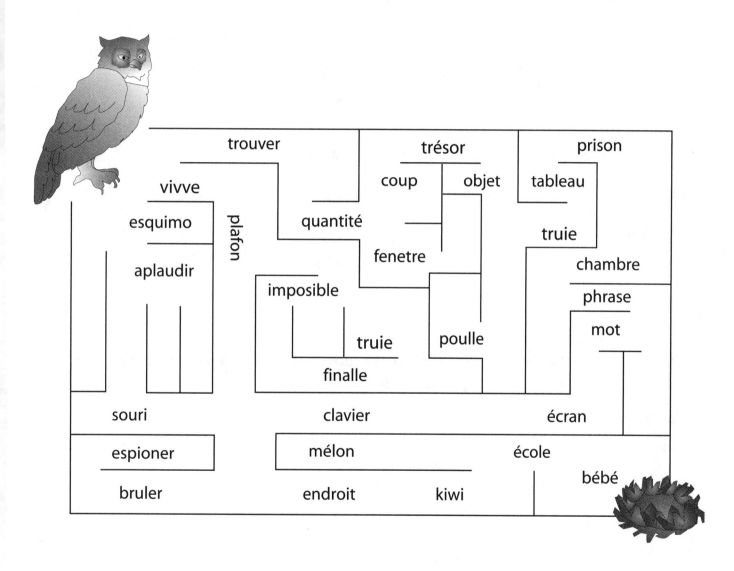

7. Ajoute *a*, *â* ou *à* pour compléter le mot.

a) ____bri   b) ____ne   c) voil____   d) r____teau

e) camér____   f) au-del____   g) cauchem____r h) cr____ne

i) celui-l____   j) ____ffaire   k) thé____tre   l) déj____

8. Ajoute la lettre muette manquante aux mots suivants.

a) escargo____   b) harico____   c) sabo____   d) renar____

e) galo____   f) crapau____   g) défun____   h) léopar____

i) rat____   j) cro____   k) intérê____   l) do____

9. Ajoute *in*, *en*, *im* ou *ain* pour compléter les mots.

a) l____pide   b) br____   c) europé____   d) tr____

e) moy____   f) t____bre   g) rav____   h) électrici____

i) s____ple   j) terr____   k) eng____   l) m____

m) anci____   n) s____   o) g____   p) p____pant

10. Souligne les huit erreurs dans le poème suivant. Ensuite, écris correctement le mot mal orthographié ou mal accordé.

MA MÈRE
Émile Nelligan

Quelquefois sur ma tete elle met ses main pures,

Blanches, ainsi que des frisson blancs de guipures.

Elle me baise le fron, me parle tendrement,

D'une voix au son d'or mélancolikement.

Elle a les yeu couleur de ma vague chimère,

Ô toute poésie, ô toute extase, ô Mère!

À l'autel de ses pieds je l'honore en pleurrant,

Je suis toujours petit pour elle, quoique gran.

Exercices • Français

1. Tous les mots suivants sont mal orthographiés. Recopie-les correctement.

a) vingt-et-un _____

b) trente sept _____

c) trempoline_____

d) patisserie _____

e) cahié _____

f) gimnase _____

g) frase _____

h) natasion _____

i) heureu _____

j) foret _____

k) chanbre _____

l) somet _____

m) bannane _____

n) courrir _____

2. Colorie les ballons qui contiennent un mot bien orthographié. Recopie correctement au bas de la page ceux qui ne le sont pas.

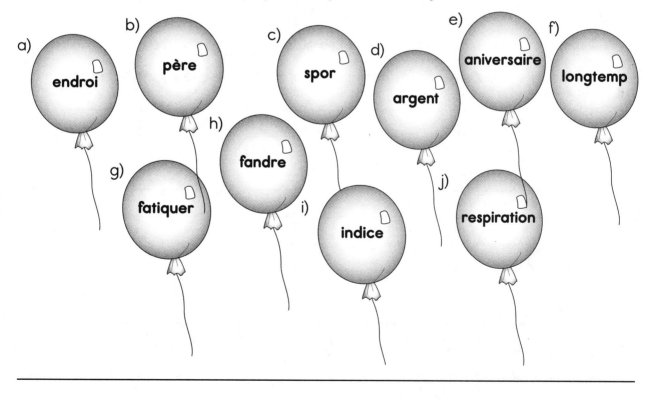

a) endroi
b) père
c) spor
d) argent
e) aniversaire
f) longtemp
g) fatiquer
h) fandre
i) indice
j) respiration

_____

_____

_____

Test • Français

1. Martin et Martine ont tous deux fait une dictée, mais ils ont fait des erreurs différentes. Encercle les erreurs dans les deux dictées et récris correctement le texte au bas de la page.

Les enfants s'amuse au park quand tout à coup, comme surgi de nulle par, arrive un énorme chien noire qui grogne et jappe très fort. Il jape tellement fort que tous les enfant se sauvent en courant. Seule Kim n'a pas bougé. Elle attend calmment que le chien s'approche d'elle. Ses amis lui crient de se sauvé avant que le chien la morde ou pire encore, mais Kim connait bien le chien, c'est le sien. À quelques centimètre de Kim, le chien s'arrête et se met à gémire en montrant sa patte. Le pauvre chien a une clou enfoncé dans sa patte. Kim le lui retire rapidemen. Le chien, soulagé, lèche les mains de Kim.

Les enfant s'amusent au parc quand tout à cou, come surgi de nulle part, arrive un énorme chien noir qui grogne et jape très fort. Il jappe telement fort que tous les enfants se sauve en courant. Seule Kim n'a pas bougé. Elle attend calmement que le chien s'aproche d'elle. Ses ami lui crient de se sauver avant que le chien la mordde ou pire encore, mais Kim connaît bien le chien, c'est le sien. À quelques centimètres de Kim, le chien s'arête et se met à gémir en montrant sa pate. Le pauvre chien a un clou enfoncé dans sa patte. Kim le lui retire rapidement. Le chien, soulager, lèche les main de Kim.

_____

_____

_____

_____

_____

_____

_____

_____

_____

_____

2. La mère de Nathaniel a lu ce que son fils avait écrit à son ami Arthur sur un site de clavardage. Recopie en bon français la conversation entre les deux amis.

Nathaniel : Slt,

Arthur : Slt, sa va ?

Nathaniel : Oui, kesse q tu fais ?

Arthur : G joué dehors. G fait un *|:^)(...)

Nathaniel : C kool. Kiceki était avec toi ?

Arthur : Benjamin et Alex. Toi kesse ke tu fais ?

Nathaniel : G joué avec mon couz. C tait vrm platte.

Arthur : moi, g tait mdr avec les gars.

Nathaniel : vienstu chez nous ?

Arthur : oui, j'arrive à +

Nathaniel : _____

Arthur : _____

Nathaniel : _____

Arthur : _____

Nathaniel : _____

Arthur : _____

Nathaniel : _____

Arthur : _____

Nathaniel : _____

Arthur : _____

3. Écris la lettre manquante. Attention, il s'agit dans tous les cas d'une lettre avec un accent circonflexe.

1. ___ne

2. c___lin

3. emp___che

4. hu___tre

5. ao___t

6. cha___ne

7. enqu___ter

8. m___me

9. arr___t

10. ch___ne

11. ___tre

12. na___tre

13. b___cler

14. c___ne

15. f___cher

16. p___te

17. b___tir

18. conna___tre

19. f___te

20. p___che

21. b___ton

22. c___te

23. fl___te

24. pr___te

25. b___te

26. co___t

27. for___t

28. r___ver

29. bient___t

30. cr___pe

31. fra___che

32. temp___te

33. bo___tier

34. cro___te

35. g___te

36. t___te

37. br___ler

38. dég___t

39. h___pital

40. t___tu

41. b___che

42. d___ner

43. h___tel

44. thé___tre

4. Souligne la bonne façon d'orthographier les mots entre parenthèses.

Lydia et Marjorie rêvent de devenir des chanteuses d'opéra. Elles prennent des (*lessons*, *leçons*) auprès de la célèbre (*cantatrice*, *cantatrisse*), Madame Honfleur. Celle-ci a parcouru le monde pour offrir des concerts (*toujour*, *toujours*) très courus. Les gens accouraient par (*milliers*, *miliers*) pour entendre sa (*voie*, *voix*) d'or. Ils ne pouvaient pas retenir leurs larmes devant un (*spectacle*, *sepctacle*) si magnifique, car on aurait dit qu'un ange chantait. Malheureusement, un (*horible*, *horrible*) drame vint frapper Hortense Honfleur. L'homme qu'elle aimait le plus au monde perdit la vie dans un (*acident*, *accident*) d'avion. La pauvre femme éplorée ne fut plus jamais capable de remonter sur (*scene*, *scène*). La passion du chant l'animait toujours et c'est la raison pour laquelle, (*aujourdhui*, *aujourd'hui*), elle transmet sa passion à de jeunes enfants. L'amour de la musique vivra toujours dans le cœur de (*Madame*, *Madamme*) Honfleur.

1. Souligne le groupe du nom dans les phrases suivantes.

a) Mes amis et moi allons faire de l'escalade.

b) Les enfants de la garderie vont jouer au parc.

c) Mon amie Christelle est allergique aux arachides.

d) Nous avons dansé sur la scène.

e) Ils ont fabriqué une belle fusée rouge.

f) Ma tante Cécile tricote des pantoufles.

2. Souligne les déterminants et relie-les au mot qu'ils accompagnent.

a) Les souris dansent devant le mur.

b) Un gros chat a mangé deux souris.

c) J'ai visité un château en France.

d) Les chauves-souris se nourrissent d'insectes.

e) Mes amis sont partis en voyage.

f) Les livres sont bien rangés dans la bibliothèque.

3. Souligne les noms communs et encercle les noms propres.

lire	Italie	Europe	pain	papa
maman	Zacharie	Émilie	pays	rue
Saint-Lambert	crayon	Maria	Australie	québécois
Américains	Bosnie	Allemagne	école	Dieu

Test • Français

1. Encadre le groupe du nom. Ensuite, relie le déterminant au nom qu'il accompagne.

Exemple : Les gros lions mangent leurs proies.

a) Les acrobates du cirque se balancent dans les airs.

b) Mes amis sont partis à la campagne.

c) Les gros tigres me font peur.

d) J'ai marché dans un champ.

e) Nous avons mangé des glaces à la vanille.

f) La feuille vole dans le ciel.

2. Lis le texte suivant puis transcris tous les déterminants et les noms qu'ils accompagnent au bas de la page.

Hier soir en regardant les étoiles, j'ai cru voir un ovni. Je voyais une lumière briller dans le ciel. Cette étrange lumière semblait se déplacer vers la gauche et ensuite vers la droite. J'avais très peur, mais mon père m'a expliqué que c'était un satellite et non pas des extraterrestres qui envahissaient la planète.

Déterminant	Nom

3. Fais un X dans les bonnes colonnes. Attention! Il peut y avoir plusieurs réponses pour un même déterminant.

	Féminin	Masculin	Singulier	Pluriel
Quatre				
Mon				
Ma				
Le				
La				
Un				
Ce				
Tes				
Quelles				
Cette				
Ces				
Sa				
Son				

4. Voici une liste de déterminants. Essaie de les classer dans la bonne colonne. Attention! Certains d'entre eux peuvent appartenir à deux catégories.

notre	sept	les	un	ton	cet
trois	des	ce	ces	la	mon
leur	deux	votre	quatre	le	cinq
cette	six	une	son		

Déterminant défini	Déterminant possessif	Déterminant démonstratif	Déterminant numéral

Exercices • Français

5. Ajoute un _B_ majuscule si c'est un nom propre et un _b_ minuscule s'il s'agit d'un nom commun.

a) ____éatrice   b) ____elgique   c) ____eigne   d) ____ateau

e) ____aignoire   f) ____enjamin   g) ____ertrand   h) ____icyclette

i) ____avard   j) ____ruxelles   k) ____ébé   l) ____osnie

6. Recopie le texte suivant en ajoutant les majuscules aux endroits appropriés.

samedi matin, patrice et son père gérard s'en vont à la pêche au lac tremblant. tandis qu'ils seront à la pêche, sa mère audrey et sa sœur caroline iront faire de la randonnée sur le mont royal. à la fin de la journée, ils se sont donné rendez-vous au restaurant chez rita à saint-jovite pour manger des spaghettis. ensuite, ils dormiront à l'auberge aux quatre-vents. toute la famille rentrera à la maison dimanche matin.

7. Ajoute un _F_ majuscule si c'est un nom propre et un _f_ minuscule s'il s'agit d'un nom commun.

a) ____rance   b) ____ranc   c) ____amille   d) ____rançois

e) ____idji   f) ____leur   g) ____inlande   h) ____acile

i) ____loride   j) ____ramboise   k) ____ord   l) ____anny

1. Souligne tous les noms, propres ou communs, dans les phrases suivantes. Écris au-dessus *np* s'il s'agit d'un nom propre et *nc* s'il s'agit d'un nom commun.

a) Léa et Mathieu ont pris l'autobus.

b) Les enseignantes de l'école Sainte-Hélène assistent à une conférence.

c) Iona a fait une croisière sur le *Queen Mary II.*

d) Fanny et Myriam font du vélo.

e) La tasse de café est pleine.

f) Un camion bleu est stationné devant la maison.

2. Souligne les groupes du nom dans chacune des phrases.

a) Ma sœur Marie suit des cours de danse.

b) Les clowns font rire mon père.

c) J'ai vu des chevaux dans le champ.

d) Dans l'étable, il y avait des vaches brunes.

e) Mon frère s'est fait voler sa bicyclette.

f) J'ai les cheveux blonds et les yeux bleus.

3. Complète le texte en ajoutant les déterminants manquants.

Hier soir, j'écoutais _____ radio dans _____ chambre quand _____ téléphone a

sonné. C'était _____ amie Brenda. Elle voulait que je lui prête _____ livre de français.

Elle avait oublié _____ sien à l'école et ne pouvait pas aller jouer _____ parc avant

d'avoir fini _____ devoirs. Comme j'avais fini les miens, j'ai pris _____ vélo et je me suis

dirigée chez elle. J'attendrai dehors _____ temps qu'elle finisse _____ travail. Ensuite,

nous pourrons aller au parc jouer avec _____ nouveau chien de _____ amie Hélène.

Test • Français

1. Lis le texte suivant et trouve les noms propres. Ensuite, classe-les dans la bonne colonne.

Sophie a reçu un petit chien pour son anniversaire. Elle a décidé de l'appeler Princesse. Ses parents, Marc et Julie, l'ont acheté à Valleyfield chez un éleveur. Ils avaient visité des éleveurs à Saint-Hyacinthe et à Sainte-Marthe, mais ils n'arrivaient pas à trouver ce qu'ils cherchaient. Les chats de Sophie, Minette et Coquette, ont eu du mal à s'adapter à la présence du chien, mais maintenant ça va beaucoup mieux.

Lieux	Personnes	Animaux

2. Colorie en vert les cases qui contiennent un nom propre et en brun celles qui contiennent un nom commun.

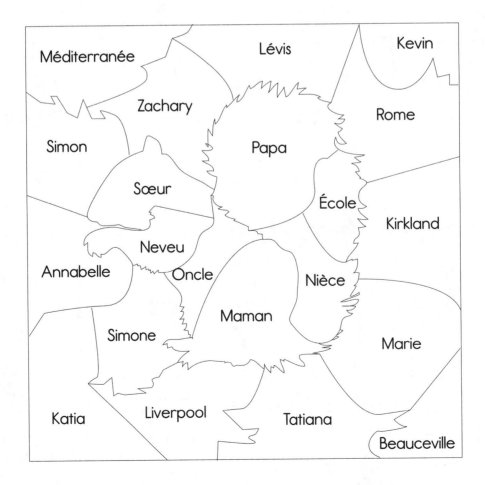

3. Observe le tableau des déterminants. Ensuite, écris tous les déterminants dont tu peux te servir devant les mots ci-dessous.

Déterminant défini	Déterminant démonstratif	Déterminant possessif	Déterminant numéral
le, la, l', les, un, une, des	ce, cet, cette, ces	mon, ton, son, notre, votre, leur, mes, tes, ses, nos, vos, leurs	un/une, deux, trois,...

a) maison : _____

_____

b) chalets : _____

_____

c) habitation : _____

_____

d) étoiles : _____

_____

e) camion : _____

_____

f) femme : _____

_____

g) homme : _____

_____

h) livres : _____

_____

i) bibliothèques : _____

_____

Exercices • Français

4. Sers-toi du code secret pour découvrir des phrases sur ce que tu viens d'apprendre.

a	b	c	d	d'	e	é	è	f	g	h	i	j	k	l	l'	m
33	32	31	30	29	28	27	26	25	24	23	22	21	20	19	18	17

n	o	p	q	r	s	t	u	v	w	x	y	z	,	.	+
16	15	14	13	12	11	10	9	8	7	6	5	4	3	2	1

a)

19	28		24	12	15	9	14	28		30	9		16	15	17

28	11	10		25	15	12	17	27		29	9	16		16	15	17	3

11	28	9	19		15	9		33	31	31	15	17	14	33	24	16	27

29	9	16		30	27	10	28	12	17	22	16	33	16	10	3

15	9		29	9	16		30	27	10	28	12	17	22	16	33	16	10

28	10		29	9	16		33	30	21	28	31	10	22	25	2

b) Lucie voyage beaucoup.

16	15	17		11	28	9	19

c) L'éléphant est parti.

30	27	10	28	12	17	22	16	33	16	10		1		16	15	17

d) Le gros éléphant est parti.

30	27	10	28	12	17	22	16	33	16	10		1

33	30	21	28	31	10	22	25		1		16	15	17

1. Souligne le groupe du verbe dans les phrases suivantes.

a) Je joue dehors avec mes amis.

b) Francesca mange des framboises et des bleuets.

c) Jean-Luc joue de la guitare électrique.

d) Mireille écrit dans son cahier.

2. Encercle le groupe sujet dans les phrases suivantes.

a) Nous irons cueillir des pommes et des citrouilles.

b) Mika participera à la course contre la montre.

c) Les chiens dorment dans leur niche.

d) La forêt est sombre et silencieuse.

3. Souligne les pronoms dans les phrases suivantes.

a) Elles font des culbutes sur le tapis.

b) On participera à un camp de hockey.

c) Vous parlez trop fort.

d) Je suis en quatrième année.

4. Souligne le verbe et relie-le au groupe sujet.

a) Les étoiles brillent dans le ciel.

b) Le médecin et l'infirmière soignent un malade.

c) Il n'ira pas à la classe verte avec ses amis.

1. Trouve le verbe qui décrit l'action illustrée.

a) _____

b) _____

c) _____

d) _____

e) _____

f) _____

g) _____

h) _____

i) _____

j) _____

k) _____

l) _____

2. Souligne le verbe et encadre le groupe sujet. Pose-toi la question *qui est-ce qui ?* ou *qu'est-ce qui ?* et trace une flèche pour relier le verbe au groupe sujet.

Exemple : [Martine et France] jouent au ballon.   qui est-ce qui ?

a) Ma mère boit une tasse de thé au jasmin.

b) L'autoroute est fermée à cause d'un accident.

c) J'ouvre la fenêtre de ma chambre.

d) Tous les élèves de ma classe font leurs devoirs.

e) Érika a déménagé à Blanc-Sablon.

f) Kevin et Jason ont préparé un spectacle de magie.

g) Le téléphone sonne sans arrêt.

h) Malheureusement, je ne peux pas vous donner ma recette de biscuits.

i) Après bien des efforts, Sylvie a réussi sa descente en skis.

j) Le petit ver de terre a creusé un long tunnel sous la terre.

k) Certaines conditions s'appliquent.

l) Vous écoutez la radio tout en faisant vos devoirs.

m) Est-ce que le lac près de votre chalet est envahi par les algues bleues ?

n) Le musée présente une exposition d'un peintre célèbre aux États-Unis.

3. Combine les deux phrases pour éviter les répétitions inutiles. Sers-toi des pronoms personnels : *je, tu, il, elle, nous, vous, ils, elles.*

Exemple : Ma grand-mère plante des fleurs. Ma grand-mère arrose ses fleurs.

Ma grand-mère plante des fleurs, ensuite elle les arrose.

Ou : Ma grand-mère arrose les fleurs qu'elle a plantées.

a) Didier a mal au dos. Didier prend un comprimé pour soulager la douleur.

Didier a mal au dos. Il prend un comprimé pour soulager la douleur.

b) Rafaëla et Peggie vont magasiner. Rafaëla et Peggie achètent des chaussures.

Rafaëla et Peggie vont magasiner. Elles achètent des chaussures.

c) Ma mère a cueilli des citrouilles. Ma mère a fait une tarte à la citrouille.

Ma mère a cueilli des citrouille. Elle a fait un tarte à la citrouille.

d) Caroline travaille dehors. Caroline est horticultrice.

Caroline travaille dehors. Elle est horticultrice

e) Aïcha étudie beaucoup. Aïcha veut réussir son examen.

Aïcha étudie beaucoup. Elle veut réussir son examen.

f) Mes amis et moi allons en randonnée. Mes amis et moi aimons les randonnées.

Mes amis et allons en randonnée. Nous aimons les randonnée.

g) Vincent n'aime pas les carottes. Vincent ne mange pas de carottes.

Vincent n'aime pas les carottes. Il ne mange pas de carottes.

h) Leila a acheté un chien. Leila en voulait un depuis longtemps.

Leila a acheté un chien. Elle en voulait un depuis longtemps.

Exercices • Français

1. Encercle l'intrus parmi les mots suivants.

a) faire, défaire, refaire, défaite

b) place, placer, déplacer, replacer

c) manger, mangeoire, dévorer, gober

d) garage, garder, garer, garantir

e) mincir, gras, engraisser, maigrir

f) paqueter, empaqueter, paquet, paner

g) gonfler, dégonfler, gond, gondoler

h) fragiliser, fragile, franchir, frapper

2. Complète les phrases en utilisant le pronom approprié.

a) _Elle_ écrivent une pièce de théâtre.

b) _Nous_ peignons une nature morte.

c) _Vous_ signez une pétition contre la pollution.

d) _Je_ ne vais pas au centre commercial.

e) _Vous_ aimez les robes rouges.

f) _Ils_ sont assises au dernier rang.

Elles

3. Souligne le groupe du verbe et encadre le groupe sujet.

a) Marie et Julie, n'attendez pas qu'il soit trop tard.

b) Vous courez la chance de gagner un voyage en France.

c) Mes amis et moi ferons une chasse au trésor.

d) Paris est la capitale de la France.

e) Les papillons sont partis pour les pays chauds.

f) Mon frère a eu très froid en attendant l'autobus.

g) Le téléphone ne fonctionne plus depuis hier soir.

Test • Français

1. Compose des phrases en te servant d'un élément de chacune des colonnes.

Ils	chante	des robes roses.
Maya	achetons	les branches de l'arbre.
Lucas	portent	des fruits et des légumes.
Nous	avez cassé	dans une chorale.
Elles	conduisent	une voiture rouge.
Vous	allume	un feu de joie.

a) _____

b) _____

c) _____

d) _____

e) _____

f) _____

2. Comment s'appelle le groupe de la première colonne? _____

3. Comment s'appelle le groupe formé de la deuxième et la troisième colonne?

_____

4. Forme des verbes à partir des mots suivants.

a) dessin: _____   b) promenade: _____   c) ski: _____

d) construction: _____   e) danse: _____   f) livre: _____

g) éducateur: _____   h) marche: _____   i) téléphone: _____

j) boxe: _____   k) fleur: _____   l) cachette: _____

m) glace: _____   n) greffe: _____   o) gaffe: _____

5. Trouve et écris tous les verbes qui sont dans la grille.

G	A	R	A	N	T	I	R	A	V	O	U	E	R
V	O	U	L	O	I	R	P	R	E	N	D	R	E
E	T	R	E	F	A	I	R	E	R	E	V	E	R
D	I	S	S	O	U	D	R	E	F	R	I	R	E
E	P	I	E	R	A	C	C	R	O	C	H	E	R
T	R	A	N	S	C	R	I	R	E	O	T	E	R
P	A	R	F	U	M	E	R	V	E	R	S	E	R
F	U	I	R	G	E	S	T	I	C	U	L	E	R
A	P	P	R	E	N	D	R	E	C	A	L	E	R
F	O	U	E	T	T	E	R	M	O	R	D	R	E
O	R	G	A	N	I	S	E	R	D	A	T	E	R
F	R	I	S	S	O	N	N	E	R	L	I	R	E
C	O	N	C	E	V	O	I	R	B	E	N	I	R
O	B	S	C	U	R	C	I	R	T	A	P	E	R

_____   _____   _____

_____   _____   _____

_____   _____   _____

_____   _____   _____

_____   _____   _____

_____   _____   _____

_____   _____   _____

_____   _____   _____

6. Complète les phrases en utilisant un verbe qui convient.

Le mont Everest _____ le plus haut sommet du monde. Plusieurs alpinistes _____

de l'escalader. Le premier Canadien à réussir son ascension se _____ Yves Laforest.

Il _____ cet exploit en 1991.

Exercices • Français

7. Remplace les pronoms par un groupe sujet composé d'un ou de plusieurs noms propres ou d'un déterminant et d'un nom.

a) Elles écrivent une lettre de remerciements.

_____

b) Ils cherchent une définition dans le dictionnaire.

_____

c) Nous dessinons un paysage d'automne.

_____

d) Vous cherchez un site dans Internet.

_____

e) Elle achète du papier pour son imprimante.

_____

f) On ne veut pas aller chez le dentiste.

_____

8. Compose six phrases différentes en utilisant *je*, *tu*, *il* ou *elle*, *nous*, *vous*, *ils* ou *elles*.

a) _____

b) _____

c) _____

d) _____

e) _____

f) _____

1. Souligne le radical et encercle la terminaison des verbes suivants.

a) je pense

b) vous annoncez

c) nous mangeons

d) elles dansent

e) je cueillerai

f) vous connaissiez

g) tu disais

h) ils naîtront

2. Complète le tableau en inscrivant les pronoms personnels dans la bonne case.

Personne et nombre	Pronom	Personne et nombre	Pronom
a) 1re pers. plur.		b) 3e pers. sing.	
c) 2e pers. sing.		d) 1re pers. sing.	
e) 2e pers. pl.		f) 3e pers. plur.	

3. Écris si les verbes suivants sont à l'*infinitif*, à l'*indicatif présent* ou à l'*impératif présent*.

a) voyagez : _____

b) manger : _____

c) je lis : _____

d) il pense : _____

e) marche : _____

f) faire : _____

4. Trouve des verbes à l'infinitif qui se terminent par...

a) er : _____

b) ir : _____

c) oir : _____

d) re : _____

Test • Français

1. Complète le tableau suivant. Tous les verbes sont à l'indicatif présent. Écris les réponses manquantes sur les lignes.

Personne et nombre	Pronoms	Terminaisons	Exemples
_____	je (j')	_____	Je lis
		e	Je parl**e**
		x	_____
		ai	J'**ai**
2e pers. sing.	_____	s	_____
		_____	Tu peu**x**
3e pers. sing.	il/elle/on	d	_____
		a	_____
		t	_____
		e	_____
1re pers. plur.	nous	_____	_____
		mes	nous som**mes**
_____	vous	ez	_____
		tes	Vous fait**es**
3e pers. plur.	_____	ent	Elles march**ent**
		ont	Ils f**ont**

Exercices • Français

3. **Complète les phrases suivantes en ajoutant le pronom personnel demandé.**

a) (1re pers. plur.) ___Nous___ avons acheté un nouveau vélo.

b) (1re pers. sing.) ___Je___ visite une exposition au musée.

c) (3e pers. plur. fém.) ___elles___ chantent dans une chorale de filles.

d) (2e pers. plur.) ___vous___ donnerez des bonbons à l'Halloween.

e) (3e pers. plur. masc.) ___ils___ jouent au soccer à Saguenay.

f) (2e pers. sing.) ___tu___ as participé à un safari en Afrique.

g) (3e pers. sing. fém.) ___elle___ a accompli un travail extraordinaire.

h) (3e pers. sing. masc.) ___il___ a vu un urubu à tête rouge manger un écureuil mort.

i) (2e pers. sing.) ___tu___ as accompli des merveilles avec peu de choses.

j) (1re pers. plur.) ___nous___ recevons nos amis pour déjeuner.

4. **Complète les phrases en utilisant le pronom approprié.**

a) _____ es le gagnant du concours d'art oratoire.

b) _____ ai réussi mon examen de mathématique.

c) _____ ne pouvez pas entrer dans le gymnase avec vos bottes.

d) _____ prennent l'autobus pour venir à l'école.

e) _____ avons lavé des voitures pour récolter de l'argent.

f) _____ n'a pas toute la journée pour faire notre travail.

g) _____ irai donner la liste des absences à la secrétaire.

h) _____ avez vu une magnifique aurore boréale.

i) _____ berces ton petit frère qui vient de naître.

5. Écris le verbe à la personne et au temps demandés.

a) Paul ne pourra pas (*jouer*, infinitif) _____ dehors parce qu'il pleut.

b) (*partir*, impératif présent, 2ᵉ pers. plur.) _____ tout de suite ou vous serez en retard.

c) (*prendre*, impératif présent, 2ᵉ pers. sing.) _____ un mouchoir dans la boîte.

d) Véronique (*jouer*, présent de l'indicatif) _____ de la flûte.

e) Sabrina (*visiter*, présent de l'indicatif) _____ la ferme de monsieur Tremblay.

f) Elles (*avoir*, présent de l'indicatif) _____ fait un don à Opération Enfant Soleil.

g) Il n'(*être*, indicatif présent) _____ pas arrivé à faire pousser des tournesols.

h) Il (*assister*, indicatif présent) _____ au gala de fin d'année de l'école.

i) (*prendre*, impératif présent, 2ᵉ pers. du sing.) _____ ton manteau dans le vestiaire.

j) Les skieurs (*dévaler*, indicatif présent) _____ la pente à toute vitesse.

k) (*demeurer*, impératif présent, 2ᵉ pers. plur.) _____ en ligne : la standardiste répondra à votre appel.

6. Indique si les verbes en caractères gras sont à l'*impératif présent* (imp. prés.), à l'*indicatif présent* (ind. prés.) ou à l'*infinitif* (inf.).

« **Va** _____ me **chercher** _____ des carottes dans le potager, me **demande** _____ ma mère. Je **veux** _____ faire un potage de carottes pour le souper. Nous **recevons** _____ tes grands-parents ainsi que ton parrain et ta marraine. » J'ai envie de lui **répondre** _____ que je n'en **ai** _____ pas envie, mais je **sais** _____ qu'elle sera fâchée contre moi. Je me **dépêche** _____ d'y **aller** _____ parce que je **suis** _____ en train de **jouer** _____ à un jeu vraiment palpitant sur Internet. C'est un jeu où il **faut** _____ s'**occuper** _____ de nos animaux, les **nourrir** _____, leur faire **faire** _____ une promenade et toutes sortes de choses amusantes.

Exercices • Français

1. Écris le verbe à l'infinitif à côté du verbe conjugué.

a) Nous jouons _____   b) Vous mangez _____   c) Ils dansent _____

d) Nous donnons _____   e) Je bouillais _____   f) On boit _____

g) Tu battais _____   h) Vous mentez _____   i) Ils servent _____

2. Souligne les verbes au présent de l'indicatif dans le texte suivant.

Claire ne veut pas aller à Trois-Rivières. Elle aimerait mieux rester à Montréal et jouer avec ses amies. Elle demande la permission à ses parents de rester ici, mais ils ne veulent pas. Ils lui disent qu'ils doivent aller voir sa grand-mère qui est très malade. Claire comprend. Elle jouera avec ses amies une autre fois.

3. Écris les verbes suivants à l'impératif présent à la 2ᵉ personne du singulier.

a) lire : _____   b) venir : _____   c) prendre : _____

d) dire : _____   e) boire : _____   f) finir : _____

4. Ajoute la terminaison des verbes au présent.

a) Marie écout_____ la radio en travaillant.

b) Je regard_____ les étoiles qui brill_____ dans le ciel.

c) Ils finiss_____ leurs devoirs.

d) Tu regarde_____ un film à la télévision.

e) Adrienne et toi écout_____ de la musique à la radio.

f) Les mouches envahiss_____ la grange rouge.

g) Tu revien_____ du Pérou avec les autres membres du groupe.

1. Conjugue les verbes suivants au présent de l'indicatif.

a) **être**

Je _suis_

Tu _es_

Il/elle/on _est_

Nous _sommes_

Vous _êtes_

Ils/elles _sont_

b) **avoir**

J' _ai_

Tu _as_

Il/elle/on _a_

Nous _avons_

Vous _avez_

Ils/elles _ont_

c) **faire**

Je _fais_

Tu _fais_

Il/elle/on _fait_

Nous _faisons_

Vous _faites_

Ils/elles _font_

2. Conjugue les verbes suivants à l'impératif présent. Ces verbes n'ont pas de sujet, et c'est pourquoi les pronoms sont entre parenthèses : ils sont écrits seulement pour t'aider.

a) **être**

(Tu) _____

(Nous) _____

(Vous) _____

b) **avoir**

(Tu) _____

(Nous) _____

(Vous) _____

c) **faire**

(Tu) _____

(Nous) _____

(Vous) _____

d) **placer**

(Tu) _____

(Nous) _____

(Vous) _____

e) **appeler**

(Tu) _____

(Nous) _____

(Vous) _____

f) **courir**

(Tu) _____

(Nous) _____

(Vous) _____

g) **entrer**

(Tu) _____

(Nous) _____

(Vous) _____

h) **vendre**

(Tu) _____

(Nous) _____

(Vous) _____

i) **mentir**

(Tu) _____

(Nous) _____

(Vous) _____

3. Écris quatre verbes qui se terminent par *er* à l'infinitif.

_____

4. Écris quatre verbes qui se terminent par *ir* à l'infinitif.

_____

5. Écris quatre verbes qui se terminent par *oir* à l'infinitif.

_____

6. Écris quatre verbes qui se terminent par *re* à l'infinitif.

_____

7. Coche la bonne case.

Verbe	Impératif présent	Infinitif	Indicatif présent
a) Régler			
b) J'envoie			
c) Envoie			
d) Ils connaissent			
e) Servez			
f) Présenter			
g) Je suis			
h) Il change			
i) Rester			
j) Ils présentent			
k) Montons			
l) Dégager			

8. Encadre le radical et souligne la terminaison.

a) **servir**

Je sers

Tu sers

Il/elle/on sert

Nous servons

Vous servez

Ils/elles servent

b) **vouloir**

Je veux

Tu veux

Il/elle/on veut

Nous voulons

Vous voulez

Ils/elles veulent

c) **protéger**

Je protège

Tu protèges

Il/elle/on protège

Nous protégeons

Vous protégez

Ils/elles protègent

d) **servir**

(Tu) sers

(Nous) servons

(Vous) servez

e) **vouloir**

(Tu) veux

(Nous) voulons

(Vous) voulez

f) **protéger**

(Tu) protège

(Nous) protégeons

(Vous) protégez

g) **dire**

(Tu) dis

(Nous) disons

(Vous) dites

h) **voir**

(Tu) vois

(Nous) voyons

(Vous) voyez

i) **plaire**

(Tu) plais

(Nous) plaisons

(Vous) plaisez

j) **descendre**

(Tu) descends

(Nous) descendons

(Vous) descendez

k) **explorer**

(Tu) explore

(Nous) explorons

(Vous) explorez

l) **sentir**

(Tu) sens

(Nous) sentons

(Vous) sentez

1. Coche la bonne case.

Verbe	Participe présent	Conditionnel présent	Subjonctif présent
a) que je batte			
b) j'écrirais			
c) suivant			
d) ils concluraient			
e) buvant			
f) que nous croyions			
g) nous voudrions			
h) qu'il voie			
i) couvrant			
j) que vous puissiez			
k) tu couvrirais			
l) je jetterais			
m) plaçant			
n) que je sois			
o) partant			
p) que je corrige			
q) ils mettraient			
r) nous aimerions			

Test • Français

1. Conjugue les verbes à la personne et au temps demandés.

a) Si j'avais une voiture (*aller*, cond. prés.), j' _____ à Gaspé.

b) N'(avoir, participe présent) _____ pas eu le temps de terminer le travail, je vous demande de le faire à ma place.

c) Il faut que je (*savoir*, subj. présent) _____ si vous pouvez y aller à ma place.

d) Il faut que nous (*ouvrir*, subj. présent) _____ les fenêtres pour faire entrer un peu d'air.

e) Il faut que vous (*lire*, subj. présent) _____ quelques pages de votre livre tous les soirs.

f) Ils (*écrire*, cond. prés.) _____ bien une lettre à la ministre, mais ils ne connaissent pas son adresse.

g) Tout en (*régler*, participe présent) _____ le son, Matéo parlait au téléphone.

h) Qu'ils (*réussir*, subj. présent) _____ ou non n'est pas important.

i) Qu'il (*être*, subj. présent) _____ présent ou non ne changera rien.

2. Encercle la première lettre des livres qui comportent un verbe au participe présent. Ensuite, recopie ces lettres dans l'ordre pour trouver le mot caché.

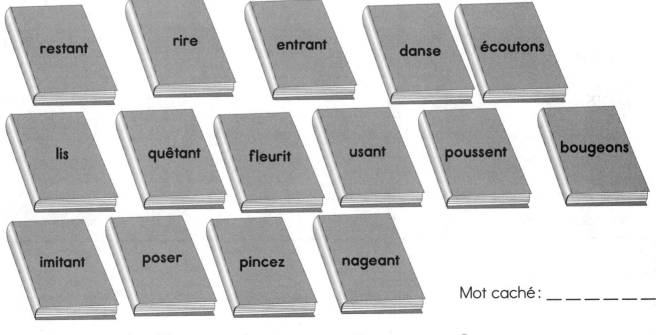

restant   rire   entrant   danse   écoutons

lis   quêtant   fleurit   usant   poussent   bougeons

imitant   poser   pincez   nageant

Mot caché : _ _ _ _ _ _ _

Exercices • Français

3. Conjugue les verbes suivants au conditionnel présent.

a) **être**

Je _____

Tu _____

Il/elle/on _____

Nous _____

Vous _____

Ils/elles _____

b) **avoir**

J' _____

Tu _____

Il/elle/on _____

Nous _____

Vous _____

Ils/elles _____

c) **faire**

Je _____

Tu _____

Il/elle/on _____

Nous _____

Vous _____

Ils/elles _____

d) **aimer**

J' _____

Tu _____

Il/elle/on _____

Nous _____

Vous _____

Ils/elles _____

e) **finir**

Je _____

Tu _____

Il/elle/on _____

Nous _____

Vous _____

Ils/elles _____

f) **vouloir**

Je _____

Tu _____

Il/elle/on _____

Nous _____

Vous _____

Ils/elles _____

4. Écris le participe présent des verbes *aimer, finir* et *vouloir*.

_____

5. Souligne les verbes au participe présent dans la phrase suivante.

Sortant par la porte d'en arrière et rencontrant l'affreuse sorcière édentée, Paula eut la peur de sa vie.

6. Conjugue les verbes suivants au subjonctif présent.

a) **être**

Que je _____

Que tu _____

Qu'il/elle/on _____

Que nous _____

Que vous _____

Qu'ils/elles _____

b) **avoir**

Que j' _____

Que tu _____

Qu'il/elle/on _____

Que nous _____

Que vous _____

Qu'ils/elles _____

c) **faire**

Que je _____

Que tu _____

Qu'il/elle/on _____

Que nous _____

Que vous _____

Qu'ils/elles _____

d) **aimer**

Que j' _____

Que tu _____

Qu'il/elle/on _____

Que nous _____

Que vous _____

Qu'ils/elles _____

e) **finir**

Que je _____

Que tu _____

Qu'il/elle/on _____

Que nous _____

Que vous _____

Qu'ils/elles _____

f) **vouloir**

Que je _____

Que tu _____

Qu'il/elle/on _____

Que nous _____

Que vous _____

Qu'ils/elles _____

7. Écris le participe présent des verbes *être*, *avoir* et *faire*.

_____

8. Souligne les verbes au conditionnel présent dans le texte suivant.

Carole aimerait bien partir en République dominicaine, mais elle n'a pas encore son passeport. Il faudrait qu'elle se rende au bureau des passeports et en fasse la demande. Elle le ferait bien, mais elle n'a pas reçu son acte de naissance. Carole s'occupera de toutes les formalités dès demain.

Exercices • Français

1. Écris à quel temps sont conjugués les verbes suivants.

a) Que je joue _____   b) Vous mangeriez _____

c) Ils danseraient _____   d) Donnant _____

e) Que vous soyez _____   f) Étudiant _____

g) Vous gèleriez _____   h) Elles protégeraient _____

2. Encercle les verbes au conditionnel présent dans le texte suivant.

Je voudrais bien aller à Cuba, mais j'ai peur de prendre l'avion. Je pourrais aller voir un

psychologue pour m'aider. Il me donnerait sûrement des trucs pour vaincre ce problème.

Il faut vraiment que je fasse quelque chose.

3. Écris les verbes suivants au participe présent.

a) cuire : _____   b) devoir : _____   c) dire : _____

d) ouvrir : _____   e) placer : _____   f) étudier : _____

4. Ajoute la terminaison des verbes au subjonctif présent.

a) Que je sach_____ me servir d'un marteau est important pour rénover la maison.

b) Il faut qu'elles étudi_____ beaucoup pour réussir.

c) Alors que nous appel_____ le 911, les pompiers sont arrivés.

d) Il demande que vous arriv_____ 15 minutes avant le début du spectacle.

1. Écris le verbe à la personne et au temps demandés.

a) Tout en (*travailler*, participe présent) _____ au magasin, Pauline tricote un foulard.

b) Ils (*prendre*, conditionnel présent) _____ bien un verre d'eau.

c) Je (*gagner*, conditionnel présent) _____ la partie si vous vouliez bien m'aider.

d) Que Marie-Hélène et Marie-Pier (*pouvoir*, subjonctif présent) _____ jouer dans l'équipe de soccer serait très important.

e) Tu (*vaincre*, conditionnel présent) _____ ton adversaire si tu étais en forme.

f) Ta mère demande que tu (*dire*, subjonctif présent) _____ la vérité.

g) En (*chanter*, participe présent) _____ tous les jours, vous verrez une différence.

h) Nous voulons que vous (*venir*, subjonctif présent) _____ ce soir.

i) Que je (*pouvoir*, subjonctif présent) _____ vous rencontrer serait utile.

j) Elles sont arrivées sur la scène en (*danser*, participe présent) _____ .

k) Nous demandons qu'ils (*arriver*, subjonctif présent) _____ une heure à l'avance.

2. Encercle l'ensemble qui ne contient que des verbes au conditionnel présent.

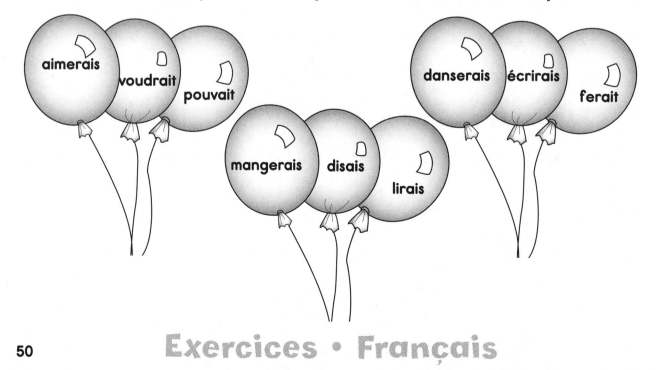

3. Suis le chemin des verbes au participe présent pour te rendre à la maison.

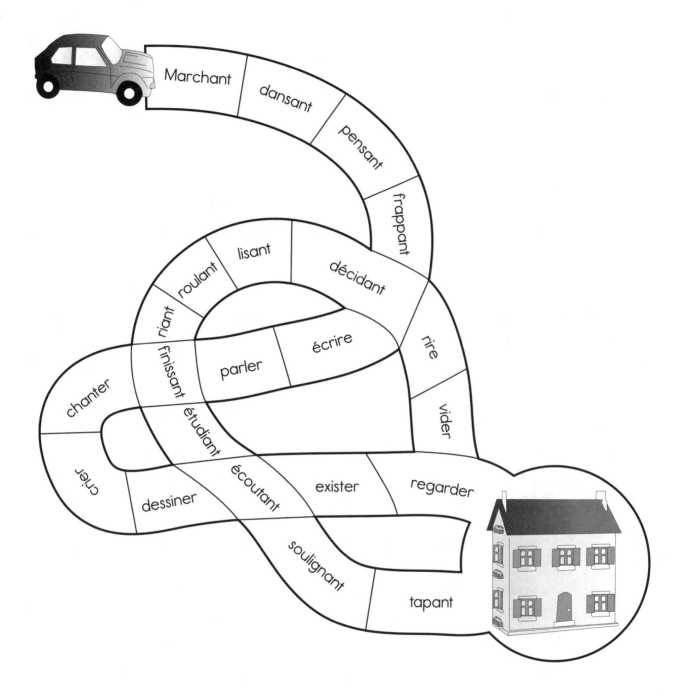

4. Suis le chemin des verbes au conditionnel présent pour te rendre à l'arrivée.

Départ

aimerais	voudrions	achète	cuisez	battions	dormis	écrivais
ai	lirais	buvez	aime	étudient	faire	manges
payer	ramasserais	étais	réglait	dormions	chantions	fuis
finis	pourriez	placer	allaient	broyait	jetez	crus
jetons	souffrirais	connais	gelais	finissait	distrayons	dus
vont	seraient	pesais	cuisait	buvaient	paie	pèse
créais	trouverait	bouillait	mangeais	appelons	dis	écris
réglai	tiendriez	règles	assis	connus	bous	protégeaient
envoyaient	suivrais	courons	distrayez	chante	croyais	disaient
payant	servirions	recevrais	pourrions	naîtrais	cuis	cueillerai
assoyons	battu	chantez	doivent	joindraient	écrire	connaissais
envoyez	mangez	crois	finit	fuirait	fallait	faisons
assoyais	gèles	cueillons	distrayait	mettraient	buviez	faut
pesiez	vais	étudions	bouilles	plairais	deviez	aller
batte	protégions	disons	dormiez	rirais	font	chante
aura	compte	sortira	vis	viendrions	perdait	frappons
garantir	a	jouez	avions	vivrait	dormi	pousse
entre	présentons	fait	torturer	chanterions	marcheriez	finirait

Arrivée

1. Coche la bonne case.

Verbe	Passé composé	Futur simple	Imparfait
a) J'ai été malade.			
b) Vous aviez raison.			
c) Vous paierez beaucoup trop cher.			
d) Elles ont aimé le livre.			
e) Il aimera la surprise.			
f) Il était malade.			
g) Nous serons tous là.			
h) Nous étudiions le latin.			
i) Nous avons eu chaud.			
j) Ils pesaient de tout leur poids.			
k) J'aimais le chocolat.			
l) Tu as bu de l'eau.			
m) Tu as acheté un pain.			
n) Tu auras un cadeau.			
o) Nous avions faim.			
p) Ils ont été malades.			
q) Elles voulaient du lait.			
r) Je fuirai rapidement.			

2. Transforme les phrases au futur simple.

a) Je mange des fruits et des légumes tous les jours.

_____

b) Je vais au zoo de Granby.

_____

c) Je fais cuire des côtelettes et des brochettes.

_____

d) Mario est un chirurgien réputé.

_____

1. Conjugue les verbes au passé composé.

a) J'(connaître) _____ une femme qui avait douze chiens.

b) Tu (cueillir) _____ de belles fleurs pour ta mère.

c) Les mariés (célébrer) _____ leur mariage aux États-Unis.

d) Nous (mourir) _____ de fatigue.

e) Myriam et Coralie (naître) _____ à Trois-Pistoles.

f) Il (pleuvoir) _____ toute la journée.

g) Victor (venir) _____ manger à la maison.

h) Vous (voir) _____ un drôle d'oiseau dans la forêt.

i) Elles (ouvrir) _____ la porte à l'Halloween.

j) J'(mentir) _____ à mes parents.

k) Nous (lire) _____ un livre très intéressant.

l) Il (falloir) _____ que je quitte plus tôt que prévu.

m) Ils (aller) _____ se promener dans la forêt.

n) Tu (finir) _____ ton devoir rapidement.

o) Vous (être) _____ surpris par l'orage.

2. Conjugue les verbes au passé composé à la personne demandée.

a) *Offrir*, 2e pers. plur. _____   b) *Rester*, 3e pers. plur. fém. _____

c) *Débarquer*, 1re pers. sing. _____   d) *Partir*, 2e pers. sing. _____

e) *Servir*, 3e pers. sing. masc. _____   f) *Dormir*, 1re pers. plur. _____

g) *Grossir*, 2e pers. sing. _____   h) *Appeler*, 1re pers. sing. _____

i) *Rendre*, 3e pers. plur. masc. _____   j) *Donner*, 2e pers. plur. _____

3. Conjugue les verbes suivants à l'imparfait.

a) **être**

J' _____

Tu _____

Il/elle/on _____

Nous _____

Vous _____

Ils/elles _____

b) **avoir**

J' _____

Tu _____

Il/elle/on _____

Nous _____

Vous _____

Ils/elles _____

c) **faire**

Je _____

Tu _____

Il/elle/on _____

Nous _____

Vous _____

Ils/elles _____

d) **aimer**

J' _____

Tu _____

Il/elle/on _____

Nous _____

Vous _____

Ils/elles _____

e) **finir**

Je _____

Tu _____

Il/elle/on _____

Nous _____

Vous _____

Ils/elles _____

f) **vouloir**

Je _____

Tu _____

Il/elle/on _____

Nous _____

Vous _____

Ils/elles _____

g) **regarder**

Je _____

Tu _____

Il/elle/on _____

Nous _____

Vous _____

Ils/elles _____

h) **mentir**

Je _____

Tu _____

Il/elle/on _____

Nous _____

Vous _____

Ils/elles _____

i) **recevoir**

Je _____

Tu _____

Il/elle/on _____

Nous _____

Vous _____

Ils/elles _____

4. Conjugue les verbes suivants au futur simple.

a) **être**

Je _____

Tu _____

Il/elle/on _____

Nous _____

Vous _____

Ils/elles _____

b) **avoir**

J'_____

Tu _____

Il/elle/on _____

Nous _____

Vous _____

Ils/elles _____

c) **faire**

Je _____

Tu _____

Il/elle/on _____

Nous _____

Vous _____

Ils/elles _____

d) **aimer**

J'_____

Tu _____

Il/elle/on _____

Nous _____

Vous _____

Ils/elles _____

e) **finir**

Je _____

Tu _____

Il/elle/on _____

Nous _____

Vous _____

Ils/elles _____

f) **vouloir**

Je _____

Tu _____

Il/elle/on _____

Nous _____

Vous _____

Ils/elles _____

g) **regarder**

Je _____

Tu _____

Il/elle/on _____

Nous _____

Vous _____

Ils/elles _____

h) **mentir**

Je _____

Tu _____

Il/elle/on _____

Nous _____

Vous _____

Ils/elles _____

i) **recevoir**

Je _____

Tu _____

Il/elle/on _____

Nous _____

Vous _____

Ils/elles _____

1. Écris à quel temps sont conjugués les verbes suivants.

a) J'enverrai _____

b) Tu as payé _____

c) Ils connaissaient _____

d) Je dirai _____

e) J'ai dû _____

f) Nous avons fui _____

g) Ils mettront _____

h) On recevra _____

i) J'ai regardé _____

j) Zoé a menti _____

k) Tu devras _____

l) Je savais _____

2. Écris à quel temps sont conjugués les verbes en gras.

Omar est tout excité. Il **recevra** _____ par la poste le jeu qu'il **a commandé**

_____ sur Internet la semaine dernière. Il **rêvait** _____ de ce

jeu depuis longtemps.

3. Écris les verbes au passé composé.

a) J'(recevoir): _____

b) Tu (rire): _____

c) Nous (écrire): _____

d) Vous (faire): _____

e) J'(connaître): _____

f) Tu (cuisiner): _____

g) Nous (aider): _____

h) Vous (frapper): _____

4. Ajoute la terminaison des verbes à l'imparfait.

a) Je fais_____ mes devoirs durant mon émission préférée.

b) Ils batt_____ l'équipe adverse 5 à 0 quand une panne de courant s'est produite.

c) Vous pratiqu_____ votre piano quand votre mère est arrivée.

d) Elles mett_____ des pantalons roses pour la pièce de théâtre.

1. Écris le verbe au futur simple.

a) Elle (recevoir) _____ une médaille pour sa performance en ski.

b) Tu (avoir) _____ un résumé à faire dans le cours de français.

c) Ils (réparer) _____ la voiture endommagée par l'accident.

d) Vous (pêcher) _____ le saumon en Gaspésie cet été.

e) Ils (rire) _____ bien lorsqu'ils verront la caricature du directeur.

f) Tu (tourner) _____ à droite dans la rue des Lilas.

g) Elles (aller) _____ voir le palais de la reine en Angleterre.

h) Vous (marcher) _____ jusqu'à Québec.

i) Elle (transporter) _____ le pique-nique jusqu'au parc.

j) Nous (venir) _____ au chalet l'été prochain.

k) Je (souper) _____ avant le spectacle de danse.

l) Nous (tenir) _____ une réunion avant d'annoncer la fermeture de l'usine.

m) Je me (brosser) _____ les dents tous les jours dès aujourd'hui.

2. Conjugue les verbes au futur simple à la personne demandée.

a) *Offrir*, 2e pers. plur. _____   b) *Rester*, 3e pers. plur. fém. _____

c) *Débarquer*, 1re pers. sing. _____   d) *Partir*, 2e pers. sing. _____

e) *Servir*, 3e pers. sing. masc. _____   f) *Dormir*, 1re pers. plur. _____

g) *Grossir*, 2e pers. sing. _____   h) *Appeler*, 1re pers. sing. _____

i) *Rendre*, 3e pers. plur. masc. _____   j) *Donner*, 2e pers. plur. _____

3. Compose une phrase avec le verbe *placer* au futur simple.

_____

4. Compose une phrase avec le verbe *connaître* à l'imparfait.

_____

5. Compose une phrase avec le verbe *suivre* au passé composé.

_____

6. Transforme les phrases suivantes au futur simple.

a) Je suis allé visiter le zoo de Granby avec le service de garde de l'école.

_____

b) Tu as joué au tennis avec tes amis au parc de l'école.

_____

c) Nous avons appliqué de la crème solaire pour nous protéger.

_____

d) Elles ont appelé le médecin pour prendre un rendez-vous.

_____

e) Le facteur a livré un colis pour mon père.

_____

f) Vous êtes allés voir un spectacle de danse.

_____

g) Nous avons travaillé durant de longues heures pour bâtir la maison.

_____

7. Colorie les cases qui contiennent un verbe conjugué à l'imparfait.

étais	avait	appelaient	broyions	envoyaient	étudiait	cuisiez
aurais	achetai	emporter	joindraient	cesse	dansions	geler
voudrais	danse	encourages	pardonnons	appreniez	aurions	as voulu
danserions	ris	nommerais	avaient	cuisez	ayez	battis
ai mangé	envoyâmes	était	jeter	rendant	enverrai	garde
fus	créais	couru	baignai	ririons	créerai	mîmes
lisais	pesions	payait	buviez	battaient	changions	mordiez
aimas	gelèrent	ai dû	cesserions	accorde	tapait	mentant
paies	réparons	obéir	avons chanté	chantaient	enverrions	joindrai
retournent	remplacez	marchâmes	fermions	avons bu	ont gelé	liriez
suivons	tombèrent	voyait	arrête	est	étudiant	lisent
volèrent	savait	jugeons	baisserait	est formé	veulent	verrais
composait	quittiez	bâtissions	partait	parlait	dansions	écrivait
voyagent	ouvrir	entrez	ai causé	êtes	rendront	passais
appelez	parviendrai	louerai	ai ri	seront	naissait	va
recevra	prends	compare	appelons	payais	vendu	casser
cru	as vu	pardonnons	teniez	surveillons	parlons	fermez
saviez	courais	couvrait	masse	vis	invitons	chasse

1. La phrase suivante est-elle exclamative ?

Quel magnifique tableau ! _____

2. Transforme les phrases suivantes en phrases négatives.

a) Nous irons visiter Rome l'automne prochain.

_____

b) Ma mère est mécanicienne. Elle répare les automobiles.

_____

3. Transforme les phrases suivantes en phrases interrogatives.

a) Andréa est allée à son cours de natation hier matin.

_____

b) Michel et Charles sont en vacances à Cuba.

_____

4. Transforme les phrases suivantes en phrases impératives.

a) Tu manges ta soupe.

_____

b) Tu chantes une chanson.

_____

5. Souligne la phrase positive.

a) Isabelle achète un thé glacé.

b) La baleine n'est pas un poisson.

Test • Français   61

1. Fais un X dans la bonne colonne pour indiquer si la phrase est positive ou négative.

	Forme positive	Forme négative
a) Nous n'irons pas faire une balade en vélo.		
b) Patrick ne veut pas prêter son camion.		
c) Léa et Xavier ont peur des orages.		
d) Bastien n'a pas écouté le match de hockey.		
e) Bienvenue dans notre restaurant.		
f) J'ai consulté ma grammaire pour vérifier le temps des verbes.		
g) Je n'ai pas réussi à terminer mon casse-tête.		
h) Je ne serai jamais capable de lancer la balle si loin.		
i) Bruce ne peut pas aller jouer chez son ami.		
j) Le dompteur de tigres n'a pas peur.		
k) Les pompiers ont éteint l'incendie de forêt.		
l) Sylvie n'est pas ma professeure d'anglais.		
m) Danny et Anaïs racontent des blagues durant la récréation.		
n) Thomas a perdu ses mitaines bleues.		
o) Le tsunami a fait de nombreuses victimes.		
p) Leila ne pourra pas aller visiter le musée de sciences.		

2. Transforme les phrases interrogatives en phrases déclaratives.

a) Est-ce que vous avez écouté le dernier album de Simple Plan ?

_____

b) Est-ce que Nawel a acheté une nouvelle maison ?

_____

c) Est-ce que ta sœur va au chalet de ton oncle cet été ?

_____

d) Avez-vous vu le feu d'artifice hier soir ?

_____

e) Est-ce que Laurence a mis sa robe bleue et rose ?

_____

f) Est-ce que tes amies ont le droit d'aller au centre commercial ?

_____

g) Aimes-tu les fruits et les légumes ?

_____

h) As-tu déjà mangé des insectes ?

_____

i) Est-ce que le spectacle est annulé ?

_____

j) As-tu déjà volé en montgolfière ?

_____

3. Transforme les phrases déclaratives en phrases impératives.

a) Tu caresses le chat de ton ami. _____

b) Tu lis une bande dessinée. _____

c) Tu dors toute la nuit dans ton lit. _____

d) Tu manges des fruits. _____

e) Tu écoutes ton professeur. _____

f) Tu ranges ta chambre. _____

g) Tu prends ton vélo pour aller à l'école. _____

4. Ajoute le signe de ponctuation qui convient à la fin de chaque phrase. Souligne ensuite les phrases exclamatives.

a) Qu'il est difficile de réussir ce sudoku

b) Est-ce que tu irais acheter du pain

c) Que vous avez une belle robe

d) Je parle au téléphone avec Geneviève

e) Il n'arrive pas à ouvrir le document que vous avez envoyé

f) Quelle magnifique voiture

g) Est-ce que vous aimez les pêches

1. Complète le tableau.

Type de phrases	Forme positive	Forme négative
a) Déclaratif		Je ne veux pas de pommes.
b) Déclaratif	Je regarde un film.	
c) Interrogatif	Est-ce que tu veux une pomme ?	
d) Interrogatif		N'as-tu pas une règle ?
e) Exclamatif		Que tu n'es pas bonne !
f) Exclamatif	Que c'est beau !	
g) Impératif	Sors tout de suite.	
h) Impératif		Ne débarrasse pas la table.

2. Indique de quelle forme et de quel type de phrase il s'agit. Emploie les abréviations suivantes :

Négative : nég.   Interrogative : inter.   Exclamative : ex.
Positive : pos.   Déclarative : déc.   Impérative : imp.

Attention, la phrase est toujours positive ou négative en plus d'être interrogative, exclamative, impérative ou déclarative.

a) Ne mange pas dans le salon. _____

b) Quel beau paysage champêtre ! _____

c) N'avez-vous pas reçu mon inscription ? _____

d) J'irai cueillir des champignons dans la forêt. _____

Test • Français

1. Réponds aux questions par une phrase positive et une phrase négative.

a) Est-ce que tu as un ordinateur à la maison ?

Phrase positive : _____

Phrase négative : _____

b) As-tu reçu de beaux cadeaux pour ton anniversaire ?

Phrase positive : _____

Phrase négative : _____

c) Faut-il savoir le poème par cœur pour vendredi ?

Phrase positive : _____

Phrase négative : _____

d) Avez-vous regardé l'éclipse de Lune hier soir ?

Phrase positive : _____

Phrase négative : _____

e) Avez-vous fait de bons rêves ?

Phrase positive : _____

Phrase négative : _____

f) Prendras-tu des cours de planche à roulettes ?

Phrase positive : _____

Phrase négative : _____

2. Fais un X dans la bonne colonne pour indiquer la forme : positive ou négative et le type : déclaratif, interrogatif, exclamatif ou impératif.

	Positive	Négative	Déclaratif	Interrogatif	Exclamatif	Impératif
a) N'arrivez pas trop tard.						
b) Est-ce que je peux sortir ?						
c) Quelle belle journée !						
d) Ne vas-tu pas jouer avec tes amis ?						
e) Je ramasse des coquillages.						
f) Caresse le chat.						
g) Voulez-vous vous asseoir ?						
h) Je vais à l'école.						
i) Que vous n'êtes pas brave !						
j) Ne vas-tu pas chez le dentiste ?						
k) Nous n'irons pas en voyage.						
l) Comme il serait bon de manger une glace !						
m) Elle traverse la rue.						
n) N'est-il pas ton meilleur ami ?						

Exercices • Français

3. Écris une phrase à la forme et au type de phrase demandés.

a) Phrase négative interrogative.

_____

b) Phrase positive interrogative.

_____

c) Phrase négative exclamative.

_____

d) Phrase positive exclamative.

_____

e) Phrase négative déclarative.

_____

f) Phrase positive déclarative.

_____

4. Souligne les indices qui te permettent de dire que la phrase est interrogative, négative ou exclamative. Écris-les ensuite à côté de la phrase.

a) Voulez-vous danser avec moi ? _____

b) Elles ne veulent pas aller au bal. _____

c) Que tu n'es pas bon danseur ! _____

1. Observe les groupes de mots suivants. Corrige ceux qui sont mal accordés en genre ou en nombre.

a) Un espadrille _____   b) Une écharpe _____   c) Des bal _____

d) Un épingle _____   e) Des corals _____   f) Un allumette _____

g) Des bijous _____   h) Des bonhommes _____   i) Une oreiller _____

2. Indique si le mot est féminin ou masculin. Utilise les abréviations *fém.* ou *masc.*

a) annexe _____   b) embouteillage _____   c) éclair _____

d) avant-midi _____   e) angle _____   f) appétit _____

g) église _____   h) épidémie _____   i) épisode _____

3. Trouve le féminin des mots suivants.

a) berger _____   b) magicien _____   c) pareil _____

d) danseur _____   e) espion _____   f) coquet _____

g) meilleur _____   h) criminel _____   i) idiot _____

j) discret _____   k) sot _____   l) homme _____

4. Mets les mots suivants au pluriel.

a) singe _____   b) caribou _____   c) chou _____

d) médical _____   e) banal _____   f) château _____

g) jeu _____   h) joyau _____   i) chandail _____

Test • Français

1. Classe les mots masculins dans la colonne qui indique leur terminaison au féminin.

artificiel, auteur, bel, bon, bouffon, boulanger, bricoleur, brun, champion, chanteur, coiffeur, cordonnier, docteur, droit, droitier, écolier, espion, éternel, exceptionnel, gaucher, gris, hospitalier, ingénieur, intérieur, joli, maigrichon, meilleur, menteur, mignon, nageur, patron, personnel, petit, professeur, rêveur, saisonnier, seul, supérieur, tel, traditionnel, trompeur, vrai

er ⟹ ère	eur ⟹ euse	eur ⟹ eure	on ⟹ onne	el ⟹ elle	ajout du e

2. Classe les mots masculins dans la colonne qui indique leur terminaison au féminin.

aérien, amoureux, ancien, blanc, blondinet, bref, cadet, cet, chétif, chien, collégien, coquet, creux, curieux, dangereux, délicieux, directeur, doux, faux, fluet, fou, franc, frère, garçon, heureux, homme, honteux, impulsif, indien, lecteur, magicien, muet, musicien, neuf, neveu, oncle, papa, parrain, protecteur, réducteur, révélateur, rondelet, roux, sec, spectateur, sportif, traducteur, veuf, vif

et ⇒ ette	en ⇒ enne	f ⇒ ve	x ⇒ se	teur ⇒ trice	différent	divers

3. Trouve le pluriel des mots suivants et classe-les dans la bonne colonne.

bail, bal, banal, bateau, beau, berceau, bleu, bocal, boyau, caillou, caribou, chandail,

château, cheveu, corail, détail, épouvantail, éventail, festival, feu, fou, gâteau, genou, gris,

gruau, hameau, heureux, hibou, jeu, journal, joyau, joyeux, jus, landau, matou, médical,

milieu, nez, noyau, pneu, pou, rameau, riz, sarrau, souris, travail, tuyau, végétal, vœu

ou ⟹ ous ou ⟹ oux	al ⟹ aux al ⟹ als	eu ⟹ eux eu ⟹ eus	au ⟹ aux	eau ⟹ eaux	ail ⟹ ails ail ⟹ aux	ne change pas

Exercices • Français

1. Mets les noms et les déterminants suivants au pluriel.

a) Un château _____

b) Un prix _____

c) Un matou _____

d) Un feu _____

e) Un noyau _____

f) Un œil _____

g) Un animal _____

h) Un récital _____

2. Transforme les phrases suivantes au féminin pluriel.

a) Le danseur fait un grand écart.

_____

b) L'avocat plaide au tribunal.

_____

c) Le professeur a donné un devoir à l'élève.

_____

3. Corrige les erreurs dans les phrases suivantes. Il n'y a qu'une seule erreur par phrase.

a) La gardiene de prison surveille les prisonniers. _____

b) Une autobus jaune sillonne les rues. _____

c) Les hibous sont bien cachés dans les arbres. _____

d) J'ai ramassé des caillous. _____

1. Classe les mots dans la colonne appropriée.

autruche, berceau, cadeau, cage, cheval, cirque, clown, corail, corbeau, émail, escabeau, fête, flambeau, jongleur, journal, jovial, joyau, louve, malade, morceau, père, pinceau, principal, radeau, signal, tableau, tempête, tombeau, travail, vitrail

Se termine par *s* au pluriel	Se termine par *aux* au pluriel	Se termine par *eaux* au pluriel

2. Transforme les phrases suivantes au pluriel.

a) La grand-maman fait un bonhomme de neige.

_____

b) L'avant-midi, il fait voler son cerf-volant.

_____

3. Complète les phrases en utilisant le bon adjectif, nom ou déterminant.

a) _____ montagnes de mon pays natal sont très _____ et abruptes.
(Le/Les)   (haute/hautes)

b) Cette _____ lampe multicolore ira bien dans ma chambre fraîchement repeinte.
(bel/belle)

c) Les magnifiques_____ du cirque sont tous _____ et ont une selle noire.
(chevals/chevaux)   (blanc/blancs)

d) Jean-Alexandre possède une collection de cochons _____ en plastique.
(rose/roses)

e) _____ avion vole dans le ciel bleu transportant des centaines de passagers.
(Un/Une)

f) Ma sœur porte des chaussures _____ et elle prend son sac à main de la même couleur.
(noirs/noires)

g) Les _____ roux ne mangent pas de _____ ni de joujoux.
(hiboux/hibous)   (caillous/cailloux)

h) Mon frère a les cheveux _____ et les yeux pers.
(brun/bruns)

i) Les _____ de la reine d'Angleterre sont dans le coffre-fort de son château.
(bijoux/bijous)

j) Le _____ d'anglais est né à Boston, aux États-Unis.
(professeur/professeure)

k) L'ampoule est _____. Nous sommes plongés dans le noir.
(brûlé/brûlée)

l) L'étoile _____ brille comme une lumière dans le ciel.
(blanc/blanche)

4. Trouve les 10 fautes d'accord dans le texte suivant. Souligne les erreurs en rouge et recopie correctement ces groupes de mots.

LA FOURMI ET LE CYGNE
Ésope

Une fourmi s'est rendu au bord d'un rivière pour étancher sa soif. Elle a été emportée par le courant et était sur le point de se noyer. Une cygne, perché sur un arbre surplombant l'eau, a cueilli un feuille et l'a laissée tomber dans l'eau près de la fourmi. La fourmi est montée sur la feuille et a flotté saine et sauve jusqu'au bord. Peu après, un chasseur d'oiseaux est venu s'installer sous les arbre où le cygne était perché. Il a placé une piège pour le cygne. La fourmi a compris ce que le chasseur allait faire et l'a piqué aux pied. Le chasseur d'oiseaux a hurlé de douleur et a laissé tomber ses piège. Le bruit a fait s'envoler le cygne et il a été sauvé. Comme quoi les plus petit peuvent souvent aider les plus grand.

_____

_____

_____

_____

_____

_____

_____

_____

5. Indique si le mot est féminin ou masculin. Utilise les abréviations _fém._ ou _masc._

a) étoile _____   b) trampoline _____   c) enfant _____

d) hôpital _____   e) élan _____   f) ambulance _____

g) horloge _____   h) hélicoptère _____   i) chasse _____

1. Trouve le contraire des mots suivants.

a) lourd _____

b) propre _____

c) paresseux _____

d) agréable _____

e) premier _____

f) joyeux _____

g) noir _____

h) femme _____

2. Trouve un synonyme pour les mots suivants.

a) briser _____

b) livre _____

c) amusant _____

d) soustraire _____

e) rusé _____

f) sauter _____

g) erreur _____

h) lourd _____

3. Souligne les adjectifs dans les phrases suivantes.

a) Chloé aime les gros chiens noirs.

b) Sabine n'aime pas les tomates vertes.

c) Elle a reçu un bol bleu pour son anniversaire.

d) J'ai les cheveux blonds.

e) L'écorce de l'arbre est rugueuse.

f) Les pommes rouges dans l'arbre sont grosses.

g) La soprano chante une belle chanson.

1. Trouve l'antonyme des mots suivants.

a) difficile _____   b) content _____

c) malheureux _____   d) petit _____

e) mauvais _____   f) triste _____

g) nuit _____   h) pareil _____

i) mou _____   j) fille _____

k) fort _____   l) froid _____

m) ouvert _____   n) intérieur _____

o) sans _____   p) laid _____

q) féminin _____   r) dessus _____

s) monter _____   t) visible _____

u) vide _____   v) vieux _____

w) énormément _____   x) nord _____

y) jamais _____   z) foncé _____

2. Relie les mots du haut à leur contraire au bas de la page.

pauvre   engraisser   simple

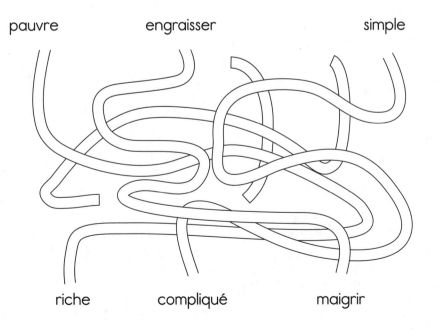

riche   compliqué   maigrir

3. Complète les mots croisés. Pour t'aider, nous avons écrit les réponses sous la grille.

1. synonyme d'*énorme*
2. synonyme de *cuisinier*
3. synonyme de *noirceur*
4. synonyme d'*accident*
5. synonyme d'*actuellement*
6. synonyme de *feu*

7. synonyme d'*inactif*
8. synonyme de *minuscule*
9. synonyme d'*affreux*
10. synonyme de *renoncer*
11. synonyme de *radieux*

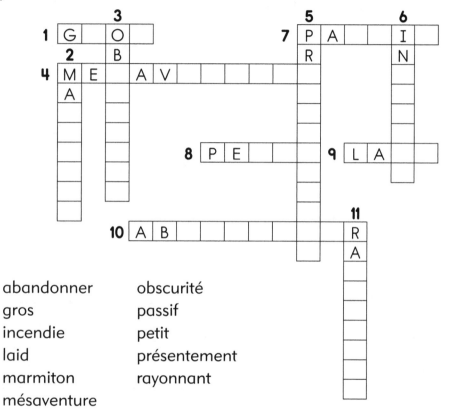

abandonner   obscurité
gros   passif
incendie   petit
laid   présentement
marmiton   rayonnant
mésaventure

4. Relie chaque mot à son synonyme. Tu peux consulter le dictionnaire si tu doutes de la signification de certains mots.

fendre   cher

modeler   interminable

précieux   sculpter

humer   doux

tendre   ouvrir

indice   sentir

long   signe

Exercices • Français   79

5. Souligne les adjectifs.

noir	blanc	joyeux	champagne	sortie
meilleur	nouveau	château	heureux	pas
quarante	rythme	ville	contente	triste
avant	longue	petit	vieille	feuille

6. Utilise des adjectifs pour enrichir les phrases.

Exemple : Maria mange une pomme. Maria mange une grosse pomme rouge.

a) Kevin compose une chanson.

_____

b) Kate et Sandrine portent des chaussures.

_____

c) Le soleil brille dans le ciel.

_____

d) La lune éclaire le jardin.

_____

e) Félix voit une araignée.

_____

f) Je parle avec mon amie.

_____

g) J'ai gagné une bicyclette.

_____

Exercices • Français

1. **Relie l'adjectif au nom qu'il qualifie.**

a) Ma tante a acheté un manteau vert.

b) Mon chat et mon chien sont noirs.

c) Nina vit dans une belle maison.

d) Luc s'est acheté une voiture neuve.

e) J'ai assisté à un magnifique coucher de soleil.

2. **Remplace le mot en caractères gras par son antonyme.**

a) Amir **monte** dans la voiture de son père.

Amir _____ de la voiture de son père.

b) Antoine a mis sa chemise **noire**.

Antoine a mis sa chemise _____ .

c) C'est une journée **chaude** aujourd'hui.

C'est une journée _____ aujourd'hui.

3. **Remplace le mot en gras par un synonyme.**

a) Stéphane s'est déguisé en **diable** pour l'Halloween.

Stéphane s'est déguisé en _____ pour l'Halloween.

b) J'ai **fini** tous mes devoirs et mes leçons pour la semaine.

J'ai _____ tous mes devoirs et mes leçons pour la semaine.

1. Souligne les adjectifs dans *Les sept corbeaux* des frères Grimm.

Il était une fois un homme qui avait sept fils. Sa femme et lui désiraient ardemment avoir une jolie petite fille. Finalement, un beau jour d'été, la mère donna naissance à la fille tant attendue. Ils étaient heureux, mais la fillette était chétive et il fallait la laver avec de l'eau magique.

Le père envoya un des garçons chercher l'eau à la fontaine. Les six autres le suivirent, et comme chacun voulait être le premier à puiser l'eau, les pauvres garçons laissèrent tomber la cruche dans le puits profond. Ne sachant pas quoi faire, ils restèrent là. Ils étaient effrayés de la réaction qu'aurait leur père.

Le père était inquiet. Il se demandait bien ce que faisaient ses vilains garçons. Puis, il se mit en colère et il cria : « Je voudrais qu'ils soient changés en corbeaux noirs ! » À peine avait-il prononcé ces terribles mots qu'il vit dans le ciel bleu sept corbeaux noirs aux yeux jaunes voler au-dessus de sa tête.

Lorsqu'elle fut plus grande, la petite sœur découvrit qu'elle avait sept frères qui avaient été changés en corbeaux noirs. Elle partit à leur recherche. Elle alla jusqu'au soleil qui était trop chaud, jusqu'à la lune qui était méchante, jusqu'aux étoiles. L'étoile du matin lui donna la clé pour ouvrir la porte de la montagne de glace où se trouvaient ses frères.

Quand elle arriva devant la porte, elle s'aperçut qu'elle avait perdu la précieuse clé. Alors, la bonne petite sœur prit son couteau, se coupa le petit doigt et s'en servit pour ouvrir la grande porte.

Arrivée dans l'immense château, la petite fille vit une table richement dressée pour sept personnes. Elle mangea un peu dans chaque assiette et but dans chacun des petits gobelets. Dans le dernier gobelet, elle déposa son petit anneau doré qui lui venait de son père et de sa mère.

Lorsque les corbeaux burent et mangèrent, ils se demandèrent bien qui avait pu boire et manger dans leurs plats. Lorsque l'un d'eux trouva l'anneau, il se plaignit de s'ennuyer de sa sœur. Celle-ci sortit de sa cachette, et les frères reprirent aussitôt leur forme humaine. Les sept frères et la sœur étaient heureux d'être enfin réunis.

2. Remplace le mot entre parenthèses par un synonyme.

a) Je (aime) _____ le chocolat aux noisettes.

b) Je lis un livre (palpitant) _____ sur la légende de la chasse-galerie.

c) Notre professeur de musique trouve que nous sommes (tannants) _____ .

d) Nous avons (lavé) _____ tous les tableaux de l'école.

e) Le fermier a (ramassé) _____ le blé dans le champ.

f) Ils ont joué à un jeu vraiment (divertissant) _____ .

3. Relie les mots qui sont synonymes.

bruit	hurlement
ami	rage
colère	centre
cri	vacarme
guerre	joie
milieu	bataille
gaieté	compagnon

4. Souligne de la même couleur les mots qui sont synonymes.

a) gaucherie   droit   maladresse

b) calme   fureur   rage

c) courir   jogger   marcher

d) douceur   rudesse   tendresse

e) campagne   ville   nature

f) sécurité   danger   risque

g) individu   personne   foule

h) peur   assurance   confiance

i) douleur   souffrance   bien-être

j) dos   devant   verso

5. Dans un même ensemble de ballons, encercle le mot qui est l'antonyme des deux autres.

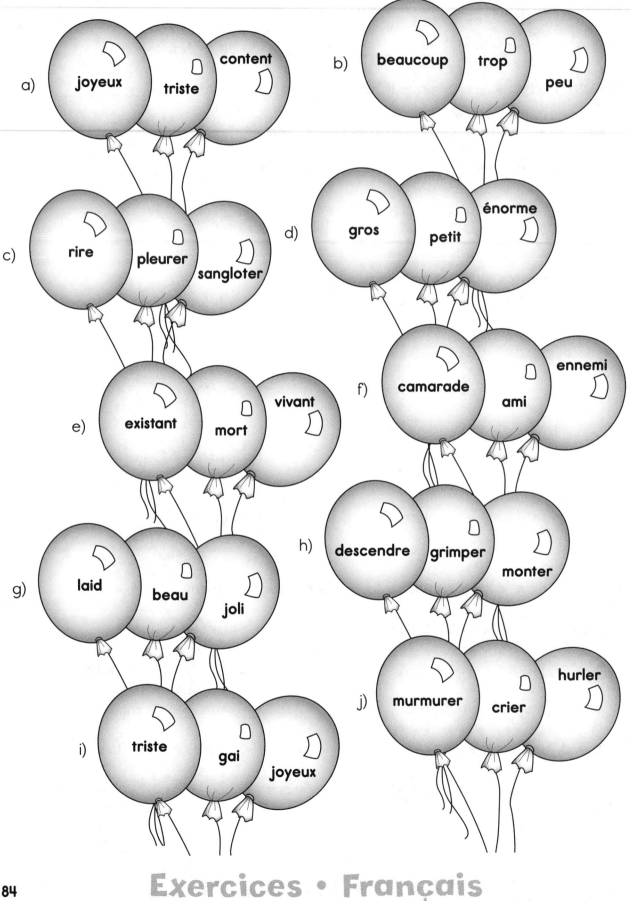

a) joyeux   triste   content

b) beaucoup   trop   peu

c) rire   pleurer   sangloter

d) gros   petit   énorme

e) existant   mort   vivant

f) camarade   ami   ennemi

g) laid   beau   joli

h) descendre   grimper   monter

i) triste   gai   joyeux

j) murmurer   crier   hurler

1. Forme des mots avec les préfixes suivants. Le sens du préfixe est entre parenthèses.

a) aéro (air): _____

b) mini (plus petit): _____

c) super (supérieur): _____

d) télé (à distance): _____

2. Forme des mots avec les suffixes suivants. Le sens du suffixe est entre parenthèses.

a) erie (lieu): _____

b) tion (action): _____

c) eau (petit d'un animal): _____

d) ée (contenu de quelque chose): _____

3. Encercle les mots qui font partie de la même famille.

a) rond   rondement   roulement   rondelle   rondin

b) merveille   émerveillement   merveilleux   magnifique

4. Un mot-valise est un mot formé de deux mots qui permettent de nommer une nouvelle chose. Sers-toi de la banque de mots pour trouver le mot-valise.

Exemple: bibliothèque et autobus: bibliobus

courriel   franglais   clavardage   héliport

a) hélicoptère et aéroport _____

b) bavarder et clavier _____

c) français et anglais _____

d) courrier et électronique _____

5. Utilise le bon mot invariable pour compléter la phrase.

Je n'ai _____ mangé d'insectes.

Test • Français

1. **Essaie de trouver le sens des préfixes soulignés des mots suivants. Pour t'aider, sers-toi de la banque de mots.**

à côté   au-dessus   avant   avec   chaleur
cinéma   cœur   français   inverse   long
opposition   petit   plusieurs   poisson

a) <u>ciné</u>-parc : _____

b) <u>co</u>directeur : _____

c) <u>contre</u>-espionnage : _____

d) <u>dés</u>habiller : _____

e) <u>franco</u>phone : _____

f) <u>cardio</u>logie : _____

g) <u>pré</u>avis : _____

h) <u>micro</u>-ondes : _____

i) <u>multi</u>colore : _____

j) <u>pisci</u>culture : _____

k) <u>para</u>scolaire : _____

l) <u>thermo</u>mètre : _____

m) <u>longi</u>ligne : _____

n) <u>sur</u>doué : _____

2. **Forme des mots avec les préfixes suivants. Le sens du préfixe est entre parenthèses. Tu peux te servir d'un dictionnaire.**

a) vidéo (je vois) : _____

b) poly (nombreux) : _____

c) post (après) : _____

d) uni (un) : _____

e) semi (demi) : _____

f) super (au-dessus) : _____

g) tri (trois) : _____

h) sous (en dessous) : _____

i) pro (plus loin) : _____

j) para (qui protège) : _____

k) mono (seul) : _____

l) mini (moins) : _____

3. **En te servant des exercices précédents, trouve le sens du préfixe souligné dans les mots suivants.**

a) <u>cardio</u>pathie _____

b) <u>para</u>militaire _____

c) <u>semi</u>-conducteur _____

d) <u>multi</u>culturel _____

e) <u>super</u>latif _____

f) <u>uni</u>jambiste _____

4. **Essaie de trouver le sens des suffixes soulignés des mots suivants. Pour t'aider, sers-toi de la banque de mots.**

> action   appareil   collectif   diminutif   diminutif
>
> diminutif   langue   mesure   plantation   puissance
>
> qui ressemble   qui tue   son   traitement

a) démo<u>cratie</u> : _____

b) douz<u>aine</u> : _____

c) centi<u>mètre</u> : _____

d) radio<u>thérapie</u> : _____

e) bi<u>lingue</u> : _____

f) mord<u>iller</u> : _____

g) hom<u>icide</u> : _____

h) orange<u>raie</u> : _____

i) brun<u>âtre</u> : _____

j) promen<u>ade</u> : _____

k) tract<u>eur</u> : _____

l) chat<u>on</u> : _____

m) îl<u>ot</u> : _____

n) micro<u>phone</u> : _____

5. **Forme des mots avec les suffixes suivants. Le sens du suffixe est entre parenthèses. Tu peux te servir d'un dictionnaire.**

a) ette (petit) : _____

b) ade (action) : _____

c) té (qualité) : _____

d) on (diminutif) : _____

e) aise (origine) : _____

f) er (action) : _____

g) ir (action) : _____

h) logie (science) : _____

i) ien (origine) : _____

j) phobe (crainte) : _____

k) phile (aimer) : _____

l) ive (caractère) : _____

6. En te servant des exercices précédents, trouve le sens du suffixe souligné dans les mots suivants.

a) aristo<u>cratie</u> _____

b) fratri<u>cide</u> _____

c) tigr<u>on</u> _____

d) biblio<u>phile</u> _____

e) phyto<u>thérapie</u> _____

f) cent<u>aine</u> _____

7. Trouve deux mots de même famille que les mots suivants. Tu peux te servir du dictionnaire.

a) lion : _____   b) citron : _____

c) fleur : _____   d) compter : _____

e) espoir : _____   f) patience : _____

g) plant : _____   h) arbre : _____

i) rose : _____   j) vent : _____

8. Utilise le bon mot invariable pour compléter les phrases suivantes.

a) J'ai mis ma valise _____ le coffre de la voiture.

b) Je ne veux pas y aller _____ j'ai peur.

c) Je mets _____ mon casque pour faire du vélo.

9. Réponds par vrai ou faux.

Les mots-valises sont la réunion de deux mots existants pour nommer une réalité nouvelle comme *internaute* (*internet* et *du suffixe -naute* (*naviguer*)).

_____

10. Trouve les mots-valises.

Exemple : *bibliothèque* et *autobus* : *bibliobus*.

a) *télévision* et *marathon* : _____

b) *caméra* et *magnétoscope* : _____

1. Forme des mots avec les préfixes suivants. Le sens du préfixe est entre parenthèses.

a) anti (contre): _____   b) bi (deux): _____

c) zoo (animal): _____   d) inter (entre): _____

2. Forme des mots avec les suffixes suivants. Le sens du suffixe est entre parenthèses.

a) age (action): _____   b) ière (métier): _____

c) oir (qui sert à): _____   d) ite (maladie): _____

3. Encercle les mots qui font partie de la même famille.

a) mousse   moussant   mousser   mousseux   mousquetaire

b) centuple   centre   centrer   centriste   central

4. Trouve les mots-valises.

Exemple: *bibliothèque* et *autobus*: *bibliobus*.

a) *courrier* et *électronique*: _____

b) *poubelle* et *courriel*: _____

c) *abri* et *autobus*: _____

d) *restaurant* et *route*: _____

5. Utilise le bon mot invariable pour compléter la phrase.

J'ai _____ agi en lui rendant ce qu'il avait perdu.

1. Complète le tableau des préfixes. Nous avons rempli la première case pour toi.

Préfixes	Sens	Exemples
a) aéro	air	aéroport, aérospatial
b) agro	champ	
c) anti	contre	
d) archi	très	
e) auto	de soi-même	
f) bi	deux	
g) bio	vie	
h) centi	centième	
i) ex	antérieur, qui a été	
j) extra	en dehors	
k) hydro	eau	
l) in	pas	
m) inter	entre	
n) kilo	mille	
o) radio	rayon	
p) zoo	animal	
q) ciné	cinéma	
r) contre	opposition	

2. Complète le tableau des suffixes. Nous avons rempli la première case pour toi.

Suffixes	Sens	Exemples
a) age	action	repassage, ramassage
b) ais, aise	origine	
c) culture	cultiver	
d) er	action	
e) ette	diminutif	
f) eur	caractéristique	
g) ien, ienne	origine	
h) ier, ière	métier	
i) ir	action	
j) ite	maladie	
k) logie	science	
l) ment	manière	
m) oir	qui sert à	
n) on	diminutif	
o) scope	examiner	
p) vore	manger	
q) able	possibilité	
r) graphie	écriture	

3. Trouve les mots de la même famille et écris-les sous le tableau. Il y a sept familles différentes.

libre	silencieusement	troublant
papier	pardonner	libération
silence	troubler	pardonnable
pardon	ventilation	silencieux
livre	libérateur	papeterie
trouble	paperasse	livret
vent	livresque	venteux

1. _____   1. _____   1. _____

2. _____   2. _____   2. _____

3. _____   3. _____   3. _____

4. _____   4. _____   4. _____

5. _____   5. _____   5. _____

6. _____   6. _____   6. _____

7. _____   7. _____   7. _____

4. Utilise le bon mot invariable.

à

a) Pablo range ses jouets _____ le coffre.

dans

pour

b) Luis mettra son maillot de bain _____ aller se baigner.

contre

et

c) Lola a mis les sacs d'épicerie _____ le comptoir de la cuisine.

sur

toujours   parce que

d) Je ne mets _____ mes lunettes de soleil _____ je ne les aime pas.

jamais   mais

1. Trouve un homophone pour chacun des mots suivants.

a) fois _____

b) voie _____

c) sont _____

d) ancre _____

e) dans _____

f) ce _____

g) cet _____

h) les _____

2. Associe à chaque onomatopée sa signification.

sonner à la porte   dormir   éternuer   cri du chat   pleurer

téléphone   cri du coq   cri de l'âne   cri chien

a) zzzz : _____

b) atchoum : _____

c) ding dong : _____

d) miaou : _____

e) dring, dring : _____

f) sniff, sniff : _____

g) cocorico : _____

h) hi-han : _____

i) wouaf : _____

3. Sers-toi de la banque de mots pour trouver des mots qui riment avec ceux ci-dessous.

pique-nique   coton   tapis   château   vœu   vivre   revoir   brunâtre   sécuritaire

a) manteau : _____

b) sortie : _____

c) devoir : _____

d) pneu : _____

e) mouton : _____

f) livre : _____

g) spectaculaire : _____

h) bellâtre : _____

i) panique : _____

4. Recopie les mots composés suivants en ajoutant le trait d'union au bon endroit.

a) cassetête :

_____

b) piquenique :

_____

c) ouvreboîte :

_____

d) arcenciel :

_____

e) poussepousse :

_____

f) chauvesouris :

_____

g) oiseaumouche :

_____

h) cachenez :

_____

i) essuieglace :

_____

1. Complète les phrases en choisissant le bon homophone.

a) Nathalie est en train de compter _____ billes.

    (ces, ses, c'est)

b) À qui appartiennent _____ crayons qui traînent?

    (ces, ses, c'est)

c) _____ à ton tour de jouer.

    (Ces, Ses, C'est)

d) _____ ton pantalon vert.

    (Mais, M'est, Mets)

e) Je voulais aller te voir, _____ j'ai manqué l'autobus.

    (mais, m'est, mets)

f) Il _____ impossible d'aller au cours de karaté.

    (mais, m'est, mets)

g) Ils _____ demandé d'aller chercher le café.

    (ton, thon, t'ont)

h) J'ai mangé du _____ pour souper.

    (ton, thon, t'ont)

i) Prends _____ crayon rouge pour corriger ta dictée.

    (ton, thon, t'ont)

j) Nous sommes allés _____ Québec.

    (à, a)

k) Ma mère _____ décidé d'aller à Granby.

    (à, a)

l) Cet été, j'irai au _____.

    (quand, camp)

m) _____ irons-nous rendre visite à grand-mère?

    (Quand, Camp)

Exercices • Français

2. Trouve la réponse aux devinettes.

a) Un instrument de musique qui rime avec *radio*: _____

b) Un instrument pour écrire qui rime avec *mouton*: _____

c) Un oiseau noir qui rime avec *abeille*: _____

d) Un liquide qui tombe du ciel et qui rime avec *souris*: _____

e) Un pays d'Amérique du Nord qui rime avec *avocat*: _____

f) Un mammifère marin qui rime avec *haleine*: _____

g) Une couleur qui rime avec *bouge*: _____

h) Un membre de la famille qui rime avec *cœur*: _____

i) Une saison qui rime avec *super*: _____

j) Un astre qui rime avec *pareil*: _____

k) Les règles du français qui rime avec *mère*: _____

l) Un outil pour enfoncer des clous qui rime avec *eau*: _____

m) Un appareil qui sert à appeler et qui rime avec *magnétophone*: _____

n) Une couleur qui rime avec *soir*: _____

o) Un mois de l'année qui rime avec *chouchou*: _____

p) Une personne qui répare les voitures et qui rime avec *chien*: _____

q) Un état américain qui rime avec *torride*: _____

r) Un jeu de société qui rime avec *prix*: _____

s) Un sport d'hiver qui rime avec *monter*: _____

t) Un ustensile qui rime avec *bateau*: _____

u) Un meuble dans la chambre qui rime avec *souris*: _____

v) Un lieu où on apprend qui rime avec *colle*: _____

w) Le nom d'un mauvais rêve qui rime avec *retard* : _____

3. Utilise la bonne onomatopée pour compléter la phrase.

flic flac   tchou, tchou   atchoum   vroum, vroum

tic-tac   boum, badaboum   cric-crac   iiiiiii

a) Son os a fait _____ en se cassant.

b) J'ai entendu _____ lorsque le mur de brique s'est écroulé.

c) Ses chaussures mouillées faisaient _____ lorsqu'il marchait.

d) _____ , fit la maîtresse d'école enrhumée.

e) On entendait le _____ de l'horloge.

f) Le _____ du violon d'Olga nous écorchait les oreilles.

g) Le train fait _____ en arrivant au passage à niveau.

h) _____ , faisait le petit garçon qui jouait avec son gros camion.

4. En te servant de la banque de mots, forme des mots composés. N'oublie pas le trait d'union.

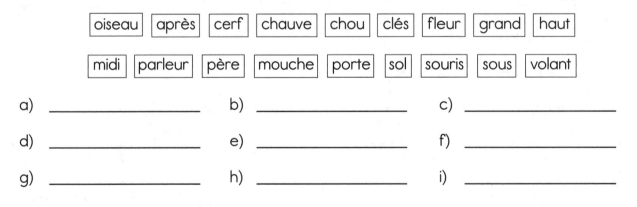

| oiseau | après | cerf | chauve | chou | clés | fleur | grand | haut |
| midi | parleur | père | mouche | porte | sol | souris | sous | volant |

a) _____   b) _____   c) _____

d) _____   e) _____   f) _____

g) _____   h) _____   i) _____

5. Recopie les mots composés en ajoutant le trait d'union au bon endroit.

a) gardechasse :   b) oiseaumouche :   c) belledejour :

_____   _____   _____

d) bellemère :   e) hommegrenouille :   f) montrebraclet :

_____   _____   _____

Exercices • Français

1. Écris les onomatopées qui représentent le cri des animaux suivants.

a) chat : _____   b) chien : _____   c) poule : _____

d) âne : _____   e) mouton : _____   f) vache : _____

2. Replace les mots suivants au bon endroit dans le poème.

encore   matin   cristalline   l'oiseau

PETITE PERLE CRISTALLINE
Henri-Frédéric Amiel

Petite perle _____   Avant la fleur, avant _____,

Tremblante fille du _____,   Avant le réveil de l'aurore,

Au bout de la feuille de thym   Quand le vallon sommeille _____

Que fais-tu sur la colline ?   Que fais-tu là sur le coteau ?

3. Complète les phrases suivantes en utilisant *à* ou *a*, *ont* ou *on*, *sont* ou *son*.

a) _____à_____ partir de maintenant, vous pouvez ranger vos cahiers.

b) Il _____a_____ tant rêvé de ce jour où enfin il aurait raison.

c) _____on_____ dit qu'après la pluie vient le beau temps.

d) Elles _____sont_____ parties cueillir des bleuets pour faire une tarte.

e) Claude et Martin _____ont_____ loué un chalet pour l'été.

f) Solange a prêté _____son mont_____ lecteur de DVD portatif à son amie Cléo.

4. Réécris les mots suivants en ajoutant le trait d'union au bon endroit.

a) porteavions : _____   b) tirebouchon : _____

c) têteàtête : _____   d) gardechasse : _____

1. Utilise *on* ou *ont* pour compléter les phrases.

a) Garry et Paula _____ joué dans la cour d'école.

b) _____ a vécu toute une frousse la nuit dernière.

2. Utilise *ou* ou *où* pour compléter les phrases.

a) Je voudrais un sandwich au thon _____ au poulet.

b) _____ as-tu caché le trésor ?

3. Utilise *mon* ou *m'ont* pour compléter les phrases.

a) Mes amis _____ fait une belle surprise.

b) _____ chien mange toutes les chaussures qu'il voit.

4. Utilise *mes*, *m'est* ou *mais* pour compléter les phrases.

a) Il _____ venu une idée géniale pour la fête de fin d'année.

b) Mon père a reçu une cravate, _____ il ne l'aime pas.

c) _____ sœurs sont plus vieilles que moi.

5. Utilise *son* ou *sont* pour compléter les phrases.

a) Il a mis _____ imperméable bleu et jaune.

b) Paul et Mahée _____ frère et sœur.

6. Utilise *a* ou *à* pour compléter la phrase.

a) Carlo ne veut pas aller voir sa mère _____ Rimouski.

b) Carla _____ fait un excellent voyage à Québec.

Exercices • Français

7. Les mots composés ne sont pas nécessairement séparés par un trait d'union, par exemple : *bonhomme* est un mot composé de *bon* et d'*homme*. Biffe tous les mots qui ne sont pas des mots composés.

portemanteau   madame   palace

autobus   amour   bonjour

lait   passeport   monsieur

8. Trouve et écris six mots composés séparés par un trait d'union.

a) _____   b) _____   c) _____

d) _____   e) _____   f) _____

9. Utilise la bonne onomatopée pour compléter la phrase.

hourra   psst   glouglou   beurk   froufrou

blablabla   pan, pan   miam-miam

a) Patrice faisait _____ en avalant son verre d'eau.

b) Lorsque le policier s'exerçait à tirer, on pouvait entendre son fusil faire _____.

c) Je n'en pouvais plus d'entendre son _____ ! Elle parlait tout le temps !

d) En voyant l'eau de la piscine toute verte, nous avons dit : « _____ ! »

e) « _____ ! » m'a dit mon ami pour attirer mon attention.

f) « _____ ! tante Julia, ton gâteau est délicieux. »

g) Les partisans de l'équipe de hockey criaient : « _____ ! »

h) Sa jupe faisait _____ lorsque Sophie marchait.

10. Trouve un trait de caractère (qualité ou défaut) qui rime avec chacun des prénoms.

Exemple : Florent est resplendissant.

a) François _____

b) Mario _____

c) Isabelle _____

d) Marie-Pier _____

e) Mathieu _____

f) Édouard _____

11. Trouve deux mots qui riment avec les mots suivants.

a) chien _____

b) brillant _____

c) frêne _____

d) jalousie _____

e) paresse _____

f) koala _____

12. Trouve le plus de mots possible qui riment avec les mots suivants.

a) mouton _____

b) cerveau _____

c) admirable _____

d) cœur _____

e) gris _____

1. **Cherche dans le dictionnaire les mots suivants. Écris les mêmes informations que dans l'exemple ci-dessous tiré du *Petit Robert*. Utilise le dictionnaire de ton choix.**

Citron : n. m. Fruit jaune du citronnier, agrume de saveur acide.

(*N.* signifie « nom » et *m.* « masculin ».)

a) diététiste : _____

b) très : _____

c) obélisque : _____

d) fastidieux : _____

e) matériau : _____

f) tanguer : _____

2. **Demande à quelqu'un de te dicter les mots qui se trouvent à la page 472 du corrigé.**

a) _____   b) _____   c) _____

d) _____   e) _____   f) _____

3. **Classe les mots suivants dans l'ordre alphabétique.**

bonheur   bonjour   bateau   batterie

4. **Recopie le texte suivant en insérant les signes de ponctuation manquants.**

Sofia est allée à l'épicerie Qu'a-t-elle acheté Des pommes des oranges des cerises et des bananes Quels beaux fruits

_____

_____

_____

Test • Français

1. Cherche dans le dictionnaire les mots demandés. Écris le mot qui le précède et le mot qui le suit.

Exemple : yoga : yod (est avant *yoga*), yogi (est après *yoga*)

a) scarlatine : _____

b) réchaud : _____

c) garçon : _____

d) cuisse : _____

e) accent : _____

f) parmesan : _____

g) relief : _____

h) tierce : _____

i) volcan : _____

j) wagon : _____

2. Essaie de trouver le sens des mots suivants. Ensuite, vérifie ta réponse dans le dictionnaire.

a) *coiffe* : ta définition : _____

La définition du dictionnaire : _____

b) *divis* : ta définition : _____

La définition du dictionnaire : _____

c) *mazurka* : ta définition : _____

La définition du dictionnaire : _____

d) *puriste* : ta définition : _____

La définition du dictionnaire : _____

e) *opaque* : ta définition : _____

La définition du dictionnaire : _____

3. Suis l'ordre alphabétique inverse de *z* jusqu'à *a* pour trouver l'image mystère.

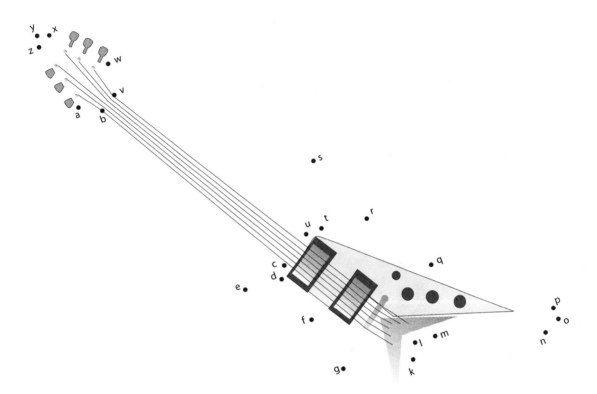

4. Demande à quelqu'un de te dicter les mots manquants. Ils sont à la page 472 du corrigé.

C'est une journée _____ demain. Je suis tellement _____. Toute la journée, nous aurons des _____. J'ai _____ toute la semaine, mais j'ai peur de ne pas _____. Que _____ faire si j'échoue à un ou à _____ examens ? Ma mère me dit de ne pas m'en faire, que je n'ai _____ échoué à un examen. Je suis couché et je n'arrive pas à _____. Mon cœur bat _____. Je me tourne et _____ sans cesse dans mon lit. Ma mère vient me voir avec une tasse de lait chaud et me _____. Elle me parle _____ et mes inquiétudes finissent par se _____. Merci, maman !

5. Ajoute les signes de ponctuation manquants dans les textes suivants.

Quelle belle journée ensoleillée_____ Mes amis et moi avons décidé d'aller faire du vélo sur
la piste cyclable qui longe le fleuve Saint-Laurent _____ J'ai mis dans mon sac à dos de la
crème solaire_____ une bouteille d'eau_____ une collation et ma casquette_____Est-ce
que j'ai oublié quelque chose_____ Non_____ je ne crois pas_____ Je suis prêt à partir_____

L'AIGLE ET LE SERPENT
Ésope

Un aigle a foncé sur un serpent et l'a saisi avec ses serres dans l'intention de l'emporter et
de le dévorer_____ Mais le serpent était plus rapide que l'aigle_____ Il enserra son corps et
une lutte s'engagea entre les deux_____ Un homme_____ témoin de cette bagarre_____
est venu en aide à l'aigle et a réussi à le libérer du serpent et à lui permettre de
s'échapper_____ Par vengeance_____ le serpent a mis un peu de son poison dans la
gourde de l'homme_____ Assoiffé par ses efforts_____ l'homme était sur le point
d'étancher sa soif avec un peu d'eau, quand l'aigle l'a frappé et a renversé le contenu de
la gourde sur le sol_____

La morale de l'histoire _____ une bonne action en amène une autre_____

1. Cherche la définition des mots suivants.

a) fucus : _____

b) minaret : _____

c) préside : _____

d) ronceraie : _____

e) tison : _____

2. Demande à quelqu'un de te dicter les mots qui se trouvent à la page 472 du corrigé.

a) _____   b) _____   c) _____

d) _____   e) _____   f) _____

3. Classe les mots suivants dans l'ordre alphabétique.

carouge   collectionner   cartable   curieux   camion   cybercafé   carotte
courage   cube   cent   chaleur   château   confiserie   cyclope   crypte
champion   cracher   conversation   couper   culbuter

a) _____ b) _____ c) _____ d) _____

e) _____ f) _____ g) _____ h) _____

i) _____ j) _____ k) _____ l) _____

m) _____ n) _____ o) _____ p) _____

q) _____ r) _____ s) _____ t) _____

4. Écris le nom des signes de ponctuation suivants.

a) ! _____   b) , _____

c) . _____   d) ? _____

1. Pourquoi les mots sont-ils classés dans l'ordre alphabétique dans le dictionnaire?

_____

_____

2. Cherche les mots suivants dans le dictionnaire. Écris la définition. N'oublie pas d'indiquer de quelle classe de mots il s'agit.

a) plaider: _____

   Ce mot est un: _____

b) plaidoirie: _____

   Ce mot est un: _____

c) plaideur: _____

   Ce mot est un: _____

d) plaidoyer: _____

   Ce mot est un: _____

3. Que remarques-tu de similaire à propos des quatre mots du numéro 2?

_____

4. Cherche la définition des mots suivants.

a) promu: _____

b) cloaque: _____

c) tajine: _____

d) nacre: _____

e) labbe: _____

f) grume: _____

g) exosquelette: _____

5. Demande à quelqu'un de te dicter les mots manquants. Ils sont à la page 472 du corrigé.

LE VENT ET LE SOLEIL

Le vent et le soleil se _____ pour savoir _____ était le plus fort.

_____, ils ont vu un voyageur venir vers eux, et le soleil a dit : « Il y a une façon

de trancher notre _____. Celui de nous qui pourra faire _____ son

manteau à ce _____ sera considéré comme le plus fort. _____. »

Le soleil s'est retiré _____ un nuage, et le vent a commencé à _____

aussi fort qu'il le pouvait sur le voyageur. Mais plus il soufflait, plus le voyageur

_____ étroitement dans son manteau. Le vent a donc dû abandonner en

_____ de cause. Le soleil est _____ sorti et s'est mis à briller dans toute sa

_____ sur le voyageur, qui l'a _____ trouvé trop chaud pour

_____ avec son manteau sur le dos. Le soleil avait _____.

6. Demande à quelqu'un de te dicter le texte à la page 473 du corrigé.

_____

_____

_____

_____

_____

_____

_____

_____

_____

7. Classe les mots suivants dans l'ordre alphabétique.

tableau	fenêtre	vitre	cadre	imprimante
feuille	radio	photo	panier	crayon
gomme	zen	tasse	téléphone	dictionnaire
peinture	note	livre	sac	plume
disque	bouteille	tablette	nom	wagon
yeux	hibou	kangourou	jaune	lune

1. _____   2. _____   3. _____

4. _____   5. _____   6. _____

7. _____   8. _____   9. _____

10. _____   11. _____   12. _____

13. _____   14. _____   15. _____

16. _____   17. _____   18. _____

19. _____   20. _____   21. _____

22. _____   23. _____   24. _____

25. _____   26. _____   27. _____

28. _____   29. _____   30. _____

8. Remplace chaque lettre par celle qui précède immédiatement dans l'alphabet.

a) niopw _____   b) eutpq _____   c) zmhwk _____   d) vmsdj _____

9. Remplace chaque lettre par celle qui suit immédiatement dans l'alphabet.

a) kwvai _____   b) mycsl _____   c) tplsx _____   d) ourfg _____

1. Explique le sens des phrases suivantes.

a) Avoir les yeux plus grands que la panse. _____

b) Broyer du noir. _____

c) Être dans la lune. _____

d) Être vert de jalousie. _____

e) Manger comme un cochon. _____

f) Passer l'arme à gauche. _____

2. Corrige les anglicismes dans les phrases suivantes.

a) Le bumper de la voiture est abîmé. _____

b) J'ai eu un bon discount sur mes vêtements. _____

c) J'ai remplacé les batteries de la télécommande. _____

d) J'ai retourné un appel. _____

e) Ils servaient des breuvages au restaurant. _____

3. Trouve le sens des proverbes suivants.

a) Rien ne sert de courir, il faut partir à point. _____

b) Le jeu n'en vaut pas la chandelle. _____

c) Œil pour œil, dent pour dent. _____

d) Paris ne s'est pas faite en un jour. _____

e) Plus on est de fous, plus on rit. _____

f) C'est en forgeant qu'on devient forgeron. _____

g) Les cordonniers sont les plus mal chaussés. _____

Test • Français

1. Explique le sens des expressions suivantes.

a) Je lui ai dit ce que je pensais du fond du cœur.

_____

b) Le méchant sorcier avait un cœur de pierre.

_____

c) Les montagnes russes étaient vertigineuses. Heureusement, j'avais le cœur bien accroché.

_____

d) Il est vraiment allé au cœur des choses pour découvrir la vérité.

_____

e) Je suis de tout cœur avec vous.

_____

f) Sophie avait le cœur gros lorsqu'elle a perdu son collier.

_____

g) Le décès de sa grand-mère lui a fendu le cœur.

_____

h) Daniel avait le cœur au bord des lèvres.

_____

i) Stéphanie avait le cœur brisé lorsqu'elle a su que sa meilleure amie déménageait à Toronto.

_____

j) Mon grand-père a vraiment le cœur sur la main.

_____

k) Ma poupée a la bouche en cœur.

_____

2. Pour chaque numéro, souligne la phrase qui contient un anglicisme.

a) Marra et moi allons prendre une marche. Marra et moi faisons une promenade.

b) J'ai acheté du dentifrice à la pharmacie. Il n'y a plus de pâte à dents.

c) J'ai ciré mes skis. Simon a farté ses skis.

d) Nous lui avons donné une bonne main d'applaudissement. Nous avons applaudi à tout rompre.

e) Je regarde la télévision à la journée longue. Je regarde la télévision toute la journée.

f) Zoé et Carla ont clavardé sur Internet. J'ai chatté toute la soirée avec mes amis.

g) Ma mère a acheté un nouveau toaster. Ma mère a acheté un nouveau grille-pain.

h) J'ai rendez-vous chez le médecin. J'ai un appointement chez le médecin.

i) Le facteur a laissé des dépliants publicitaires dans la boîte aux lettres. Le facteur a laissé des pamphlets publicitaires dans la boîte aux lettres.

j) Nous supportons l'équipe de football de notre école. Nous encourageons l'équipe de football de notre école.

k) À date, tout va bien. Jusqu'à maintenant, tout va bien.

l) Mon oncle a un abonnement au théâtre du Bois. Mon oncle a des billets de saison au théâtre du Bois.

m) Nous avons acheté des livres pour une chanson. Nous avons acheté des livres pour une bouchée de pain.

n) Les élèves ont posé une question. Les élèves ont demandé une question.

o) Ma mère a abîmé le bumper de la voiture. Ma mère a abîmé le pare-chocs de la voiture.

p) Bruno a téléchargé des fichiers. Bruno a downloadé des fichiers.

3. Écris à côté de chaque proverbe le numéro de sa définition.

a) L'appétit vient en mangeant. _____

b) Après la pluie, le beau temps. _____

c) Bonne renommée vaut mieux que ceinture dorée. _____

d) C'est en forgeant qu'on devient forgeron. _____

e) Chat échaudé craint l'eau froide. _____

f) Le chat parti, les souris dansent. _____

g) Deux avis valent mieux qu'un. _____

h) Entre l'arbre et l'écorce, il ne faut pas mettre le doigt. _____

i) L'habit ne fait pas le moine. _____

j) Il faut se tourner la langue sept fois dans la bouche avant de parler. _____

1. Les apparences sont souvent trompeuses.

2. Plus on a, plus on veut avoir.

3. Le bonheur succède souvent au malheur.

4. Il faut réfléchir avant de parler.

5. À force de s'exercer à une chose, on y devient habile.

6. On redoute même l'apparence de ce qui nous a déjà nui.

7. Il vaut mieux consulter plusieurs personnes avant d'agir.

8. Quand le responsable est absent, les subordonnés en profitent.

9. Il vaut mieux jouir de l'estime publique que d'être riche.

10. Il ne faut pas intervenir dans une dispute.

1. Explique le sens des phrases suivantes.

a) Avoir le cœur en écharpe. _____

b) Perdre la tête. _____

c) Il est parti sur un coup de tête. _____

d) Ajouter son grain de sel. _____

e) Dormir sur ses deux oreilles. _____

f) Manger les pissenlits par la racine. _____

2. Corrige les anglicismes dans les phrases suivantes.

a) Je n'ai pas de change pour 10 $. _____

b) Le coach était content de notre victoire. _____

c) Je ne trouve plus le remote control. _____

d) Félix a kické le ballon. _____

e) Il faut une balle pour jouer au soccer. _____

3. Trouve le sens des proverbes suivants.

a) A beau mentir qui vient de loin. _____

b) Autre temps, autres mœurs. _____

c) Avec des « si », on mettrait Paris en bouteille. _____

d) Chose promise, chose due. _____

e) Qui va à la chasse perd sa place. _____

1. Écris l'expression au sens figuré qui correspond à chacune des illustrations.

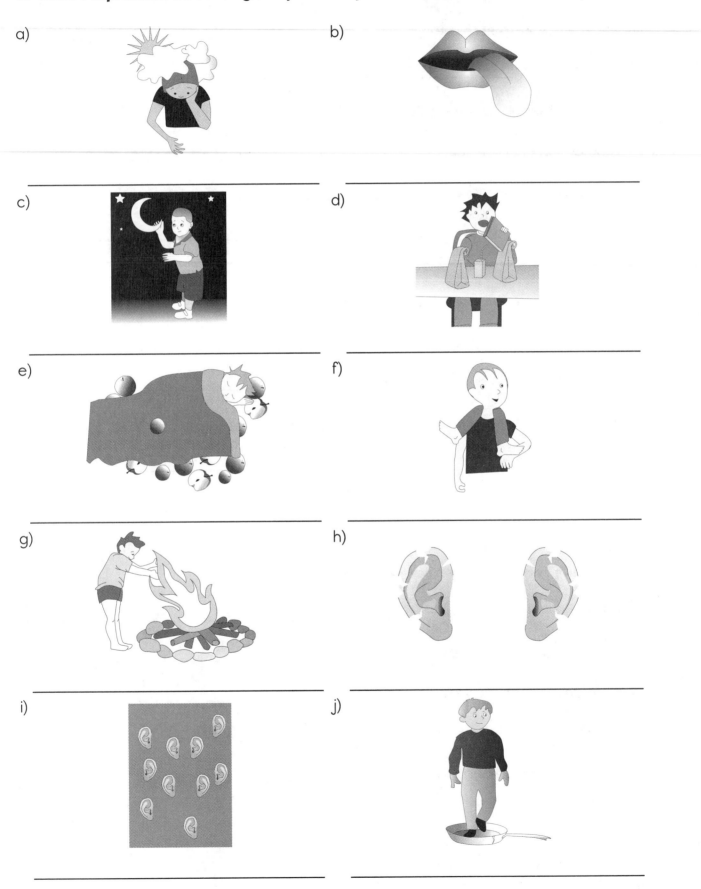

a)

b)

c)

d)

e)

f)

g)

h)

i)

j)

2. Corrige les phrases suivantes. Elles contiennent toutes un anglicisme.

a) Elle a acheté une robe cheap.

_____

b) Mathieu est mon grand chum.

_____

c) Définitivement, je n'irai pas.

_____

d) La partie a été cancellée en raison de la pluie.

_____

e) Ce film est vraiment cool.

_____

f) Mon professeur de musique est full intéressant.

_____

g) Il a vraiment une attitude de loser.

_____

h) Les vis de la lampe étaient lousses.

_____

i) La sœur de mon ami m'a donné un lift.

_____

j) Martine a plogué la télévision.

_____

k) J'ai vu un super bon show hier soir.

_____

3. Écris à côté de chaque définition le numéro du proverbe correspondant.

a) Le plus difficile en toute chose est de commencer. _____

b) N'avoir rien à faire expose la personne à toutes les tentations. _____

c) On n'arrive pas à un résultat sans peine. _____

d) Avec une volonté et à force de persévérance, on atteint notre but. _____

e) La prudence nous protège du danger. _____

f) Celui qui use de violence sera victime de la violence. _____

g) La santé est plus importante que la richesse. _____

h) Parfois, un incident fâcheux aura pour conséquence un événement heureux. _____

i) Les jeunes manquent d'expérience et les plus âgés manquent de force. _____

j) On est toujours tenté par la nouveauté. _____

k) C'est la volonté qui nous permet de réussir. _____

1. Il n'y a que le premier pas qui coûte.

2. Tout nouveau tout beau.

3. À quelque chose malheur est bon.

4. Prudence est mère de sûreté.

5. Petit à petit, l'oiseau fait son nid.

6. Santé passe richesse.

7. L'oisiveté est mère de tous les vices.

8. Quiconque se sert de l'épée périra par l'épée.

9. On ne fait pas d'omelette sans casser des œufs.

10. Vouloir, c'est pouvoir.

11. Si jeunesse savait, si vieillesse pouvait.

1. Lis le texte et réponds aux questions.

LE VARAN DE KOMODO

Le varan de Komodo, qu'on appelle aussi *dragon de Komodo*, vit sur quatre îles du sud de l'Indonésie : Komodo, Florès, Rintja et Padar. La population est estimée entre 2500 à 5000 individus. Ce lézard, dont l'origine remonte à plus de 140 millions d'années, est un prédateur féroce.

Lorsque le varan de Komodo s'attaque à de grosses proies, il leur casse d'abord la colonne vertébrale pour ensuite les déchiqueter à l'aide de ses 60 dents ressemblant à celles d'un requin. Il procède autrement avec les petits animaux : il les attrape dans sa gueule et les secoue jusqu'à ce que leur corps éclate. Si par hasard une proie arrivait à s'enfuir, elle mourrait quand même, car la salive du varan de Komodo contient des bactéries mortelles. C'est un animal vorace : on l'a déjà vu engloutir 26 kilos de viande en quelques minutes. Il se nourrit de cochons, de sangliers, de cerfs, de chiens, de buffles. Son odorat est très développé et il peut même sentir des restes d'animaux en décomposition à plus de 5 km de distance. Tout comme le serpent, le varan « goutte l'air » avec sa langue, ce qui lui permet de trouver sa nourriture.

Ce lézard est un animal fascinant qui sait nager, grimper aux arbres et, malgré son poids imposant, peut atteindre une vitesse de 11 km/h lorsqu'il court. Sa queue puissante lui sert d'arme, mais aussi d'appui lorsqu'il se met debout. Il peut atteindre 3 m de longueur ou plus et peser jusqu'à 126 kg.

La femelle pond environ 25 œufs qui écloront 9 mois plus tard. Elle ne s'occupe pas des petits ; ils doivent se débrouiller seuls. Ils passent la majeure partie de leurs premières années de vie dans les arbres afin d'éviter de se faire manger par leurs congénères. L'espérance de vie du dragon de Komodo est d'environ 40 ans dans la nature et le double en captivité.

Dans le but de protéger le varan de Komodo, le gouvernement de l'Indonésie a transformé les îles de Padar et de Rintja en réserves naturelles pour ce lézard et ses proies. De plus, un accord international interdit le commerce des spécimens et des peaux de cet animal.

Test • Français

1. a) Quel autre nom donne-t-on au varan de Komodo? _____

b) Sur quelles îles vivent les varans de Komodo? _____

c) Nomme les animaux dont se nourrissent les varans. _____

_____

d) Pourquoi le gouvernement indonésien a-t-il créé une réserve naturelle?

_____

e) À quelle distance le varan peut-il sentir une proie? _____

f) Quelle est la population de varans de Komodo? _____

g) Depuis quand le varan existe-t-il? _____

h) Comment tue-t-il les grosses proies? _____

_____

i) Comment tue-t-il les petites proies? _____

_____

j) Décris l'apparence physique du varan de Komodo. _____

_____

k) Quelle vitesse peut-il atteindre à la course? _____

l) Pourquoi une proie meurt-elle même si elle réussit à s'enfuir? _____

_____

m) Combien d'œufs pond la femelle? _____

n) Quelle quantité de viande a-t-on déjà vu le varan ingurgiter en quelques minutes?

_____

o) Quelle est l'espérance de vie d'un dragon de Komodo en captivité?

_____

1. Lis le texte et réponds aux questions.

L'ÉTRANGE MACHINE DANS LE GRENIER

C'est une journée pluvieuse et Max ne sait pas quoi faire de ses dix doigts. Il s'ennuie tellement qu'il souhaiterait presque aller à l'école. Pour passer le temps, il regarde la télé quand une idée lui traverse l'esprit. Il va appeler son ami Peter et ils pourront aller explorer le grenier de la grand-mère de Peter. Celle-ci habite une vieille maison au bord de la rivière et son grenier regorge d'objets divers entassés là depuis des années.

Les deux amis enfourchent leur vélo et se dirigent vers la maison de la grand-mère de Peter. Ils cognent à la porte, mais il n'y a pas de réponse. Peter sait que sa mamie cache une clé sous un pot de fleurs. Ils entrent dans la maison, gravissent les escaliers et l'échelle, et les voilà dans le fameux grenier.

Il y a tellement d'objets qu'ils ne savent pas où regarder. Max essaie un vieux chapeau haut-de-forme qui a appartenu à l'arrière-arrière-grand-père de Peter. Quelle classe ! Peter, quant à lui, a mis la main sur une étrange machine. Il demande à Max de venir la voir. Les deux comparses examinent cette étrange machine munie de plusieurs boutons et roulettes de toutes les couleurs. Ils tournent une roulette vers la gauche, une vers la droite, enfoncent un bouton rouge et un bouton vert. Ils sont sur le point d'abandonner quand un écran sort à l'arrière de la machine. Sur l'écran, on peut voir un homme en smoking avec un haut-de-forme. Il est accompagné d'une femme vêtue d'une magnifique robe de bal. On les voit se diriger vers une voiture tirée par des chevaux. Mais qui sont-ils ? Et comment se fait-il que cette étrange machine diffuse des images alors qu'elle ne ressemble ni à une télé ni à un ordinateur ?

Peter se rappelle des photos accrochées dans le bureau de sa grand-mère et se rend compte qu'il s'agit de ses arrière-arrière-grands-parents. Il n'en revient pas. Il les voit entrer dans une magnifique résidence éclairée par des chandeliers. Max appuie par inadvertance sur l'un des boutons et l'image change : on voit maintenant Peter alors qu'il n'avait que trois ans.

C'est impossible ! Cette machine a emmagasiné toute l'histoire de la famille de Peter. Il appuie sur différents boutons et voit ses parents et ses ancêtres évoluer dans leur monde. Il voudrait bien revenir sur les images de lui-même et savoir jusqu'où va le « film ». Peut-être pourra-t-il aussi voir son avenir ?

Alors qu'il cherche le bon bouton, les deux amis entendent du bruit qui vient d'en bas. Oh, non! La grand-mère de Peter est revenue et elle lui a formellement interdit d'aller au grenier sans sa permission. Il sera sévèrement puni si sa grand-mère les voit dans le grenier. Que faire, mon Dieu, que faire?

Les deux amis se dirigent lentement et silencieusement vers la trappe du grenier, l'ouvrent tout doucement et descendent l'échelle. Maintenant, il faut sortir de la maison. Prendre l'escalier et sortir par la porte est trop risqué. La grand-mère pourrait les entendre ou les voir. Max suggère de sortir par la fenêtre de la chambre d'ami et de se

laisser glisser jusqu'au sol en s'agrippant aux plantes grimpantes qui tapissent les murs de la maison. Aussitôt dit, aussitôt fait. Max et Peter courent jusqu'aux bicyclettes qu'ils avaient cachées derrière les buissons. Ouf! Ils l'ont échappé belle! Ils se promettent de revenir le plus rapidement possible pour visionner le reste du film.

Après quelques jours d'attente, ils ont enfin pu retourner chez la grand-mère pendant son absence et se faufiler en douce dans le grenier. Quelle déception! Ils cherchent la machine partout, en vain. Impossible de mettre la main sur l'étrange machine. Est-ce que la mamie de Peter s'est aperçue de leur passage et a caché la machine? Ont-ils rêvé?

Toute sa vie, Peter est allé vérifier de temps à autre si la machine avait réapparu. Un jour, alors qu'il était très vieux, Peter l'a enfin retrouvée et il a pu voir toute sa vie. Le lendemain matin, ses enfants l'ont trouvé sans vie dans le grenier. Un doux sourire illuminait son visage.

a) Qui sont les deux héros de l'histoire? _____

b) Où vont-ils? _____

c) Décris le temps qu'il fait cette journée-là. _____

d) Où est située la maison de la grand-mère? _____

e) Où est cachée la clé de la maison de la grand-mère? _____

f) Qu'a mis Max? _____

g) Qu'ont-ils trouvé dans le grenier? _____

h) Dans quel ordre ont-ils tourné les roulettes et enfoncé les boutons? _____

_____

i) Décris la première image que Max et Peter voient. _____

_____

_____

_____

j) Quel âge avait Peter lorsqu'il s'est vu à l'écran? _____

k) Qu'est-ce qui est emmagasiné dans la machine trouvée au grenier? _____

_____

l) Comment sont-ils sortis de la maison lorsqu'ils ont entendu la grand-mère de Peter
   arriver? _____

m) Pourquoi avaient-ils peur de se faire surprendre dans le grenier? _____

_____

n) Ont-ils retrouvé la machine lorsqu'ils sont retournés dans le grenier? _____

o) Quel âge avait Peter lorsqu'il a retrouvé la machine? _____

p) Qu'est-il arrivé à Peter après avoir visionné le film de sa vie? _____

Exercices • Français

1. **Lis le texte sur le dos des livres et écris à quel genre littéraire ils appartiennent. Sers-toi de la banque de mots.**

contes   roman policier   grammaire   roman de science-fiction
dictionnaire   livre de recettes   roman d'amour   recueil de fables
recueil de poésie   bande dessinée   pièce de théâtre   guide pratique

LES RECETTES DE MAMIE

Lorraine Tremblay

L'auteure a parcouru le Québec à la rencontre de nos grands-mères dans le but de partager avec nous les meilleures recettes du terroir québécois.

a) _____

LE FAUBOURG DE LA PEUR

Carl Dumas

Depuis quelques mois, des femmes disparaissent sans laisser de trace dans les faubourgs de Londres.
L'inspecteur Daly mène l'enquête et ce qu'il découvrira vous fera voir le genre humain d'un tout autre œil.

b) _____

L'AMOUR AU BOUT DE LA ROUTE

Caroline

L'auteure bien connue, Caroline, nous offre la suite tant attendue des aventures romantiques de Sarah. Benjamin, son mari, a disparu dans la jungle amazonienne et Sarah met tout en œuvre pour le retrouver, mais les choses se corsent lorsqu'elle rencontre un séduisant pilote de brousse.

c) _____

ODE À LA LUMIÈRE
Mario Labbé

Le poète de réputation mondiale, Mario Labbé, enchantera votre journée avec ses poèmes qui rendent hommage à la lumière qui éclaire nos vies.

d) _____

MA PREMIÈRE GRAMMAIRE
Élisabeth Couture

Toutes les règles de grammaire expliquées aux élèves du deuxième cycle du primaire.
Des exercices permettent de vérifier si le jeune apprenti a bien compris les explications données.
Un ouvrage indispensable pour réussir au primaire.

e) _____

L'ÉCOLE DES FILLES
Rousse et Bléir

Encore une fois, le duo Rousse et Bléir vous fera rire des péripéties des filles, cette fois-ci à l'école. Les textes de Rousse et les illustrations de Bléir vous feront passer un agréable moment.

f) _____

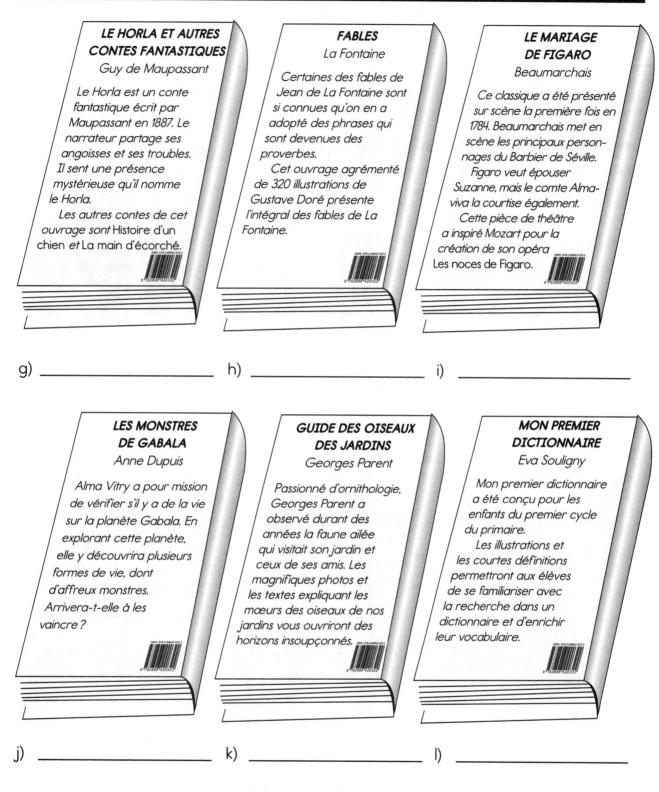

LE HORLA ET AUTRES CONTES FANTASTIQUES

Guy de Maupassant

Le Horla est un conte fantastique écrit par Maupassant en 1887. Le narrateur partage ses angoisses et ses troubles. Il sent une présence mystérieuse qu'il nomme le Horla.

Les autres contes de cet ouvrage sont Histoire d'un chien et La main d'écorché.

g) _____

FABLES

La Fontaine

Certaines des fables de Jean de La Fontaine sont si connues qu'on en a adopté des phrases qui sont devenues des proverbes.

Cet ouvrage agrémenté de 320 illustrations de Gustave Doré présente l'intégral des fables de La Fontaine.

h) _____

LE MARIAGE DE FIGARO

Beaumarchais

Ce classique a été présenté sur scène la première fois en 1784. Beaumarchais met en scène les principaux personnages du Barbier de Séville. Figaro veut épouser Suzanne, mais le comte Almaviva la courtise également.

Cette pièce de théâtre a inspiré Mozart pour la création de son opéra Les noces de Figaro.

i) _____

LES MONSTRES DE GABALA

Anne Dupuis

Alma Vitry a pour mission de vérifier s'il y a de la vie sur la planète Gabala. En explorant cette planète, elle y découvrira plusieurs formes de vie, dont d'affreux monstres. Arrivera-t-elle à les vaincre ?

j) _____

GUIDE DES OISEAUX DES JARDINS

Georges Parent

Passionné d'ornithologie, Georges Parent a observé durant des années la faune ailée qui visitait son jardin et ceux de ses amis. Les magnifiques photos et les textes expliquant les mœurs des oiseaux de nos jardins vous ouvriront des horizons insoupçonnés.

k) _____

MON PREMIER DICTIONNAIRE

Eva Souligny

Mon premier dictionnaire a été conçu pour les enfants du premier cycle du primaire.

Les illustrations et les courtes définitions permettront aux élèves de se familiariser avec la recherche dans un dictionnaire et d'enrichir leur vocabulaire.

l) _____

Test • Français

1. Lis le texte et réponds aux questions.

LA POULE AUX ŒUFS D'OR
Jean de La Fontaine

L'**avarice** perd tout en voulant tout gagner.
Je ne veux, pour le témoigner,
Que celui dont la Poule, à ce que dit la fable,
Pondait tous les jours un œuf d'or.
Il crut que dans son corps elle avait un trésor :
Il la tua, l'ouvrit, et la trouva semblable
À celles dont les œufs ne lui rapportaient rien,
S'étant lui-même ôté le plus beau de son bien.
Belle leçon pour les gens **chiches** !
Pendant ces derniers temps, combien a-t-on vus
Qui du soir au matin sont pauvres devenus,
Pour vouloir trop tôt être riches !

a) Cherche dans le dictionnaire les deux mots en caractères gras dans le texte. Écris leur définition.

_____

_____

_____

_____

b) Que pondait la poule tous les jours ? _____

c) Que croyait trouver l'avare dans le ventre de la poule ? _____

d) Quelle phrase du texte explique la morale de la fable ? _____

_____

e) Peux-tu nommer le titre d'autres fables écrites par La Fontaine ?

_____

_____

_____

1. Lis le texte et réponds aux questions.

LES RÉVOLTÉS DE LA *BOUNTY*
Jules Verne

L'abandon

Pas le moindre souffle, pas une ride à la surface de la mer, pas un nuage au ciel. Les splendides constellations de l'hémisphère austral se dessinent avec une incomparable pureté. Les voiles de la *Bounty* pendent le long des mâts, le bâtiment est immobile, et la lumière de la lune, pâlissant devant l'aurore qui se lève, éclaire l'espace d'une lueur indéfinissable.

La *Bounty*, navire de deux cent quinze tonneaux monté par quarante-six hommes, avait quitté Spithead, le 23 décembre 1787, sous le commandement du capitaine Bligh, marin expérimenté, mais un peu rude, qui avait accompagné le capitaine Cook dans son dernier voyage d'exploration. (Nous croyons bon de prévenir nos lecteurs que ce récit n'est point une fiction. Tous les détails en sont pris aux annales maritimes de la Grande-Bretagne. La réalité fournit quelquefois des faits si romanesques que l'imagination elle-même ne pourrait rien y ajouter.)

La *Bounty* avait pour mission spéciale de transporter aux Antilles l'arbre à pain, qui pousse à profusion dans l'archipel de Tahiti. Après une relâche de six mois dans la baie de Matavaï, William Bligh, ayant chargé un millier de ces arbres, avait pris la route des Indes occidentales, après un assez court séjour aux îles des Amis.

Maintes fois, le caractère soupçonneux et emporté du capitaine avait amené des scènes désagréables entre quelques-uns de ses officiers et lui. Cependant, la tranquillité qui régnait à bord de la *Bounty*, au lever du soleil, le 28 avril 1789, ne faisait rien présager des graves événements qui allaient se produire.

Tout semblait calme, en effet, lorsque tout à coup, une animation insolite se propage sur le bâtiment. Quelques matelots s'accostent, échangent deux ou trois paroles à voix basse, puis disparaissent à petits pas.

Est-ce le quart du matin qu'on relève ? Quelque accident inopiné s'est-il produit à bord ?

a) Comment s'appelle le navire dont il est question dans cet extrait du roman de Jules Verne? _____

b) Comment s'appelle le roman dont est tiré cet extrait? _____

c) Combien d'hommes font partie de l'équipage de ce bateau? _____

d) Comment s'appelle le capitaine du navire? _____

e) Quelle était la mission de ce navire? _____

f) Sur quelles îles le capitaine a-t-il fait une courte escale? _____

g) Quelle ville le bateau venait-il de quitter? _____

h) Sur quelle période se déroule l'histoire? _____

i) Comment décrit-on le caractère du capitaine? _____

j) Que font les matelots le matin du 28 avril 1789? _____

_____

k) À ton avis, que s'est-il passé sur ce navire? Invente une suite.

_____

_____

_____

_____

1. Lis le texte et réponds aux questions.

LÉGENDE DE L'HOMME À LA CERVELLE D'OR
Alphonse Daudet

Il était une fois un homme qui avait une cervelle d'or ; oui, madame, une cervelle toute en or. Lorsqu'il vint au monde, les médecins pensaient que cet enfant ne vivrait pas, tant sa tête était lourde et son crâne démesuré. Il vécut cependant et grandit au soleil comme un beau plant d'olivier ; seulement sa grosse tête l'entraînait toujours, et c'était pitié de le voir se cogner à tous les meubles en marchant... Il tombait souvent. Un jour, il roula du haut d'un perron et vint donner du front contre un degré de marbre, où son crâne sonna comme un lingot. On le crut mort, mais en le relevant, on ne lui trouva qu'une légère blessure, avec deux ou trois gouttelettes d'or caillées dans ses cheveux blonds. C'est ainsi que les parents apprirent que l'enfant avait une cervelle en or.

La chose fut tenue secrète ; le pauvre petit lui-même ne se douta de rien. De temps en temps, il demandait pourquoi on ne le laissait plus courir devant la porte avec les garçonnets de la rue.

— On vous volerait, mon beau trésor ! lui répondait sa mère...

Alors le petit avait grand-peur d'être volé ; il retournait jouer tout seul, sans rien dire, et se trimbalait lourdement d'une salle à l'autre...

À 18 ans seulement, ses parents lui révélèrent le don monstrueux qu'il tenait du destin ; et, comme ils l'avaient élevé et nourri jusque-là, ils lui demandèrent en retour un peu de son or. L'enfant n'hésita pas ; sur l'heure même — Comment ? Par quels moyens ? La légende ne l'a pas dit —, il s'arracha du crâne un morceau d'or massif, un morceau gros comme une noix, qu'il jeta fièrement sur les genoux de sa mère... Puis, tout ébloui des richesses qu'il portait dans la tête, fou de désirs, ivre de sa puissance, il quitta la maison paternelle et s'en alla par le monde en gaspillant son trésor.

Du train dont il menait sa vie, royalement, et semant l'or sans compter, on aurait dit que sa cervelle était inépuisable... Elle s'épuisait cependant, et à mesure on pouvait voir les yeux s'éteindre, la joue devenir plus creuse. Un jour enfin, au matin d'une débauche folle, le malheureux, resté seul parmi les débris du festin et les lustres qui pâlissaient, s'épouvanta de l'énorme brèche qu'il avait déjà faite à son lingot : il était temps de s'arrêter.

Dès lors, ce fut une existence nouvelle. L'homme à la cervelle d'or s'en alla vivre, à l'écart, du travail de ses mains, soupçonneux et craintif comme un avare, fuyant les

tentations, tâchant d'oublier lui-même ces fatales richesses auxquelles il ne voulait plus toucher... Par malheur, un ami l'avait suivi dans sa solitude, et cet ami connaissait son secret.

Une nuit, le pauvre homme fut réveillé en sursaut par une douleur à la tête, une effroyable douleur; il se dressa, éperdu, et vit, dans un rayon de lune, l'ami qui fuyait en cachant quelque chose sous son manteau... Encore un peu de cervelle qu'on lui emportait!...

À quelque temps de là, l'homme à la cervelle d'or devint amoureux, et cette fois, tout fut fini... Il aimait du meilleur de son âme une petite femme blonde, qui l'aimait bien aussi, mais qui préférait encore les pompons, les plumes blanches et les jolis glands mordorés battant le long des bottines.

Entre les mains de cette mignonne créature — moitié oiseau, moitié poupée —, les piécettes d'or fondaient que c'était un plaisir. Elle avait tous les caprices; et lui ne savait jamais dire non; même, de peur de la peiner, il lui cacha jusqu'au bout le triste secret de sa fortune.

— Nous sommes donc bien riches? disait-elle.

Le pauvre homme lui répondait:

— Oh! oui... bien riches!

Et il souriait avec amour au petit oiseau bleu qui lui mangeait le crâne innocemment. Quelquefois cependant, la peur le prenait, il avait des envies d'être avare; mais alors la petite femme venait vers lui en sautillant, et lui disait:

— Mon mari, qui êtes si riche, achetez-moi quelque chose de bien cher.

Et il lui achetait quelque chose de bien cher.

Cela dura ainsi pendant deux ans; puis, un matin, la petite femme mourut, sans qu'on sût pourquoi, comme un oiseau... Le trésor touchait à sa fin; avec ce qui lui restait, le veuf fit faire à sa chère morte un bel enterrement.

Cloches à toute volée, lourds carrosses tendus de noirs chevaux empanachés, larmes d'argent dans le velours, rien ne lui parut trop beau. Que lui importait son or maintenant? Il en donna pour l'église, pour les porteurs, pour les revendeuses d'immortelles: il en donna partout sans marchandises... Aussi, en sortant du cimetière, il ne lui restait presque plus rien de cette cervelle merveilleuse, à peine quelques parcelles aux parois du crâne.

Alors on le vit s'en aller dans les rues, l'air égaré, les mains en avant, trébuchant comme un homme ivre. Le soir, à l'heure où les bazars s'illuminent, il s'arrêta devant une large vitrine dans laquelle tout un fouillis d'étoiles et de parures reluisait aux lumières, et resta là longtemps

à regarder deux bottines de satin bleu bordées de duvet de cygne. «Je sais quelqu'un à qui ces bottines feraient bien plaisir», se disait-il en souriant; et, ne se souvenant déjà plus que la petite femme était morte, il entra pour les acheter. Du fond de son arrière-boutique, la marchande entendit un grand cri; elle accourut et recula de peur en voyant un homme debout, qui s'accotait au comptoir et regardait douloureusement d'un air hébété. Il tenait d'une main les bottines bleues à bordure de cygne, et présentait l'autre main toute sanglante, avec des raclures d'or au bout des ongles.

Telle est, madame, la légende de l'homme à la cervelle d'or.

Malgré ses airs de conte fantastique, cette légende est vraie d'un bout à l'autre... Il y a par le monde de pauvres gens qui sont condamnés à vivre avec leur cerveau, et payent en bel or fin, avec leur moelle et leur substance, les moindres choses de la vie. C'est pour eux une douleur de chaque jour; et puis, quand ils sont las de souffrir...

a) De quoi était faite la cervelle de l'homme? _____

b) Pourquoi les parents du jeune garçon ne voulaient pas le laisser aller jouer dehors avec les autres enfants? _____

c) Pourquoi tombait-il souvent? _____

d) À quel âge les parents ont-ils révélé à leur enfant qu'il avait une cervelle en or? _____

e) De quelle grosseur était le morceau d'or que le jeune homme donna à ses parents?

_____

f) Qu'aimait la jeune fille dont l'homme à la cervelle d'or tomba amoureux?

_____

g) Que fit-il avec le reste de son or après le décès de sa femme? _____

_____

_____

h) Décris les bottines qu'il voulait acheter à sa femme décédée.

_____

1. Lis le texte et réponds aux questions.

LES SOUHAITS RIDICULES
Charles Perrault

Il était une fois un pauvre bûcheron, qui, fatigué de sa pénible vie, avait grande envie d'aller se reposer aux bords de la rivière. Sa douleur était profonde parce que depuis qu'il était au monde, le ciel cruel n'avait jamais voulu remplir un seul de ses souhaits.

Un jour que, dans le bois, il se mit à se plaindre. La foudre en main, Jupiter apparut. On aurait peine à bien dépeindre la peur que le bonhomme en eut. « Je ne veux rien, dit-il en se jetant par terre ; point de souhaits, point de tonnerre, seigneur ! Épargnez-moi ! »

« N'aie aucune crainte ; je viens, dit Jupiter, touché par ton désespoir, te faire voir le tort que tu me fais. Écoute donc : je te promets, moi qui du monde entier suis le souverain, d'exaucer pleinement les trois premiers souhaits que tu voudras former. Songes-y bien avant que de les faire. »

À ces mots, Jupiter remonta dans les cieux, et le bûcheron s'en alla chez lui. « Il ne faut pas, disait-il en trottant, rien faire à la légère ; il faut, le cas est important, en prendre avis de ma femme. » En entrant chez lui, il s'écria : « Faisons un grand feu, ma chère, nous sommes riches et nous n'avons qu'à faire des souhaits ! »

Alors il lui raconta son aventure. À ce récit, l'épouse, vive et prompte, forma dans son esprit mille projets ; mais, en considérant l'importance de se conduire avec prudence : « Blaise, mon cher ami, dit-elle à son époux, ne gâtons rien par notre impatience ; examinons bien entre nous ce qu'il faut faire en pareille occurrence. Remettons à demain notre premier souhait, et réfléchissons. »

« Je l'entends bien ainsi, dit Blaise, mais va tirer du vin derrière ces fagots. » À son retour, il but et, goûtant à son aise, près d'un grand feu, la douceur du repos, il dit, en s'appuyant sur le dos de sa chaise : « Du boudin viendrait bien à propos ! »

À peine acheva-t-il de prononcer ces mots, que sa femme aperçut, grandement étonnée, un boudin fort long, qui, partant d'un des coins de la cheminée, s'approchait d'elle en serpentant. Jugeant que cette aventure avait pour cause le souhait que, par bêtise toute pure, son homme imprudent avait fait, il n'est point d'injures que, par dépit et colère, elle ne dit au pauvre époux :

« Quand on peut, disait-elle, obtenir un empire, de l'or, des perles, des rubis, des diamants, de beaux habits, est-ce alors du boudin qu'il faut que l'on désire ? » « Eh bien ! J'ai tort, dit-il ; j'ai mal placé mon choix, j'ai commis une faute énorme, je ferai mieux une autre fois. » « Bon, bon, dit-elle, attendez-moi sous l'orme. Pour faire un tel souhait, il faut être bien bœuf ! »

L'époux, emporté par la colère, pensa faire tout bas le souhait d'être veuf, mais il n'osa pas ; il souhaita plutôt que le boudin pende au bout du nez de sa femme.

La prière aussitôt fut écoutée du ciel. Ce miracle imprévu le fâcha grandement. Fanchon, son épouse, était jolie ; elle avait bonne grâce, et, pour dire la vérité, cet ornement en cette place ne faisait pas un bon effet, si ce n'est qu'en pendant sur le bas du visage, il l'empêchait de parler aisément.

« Je pourrais bien, se disait-il, après un malheur si funeste, avec le souhait qui me reste, me faire roi. Rien n'égale, il est vrai, la grandeur souveraine ; mais encore faut-il songer comment serait faite la reine, et dans quelle douleur ce serait la plonger, de la placer sur un trône avec du boudin qui lui pend au bout du nez. » Le bûcheron était devant un dilemme : faire de sa femme une reine avec du boudin au bout du nez ou qu'elle reste femme de bûcheron sans boudin. Ainsi, le bûcheron ne changea point d'état, ne devint point grand potentat, d'écus il ne remplit point sa bourse : trop heureux d'employer son souhait qui restait à rendre le nez de sa femme dans son état original.

Il est donc vrai qu'aux hommes misérables, aveugles, imprudents, inquiets, variables n'appartient pas de faire des souhaits, et que peu d'entre eux sont capables de bien user des dons que le ciel leur a faits.

Test • Français

a) Quel était le métier du personnage principal? _____

b) Quel était son prénom? _____

c) Quel était le prénom de sa femme? _____

d) Pourquoi était-il malheureux? _____

e) Qui lui apparut dans la forêt? _____

f) Qu'avait-il à la main? _____

g) De quel endroit ce personnage dit-il être le souverain? _____

h) Combien de souhaits sont-ils accordés à l'homme? _____

i) Qu'a-t-il fait en arrivant chez lui? _____

j) Quel était le premier souhait de l'homme? _____

_____

k) Quel était le deuxième souhait de l'homme? _____

_____

l) Quel était le troisième souhait de l'homme? _____

_____

m) Est-ce que tu crois qu'il a fait de bons souhaits? _____

n) Quels auraient été tes trois choix? _____

_____

o) Demande à tes amis ou amies quels sont leurs souhaits et écris-les dans l'espace approprié. Compare-les avec les tiens.

_____

_____

_____

1. Tu dois rédiger un texte sur le pays de ton choix. Pour ne rien oublier, écris quelques mots qui t'aideront à te rappeler ce que tu dois écrire, puis rédige ton texte.

Nom du pays : _____ Continent sur lequel il se situe : _____

Population : _____ Superficie du pays : _____

Langue(s) parlée(s) dans ce pays : _____

Endroits qu'il faut absolument voir : _____

_____

_____

_____

_____

_____

_____

_____

Rédige ton texte ici.

_____

_____

_____

_____

_____

_____

_____

_____

Test • Français

1. Regarde les illustrations suivantes. Compose un texte qui raconte l'illustration.

Exercices • Français

2. Invente une histoire. Tu peux te servir des mots entre parenthèses. N'oublie pas que ton histoire doit avoir un début, un milieu et une fin.

(*Premièrement, D'abord, Il était une fois, Un jour, Au début, etc.*)

_____

_____

_____

_____

_____

(*Deuxièmement, Ensuite, etc.*)

_____

_____

_____

_____

_____

_____

(*Finalement, Pour finir, Alors, etc.*)

_____

_____

_____

_____

_____

3. **Écris un texte sur une personne que tu connais ou que tu aimerais connaître. Fais un récit en trois temps : début (introduction), milieu (développement), fin (conclusion).**

Voici quelques conseils : décris cette personne physiquement, dis pourquoi tu l'aimes, trouve-lui des qualités, etc.

1. **Regarde les illustrations. Raconte l'histoire de cette jeune fille. Utilise des mots comme *d'abord*, *ensuite* et *finalement*.**

_____

_____

_____

_____

_____

_____

_____

_____

1. Écris un récit en cinq temps. Voici quelques éléments qui t'aideront.

a) La situation de départ : explique l'endroit et l'époque où se déroule l'histoire, qui sont les personnages principaux, etc.

b) L'élément déclencheur : dis quel élément vient changer le cours de l'histoire : danger, surprise, mauvaise ou heureuse rencontre. C'est cet élément qui va t'aider à construire le reste de ton histoire.

c) Les péripéties : raconte les aventures, heureuses ou malheureuses, que vivent tes personnages.

d) Le dénouement : comment se terminent les aventures, comment tes personnages arrivent à résoudre les problèmes rencontrés, etc.

e) La situation finale : l'élément qui va conclure ton histoire.

_____

_____

_____

_____

_____

_____

_____

_____

_____

_____

_____

_____

_____

_____

_____

_____

_____

_____

2. Raconte tes dernières vacances. Pour t'aider, prends quelques notes pour organiser ton récit de manière chronologique.

Mois durant lequel tu as pris tes vacances : _____

Personnes avec lesquelles tu as pris tes vacances : _____

_____

Destination : _____

Endroit où vous avez dormi (hôtel, camping, chalet, etc.) :

_____

_____

Endroits intéressants que tu as visités :

_____

_____

Activités intéressantes que tu as pratiquées :

_____

_____

Personnes que tu as rencontrées :

_____

_____

Ce que tu as le plus aimé :

_____

_____

Ce que tu as le moins aimé :

_____

_____

3. Maintenant, écris ton texte sur cette page. Sers-toi de la liste des marqueurs de relation.

Premièrement, d'abord, mais, pourtant, par contre, seulement, toutefois, malgré, tandis que, ensuite, puis, d'ailleurs, car, parce que, puisque, comme, à cause de, pour, donc, alors, aussi, c'est pourquoi, ainsi, si bien que, justement, de plus, en plus, sauf que, sauf si, à moins que, bien sûr, finalement, bien entendu, évidemment, enfin, etc.

_____

_____

_____

_____

_____

_____

_____

1. Complète le texte avec les phrases qu'on te dicte. Les phrases sont à la page 475.

Le papillon monarque

_____

On le reconnaît aisément à ses ailes noir et orangé. Il a une envergure de 10 cm.

Il vit en Amérique, en Australie, en Nouvelle-Zélande, en Nouvelle-Guinée et dans les îles

Canaries. _____

_____,

les monarques se regroupent par millions et migrent sur plusieurs milliers de kilomètres

(entre 3 900 et 4 500 km). Leur long voyage dure un mois. _____

_____

C'est là qu'ils se reproduisent en s'installant dans des arbres. Imaginez des millions et des

millions de monarques qui se posent et recouvrent une forêt entière. _____

_____

_____ C'est

plusieurs mois plus tard que les jeunes papillons, qui sont passés de l'état de larve à celui de

chenille pour ensuite devenir une chrysalide et se transformer en papillon, effectueront la

migration inverse, vers le nord.

_____

_____

Recopie les mots ou les phrases mal orthographiés.

_____
_____
_____
_____
_____
_____
_____

1. Écris les phrases qu'on te dicte. Les phrases sont à la page 475.

a) _____

b) _____

c) _____

d) _____

e) _____

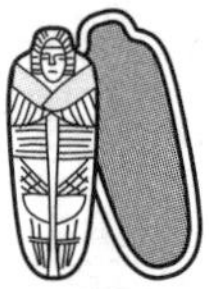

f) _____

g) _____

h) _____

i) _____

j) _____

k) _____

l) _____

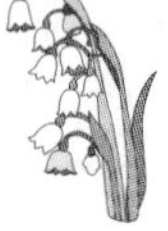

2. Demande à quelqu'un de te dicter les mots qui se trouvent à la page 475 du corrigé.

1) _____   2) _____

3) _____   4) _____

5) _____   6) _____

7) _____   8) _____

9) _____   10) _____

11) _____   12) _____

13) _____   14) _____

15) _____   16) _____

17) _____   18) _____

19) _____   20) _____

21) _____   22) _____

23) _____   24) _____

25) _____   26) _____

27) _____   28) _____

29) _____   30) _____

Recopie trois fois les mots mal orthographiés.

_____

_____

_____

_____

_____

_____

_____

_____

_____

3. Complète le texte avec les phrases qu'on te dicte. Les phrases sont à la page 475.

Le lièvre

_____ Pourtant, il est

bien différent. _____

_____ Les pattes arrière du lièvre sont

beaucoup plus longues que celles de devant. Sa queue est noire sur le dessus et blanche

en dessous. Un lièvre adulte pèse de trois à cinq kilogrammes. _____

Le lièvre est un animal nocturne. _____ Il mange

des semences et des plantes qu'il trouve dans les bois et les champs. _____

_____

_____ Il mange aussi parfois

l'écorce des jeunes arbres quand il n'a rien d'autre à se mettre sous la dent l'hiver.

Il possède une très bonne vue et un odorat extrêmement sensible. _____

_____ À mesure qu'elles s'usent, elles repoussent

comme celles du castor.

L'été, son pelage brun se confond à merveille avec les couleurs du sous-bois, ce qui lui

assure une protection contre ses prédateurs. _____

_____

Pourquoi le pelage du lièvre devient-il blanc ? _____

_____

_____ En plus d'un pelage

tout blanc, ses poils sont plus longs qu'en été et plus épais. _____

_____

Au mois de mai, le lièvre perdra alors ses poils blancs pour se recouvrir de poils bruns. ___

_____

La femelle du lièvre s'appelle la hase et le petit le levraut. _____

_____

_____ .

Recopie les mots ou les phrases mal orthographiés.

_____

_____

_____

4. Écris les phrases qu'on te dicte. Les phrases sont à la page 476.

a) _____

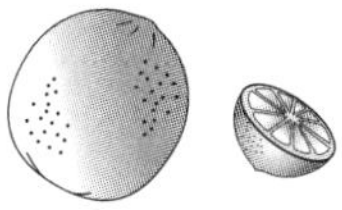

b) _____

c) _____

d) _____

e) _____

f) _____

g) _____

h) _____

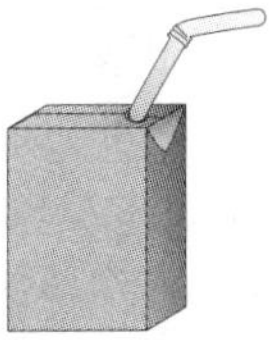

i) _____

5. Demande à quelqu'un de te dicter les mots qui se trouvent à la page 476 du corrigé.

1) _____   2) _____

3) _____   4) _____

5) _____   6) _____

7) _____   8) _____

9) _____   10) _____

11) _____   12) _____

13) _____   14) _____

15) _____   16) _____

17) _____   18) _____

19) _____   20) _____

21) _____   22) _____

23) _____   24) _____

25) _____   26) _____

27) _____   28) _____

29) _____   30) _____

Recopie trois fois les mots mal orthographiés.

_____

_____

_____

_____

_____

_____

_____

_____

_____

Stéphane Vallée

MATHÉMATIQUE

1. Écris tous les nombres compris entre 47 995 et 48 020.

_____

_____

_____

_____

2. Écris les nombres suivants en chiffres.

a) trois mille huit cent quatre-vingt-quatre : ~~3884~~ 3884

3 1000 8 10　　84

b) soixante-sept mille neuf cent cinquante et un : 67951

c) quatre mille trente-neuf : 4039

d) cinquante mille quatre-vingt-dix-sept : 5097 50 097

e) soixante-cinq mille six cent quarante-deux : 65642

3. Complète les suites de nombres.

a) 33 566, 33 567, _____, _____, 33 570, _____, _____, 33 573

b) 82 758, _____, 82 762, 82 764, _____, _____, 82 770, _____

c) 10 989, 10 991, _____, _____, _____, 10 999, _____, 11 003

d) 46 975, _____, _____, 46 990, _____, _____, 47 005, 47 010

e) 74 233, 74 243, _____, 74 263, _____, 74 283, _____, _____

4. Place les nombres dans l'ordre croissant.

40 763	47 360	36 074	70 436	67 403
76 034	64 730	47 603	37 406	43 607
70 364	67 304	40 376	76 634	64 370

_____

_____

_____

Test • Mathématique

5. Encercle les nombres pairs et souligne les nombres impairs.

85 912	62 079	74 243	26 954	30 620
59 307	43 245	93 188	10 761	52 476
84 349	76 975	27 914	74 986	37 143
59 827	31 580	49 755	86 434	70 011

6. Encercle les nombres premiers et souligne les nombres composés.

31	24	72	17	23	48	60	71	99
53	39	21	67	81	55	33	42	75
49	13	54	37	56	82	77	90	68
27	46	19	70	73	51	36	26	63

7. Encercle les nombres carrés, puis inscris au-dessous de chacun d'eux le nombre qui a été multiplié par lui-même pour donner ce produit.

86	64	27	32	81	33	45	62	78
—	—	—	—	—	—	—	—	—
25	49	38	54	16	52	18	84	29
—	—	—	—	—	—	—	—	—

8. Compare les nombres en utilisant les symboles <, > ou =.

a) 29 604 _____ 29 406

b) 57 538 _____ 57 583

c) 6 d + 8 u + 6 c _____ 4 u + 7 d + 9 c

d) 45 d + 8 u _____ 2 u + 4 c

e) 70 + 3 000 + 6 + 900 _____ 500 + 20 + 4 000

f) 9 000 + 4 d + 1 c + 3 _____ 3 u + 40 + 91 c

Test • Mathématique

1. **Madame Leblanc est une maniaque de la propreté et de l'ordre. Lorsqu'elle étend son linge sur la corde pour le faire sécher, elle regarde le numéro inscrit sur l'étiquette de chacun des vêtements afin que toute la série soit placée *dans l'ordre décroissant*. Aide-la à ne pas déroger de son habitude en plaçant correctement les nombres suivants dans les chandails suspendus à la corde.**

| 58 934 | 49 435 | 89 354 | 39 458 | 49 345 |
| 94 845 | 35 489 | 59 348 | 93 458 | 85 943 |

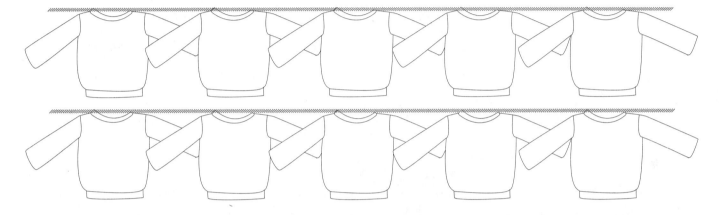

2. **Les ordinateurs sont bien utiles pour exécuter des tâches qui seraient trop ardues pour l'être humain. Toutefois, l'ordinateur de Simon s'est détraqué à la suite d'une panne d'électricité : les nombres qu'il affiche à l'écran sont maintenant décomposés. Aide l'ordinateur de Simon en recomposant les nombres suivants.**

a) 50 000 + 3 000 + 200 + 80 + 7 : _____

b) 8 d de m + 4 u de m + 1 c + 3 d + 2 u : _____

c) 500 + 70 000 + 90 + 6 + 2 000 : _____

d) 2 d + 3 u de m + 4 c + 5 u + 7 d de m : _____

e) 4 000 + 6 d + 9 d de m + 3 + 5 c : _____

f) 9 d de m + 7 + 500 + 4 d + 2 000 : _____

g) 45 d + 8 + 60 000 : _____

h) 34 000 + 2 c + 4 u : _____

i) 700 + 2 + 3 d + 41 u de m : _____

j) 52 c + 8 d de m + 37 : _____

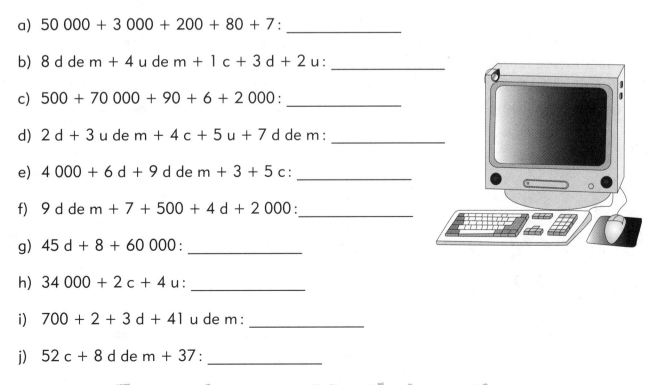

Exercices • Mathématique

3. Le maître des postes a placé un colis dans une des cases. Quelque peu étourdi, il ne se souvient pas dans quelle case il l'a déposé. Aide-le à retrouver le colis en suivant les consignes.

45 794	74 638	34 597	57 031	23 100	35 296	84 630	78 890
23 625	35 102	38 495	34 999	22 984	22 219	23 010	35 126
30 338	84 628	34 648	38 528	61 686	34 607	50 486	34 934
36 409	77 572	35 268	29 407	35 499	70 569	56 553	91 175
28 453	12 983	77 616	95 005	17 563	91 670	84 996	76 862
80 886	23 266	84 729	32 001	35 476	59 375	35 008	23 621
25 911	22 616	85 976	34 892	64 472	21 780	93 278	34 760
72 645	63 472	38 703	24 791	72 375	46 663	23 701	20 279

Biffe tous les nombres qui ont un 4 à la position des centaines.
Biffe tous les nombres qui sont plus petits que 23 626.
Biffe tous les nombres qui commencent et terminent par le même chiffre.
Biffe tous les nombres qui ont un 7 à la position des dizaines de mille.
Biffe tous les nombres plus grands que 84 629.
Biffe tous les nombres qui contiennent trois fois le même chiffre.
Biffe tous les nombres qui ont un 1 à la position des unités.
Biffe tous les nombres qui se situent entre 34 500 et 35 500.
Le colis est dans la case n° _____.

4. Tristan et Loïc aiment les jeux de société. Ils aiment particulièrement ceux qui se jouent avec des dés. Les règles sont assez simples : sur la planche de jeu, lorsque l'un d'eux obtient un 3 avec les dés, il doit parcourir les cases avec son pion par bonds de 3. Complète les suites à partir du résultat obtenu avec les dés.

a) 48, _____, _____, _____, _____, _____, _____, _____, _____

b) 392, _____, _____, _____, _____, _____, _____, _____, _____

c) 5 706, _____, _____, _____, _____, _____, _____, _____, _____

d) 64 399, _____, _____, _____, _____, _____, _____, _____, _____

e) 25 230, _____, _____, _____, _____, _____, _____, _____, _____

5. **Marco est poseur de céramique. Lorsqu'il commande des tuiles, les boîtes viennent par nombres carrés. Parfois, le vendeur lui joue des tours en retirant quelques tuiles de certaines boîtes. Aide Marco à retrouver les boîtes qui contiennent des nombres carrés de tuiles en les encerclant.**

a) 67

b) 49

c) 25

d) 55

e) 16

f) 44

g) 36

h) 72

i) 100

j) 21

k) 64

l) 81

6. **Le placier d'une salle de spectacle éprouve des difficultés à orienter chaque spectateur vers le siège qui lui est assigné par le numéro de son billet. Sachant que les sièges qui comportent un nombre pair sont situés à gauche et que ceux qui comportent un nombre impair sont situés à droite, aide le placier en inscrivant chaque numéro de billet du bon côté de la salle.**

86 504	64 033	45 739	20 821	9 652
72 635	5 988	10 000	7 464	61 587
39 526	95 723	541	35 098	75 494
94 695	39 047	1 308	24 836	333

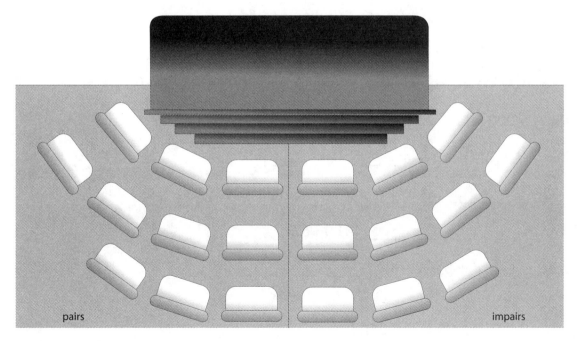

pairs   impairs

7. À la foire, Marilou espère gagner un ourson en peluche en participant à un jeu d'adresse. Dans un kiosque, elle doit lancer la ligne de sa canne à pêche vers le poisson sur lequel est écrit le nombre apparaissant simultanément sur un moniteur. À l'aide d'une flèche, relie les nombres écrits en lettres aux nombres écrits en chiffres.

a) vingt-six mille cinq cent trente-sept   63 743

b) quatre-vingt-dix-neuf mille quatre cent soixante-seize   35 961

c) soixante-dix mille trois cent dix-neuf   8 622

d) soixante-trois mille sept cent quarante-trois   3 078

e) huit mille six cent vingt-deux   99 476

f) cinquante-sept mille quatre-vingt-dix-huit   70 319

g) trente-cinq mille neuf cent soixante et un   26 537

h) trois mille soixante-dix-huit   57 098

8. Les membres de la famille Beausoleil décident de traverser l'Amérique du Nord à bord de leur auto-caravane. Plusieurs trajets s'offrent à eux dans les guides touristiques. Aussi, ils doivent comparer les distances afin de sélectionner les endroits à visiter. Compare les distances ci-dessous en utilisant les expressions *est plus petit que*, *est plus grand que* et *est égal à*.

a) 54 783 _____ 45 837

b) 9 d + 3 u de m + 8 c + 7 u _____ 8 397

c) 400 + 2 000 + 30 + 70 000 + 6 _____ 80 000 + 500 + 3 000

d) 34 d + 5 000 + 8 + 30 000 _____ 35 348

e) 9 c + 7 d + 8 u de m + 4 _____ 1 d + 92 c + 3

f) 74 926 _____ 65 d + 6 d de m + 4 000 + 9

g) 808 726 _____ 808 672

h) 3 u de m + 46 d + 8 + 20 000 _____ 67 + 2 d de m + 9 000 + 500

1. Écris les nombres suivants en lettres.

a) 750 : _____

b) 438 : _____

c) 675 : _____

d) 392 : _____

e) 523 : _____

2. Complète les suites en respectant la règle de chacune.

a) + 6   7 385, _____, _____, _____, _____, _____, _____

b) − 3   2 742, _____, _____, _____, _____, _____, _____

c) + 8 − 5   8 491, _____, _____, _____, _____, _____, _____

d) − 2 + 1   4 813, _____, _____, _____, _____, _____, _____

e) + 7 + 9   1 256, _____, _____, _____, _____, _____, _____

3. Place les nombres de chaque ensemble dans l'ordre décroissant.

a)
7 932	9 273	3 792
9 723	3 927	7 239

_____

_____

b)
5 804	4 850	8 045
8 405	4 508	5 480

_____

_____

c)
2 618	1 286	2 168
1 826	2 861	1 862

_____

_____

d)
53 497	54 739	53 794
54 379	53 749	54 973

_____

_____

e)
90 126	90 612	91 062
92 160	91 206	90 621

_____

_____

f)
34 125	31 254	32 541
31 542	32 145	34 251

_____

_____

Test • Mathématique

4. Trouve la valeur de position du ou des chiffres soulignés.

a) 4<u>5</u> 382 _____

b) 20 <u>85</u>3 _____

c) 71 <u>9</u>67 _____

d) <u>92</u> 737 _____

e) <u>3</u>9 301 _____

f) 68 2<u>19</u> _____

g) 58 42<u>6</u> _____

h) <u>47</u> 524 _____

i) 86 5<u>3</u>2 _____

j) 1<u>5 0</u>76 _____

5. Compare les nombres en utilisant les symboles <, > ou =.

a) 9 u de m + 4 d + 2 c + 8 u $\bigcirc$ 80 + 2 + 400 + 9 000 $\bigcirc$ 9 484

b) 700 + 5 000 + 3 + 10 $\bigcirc$ 3 751 $\bigcirc$ 7 d + 5 u + 1 u de m + 3 c

c) 2 364 $\bigcirc$ 4 u + 3 c + 2 u de m + 6 d $\bigcirc$ 600 + 2 000 + 3 + 40

d) 6 c + 8 + 7 000 + 4 d $\bigcirc$ 7 c + 8 u de m + 64 $\bigcirc$ 76 u + 48 c

e) 200 + 55 + 9 u de m $\bigcirc$ 5 d + 9 000 + 2 c + 5 u $\bigcirc$ 925 d + 5 u

6. Complète le tableau en traçant un X dans les bonnes cases.

	Nombre pair	Nombre impair	Nombre premier	Nombre composé
364				
59				
425				
81				
127				
730				
92				
648				

7. Décompose les nombres suivants de deux façons.

a) 4 872 _____ ou _____

b) 5 936 _____ ou _____

c) 9 415 _____ ou _____

d) 8 060 _____ ou _____

e) 2 584 _____ ou _____

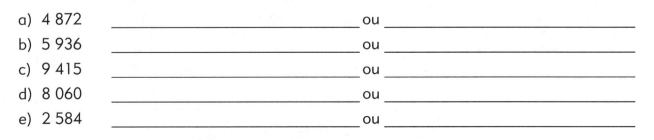

1. **En voiture avec ses parents, Éloïse observe les adresses de maisons. Elle remarque que les suites de nombres respectent des règles différentes selon le quartier. Trouve l'intrus dans chacune des suites de nombres ci-dessous et trace un X dessus.**

a) | 276 | 280 | 284 | 288 | 292 | 294 | 300 | 304 | 308 | 312 |

b) | 853 | 846 | 839 | 832 | 825 | 818 | 811 | 804 | 780 | 790 |

c) | 4 091 | 4 096 | 4 095 | 4 100 | 4 099 | 4 105 | 4 103 | 4 108 | 4 107 | 4 112 |

d) | 53 983 | 53 984 | 53 989 | 53 991 | 53 994 | 53 997 | 53 999 | 54 002 | 54 005 | 54 007 |

e) | 3 642 | 3 641 | 3 639 | 3 636 | 3 632 | 3 627 | 3 621 | 3 614 | 3 606 | 3 595 |

2. **Albert est un artiste : il aime bricoler avec des matériaux trouvés dans la maison. Aujourd'hui, il s'amuse à créer des mosaïques à l'aide de carrés de feutrine. Tu dois bien t'en douter, la figure plane préférée d'Albert est le carré. Il en voit partout ! Il en trace partout ! Comme Albert, trouve les nombres carrés en traçant sur la grille des carrés dont un des côtés s'étend sur chacun des nombres de cases suivants : 3, 4, 5, 6, 7, 8.**

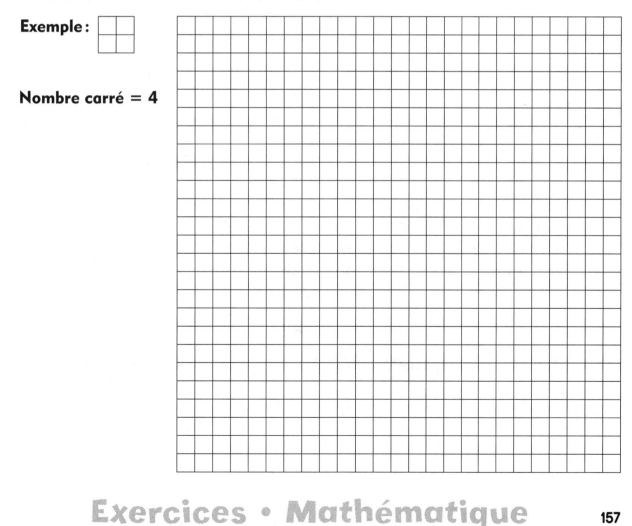

Exemple :

Nombre carré = 4

Exercices • Mathématique

3. Maxime a une jambe dans le plâtre. Il se rend à la plage avec ses amis. Il s'ennuie, car il ne peut pas jouer au volley-ball avec eux. Il observe le sable et il a une idée. Relie les nombres dans l'ordre croissant afin d'obtenir l'illustration représentant l'activité de Maxime.

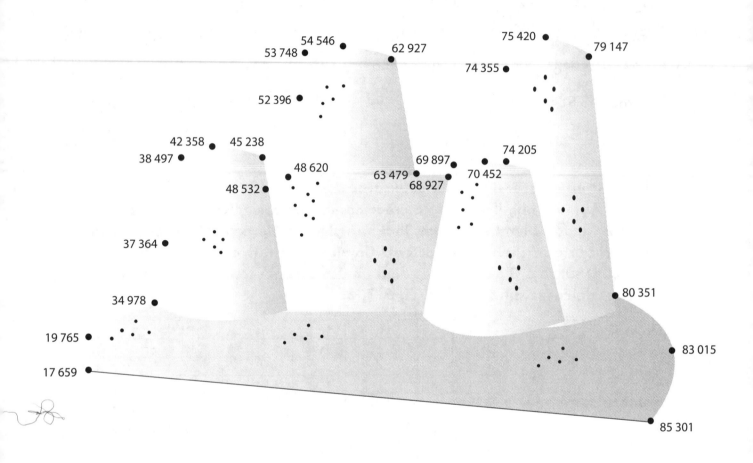

4. Dormant à la belle étoile, Étienne et Nadia s'amusent à compter les points lumineux dans le ciel, mais ils se trompent souvent à cause de leur trop grand nombre. Trouve ce qui manque pour obtenir le nombre indiqué.

a) 7 653 = 5 d + 3 u + 7 u de m + _____

b) 82 491 = 2 000 + 1 + 400 + 80 000 + _____

c) 5 827 = 82 d + 5 000 + _____

d) 44 444 = 4 u + 44 d + _____

e) 9 735 = 3 d + 9 000 + 7 c + _____

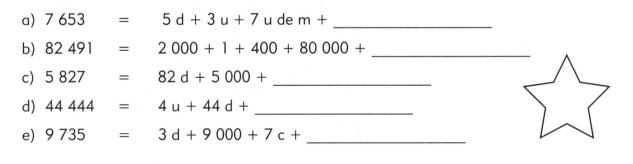

5. Guillaume se gratte la tête en signe de découragement : il a reçu un drôle de devoir de la part de son enseignante. Aide-le en observant les nombres suivants, puis en effectuant les tâches demandées.

5 678	3 436	2 369	5 427	4 250	8 465
2 417	5 396	2 536	7 859	3 617	5 136
5 768	3 579	4 726	5 249	6 058	9 424
7 741	9 474	1 398	8 105	5 075	4 689
2 039	5 894	6 079	1 443	8 719	7 182
6 432	2 983	7 258	3 361	5 581	9 899

a) Encadre tous les nombres qui ont un 4 à la position des dizaines.

b) Encercle tous les nombres qui ont un 5 à la position des unités de mille.

c) Fais un X sur tous les nombres qui ont un 2 à la position des centaines.

d) Souligne tous les nombres qui ont un 9 à la position des unités.

e) Quel nombre a été encadré, encerclé, marqué d'un X et souligné ? _____

6. La matière préférée d'Ophélie est le français et, lorsqu'elle en a l'occasion, elle joue des tours à son frère en transformant les numéros de téléphone de ses amis en lettres. Fais comme elle en écrivant en lettres les nombres écrits en chiffres.

a) 885 : _____

b) 609 : _____

c) 2 493 : _____

d) 5 741 : _____

e) 72 532 : _____

f) 40 078 : _____

g) 36 257 : _____

h) 25 070 : _____

1. Indique la fraction représentée par la partie colorée.

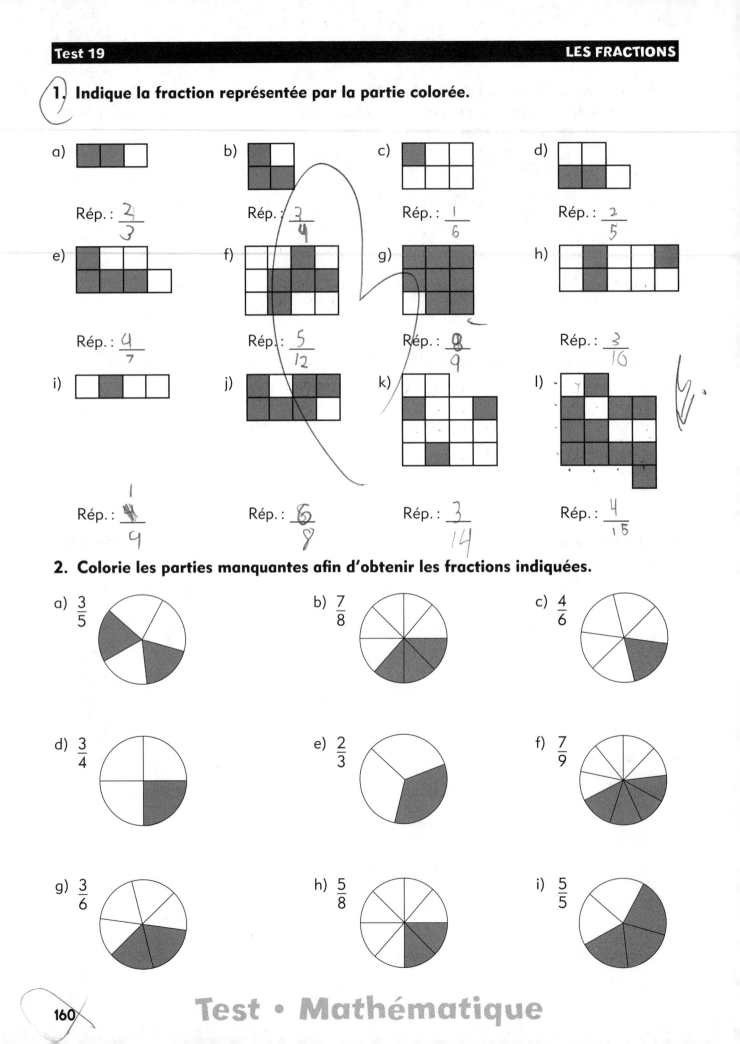

a)

Rép. : $\dfrac{2}{3}$

b)

Rép. : $\dfrac{3}{4}$

c)

Rép. : $\dfrac{1}{6}$

d)

Rép. : $\dfrac{2}{5}$

e)

Rép. : $\dfrac{4}{7}$

f)

Rép. : $\dfrac{5}{12}$

g)

Rép. : $\dfrac{8}{9}$

h)

Rép. : $\dfrac{3}{10}$

i)

Rép. : $\dfrac{1}{4}$

j)

Rép. : $\dfrac{6}{8}$

k)

Rép. : $\dfrac{3}{14}$

l)

Rép. : $\dfrac{4}{15}$

2. Colorie les parties manquantes afin d'obtenir les fractions indiquées.

a) $\dfrac{3}{5}$

b) $\dfrac{7}{8}$

c) $\dfrac{4}{6}$

d) $\dfrac{3}{4}$

e) $\dfrac{2}{3}$

f) $\dfrac{7}{9}$

g) $\dfrac{3}{6}$

h) $\dfrac{5}{8}$

i) $\dfrac{5}{5}$

Test • Mathématique

3. **La mère de Nathan prépare 24 petits gâteaux pour son anniversaire. Si les 7 invités et le fêté en mangent chacun deux, quelle fraction des petits gâteaux reste-t-il?**

Démarche: _____

Réponse: Il reste les _____ des petits gâteaux.

4. **Dans un autobus, on compte 30 passagers. Au premier arrêt, 5 personnes descendent et 3 montent dans l'autobus. Au deuxième arrêt, 2 personnes descendent et 8 personnes montent. Au troisième arrêt, 9 personnes descendent, mais aucune personne ne monte. Quelle fraction de passagers reste-t-il après le troisième arrêt en comparaison avec le début du trajet?**

Démarche: _____

Réponse: Il reste les _____ des passagers dans l'autobus.

5. **Encercle le nombre de coccinelles qui équivaut à la fraction.**

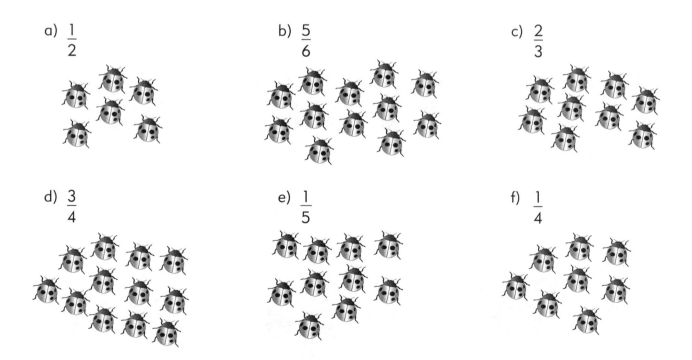

a) $\dfrac{1}{2}$

b) $\dfrac{5}{6}$

c) $\dfrac{2}{3}$

d) $\dfrac{3}{4}$

e) $\dfrac{1}{5}$

f) $\dfrac{1}{4}$

1. Les clients se bousculent à la pizzeria du coin qui a la particularité de faire des pizzas aux formes irrégulières : le chef cuisinier ne sait plus où donner de la tête, ce qui entraîne parfois quelques erreurs. Indique par oui ou par non si chacune des fractions suivantes est correctement illustrée.

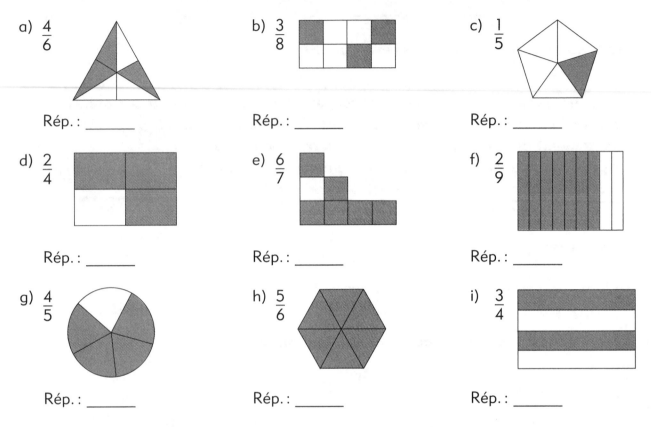

a) $\dfrac{4}{6}$

Rép. : _____

b) $\dfrac{3}{8}$

Rép. : _____

c) $\dfrac{1}{5}$

Rép. : _____

d) $\dfrac{2}{4}$

Rép. : _____

e) $\dfrac{6}{7}$

Rép. : _____

f) $\dfrac{2}{9}$

Rép. : _____

g) $\dfrac{4}{5}$

Rép. : _____

h) $\dfrac{5}{6}$

Rép. : _____

i) $\dfrac{3}{4}$

Rép. : _____

2. Quelque peu maladroit, le fromager du coin trébuche et échappe les meules de fromage destinées à des clients très pointilleux qui veulent exactement les fractions qu'ils ont commandées. Relie par une flèche chaque fraction à la figure qui correspond.

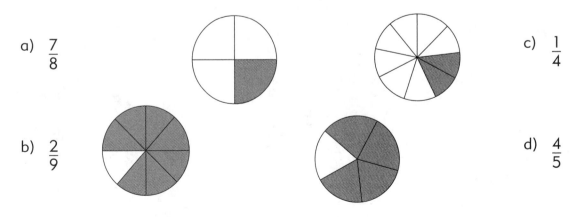

a) $\dfrac{7}{8}$

b) $\dfrac{2}{9}$

c) $\dfrac{1}{4}$

d) $\dfrac{4}{5}$

3. **Nicolas et Sabine s'amusent à joindre des wagons à une locomotive électrique. Colorie la fraction de blocs indiquée afin d'admirer leurs réalisations.**

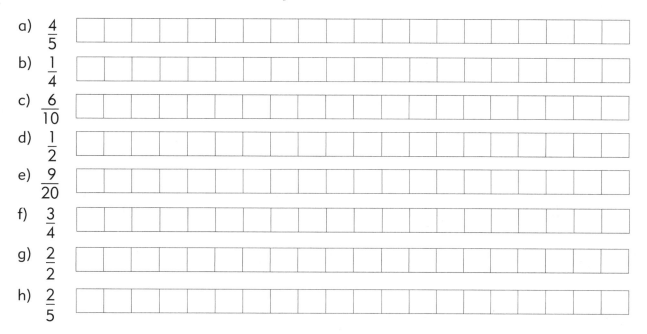

a) $\dfrac{4}{5}$

b) $\dfrac{1}{4}$

c) $\dfrac{6}{10}$

d) $\dfrac{1}{2}$

e) $\dfrac{9}{20}$

f) $\dfrac{3}{4}$

g) $\dfrac{2}{2}$

h) $\dfrac{2}{5}$

4. **Zoé manque de temps pour pratiquer tous les sports d'équipe qu'elle aime. Aussi, lorsqu'elle se rend au gymnase, elle doit chronométrer chacune de ses participations. Sur chacune des horloges, dessine l'aiguille des minutes selon la fraction de l'heure indiquée.**

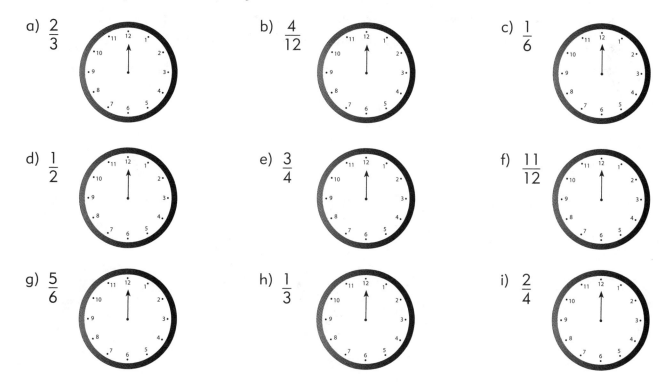

a) $\dfrac{2}{3}$

b) $\dfrac{4}{12}$

c) $\dfrac{1}{6}$

d) $\dfrac{1}{2}$

e) $\dfrac{3}{4}$

f) $\dfrac{11}{12}$

g) $\dfrac{5}{6}$

h) $\dfrac{1}{3}$

i) $\dfrac{2}{4}$

5. **Les animaux ne se déplacent pas tous à la même vitesse. Colorie le nombre de cases que chacun a franchies pendant la journée.**

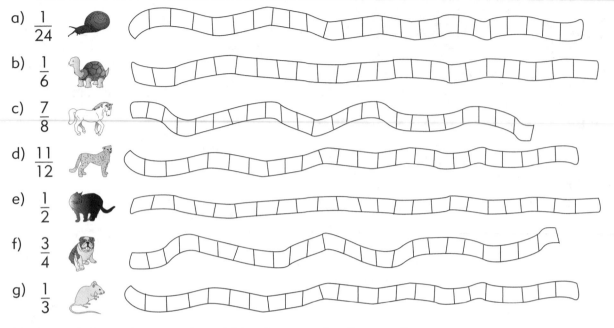

a) $\dfrac{1}{24}$

b) $\dfrac{1}{6}$

c) $\dfrac{7}{8}$

d) $\dfrac{11}{12}$

e) $\dfrac{1}{2}$

f) $\dfrac{3}{4}$

g) $\dfrac{1}{3}$

h) Lequel des animaux a franchi la plus grande distance ? _____

6. **Béatrice a remarqué que chacune de ses copines ne mange que la moitié du contenu de son assiette, quelles que soient sa forme et la dimension des bouchées. Colorie exactement la moitié de chacune des assiettes aux formes variées, puis inscris la fraction représentée en t'assurant que le dénominateur est égal au nombre de parties qui composent chaque assiette.**

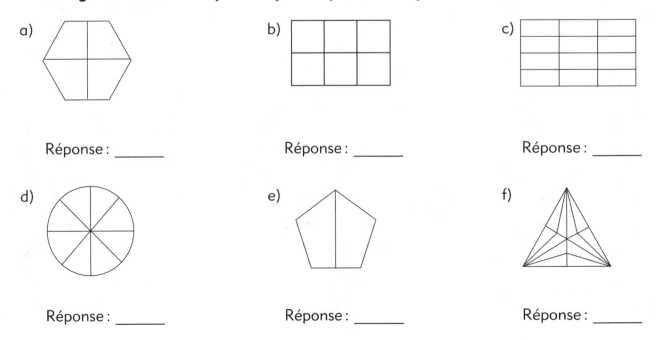

a)

Réponse : _____

b)

Réponse : _____

c)

Réponse : _____

d)

Réponse : _____

e)

Réponse : _____

f)

Réponse : _____

1. Colorie $\frac{1}{3}$ des cases en bleu, $\frac{2}{9}$ des cases en vert, $\frac{1}{6}$ des cases en rouge et $\frac{1}{12}$ des cases en mauve.

Quelle fraction du carré n'a pas été coloriée ? _____

2. **Dans la classe de Mme Langevin, on retrouve 30 élèves. Aujourd'hui, $\frac{1}{10}$ des élèves sont malades, et $\frac{2}{15}$ participent à une compétition sportive à l'extérieur de la classe. Combien d'élèves sont présents dans la classe de Mme Langevin, et quelle fraction ce nombre représente-t-il ?**

Démarche : _____

Réponse : _____ des élèves sont présents, ce qui représente la fraction _____.

3. **Encercle les fractions qui sont égales à 1, puis trace un X sur celles qui sont égales à $\frac{1}{2}$.**

$\frac{2}{3}$	$\frac{2}{2}$	$\frac{13}{15}$	$\frac{11}{13}$	$\frac{2}{4}$
$\frac{3}{4}$	$\frac{3}{7}$	$\frac{5}{10}$	$\frac{11}{11}$	$\frac{8}{8}$
$\frac{4}{8}$	$\frac{6}{12}$	$\frac{8}{9}$	$\frac{3}{6}$	$\frac{7}{10}$
$\frac{7}{9}$	$\frac{3}{3}$	$\frac{2}{5}$	$\frac{4}{9}$	$\frac{1}{3}$
$\frac{5}{5}$	$\frac{1}{6}$	$\frac{7}{10}$	$\frac{8}{16}$	$\frac{2}{7}$

Test • Mathématique

4. Complète la fraction qui correspond aux parties colorées de l'illustration.

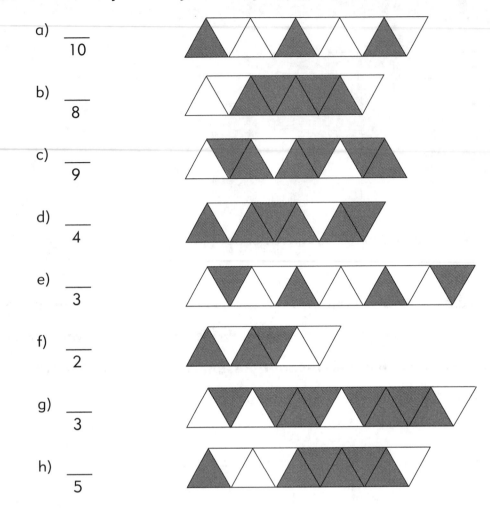

a) $\dfrac{}{10}$

b) $\dfrac{}{8}$

c) $\dfrac{}{9}$

d) $\dfrac{}{4}$

e) $\dfrac{}{3}$

f) $\dfrac{}{2}$

g) $\dfrac{}{3}$

h) $\dfrac{}{5}$

5. Représente les fractions suivantes dans les cercles : fais passer les traits par le point du milieu.

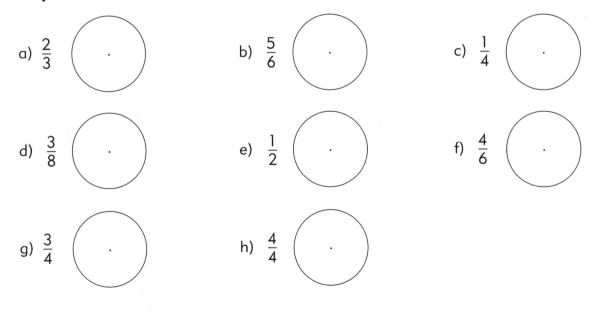

a) $\dfrac{2}{3}$

b) $\dfrac{5}{6}$

c) $\dfrac{1}{4}$

d) $\dfrac{3}{8}$

e) $\dfrac{1}{2}$

f) $\dfrac{4}{6}$

g) $\dfrac{3}{4}$

h) $\dfrac{4}{4}$

Test • Mathématique

1. Une couturière a trouvé une façon ingénieuse de classer ses boutons. Illustre chacune des fractions en coloriant le bon nombre de boutons dans chaque ensemble.

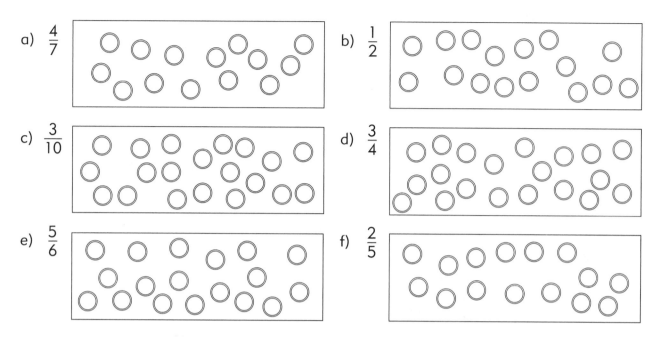

a) $\dfrac{4}{7}$

b) $\dfrac{1}{2}$

c) $\dfrac{3}{10}$

d) $\dfrac{3}{4}$

e) $\dfrac{5}{6}$

f) $\dfrac{2}{5}$

2. Samuel, Florence, Jonathan, Marie-Pierre et Alexandrine rivalisent à savoir lequel des cinq compagnons a le plus de coquillages dans sa collection. Ensemble, ils possèdent 30 coquillages. Samuel possède $\dfrac{1}{5}$ de la totalité ; Florence en possède les $\dfrac{4}{15}$; Jonathan en possède les $\dfrac{3}{10}$; Marie-Pierre en possède les $\dfrac{1}{6}$; Alexandrine en possède les $\dfrac{1}{15}$. Représente chaque fraction, puis place-les dans l'ordre croissant sur la droite numérique.

Samuel   Florence   Jonathan   Marie-Pierre   Alexandrine

0   1

Exercices • Mathématique

3. **Un chocolatier confectionne des pralines et des muscadines par plaques de 20.**
   Mais ses employés gourmands en prennent parfois quelques-uns afin de les
   déguster. Encercle la fraction qui équivaut aux friandises manquantes.

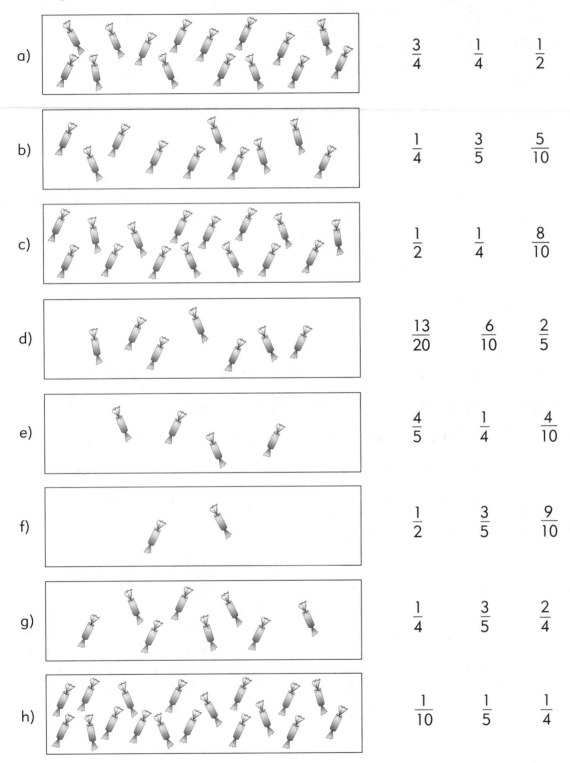

a) $\frac{3}{4}$ $\frac{1}{4}$ $\frac{1}{2}$

b) $\frac{1}{4}$ $\frac{3}{5}$ $\frac{5}{10}$

c) $\frac{1}{2}$ $\frac{1}{4}$ $\frac{8}{10}$

d) $\frac{13}{20}$ $\frac{6}{10}$ $\frac{2}{5}$

e) $\frac{4}{5}$ $\frac{1}{4}$ $\frac{4}{10}$

f) $\frac{1}{2}$ $\frac{3}{5}$ $\frac{9}{10}$

g) $\frac{1}{4}$ $\frac{3}{5}$ $\frac{2}{4}$

h) $\frac{1}{10}$ $\frac{1}{5}$ $\frac{1}{4}$

Exercices • Mathématique

1. **Décompose les nombres décimaux.**

Exemple : 45,31 = 4 dizaines + 5 unités + 3 dixièmes + 1 centième

a) 69,5 : _____

b) 84,2 : _____

c) 57,84 : _____

d) 36,39 : _____

e) 781,6 : _____

f) 903,77 : _____

g) 29,4 : _____

h) 8,15 : _____

2. **Place les nombres décimaux dans l'ordre décroissant.**

325,6 – 62,53 – 56,32 – 256,3 – 53,26 – 526,3 – 65,23 – 235,6 – 326,5 – 63,25

_____

3. **Place les nombres décimaux dans la bonne colonne du tableau.**

17,3 – 24,68 – 3,6 – 14,57 – 9,8 – 1,46 – 7,2 – 11,8

15,01 – 26,2 – 18,73 – 5,5 – 29,99 – 0,01 – 20,27 – 3,3

0 à 7,5	7,5 à 15	15 à 22,5	22,5 à 30

Test • Mathématique

4. Compare les nombres décimaux en utilisant les symboles <, > ou =.

a) 34,5 _____ 45,3

b) 7,36 _____ 36,7

c) 29,3 _____ 29,30

d) 25,0 _____ 0,85

e) 87,6 _____ 87,59

f) 54,7 _____ 47,5

g) 45,2 _____ 4,52

h) 94,05 _____ 94,50

i) 52,1 _____ 51,22

j) 8,88 _____ 77,7

k) 9,90 _____ 9,9

l) 36,6 _____ 6,36

5. Encercle le nombre fractionnaire équivalant au nombre décimal.

a) 3,45 $\qquad 34\frac{5}{10} \qquad 34\frac{5}{100} \qquad 3\frac{45}{100}$

b) 67,9 $\qquad 67\frac{9}{10} \qquad 67\frac{9}{100} \qquad 6\frac{79}{100}$

c) 48,2 $\qquad 4\frac{82}{100} \qquad 48\frac{2}{10} \qquad 48\frac{2}{100}$

d) 9,16 $\qquad 9\frac{16}{100} \qquad 91\frac{6}{100} \qquad 91\frac{6}{10}$

e) 54,7 $\qquad 54\frac{7}{100} \qquad 54\frac{70}{100} \qquad 5\frac{47}{100}$

f) 89,3 $\qquad 89\frac{3}{100} \qquad 8\frac{93}{100} \qquad 89\frac{30}{100}$

g) 6,61 $\qquad \frac{661}{1} \qquad 6\frac{61}{100} \qquad \frac{661}{10}$

h) 0,45 $\qquad \frac{45}{10} \qquad 4\frac{5}{100} \qquad \frac{45}{100}$

6. Place chaque nombre décimal sur sa droite numérique.

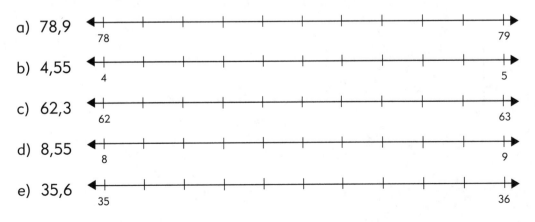

a) 78,9 |78 .... 79|

b) 4,55 |4 .... 5|

c) 62,3 |62 .... 63|

d) 8,55 |8 .... 9|

e) 35,6 |35 .... 36|

1. L'épicier du village achète ses produits en gros. Observe les coûts qu'il a dû débourser pour acquérir chaque caisse d'articles. Place ensuite les nombres décimaux dans l'ordre croissant.

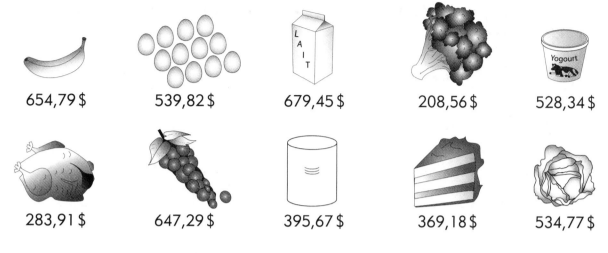

654,79 $ 539,82 $ 679,45 $ 208,56 $ 528,34 $

283,91 $ 647,29 $ 395,67 $ 369,18 $ 534,77 $

_____

_____

2. Coralie a la « bosse des maths ». Elle regroupe tous les objets de la maison en paquets de 10 : cure-dents, monnaie, épingles à cheveux, etc. Elle décompose les nombres décimaux selon la valeur de position de chaque chiffre.

Exemple : $678,52 = 600 + 70 + 8 + \dfrac{5}{10} + \dfrac{2}{100}$

a) 46,2 : _____

b) 3,59 : _____

c) 794,8 : _____

d) 58,34 : _____

e) 166,73 : _____

f) 972,45 : _____

g) 4 031,62 : _____

h) 78 495,03 : _____

3. Les élèves de l'école Aux Quatre Vents organisent une journée de mise en forme. Ils ont invité des membres de la communauté : adultes, adolescents et enfants. Aussi, avant de les soumettre à une série d'exercices physiques, ils mesurent leur poids à l'aide d'un pèse-personne. Compare les masses obtenues à l'aide des symboles <, > ou =.

a) 54 kg _____ 53,9 kg

b) 91,6 kg _____ 90,67 kg

c) 38,5 kg _____ 35,8 kg

d) $25\frac{3}{100}$ kg _____ 25,03 kg

e) 76,38 kg _____ 78,6 kg

f) 32,75 kg _____ 31,9 kg

g) 48,2 kg _____ $48\frac{2}{10}$ kg

h) 56,8 kg _____ $56\frac{83}{100}$ kg

i) $62\frac{47}{100}$ kg _____ 62,74 kg

j) 49,12 kg _____ 49,2 kg

4. La famille Pigeon prépare un voyage dans le Sud durant la saison hivernale. Découvre le moyen de transport qu'elle utilisera en reliant les nombres décimaux dans l'ordre croissant.

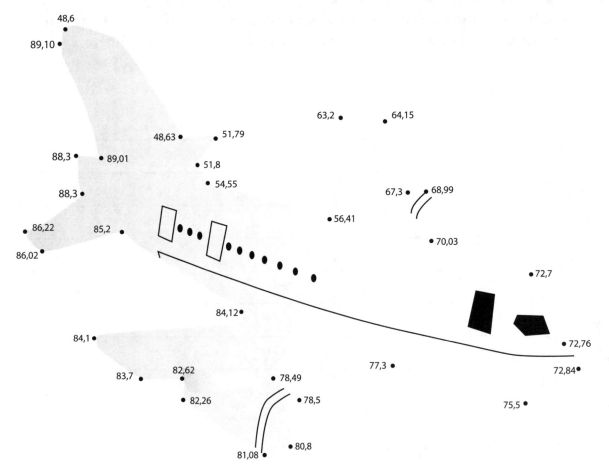

1. Décompose les nombres décimaux.

Exemple : 27,84 = 20 + 7 + 0,8 + 0,04

a) 76,9 : _____

b) 53,7 : _____

c) 64,32 : _____

d) 38,19 : _____

e) 843,58 : _____

f) 9 642,85 : _____

2. Place les nombres décimaux dans l'ordre décroissant.

284,79 – 428,97 – 847,29 – 249,78 – 798,42 – 782,49 – 472,98 – 928,74 – 874,29 – 298,74

_____

_____

3. Compare les nombres décimaux en utilisant les symboles <, > ou =.

a) 8 374,25 _____ 7 453,48

b) 6 198,37 _____ 6 198,4

c) 7 065,8 _____ 7 056,80

d) 4 691,5 _____ $4\ 691\frac{5}{10}$

e) 5 249,4 _____ 5 249,40

f) $3\ 456\frac{3}{100}$ _____ 3 456,3

4. Transforme les additions suivantes en nombres décimaux.

a) $900 + \frac{3}{10} + 4 + \frac{2}{100} + 20 =$ _____

b) $\frac{8}{100} + 70 + 6 + 1\ 000 + \frac{5}{10} =$ _____

c) $400 + 3\ 000 + \frac{7}{10} + \frac{3}{100} + 8 =$ _____

d) $600 + \frac{1}{100} + 2 + 5\ 000 =$ _____

e) $\frac{8}{10} + 400 + 7 =$ _____

f) $7\ 000 + \frac{9}{100} =$ _____

Test • Mathématique

1. **Pour calculer les taxes à payer, le comptable des Lafleur doit arrondir les revenus de leur entreprise d'horticulture. Arrondis les nombres décimaux de chaque colonne selon les indications.**

Au dixième près			À l'unité près		
29,47		40,79		86,5		42,6	
18,52		95,12		24,08		67,93	
34,19		87,30		39,3		81,4	
52,35		23,54		45,49		33,71	
43,61		72,78		60,9		54,8	
86,24		11,96		73,32		79,09	

2. **La machine à convertir les lettres en chiffres du professeur Décima est défectueuse. Aide-le en transformant en chiffres les nombres décimaux écrits en lettres.**

a) trente-cinq + 4 dixièmes : _____

b) quatre-vingt-deux + six dixièmes + neuf centièmes : _____

c) six cent soixante et onze + cinq centièmes : _____

d) sept mille quarante-huit + neuf dixièmes + deux centièmes : _____

e) cinq cent cinquante-cinq + quarante-trois centièmes : _____

3. **Dominic désire s'acheter de nouveaux crayons à colorier. Pour ce faire, il casse sa tirelire et constate qu'elle contient des billets de 10$, des pièces de 1$, de 10 ¢ et de 1 ¢. Transforme chaque ensemble en nombre décimal.**

a) 3 X 10$, 5 X 1$, 4 X 10¢, 8 X 1¢ = _____

b) 7 X 10$, 9 X 1$, 2 X 10¢, 6 X 1¢ = _____

c) 4 X 1$, 6 X 10$, 1 X 10¢, 3 X 1¢ = _____

d) 4 X 1¢, 9 X 10$, 8 X 1$, 5 X 10¢ = _____

e) 2 X 10$, 2 X 10¢, 5 X 1$, 7 X 1¢ = _____

f) 9 X 10$, 2 X 10¢, 4 X 1¢ = _____

g) 7 X 1$, 5 X 10$, 7 X 1¢ = _____

h) 3 X 1$, 8 X 10¢ = _____

Exercices • Mathématique

4. Avec le réchauffement de la planète, il devient plus difficile pour les météorologues de prédire la température qu'il fera. Situe sur chaque thermomètre la température indiquée en coloriant en rouge le mercure. Attention! Tu dois arrondir chacune d'entre elles à l'unité près.

a) 22,7 °C   b) 13,4 °C   c) 16,19 °C   d) 20,63 °C   e) 24,48 °C

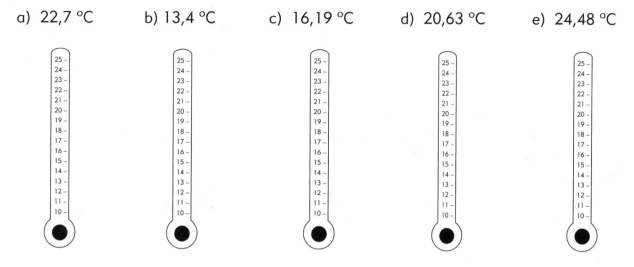

5. La puce est un parasite qui se déplace en sautant. Complète les suites de nombres décimaux associées aux sauts de la puce.

a) 4,6 – 4,7 – 4,8 – _____ – _____ – _____ – _____

b) 8,77 – 8,78 – 8,79 – _____ – _____ – _____ – _____

c) 5,3 – 5,35 – 5,4 – _____ – _____ – _____ – _____

d) 2,45 – 2,47 – 2,49 – _____ – _____ – _____ – _____

e) 7,92 – 7,99 – 8,06 – _____ – _____ – _____ – _____

f) 6,25 – 6,5 – 6,75 – _____ – _____ – _____ – _____

g) 1,64 – 1,62 – 1,6 – _____ – _____ – _____ – _____

h) 9,5 – 9 – 8,5 – _____ – _____ – _____ – _____

1. La distance entre Rouyn-Noranda et Montréal est de 638 km, et celle entre Montréal et Gaspé est de 929 km. Quelle distance un voyageur doit-il parcourir pour se rendre de Rouyn-Noranda à Gaspé, s'il passe par Montréal ?

Démarche : _____

Réponse : La distance à parcourir est de _____ kilomètres.

2. La plupart des plus hauts gratte-ciel au monde se retrouvent aux États-Unis. Le Sears Tower mesure 527 m et l'Empire State Building mesure 449 m. Combien de mètres faudrait-il ajouter au deuxième édifice pour rejoindre en hauteur le premier ?

Démarche : _____

Réponse : Il faudrait lui ajouter _____ mètres.

3. La forêt amazonienne abrite plusieurs espèces de singes. Sur une superficie donnée, on a recensé 7 384 ouistitis pygmées, 2 429 tamarins empereurs et 4 105 capucins à poitrine jaune. Combien de singes ont été dénombrés dans cette partie de la forêt amazonienne ?

Démarche : _____

Réponse : On a dénombré _____ singes sur ce territoire de la forêt amazonienne.

4. Les lacs du monde sont d'importantes sources d'eau potable. En Russie, le lac Baïkal a une superficie de 34 188 km^2 ; au Canada, la superficie du lac Winnipeg est inférieure de 10 103 km^2 à celle du lac Baïkal. Enfin, en Suède, celle du lac Vänern est inférieure de 18 540 km^2 à celle du lac Winnipeg. Quelle est la superficie de ce dernier lac ?

Démarche : _____

Réponse : La superficie du lac Vänern est de _____ km^2.

5. Esteban, Carlos et Diego sont des amateurs de science-fiction. Esteban possède une collection de 186 figurines d'une certaine série de films très populaires. Carlos en a 79 de moins qu'Esteban. Enfin, Diego peut compter 25 figurines de plus que Carlos. Combien de figurines appartiennent à Diego ?

Démarche : _____

Réponse : Diego a une collection qui compte _____ figurines.

6. À Repentigny, on compte 75 111 habitants. À Drummondville, on en compte 46 599. Combien de personnes devraient emménager à Drummondville pour que sa population soit égale à celle de Repentigny ?

Démarche : _____

Réponse : _____ personnes devraient déménager à Drummondville.

7. Les mammifères qui peuplent notre planète n'ont pas tous la même allure. Trouve la différence de poids entre chaque animal en laissant des traces de tes calculs et en inscrivant ta réponse sur la flèche.

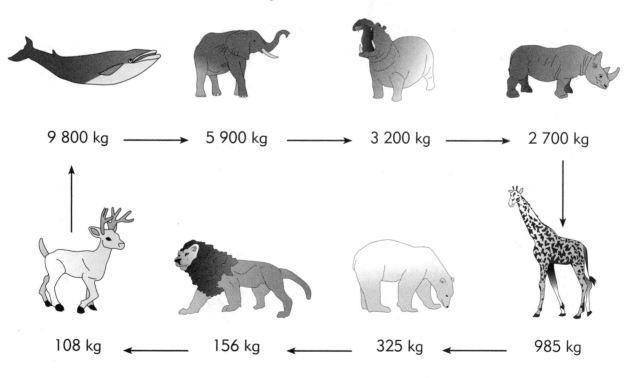

9 800 kg ⟶ 5 900 kg ⟶ 3 200 kg ⟶ 2 700 kg

108 kg ⟵ 156 kg ⟵ 325 kg ⟵ 985 kg

Test • Mathématique

1. **Complète la pyramide en écrivant la somme des deux nombres placés sous chaque case.**

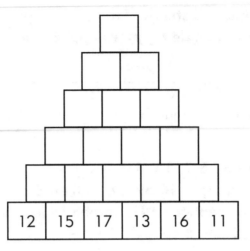

| 12 | 15 | 17 | 13 | 16 | 11 |

2. **Complète la suite en sachant que tu dois additionner en montant et soustraire en descendant.**

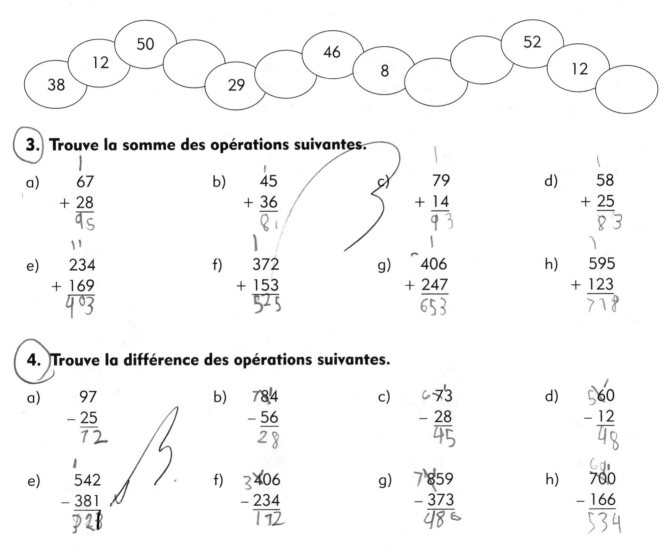

38   12   50   29   46   8   52   12

3. **Trouve la somme des opérations suivantes.**

a)   67
  + 28
   95

b)   45
  + 36
   81

c)   79
  + 14
   93

d)   58
  + 25
   83

e)   234
  + 169
   403

f)   372
  + 153
   525

g)   406
  + 247
   653

h)   595
  + 123
   718

4. **Trouve la différence des opérations suivantes.**

a)   97
  − 25
   72

b)   784
  − 56
   28

c)   673
  − 28
   45

d)   560
  − 12
   48

e)   542
  − 381
   221

f)   3 406
  − 234
   172

g)   7 859
  − 373
   486

h)   700
  − 166
   534

5. Trouve la somme en décomposant chaque nombre.

Exemple : $5\ 672 = 5\ 000 + 600 + 70 + 2 = 6\ 000$ Rép. : 7508
          $+\ \underline{1\ 836} + \underline{1\ 000} + \underline{800} + \underline{30} + \underline{6}$ $1\ 400$
                        $6\ 000$ $1\ 400$ 100 8 100
                                                                $+\ \underline{\quad 8}$
                                                                $7\ 508$

a) $3\ 465$
     $+\ \underline{2\ 314}$ Rép. : 5779

b) 871
     $+\ \underline{\ 246}$ Rép. : 1117

c) $2\ 096$
     $+\ \underline{\ \ 593}$ Rép. : 2 689

d) $4\ 737$
     $+\ \underline{3\ 268}$ Rép. : 8005

e) $5\ 406$
     $+\ \underline{1\ 589}$ Rép. : 6 995

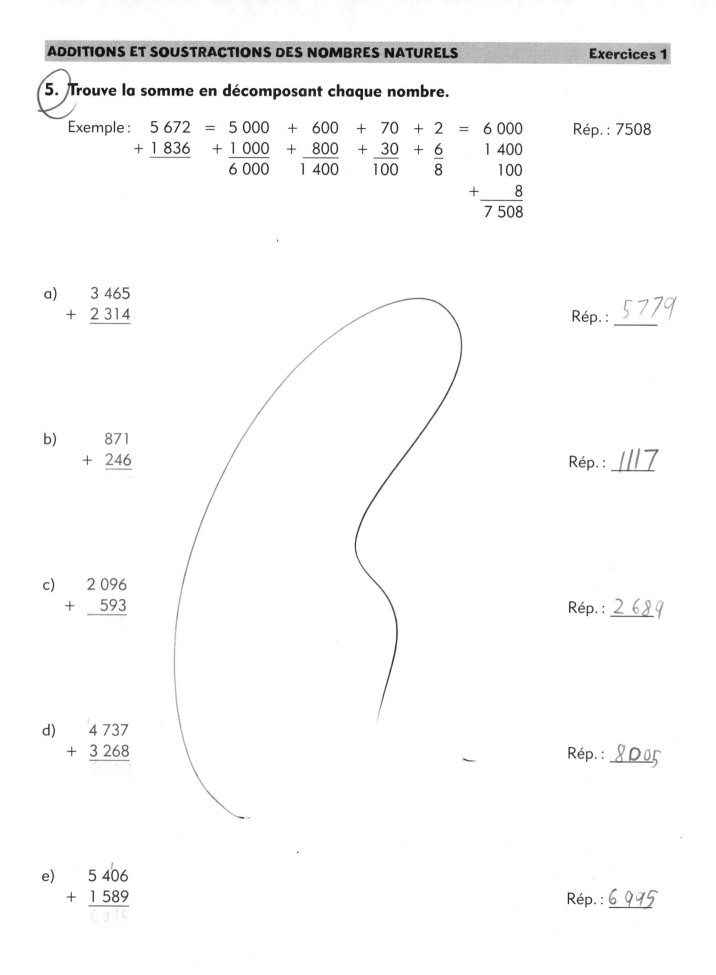

6. Trouve la différence en décomposant chaque nombre.

Exemple :

6 975	=	6 000		900		70		5	=	2 000	Rép. : 2144
− 4 831		4 000	−	800	−	30	−	1		100	
		2 000		100		40		4		40	
									+	4	
										2 144	

a)   8 496
     − 3 253   Rép. : _____

b)   793
     − 632   Rép. : _____

c)   6 857
     −   533   Rép. : _____

d)   5 619
     − 1 502   Rép. : _____

e)   9 374
     − 5 323   Rép. : _____

1. **Les Jeux de la XXIᵉ olympiade ont eu lieu à Montréal en 1976. Les athlètes de l'URSS (ancienne nation qui comprenait la Russie) y ont récolté 49 médailles d'or, 41 médailles d'argent et 35 médailles de bronze. Tandis que les athlètes des États-Unis ont récolté 34 médailles d'or, 35 médailles d'argent et 25 médailles de bronze. Combien de médailles les athlètes de l'URSS ont-ils remportées de plus que ceux des États-Unis ?**

   Démarche : _____

   Réponse : Les athlètes de l'URSS ont remporté _____ médailles de plus.

2. **Simon s'amuse à comparer la longueur de différents animaux de la forêt. Réfère-toi à la légende pour comparer les chaînes d'animaux, puis inscris les symboles <, > ou =. N'oublie pas de laisser des traces de tes calculs.**

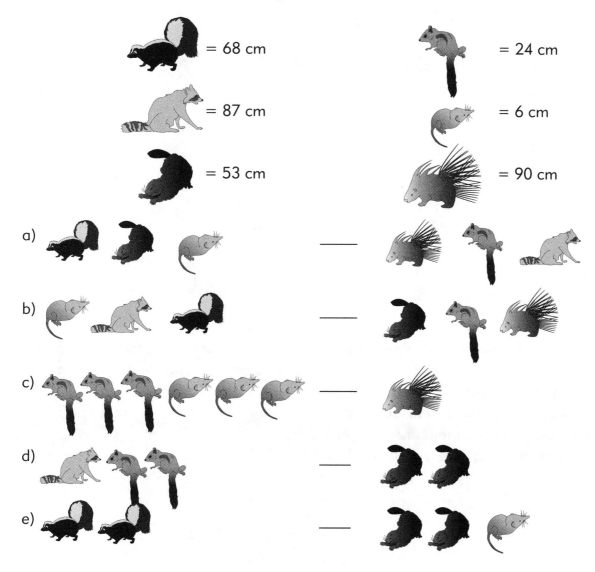

3. **Camille veut transvider des quantités de liquide dans les bons contenants. Relie à l'aide d'une flèche chaque quantité de liquide au bon contenant. Laisse des traces de tes calculs.**

a) 258 ml + 471 ml

409 ml

388 ml

b) 364 ml + 317 ml

c) 952 ml – 543 ml

729 ml

d) 709 ml – 275 ml

434 ml

e) 146 ml + 588 ml

681 ml

f) 643 ml – 255 ml

734 ml

g) 98 ml + 34 ml + 77 ml

390 ml

h) 659 ml – 235 ml – 34 ml

209 ml

4. **La Terre prend 365 jours à faire le tour du Soleil. La planète Mercure prend 277 jours de moins que la Terre pour effectuer sa révolution. Enfin, la planète Vénus prend 137 jours de plus que la planète Mercure pour graviter autour du Soleil. Combien de jours prennent Mercure et Vénus pour effectuer une orbite autour du Soleil ?**

Démarche : _____

Réponse : Mercure prend _____ jours, et Vénus prend _____ jours.

1. Trouve les sommes.

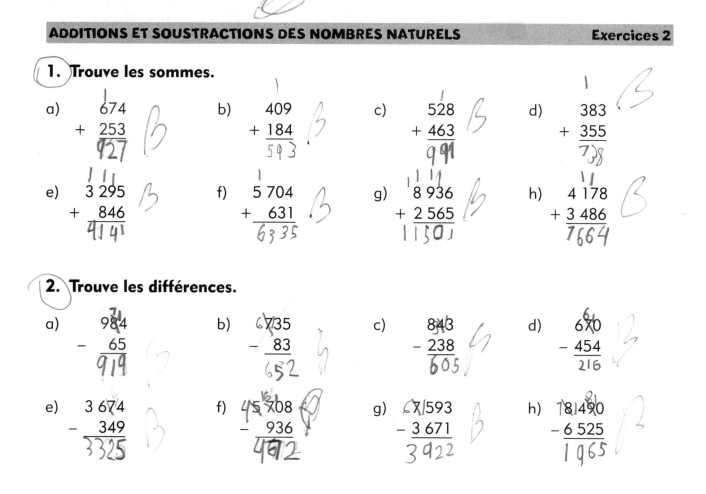

a)
```
  1
  674
+ 253
  927
```

b)
```
   1
  409
+ 184
  593
```

c)
```
   1
  528
+ 463
  991
```

d)
```
  1
  383
+ 355
  738
```

e)
```
  1 1 1
  3 295
+   846
  4 141
```

f)
```
   1
  5 704
+   631
  6 335
```

g)
```
  1 1 1
  8 936
+ 2 565
  11 501
```

h)
```
   1 1
  4 178
+ 3 486
  7 664
```

2. Trouve les différences.

a)
```
  7 1
  984
-  65
  919
```

b)
```
  6 7 3 5
  -  83
   652
```

c)
```
  843
- 238
  605
```

d)
```
  6 6 0
  - 454
   216
```

e)
```
  3 674
-   349
  3 325
```

f)
```
  4 5 708
  -   936
   4672
```

g)
```
  6 7 593
  - 3 671
   3922
```

h)
```
  18 490
  - 6 525
   1965
```

3. Trouve les chiffres manquants.

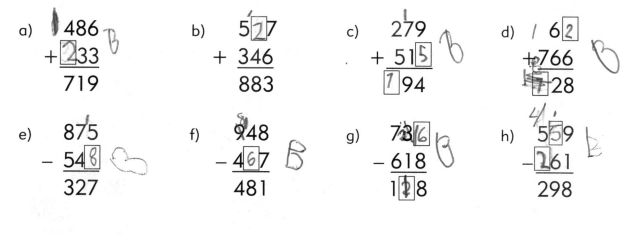

a)
```
  1 486
+ 233
  719
```

b)
```
  5 2 7
+ 346
  883
```

c)
```
   1
  279
+ 515
  7 94
```

d)
```
  1 6 2
+ 766
  1 728
```

e)
```
  875
- 54 8
  327
```

f)
```
  948
- 4 6 7
  481
```

g)
```
  73 6
- 618
  1 8
```

h)
```
  5 5 9
- 2 61
  298
```

4. Place les nombres de 1 à 12 dans les cercles afin que la somme de chaque ligne de cercles donne 26.

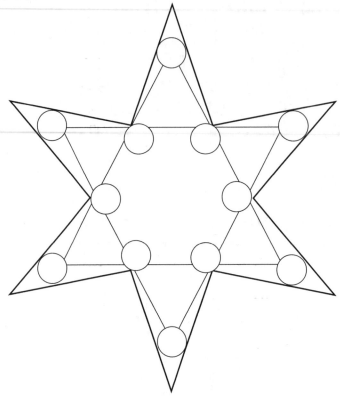

5. Complète les nombres croisés. Utilise l'espace restant pour laisser des traces de tes calculs.

HORIZONTALEMENT

1. 473 + 256 ; 139 – 55
2. 104 – 39 ; 78 + 58
3. 419 + 379
4. 683 – 405
5. 175 + 262 ; 161 – 94
6. 307 – 250 ; 436 + 455

VERTICALEMENT

1. 114 – 38 ; 159 + 286
2. 158 + 99 ; 683 – 646
3. 592 + 335
4. 89 + 98
5. 432 – 349 ; 384 + 485
6. 271 + 191 ; 170 – 99

	1	2	3	4	5	6
1				■		
2			■			
3	■				■	
4		■				■
5				■		
6			■			

1. La biscuiterie Petites Gâteries produit 235 biscuits à l'avoine chaque heure. Combien en produit-elle pendant un quart de travail qui dure 4 heures ?

Démarche : _____

_____

Réponse : La biscuiterie produit _____ biscuits à l'avoine en 4 heures.

2. Un éleveur des Prairies possède un troupeau composé de 258 vaches. Combien de vaches compte le troupeau de son voisin s'il en possède 3 fois moins ?

Démarche : _____

_____

Réponse : Le troupeau du voisin compte _____ vaches.

3. Chaque année, au mois d'août, les Perséides nous offrent un impressionnant spectacle. En effet, cette pluie d'étoiles filantes éclaire la nuit comme un feu d'artifice. Chloé et Thomas s'amusent à les compter. Si Chloé a dénombré 357 météorites et que son frère en a dénombré 2 fois plus, combien celui-ci en a-t-il compté ?

Démarche : _____

_____

Réponse : Thomas a dénombré _____ météorites.

4. Pour faire cuire un gâteau, le chef pâtissier doit chauffer son four à 475 degrés Fahrenheit. Pour réchauffer les spaghettis d'Enzo, sa mère doit programmer son four afin que sa température soit 5 fois moins élevée. À quelle température réchauffe-t-elle les spaghettis ?

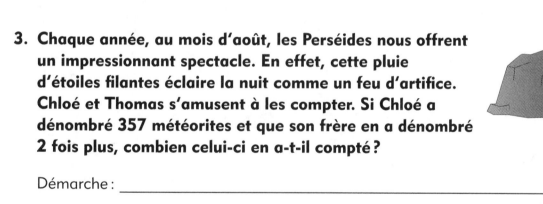

Démarche : _____

_____

Réponse : La mère d'Enzo réchauffe son spaghetti à _____ degrés Fahrenheit.

Test • Mathématique

5. Trouve les diviseurs ou les facteurs des nombres.

Exemple : 20 : { 1, 2, 4, 5, 10, 20 }

a) 45 : { ___, ___, ___, ___, ___, ___ }

b) 36 : { ___, ___, ___, ___, ___, ___, ___, ___, ___ }

c) 30 : { ___, ___, ___, ___, ___, ___, ___, ___ }

d) 24 : { ___, ___, ___, ___, ___, ___, ___, ___ }

e) 60 : { ___, ___, ___, ___, ___, ___, ___, ___, ___, ___, ___, ___ }

f) 63 : { ___, ___, ___, ___, ___, ___ }

6. Décompose les nombres en facteurs premiers.

Exemple : 12 = 2 x 2 x 3

a) 16 = ___ x ___ x ___ x ___

b) 18 = ___ x ___ x ___

c) 24 = ___ x ___ x ___ x ___

d) 30 = ___ x ___ x ___

e) 32 = ___ x ___ x ___ x ___ x ___

f) 36 = ___ x ___ x ___ x ___

7. Pour chaque série, encercle les nombres qui sont divisibles par…

a)   4   14 - 22 - 24 - 28 - 30 - 32 - 35 - 38 - 39

b)   3   12 - 13 - 16 - 18 - 21 - 22 - 25 - 27 - 30

c)   6   15 - 18 - 20 - 24 - 28 - 30 - 36 - 42 - 49

d)   8   13 - 22 - 32 - 36 - 40 - 52 - 56 - 62 - 72

e)   9   18 - 27 - 35 - 45 - 52 - 54 - 61 - 72 - 81

f)   7   14 - 17 - 21 - 26 - 35 - 44 - 56 - 63 - 69

Test • Mathématique

1. Trouve le produit de chaque multiplication en décomposant les nombres.

Ex. :
35	=	30	et	5	=	120		=	140
x 4		x 4		x 4	+ 20				
		120		20		140			

a)   48   =   et   =   = ____
   x 5

b)   63   =   et   =   = ____
   x 7

c)   29   =   et   =   = ____
   x 4

d)   52   =   et   =   = ____
   x 6

e)   76   =   et   =   = ____
   x 3

f)   37   =   et   =   = ____
   x 4

g)   95   =   et   =   = ____
   x 8

h)   81   =   et   =   = ____
   x 9

2. Trouve les paires de diviseurs des nombres.

Exemple : 28 = (1 x 28) , (2 x 14) , (4 x 7)

a) 25 = (___ x ___) , (___ x ___)

b) 32 = (___ x ___) , (___ x ___) , (___ x ___)

c) 42 = (___ x ___) , (___ x ___) , (___ x ___) , (___ x ___)

d) 48 = (___ x ___) , (___ x ___) , (___ x ___) , (___ x ___) , (___ x ___)

e) 54 = (___ x ___) , (___ x ___) , (___ x ___) , (___ x ___)

f) 68 = (___ x ___) , (___ x ___) , (___ x ___)

3. Trouve les facteurs premiers de chaque nombre en complétant les arbres de facteurs.

a)
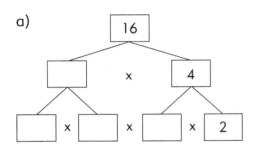

b)
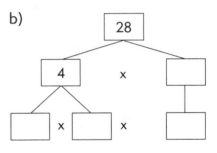

c)
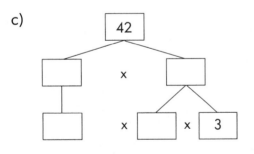

d)
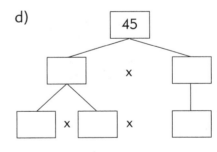

e)
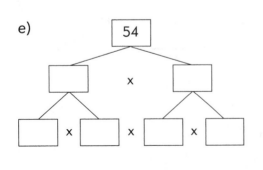

f)
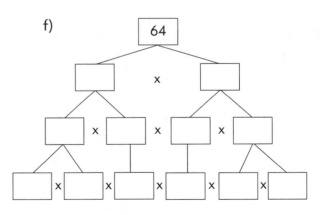

4. Trouve le produit de chaque multiplication.

Exemple :
$$\begin{array}{r} \overset{2}{36} \\ \times\ 4 \\ \hline 144 \end{array}$$

a) $\begin{array}{r} 29 \\ \times\ 5 \\ \hline \end{array}$

b) $\begin{array}{r} 45 \\ \times\ 6 \\ \hline \end{array}$

c) $\begin{array}{r} 39 \\ \times\ 4 \\ \hline \end{array}$

d) $\begin{array}{r} 56 \\ \times\ 3 \\ \hline \end{array}$

e) $\begin{array}{r} 87 \\ \times\ 7 \\ \hline \end{array}$

f) $\begin{array}{r} 72 \\ \times\ 8 \\ \hline \end{array}$

g) $\begin{array}{r} 90 \\ \times\ 6 \\ \hline \end{array}$

h) $\begin{array}{r} 93 \\ \times\ 2 \\ \hline \end{array}$

i) $\begin{array}{r} 325 \\ \times\ 4 \\ \hline \end{array}$

j) $\begin{array}{r} 482 \\ \times\ 3 \\ \hline \end{array}$

k) $\begin{array}{r} 276 \\ \times\ 7 \\ \hline \end{array}$

l) $\begin{array}{r} 309 \\ \times\ 5 \\ \hline \end{array}$

5. Trouve le quotient de chaque division.

Exemple :
$$\begin{array}{r} 85 \\ -\ 5 \\ \hline 35 \\ -\ 35 \\ \hline 0 \end{array} \begin{array}{|l} 5 \\ \hline 17 \end{array}$$

a) $48 \lfloor 3$

b) $56 \lfloor 4$

c) $90 \lfloor 6$

d) $75 \lfloor 3$

e) $96 \lfloor 8$

f) $230 \lfloor 5$

g) $336 \lfloor 7$

h) $510 \lfloor 6$

i) $468 \lfloor 9$

j) $334 \lfloor 2$

6. Trouve les chiffres manquants.

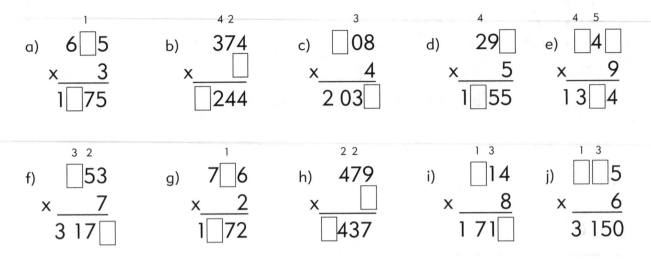

a)
```
      1
    6 □ 5
  x     3
  1 □ 75
```

b)
```
    4 2
    3 7 4
  x     □
  □ 2 4 4
```

c)
```
      3
  □ 0 8
  x   4
  2 0 3 □
```

d)
```
      4
  2 9 □
  x   5
  1 □ 5 5
```

e)
```
    4   5
  □ 4 □
  x   9
  1 3 □ 4
```

f)
```
    3 2
  □ 5 3
  x     7
  3 1 7 □
```

g)
```
      1
    7 □ 6
  x     2
  1 □ 7 2
```

h)
```
    2 2
    4 7 9
  x     □
  □ 4 3 7
```

i)
```
    1 3
  □ 1 4
  x     8
  1 7 1 □
```

j)
```
    1 3
  □ □ 5
  x     6
  3 1 5 0
```

7. Relie par une flèche chaque décomposition en facteurs premiers au nombre dont elle est issue.

a) 3 x 3 x 2 x 2   27

b) 3 x 3 x 3   28

c) 2 x 2 x 5   45

d) 2 x 2 x 2 x 7   36

e) 2 x 2 x 7   70

f) 2 x 2 x 13   56

g) 2 x 2 x 11   44

h) 3 x 3 x 5   20

i) 3 x 5 x 5   42

j) 2 x 5 x 7   30

k) 2 x 3 x 5   52

l) 2 x 3 x 7   75

1. **David a aménagé une fourmilière dans sa chambre. Son copain Alexis aimerait savoir combien de fourmis la peuplent. David lui donne un indice en lui disant qu'il a compté 528 pattes en tout. Sachant que chaque fourmi a 6 pattes, combien de fourmis vivent dans la fourmilière de David ?**

Démarche : _____

_____

Réponse : Dans la fourmilière de David, on compte _____ fourmis.

2. **Sur la banquise du Groenland, une exploratrice a observé 234 caribous, 2 fois moins d'ours polaires que de caribous et 5 fois plus de manchots que d'ours polaires. Combien de manchots l'exploratrice a-t-elle observés ?**

Démarche : _____

_____

Réponse : L'exploratrice a observé _____ manchots sur la banquise.

3. **Un ingénieux mathématicien a inventé une machine qui reproduit les pièces d'or selon une suite d'opérations. Insère le nombre d'origine au début de chacune des formules suivantes pour trouver le nombre de pièces d'or reproduites. Laisse des traces de tes calculs.**

a) Nombre d'origine : 3   Formule : ___ x 5 x 4 ÷ 2   Réponse : _____

b) Nombre d'origine : 6   Formule : ___ x 3 ÷ 2 x 7   Réponse : _____

c) Nombre d'origine : 8   Formule : ___ x 6 ÷ 4 ÷ 2   Réponse : _____

d) Nombre d'origine : 20   Formule : ___ ÷ 5 x 9 ÷ 3   Réponse : _____

e) Nombre d'origine : 24   Formule : ___ x 2 ÷ 8 x 7   Réponse : _____

f) Nombre d'origine : 25   Formule : ___ x 4 ÷ 10 x 5   Réponse : _____

Test • Mathématique

4. Trouve les diviseurs de chaque paire de nombres, puis inscris les diviseurs communs à ces deux nombres.

a) 35 : { _____ }

     50 : { _____ }

     Diviseurs communs à 35 et 50 : { _____ }

b) 28 : { _____ }

     32 : { _____ }

     Diviseurs communs à 28 et 32 : { _____ }

c) 18 : { _____ }

     81 : { _____ }

     Diviseurs communs à 18 et 81 : { _____ }

d) 42 : { _____ }

     72 : { _____ }

     Diviseurs communs à 42 et 72 : { _____ }

e) 54 : { _____ }

     56 : { _____ }

     Diviseurs communs à 54 et 56 : { _____ }

5. Décompose les nombres en facteurs premiers.

a) 20 = $5 + 5 + 5 + 5$

b) 48 = $7 + 7 + 7 + 7 + 7 + 7 + 7 - 1$

c) 60 = $10 + 10 + 10 + 10 + 10 + 10$

d) 72 = $9 + 9 + 9 + 9 + 9 + 9 + 9 + 9$

e) 81 = $9 + 9 + 9 + 9 + 9 + 9 + 9 + 9 + 9$

1. Observe les nombres ci-dessous, puis fais ce qui est demandé.

63	78	88	95	100
47	52	66	74	83
34	45	50	67	71
19	22	37	49	59

a) Encercle les nombres qui sont des multiples de 3.

b) Fais un X sur les nombres qui sont des multiples de 5.

c) Souligne les nombres qui sont des multiples de 4.

d) Encadre les nombres qui ne peuvent se diviser que par 1 et eux-mêmes.

e) Quels nombres n'ont pas été touchés?

_____

2. Trouve le produit de chaque multiplication.

Exemple : $36 \times 3 \times 9 =$

$$\begin{array}{r} \overset{1}{36} \\ \times\ 3 \\ \hline 108 \end{array} \qquad \begin{array}{r} \overset{7}{108} \\ \times\ 9 \\ \hline 972 \end{array} \qquad =\ 972$$

a) $55 \times 4 \times 6 =$ $=$ _____

b) $47 \times 2 \times 8 =$ $=$ _____

c) $82 \times 7 \times 5 =$ $=$ _____

d) $73 \times 9 \times 4 =$ $=$ _____

e) $29 \times 8 \times 3 =$ $=$ _____

3. **Trouve le quotient de chaque division.**

Exemple : $470 \div 5 \div 2 =$

$$
\begin{array}{r|l}
470 & \underline{5} \\
- 45 & 94 \\
\hline
20 & \\
- 20 & \\
\hline
0 &
\end{array}
\qquad
\begin{array}{r|l}
94 & \underline{2} \\
- 8 & 47 \\
\hline
14 & \\
- 14 & \\
\hline
0 &
\end{array}
\qquad = \quad 47
$$

a) $276 \div 3 \div 2 =$ = _____

b) $168 \div 4 \div 7 =$ = _____

c) $546 \div 7 \div 3 =$ = _____

d) $920 \div 8 \div 5 =$ = _____

4. **Au Canada, on retrouve des pièces de 1$ et de 2$, ainsi que des billets de banque de 5$, de 10$, de 20$, de 100$ et, plus rarement, de 1 000$. Résous les chaînes d'équations suivantes. Laisse des traces de tes calculs.**

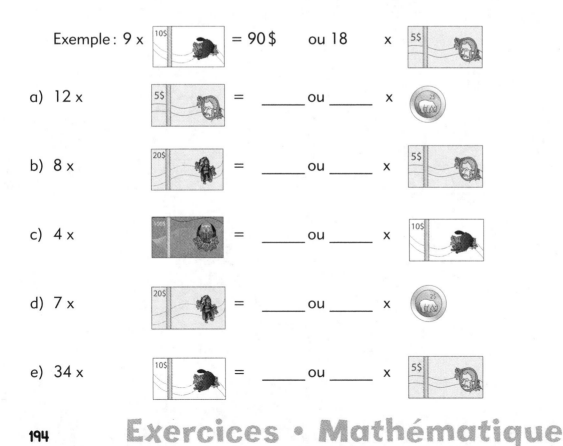

Exemple : 9 x [10$] = 90$ ou 18   x [5$]

a) 12 x [5$] = \_\_\_\_\_ ou \_\_\_\_\_ x (2$)

b) 8 x [20$] = \_\_\_\_\_ ou \_\_\_\_\_ x [5$]

c) 4 x [100$] = \_\_\_\_\_ ou \_\_\_\_\_ x [10$]

d) 7 x [20$] = \_\_\_\_\_ ou \_\_\_\_\_ x (2$)

e) 34 x [10$] = \_\_\_\_\_ ou \_\_\_\_\_ x [5$]

5. Trouve les facteurs premiers de chaque nombre en complétant les arbres de facteurs.

a)
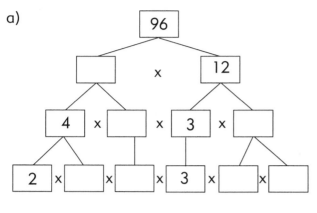

b)
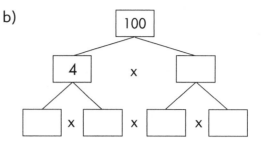

c)
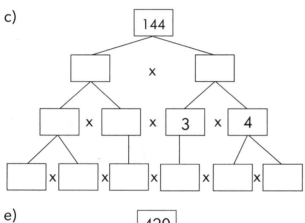

d)
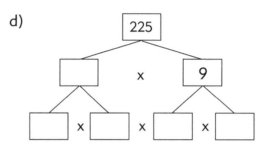

e)
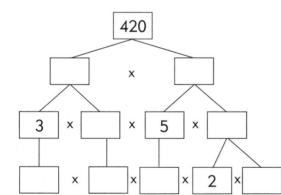

f)
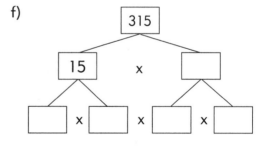

6. Trouve le produit des multiplications et le quotient des divisions.

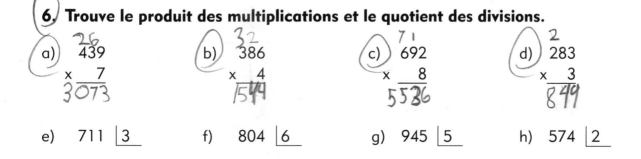

a)   439   × 7   *3073*

b)   386   × 4   *544*

c)   692   × 8   *5536*

d)   283   × 3   *849*

e)   711 | 3

f)   804 | 6

g)   945 | 5

h)   574 | 2

1. Forme des paires de façon à ce que leur somme égale 1.

0,1	0,75	0,06	0,01	0,6	0,45	0,2
0,25	0,5	0,66	0,4	0,17	0,99	0,3
0,9	0,83	0,34	0,55	0,7	0,8	0,94

_____ + _____ = 1   _____ + _____ = 1   _____ + _____ = 1

_____ + _____ = 1   _____ + _____ = 1   _____ + _____ = 1

_____ + _____ = 1   _____ + _____ = 1   _____ + _____ = 1

_____ + _____ = 1   Quel nombre décimal reste-t-il ? _____

2. Forme des paires de façon à ce que leur différence égale 1,5.

8,32	2,03	0,65	0,7	3,8	1,75	0,04
6,82	10,4	1,54	9,99	2,2	2,3	6
3,53	11,49	9,09	3,25	10,59	4,5	8,9

_____ – _____ = 1,5   _____ – _____ = 1,5   _____ – _____ = 1,5

_____ – _____ = 1,5   _____ – _____ = 1,5   _____ – _____ = 1,5

_____ – _____ = 1,5   _____ – _____ = 1,5   _____ – _____ = 1,5

_____ – _____ = 1,5   Quel nombre décimal reste-t-il ? _____

3. La température diffère d'un continent à l'autre. À la mi-mars, il faisait 34,5 °C à Kolkata, capitale de l'Inde en Asie. Au même moment, le mercure descendait à 2,9 °C à Reykjavik, capitale de l'Islande en Europe. Quel était l'écart de température entre ces deux villes ?

Démarche : _____

_____

Réponse : L'écart de température était de _____ °C.

4. **Les jumeaux Félix et Frédéric ont fêté leur anniversaire. Ils ont reçu de magnifiques cadeaux ainsi que de l'argent qu'ils déposeront dans leur tirelire commune. Si Félix a reçu 34,67 $ et que Frédéric a reçu 29,84 $, combien d'argent déposeront-ils dans leur tirelire ?**

Démarche : _____

_____

Réponse : Ils déposeront _____ $ dans leur tirelire.

5. **Victor et Justine se rendent à la clinique médicale pour leur bilan de santé annuel. Le médecin mesure leur grandeur à l'aide d'un ruban gradué. Il note que Victor mesure 1,37 m et que sa sœur mesure 1,29 m. Quelle est la différence entre la taille de Victor et celle de Justine ?**

Démarche : _____

_____

Réponse : La différence de taille entre Victor et Justine est de _____ m.

6. **La caisse enregistreuse du propriétaire d'un dépanneur est en panne. Il doit calculer le total des achats de ses clients à la main. Si Rosalie a acheté un contenant de raisins secs à 60 ¢, un sachet de graines de tournesol à 2,46 $ et une poire à 75 ¢, combien le propriétaire du dépanneur devra-t-il lui demander de débourser ?**

Démarche : _____

_____

_____

Réponse : Il devra lui demander de débourser _____ $.

1. Trouve la somme en décomposant chaque nombre.

Exemple :

$72,31 =$	70	$+$	2	$+$	$0,3$	$+$	$0,01 =$	90	$=$	$96,87$
$+ \underline{24,56}$	$+ \underline{20}$		$+ \underline{4}$		$+ \underline{0,5}$		$+ \underline{0,06}$	6		
	90		6		$0,8$		$0,07$	$0,8$		
							$+$	$\underline{0,07}$		
								$96,87$		

a)　　$63,5$
　$+ \underline{34,2}$　　　　　　　　　　　　　　　　　　$=$ _____

b)　　$47,13$
　$+ \underline{11,6}$　　　　　　　　　　　　　　　　　　$=$ _____

c)　　$56,07$
　$+ \underline{8,7}$　　　　　　　　　　　　　　　　　　$=$ _____

d)　　$7,89$
　$+ \underline{43,5}$　　　　　　　　　　　　　　　　　　$=$ _____

e)　　$40,72$
　$+ \underline{8,88}$　　　　　　　　　　　　　　　　　　$=$ _____

f)　　$3,69$
　$+ \underline{63,9}$　　　　　　　　　　　　　　　　　　$=$ _____

2. Trouve la somme pour chaque addition.

a)
$$
\begin{array}{r}
54,8 \\
+ \ 6,73 \\
\hline
\end{array}
$$

b)
$$
\begin{array}{r}
72,4 \\
+ \ 3,96 \\
\hline
\end{array}
$$

c)
$$
\begin{array}{r}
8,31 \\
+ 75,9 \\
\hline
\end{array}
$$

d)
$$
\begin{array}{r}
274,6 \\
+ \ 53,7 \\
\hline
\end{array}
$$

e)
$$
\begin{array}{r}
869,25 \\
+ \ 3,4 \\
\hline
\end{array}
$$

f)
$$
\begin{array}{r}
472,8 \\
+ \ 59,3 \\
\hline
\end{array}
$$

g)
$$
\begin{array}{r}
685,37 \\
+ 219,46 \\
\hline
\end{array}
$$

h)
$$
\begin{array}{r}
705,09 \\
+340,55 \\
\hline
\end{array}
$$

i)
$$
\begin{array}{r}
2,99 \\
+ 34,7 \\
\hline
\end{array}
$$

3. Trouve la différence pour chaque soustraction.

a)
$$
\begin{array}{r}
76 \\
- \ 0,7 \\
\hline
\end{array}
$$

b)
$$
\begin{array}{r}
48 \\
- \ 5,4 \\
\hline
\end{array}
$$

c)
$$
\begin{array}{r}
59,8 \\
- \ 6,45 \\
\hline
\end{array}
$$

d)
$$
\begin{array}{r}
315,4 \\
- 298,2 \\
\hline
\end{array}
$$

e)
$$
\begin{array}{r}
906,71 \\
- \ 57,04 \\
\hline
\end{array}
$$

f)
$$
\begin{array}{r}
72,6 \\
- \ 3,84 \\
\hline
\end{array}
$$

g)
$$
\begin{array}{r}
83 \\
- \ 0,03 \\
\hline
\end{array}
$$

h)
$$
\begin{array}{r}
60 \\
- \ 4,32 \\
\hline
\end{array}
$$

i)
$$
\begin{array}{r}
874,35 \\
- \ 9,99 \\
\hline
\end{array}
$$

Exercices • Mathématique

4. Place la virgule manquante dans le nombre décimal souligné pour que l'égalité soit vraie. Laisse des traces de tes calculs.

a) $4,26 + \underline{\mathbf{2\,1\,0\,4}} = 25,3$

b) $357 + \underline{\mathbf{8\,0\,9}} = 365,09$

c) $\underline{\mathbf{4\,6\,7}} + 2,5 = 7,17$

d) $9,74 + 18,2 = \underline{\mathbf{2\,7\,9\,4}}$

e) $\underline{\mathbf{6\,0\,8}} + 3,45 = 64,25$

f) $79,8 + \underline{\mathbf{3\,2\,7}} = 112,5$

g) $56 - 3,2 = \underline{\mathbf{5\,2\,8}}$

h) $473 - \underline{\mathbf{3\,6\,3\,9}} = 436,61$

i) $\underline{\mathbf{5\,0\,6}} - 1,38 = 3,68$

j) $\underline{\mathbf{9\,9\,9\,9}} - 34,7 = 965,2$

k) $28,65 - 4,18 = \underline{\mathbf{2\,4\,4\,7}}$

l) $89,2 - \underline{\mathbf{1\,0\,3}} = 88,17$

5. Complète le tableau suivant.

Additionne	3,7	4,9	7,6	8,02	0,43	0,01
5,6						
4,8						
2,5						
7,4						
3,05						
1,94						

Exercices • Mathématique

1. Si William pèse 36,4 kg, que Tristan pèse 2,36 kg de moins que William, et que Ludovic pèse 4,9 kg de plus que Tristan, quel est le poids de Ludovic?

Démarche: _____

_____

Réponse: Le poids de Ludovic est de _____ kg.

2. Le père de Louis a reçu une prime à son travail pour son excellent rendement. Le montant s'élève à quelques milliers de dollars. Il a promis à Louis qu'il lui achèterait un cadeau d'une valeur de 250$. Louis hésite entre une planche à roulettes et des patins à roues alignées. Il se demande s'il peut se faire acheter les deux articles. La planche à roulettes coûte 115,59$ et les patins à roues alignées, 136,28$. Est-ce que Louis a assez d'argent pour acheter les deux articles? Si oui, combien d'argent lui restera-t-il? Si non, combien d'argent devra-t-il débourser de sa poche?

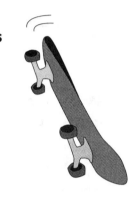

Démarche: _____

_____

Réponse: Il restera _____$ à Louis OU il lui manquera _____$.

3. Pendant la période estivale, Alice compte bien s'adonner à son activité préférée: la baignade. Mais avant, elle devra franchir les 67,28 km qui séparent sa maison de banlieue de son chalet en pleine nature. De plus, elle devra parcourir les 19,7 km de sentier pédestre pour accéder au lac. Quelle distance devra parcourir Alice pour pratiquer son activité préférée?

Démarche: _____

_____

Réponse: Alice devra parcourir _____ km pour pratiquer la baignade.

Test • Mathématique   **201**

4. Cédric et Maïka désirent offrir un bouquet de fleurs à leur grand-mère. Le moins dispendieux des arrangements floraux du fleuriste coûte 10 $. Aussi, Cédric et Maïka ont vendu pour 4,55 $ de limonade, ont trouvé 78 ¢ dans les fentes du canapé et ont reçu 3 pièces de 1 $ et une pièce de 25 ¢ de leur voisine pour avoir désherbé son potager. Combien d'argent devront-ils emprunter à leur frère aîné afin de pouvoir acheter le bouquet de fleurs ?

Démarche : _____

_____

Réponse : Ils devront emprunter _____ $ à leur frère aîné.

5. La Terre met 23,98 heures pour tourner sur elle-même : cette rotation nous donne le jour et la nuit. Même si elle est presque 10 fois plus grosse, la planète Saturne met 13,45 heures de moins que la Terre pour tourner sur elle-même. Combien de temps dure une journée entière sur Saturne ?

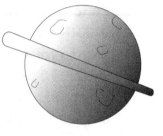

Démarche : _____

_____

Réponse : Une journée entière dure _____ heures sur la planète Saturne.

6. L'échelle de Richter sert à mesurer l'énergie dégagée lors d'un tremblement de terre. Elle est divisée en 9 échelons : plus le chiffre est gros, plus le séisme est important. Au Québec, de petits séismes surviennent parfois, mais ils n'atteignent que très rarement 2,75 sur la même échelle soit 0,85 de plus que l'échelon nécessaire pour se rendre compte de son occurrence. À partir de quel échelon sur l'échelle de Richter peut-on se rendre compte qu'un séisme se produit ?

Démarche : _____

_____

Réponse : On ressent l'effet d'un séisme à partir de _____ sur l'échelle de Richter.

1. Trouve la réponse pour chacune des opérations suivantes. Laisse des traces de tes calculs.

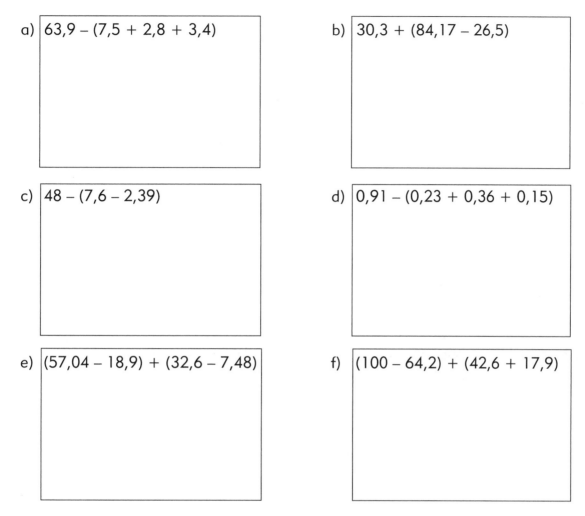

a) $63,9 - (7,5 + 2,8 + 3,4)$

b) $30,3 + (84,17 - 26,5)$

c) $48 - (7,6 - 2,39)$

d) $0,91 - (0,23 + 0,36 + 0,15)$

e) $(57,04 - 18,9) + (32,6 - 7,48)$

f) $(100 - 64,2) + (42,6 + 17,9)$

2. Encercle les additions dont la somme est égale à 5.

a) $2,5 + 3,5$　　b) $1,8 + 3,2$　　c) $2,55 + 2,45$　　d) $4,9 + 0,01$　　e) $3,7 + 2,3$

f) $1,4 + 3,6$　　g) $2,13 + 2,87$　　h) $0,4 + 4,6$　　i) $0,75 + 3,25$　　j) $2,96 + 2,4$

k) $3,72 + 2,28$　　l) $1,11 + 3,99$　　m) $3,05 + 1,95$　　n) $1,01 + 2,9$　　o) $1,51 + 3,49$

3. Encercle les soustractions dont la différence est égale à 3,5.

a) $9,3 - 5,8$　　b) $10 - 7,5$　　c) $4,2 - 0,7$　　d) $8,05 - 4,45$　　e) $6,28 - 2,88$

f) $7,9 - 4,4$　　g) $9,61 - 6,11$　　h) $5 - 1,05$　　i) $3,89 - 0,99$　　j) $10,6 - 6,1$

k) $6,09 - 2,49$　　l) $4 - 0,5$　　m) $8,5 - 4$　　n) $9,7 - 6,2$　　o) $7,32 - 3,92$

4. Complète les suites de nombres décimaux.

a) 5,6 – 5,8 – 6 – 6,2 – _____ – _____ – _____ – _____

b) 9,3 – 8,9 – 8,5 – 8,1 – _____ – _____ – _____ – _____

c) 3,5 – 3,75 – 4 – 4,25 – _____ – _____ – _____ – _____

d) 8,4 – 8,25 – 8,1 – 7,95 – _____ – _____ – _____ – _____

e) 12,7 – 12,8 – 13 – 13,3 – _____ – _____ – _____ – _____

f) 47,5 – 46,4 – 45,3 – 44,2 – _____ – _____ – _____ – _____

g) 7,43 – 7,51 – 7,59 – 7,67 – _____ – _____ – _____ – _____

h) 36,2 – 36,15 – 36,1 – 36,05 – _____ – _____ – _____ – _____

5. Trouve la différence en décomposant chaque nombre.

Exemple :

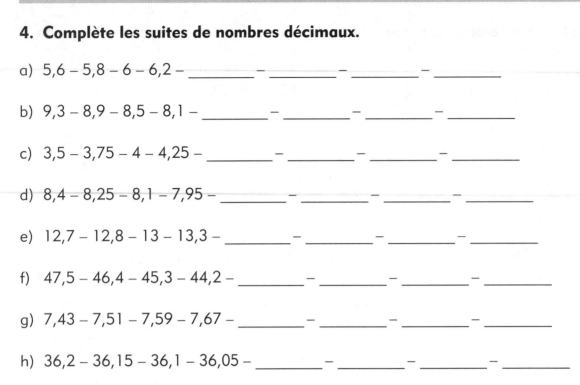

$$
\begin{array}{llllllll}
85{,}37 & = & 80 & + & 5 & + & 0{,}3 & + & 0{,}07 & = & 60 & = & 64{,}12 \\
- 21{,}25 & & - 20 & & -1 & & -0{,}2 & & -0{,}05 & & 4 \\
& & 60 & & 4 & & 0{,}1 & & 0{,}02 & & 0{,}1 \\
& & & & & & & & & + & 0{,}02 \\
& & & & & & & & & & 64{,}12
\end{array}
$$

a)   79,68
    – 62,03   = _____

b)   95,45
    – 33,33   = _____

c)   68,76
    – 10,21   = _____

6. Complète la pyramide en écrivant la somme des deux nombres placés sous chaque case.

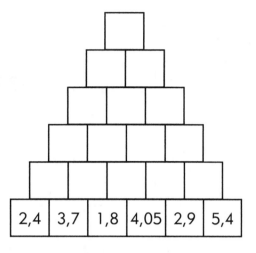

| 2,4 | 3,7 | 1,8 | 4,05 | 2,9 | 5,4 |

7. Complète les suites en sachant que tu dois additionner en montant et soustraire en descendant.

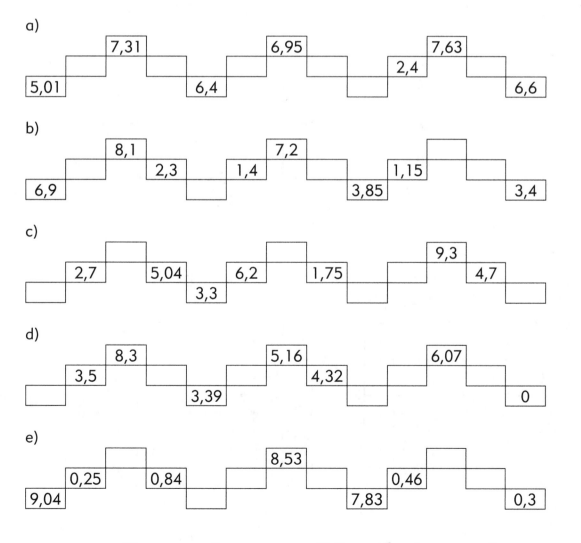

1. Colorie les cases associées aux coordonnées, et découvre la lettre ou le chiffre mystère.

a) (C,2) (C,3) (C,4) (C,5) (C,6) (C,7)
   (D,7) (E,7) (E,6) (E,5) (D,5)

8								
7								
6								
5								
4								
3								
2								
1								
	A	B	C	D	E	F	G	H

Lettre ou chiffre : _____

b) (B,7) (B,6) (B,5) (B,4) (B,3) (B,2)
   (C,5), (D,6) (E,7) (C4) (D,3) (E,2)

8								
7								
6								
5								
4								
3								
2								
1								
	A	B	C	D	E	F	G	H

Lettre ou chiffre : _____

c) (B,6) (C,7) (D,7) (E,6) (E,5) (D,4)
   (C,3) (B,2) (B,1) (C,1) (D,1) (E,1)

8								
7								
6								
5								
4								
3								
2								
1								
	A	B	C	D	E	F	G	H

Lettre ou chiffre : _____

d) (C,4) (D,4) (E,4) (F,4) (E,2) (E,3)
   (E,5) (E,6) (C,5) (C,6) (C,7)

8								
7								
6								
5								
4								
3								
2								
1								
	A	B	C	D	E	F	G	H

Lettre ou chiffre : _____

e) (E,8) (F,8) (D,7) (G,7) (D,6) (D,5)
   (D,4) (D,3) (E,2) (F,2) (G,3) (G,4) (F,4)

8								
7								
6								
5								
4								
3								
2								
1								
	A	B	C	D	E	F	G	H

Lettre ou chiffre : _____

f) (A,7) (B,7) (C,7) (D,7) (D,6) (C,5)
   (B,4) (A,3)

8								
7								
6								
5								
4								
3								
2								
1								
	A	B	C	D	E	F	G	H

Lettre ou chiffre : _____

2. Inscris la lettre des lieux publics suivants au bon endroit sur le plan de la ville en te basant sur les indices qui suivent.

- La poste (P) est située sur la 3e Avenue, entre les 13e et 14e Rue, du côté nord.
- La mairie (M) est située sur la 15e Rue, entre les 4e et 5e Avenue, du côté est.
- L'hôpital (H) est situé sur la 6e Avenue, tout juste à l'ouest de la 15e Rue, du côté nord.
- L'école (E) est située dans le quadrilatère formé par les 4e et 5e Avenue et les 13e et 14e Rue.
- Le supermarché (S) est situé complètement au sud de la 16e Rue, du côté ouest.
- Le jardin communautaire (J) est situé dans le quadrilatère formé par les 2e et 3e Avenue et les 14e et 15e Rue.
- Le court de tennis (T) est situé complètement à l'est, dans le quadrilatère formé par les 6e et 7e Avenue et les 12e et 15e Rue.
- Le poste d'incendie (I) est situé à l'angle de la 3e Avenue et de la 13e Rue, du côté sud-est.

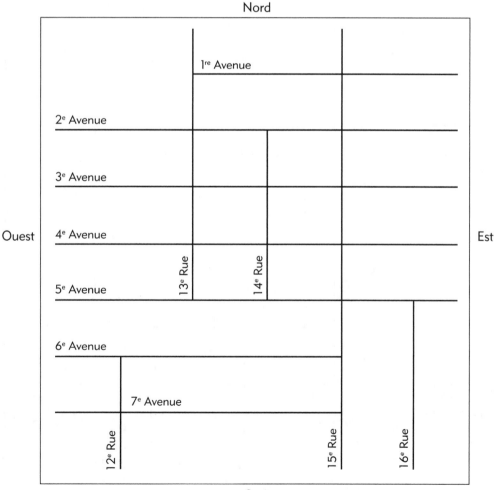

Test • Mathématique   **207**

1. Trouve le petit animal que Laurie a recueilli dans son jardin en complétant le plan cartésien.

Relie dans l'ordre les coordonnées suivantes :
(7,I) (8,I) (8,J) (6,J) (6,H) (9,H) (9,K) (5,K) (5,G) (10,G)
(10,L) (4,L) (4,F) (11,F) (13,H) (13,J) (12,J) (12,H) (10,G).

Relie les points (12,J) et (11,L).
Relie les points (13,J) et (14,L).

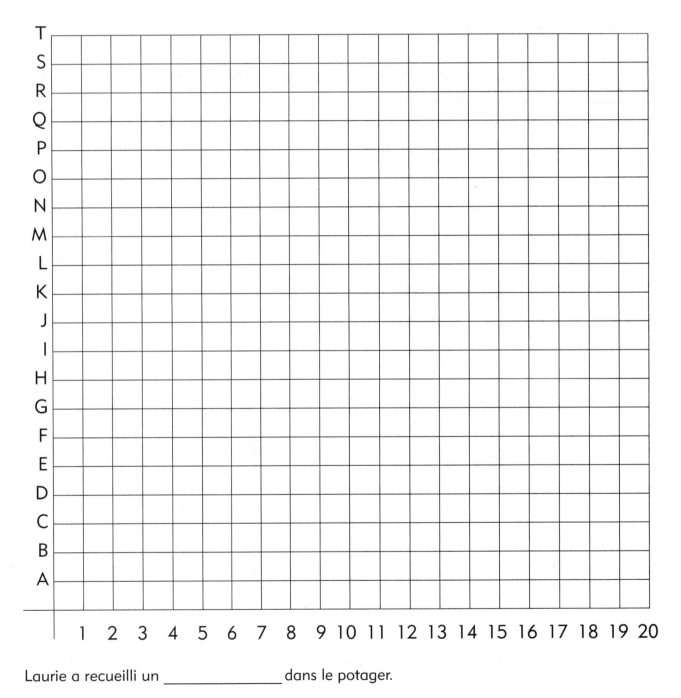

Laurie a recueilli un _____ dans le potager.

2. Trouve les coordonnées des animaux de la forêt.

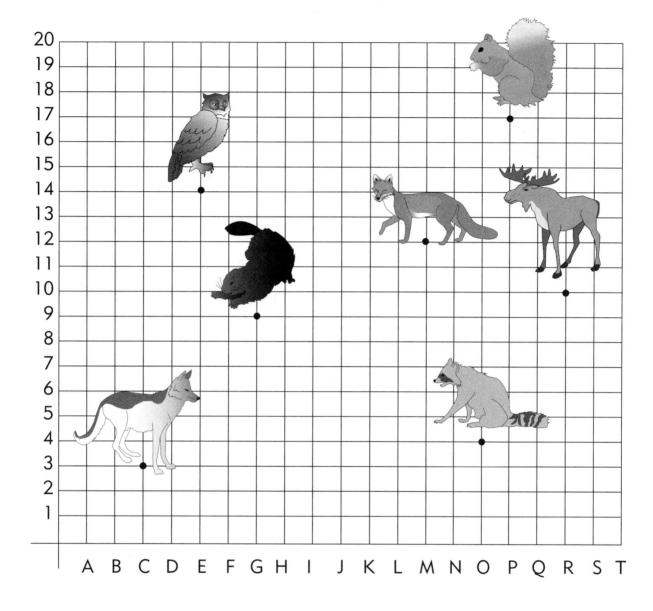

a) Le castor est au (_____).

b) L'écureuil est au (_____).

c) Le loup est au (_____).

d) Le hibou est au (_____).

e) L'orignal est au (_____).

f) Le renard est au (_____).

g) Le raton laveur est au (_____).

3. Lors de l'exposition universelle, les gens sont invités à visiter les pavillons des pays présents. Trouve le nom de chaque allée à partir des indices et inscris-le au bon endroit sur le plan.

- L'allée des Explorateurs sépare le Canada de la Grande-Bretagne.
- L'allée des Scientifiques est parallèle à celle des Explorateurs ; elle se situe au nord de la Roumanie et de la Grande-Bretagne.
- L'allée des Musiciens sépare l'Australie de la Grande-Bretagne.
- L'allée des Artistes est située au sud de l'Allemagne et du Sénégal.
- L'allée des Écrivains borde l'Égypte, l'Australie et la Roumanie.
- L'allée des Sportifs sépare la Nouvelle-Zélande du Pérou.
- L'allée des Ouvriers est perpendiculaire à l'allée des Musiciens, et elle borde l'Allemagne.
- L'allée des Chansonniers est parallèle à l'allée des Artistes, et elle borde la France.
- L'allée des Inventeurs est parallèle à l'allée des Écrivains, et elle borde l'Égypte.
- L'allée des Comédiens sépare l'Australie de la Roumanie.
- L'allée des Policiers est située au nord, et elle traverse l'exposition d'est en ouest.
- L'allée des Pacifistes sépare l'Égypte du Mexique.
- L'allée des Religieux est perpendiculaire à l'allée des Scientifiques et à l'allée des Explorateurs.

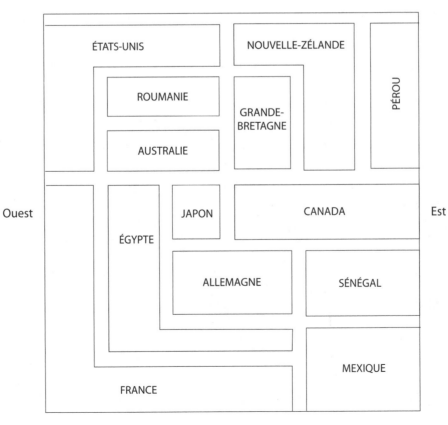

1. **Au cirque, 9 amis d'une même bande ont réussi à obtenir des billets pour s'asseoir dans la première rangée. Écris leur nom au bon endroit sur l'axe ci-dessous en te basant sur les indices.**

- Germain est assis en D.
- Antoine n'est pas à côté de Daphnée.
- Xavier est assis à gauche de Germain.
- Jade est assise à côté de Zacharie.
- Daphnée est assise entre Xavier et Noémie.
- Zacharie est assis complètement à droite.
- Magalie est assise entre Isaac et Jade.

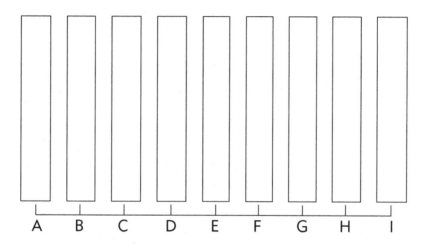

A   B   C   D   E   F   G   H   I

2. **Trouve les 4 coordonnées occupées par chaque carré gris.**

A (____) (____)
   (____) (____)

B (____) (____)
   (____) (____)

C (____) (____)
   (____) (____)

D (____) (____)
   (____) (____)

E (____) (____)
   (____) (____)

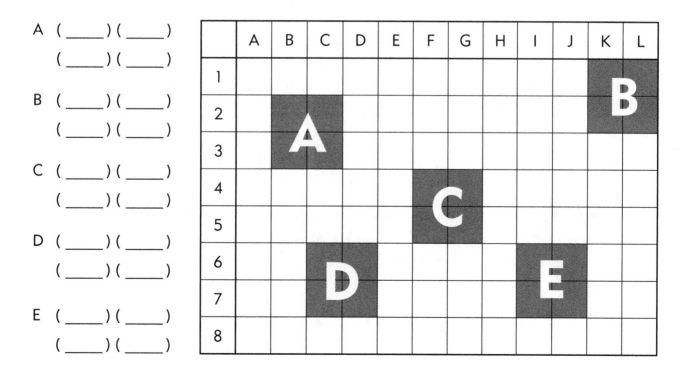

Test • Mathématique

3. Sur le plan cartésien, reproduis l'étoile par réflexion à gauche de l'axe de symétrie, puis indique les coordonnées de chacun des **10** points.

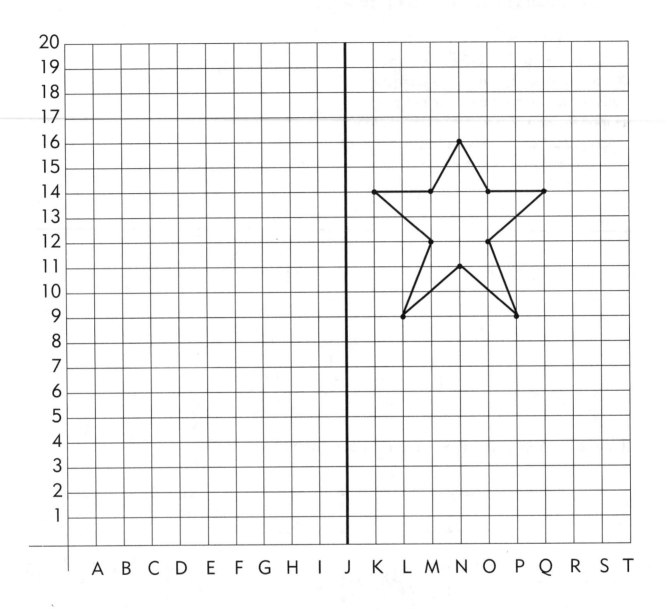

Les coordonnées sont   (____) , (____) , (____) , (____) , (____)

                              (____) , (____) , (____) , (____) , (____).

1. À l'arboretum, des botanistes ont planté une rangée d'arbres en bordure du sentier. Découvre l'ordre dans lequel les essences ont été mises en terre en t'aidant des indices.

- Le hêtre n'est pas à côté du mélèze.
- L'érable est en B.
- Le bouleau est à gauche du hêtre.
- Le thuya est à droite de l'érable.
- Le châtaignier n'est pas à côté du hêtre.
- Le cyprès est à l'une des extrémités.
- Le peuplier est entre le thuya et le mélèze.

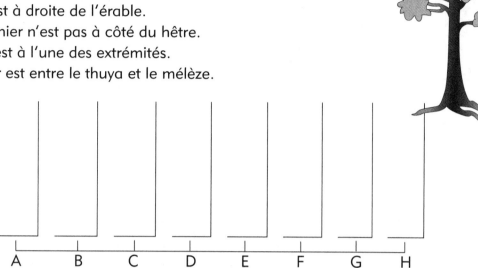

A   B   C   D   E   F   G   H

2. En brassant ses cartes, Hugo les a fait tomber sur le plancher. Trouve l'emplacement de chacune des cartes en t'aidant des indices.

- Le valet de cœur est en haut, complètement à gauche.
- La dame de pique est sous le valet de cœur.
- Le sept de carreau est à droite de la dame de pique.
- Le trois de trèfle est au-dessus du sept de carreau.
- Le roi de trèfle est entre le sept de carreau et le dix de pique.
- L'as de cœur est au-dessous du dix de pique.
- Le quatre de carreau est dans la même colonne que l'as de cœur.
- Le cinq de trèfle est dans la même rangée que l'as de cœur.
- La dame de cœur est entre le cinq de trèfle et l'as de carreau.
- Le huit de pique n'est pas à côté du cinq de trèfle et n'est pas non plus dans la même colonne que celui-ci.

Exercices • Mathématique

3. **Place des étoiles aux coordonnées qui suivent, puis relie-les dans l'ordre pour découvrir le nom de la constellation qu'elles forment.**

(J,7) – (J,10) – (M,9) – (L,10) – (N,12) – (M,12) – (N,14) – (L,13) – (L,14) – (K,13) – (L,16) – (K,15) – (J,17) – (I,15) – (H,16) – (I,13) – (H,14) – (H,13) – (F,14) – (G,12) – (F,12) – (H,10) – (G,9) – (J,10).

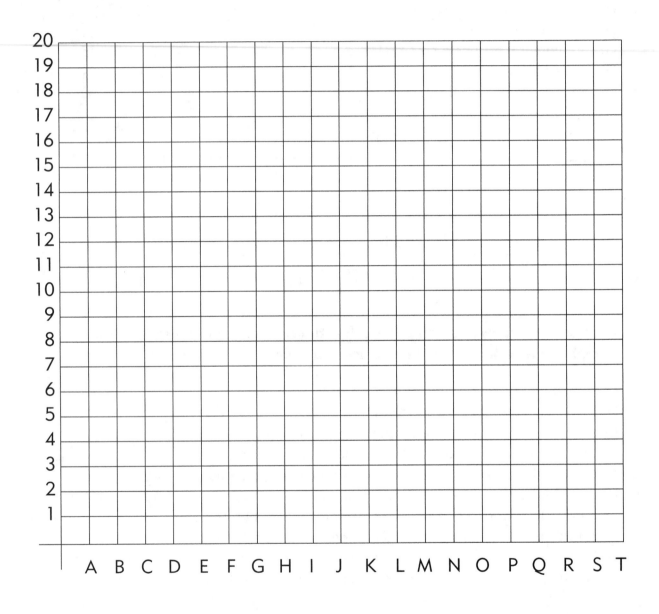

Les étoiles forment la constellation de la _____.

1. Écris les noms des solides sous la bonne illustration.

pyramide à base triangulaire – pyramide à base carrée – prisme à base triangulaire –
prisme à base carrée – prisme à base rectangulaire –
cube – cylindre – sphère – cône

a)

Nom : _____

_____

b)

Nom : _____

_____

c)

Nom : _____

_____

d)

Nom : _____

_____

e)

Nom : _____

_____

f)

Nom : _____

_____

g)

Nom : _____

_____

h)

Nom : _____

_____

i)

Nom : _____

_____

2. Dessine les figures planes qui ont servi à construire chaque solide.

a)

b)

c)

d)

Test • Mathématique

215

3. Indique combien de faces, de sommets et d'arêtes comporte chaque polyèdre.

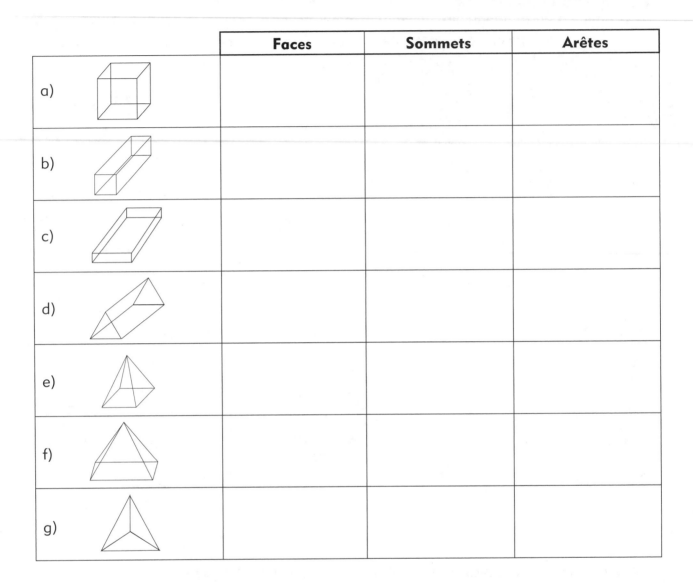

	Faces	Sommets	Arêtes
a)			
b)			
c)			
d)			
e)			
f)			
g)			

4. Indique si les affirmations sont vraies (V) ou fausses (F).

a) Les solides comportent toujours au moins deux faces. _____

b) Les polyèdres glissent et roulent. _____

c) Les polyèdres comportent toujours des faces planes. _____

d) Lorsqu'on coupe un cube en deux parties égales, on obtient deux prismes
à base carrée. _____

e) Lorsqu'on coupe une pyramide à base carrée en deux parties égales, on obtient deux
polyèdres qui comptent chacun 3 faces. _____

f) Lorsqu'on colle deux cubes, on obtient un prisme à base rectangulaire. _____

Test • Mathématique

1. Colorie les figures planes qui ont été utilisées pour construire chaque polyèdre.

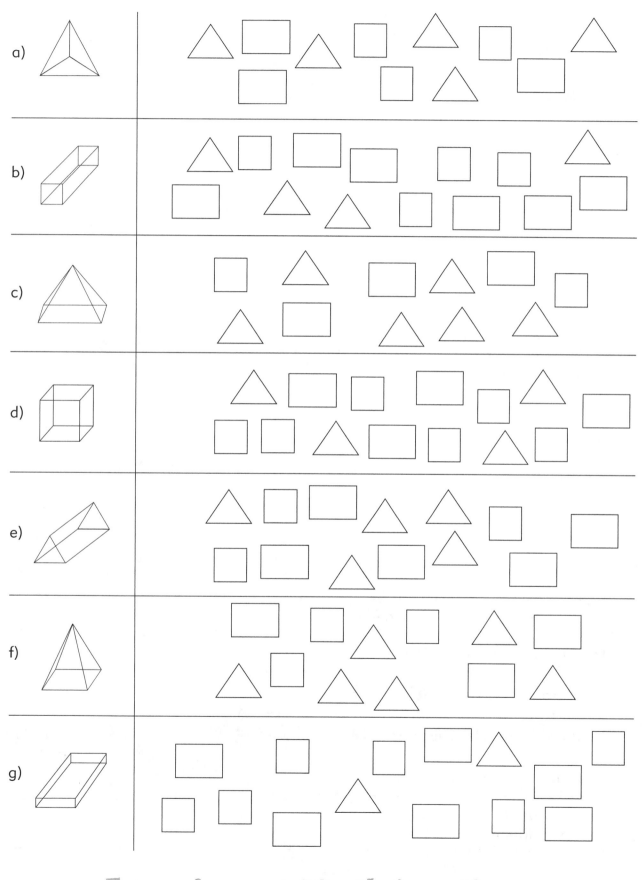

2. Complète le tableau en indiquant les solides qui répondent aux exigences.

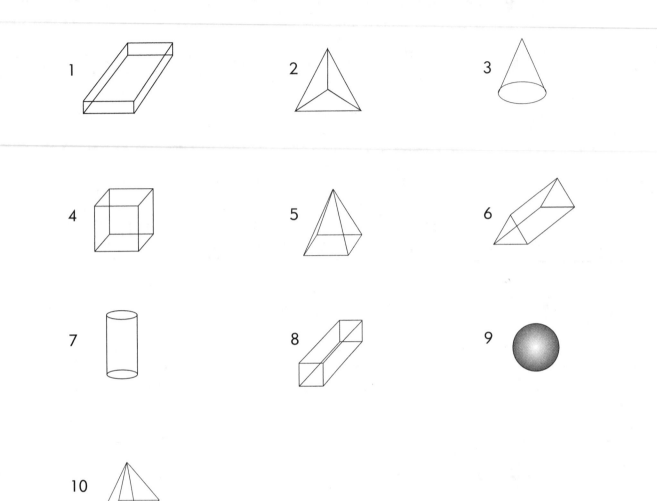

	Numéros de solides
a) Nous avons au moins une face de forme carrée.	
b) Nous avons au moins 7 arêtes.	
c) Nous avons exactement 5 faces planes.	
d) Nous avons au moins 2 faces triangulaires.	
e) Nous avons un nombre pair de sommets.	
f) Nous n'avons été placés dans aucune colonne : nous ne sommes pas des polyèdres.	

1. **Emmanuel utilise des blocs d'aspects divers pour construire une tour : 2 prismes à base carrée, 1 prisme à base rectangulaire et 2 pyramides à base triangulaire. Combien de faces, de sommets et d'arêtes compte son assemblage ?**

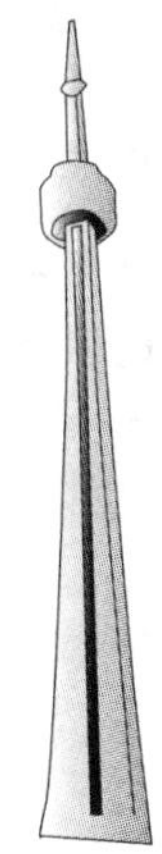

   Démarche : _____

   _____

   Réponse : La tour d'Emmanuel compte _____ faces, _____ sommets
   et _____ arêtes.

2. **En Égypte, on a construit une série de pyramides à base carrée dont la plus imposante se nomme la pyramide de Khéops, ses deux compagnes étant les pyramides de Khéphren et de Mykénos. Au musée du Caire, la capitale, on a décidé de reconstituer ces monuments de pierre à l'aide d'une maquette. Dans le rectangle ci-dessous, dessine les figures planes qui ont servi à reproduire les trois pyramides.**

3. **Anaïs utilise des pailles à boire et des boules de gommette pour assembler des polyèdres. Trouve la quantité de pailles (arêtes) et de boules de gommette (sommets) dont elle aura besoin pour assembler 3 cubes, 2 prismes à base triangulaire et 3 pyramides à base rectangulaire.**

   Démarche : _____

   _____

   Réponse : Anaïs aura besoin de _____ pailles à boire et de _____ boules de gommette.

Test • Mathématique

1. Classifie les solides en inscrivant la lettre dans le bon ensemble.

A – cube
B – prisme à base carrée
C – prisme à base rectangulaire
D – prisme à base triangulaire
E – pyramide à base carrée
F – pyramide à base rectangulaire
G – pyramide à base triangulaire
H – sphère
I – cône
J – cylindre

Les solides

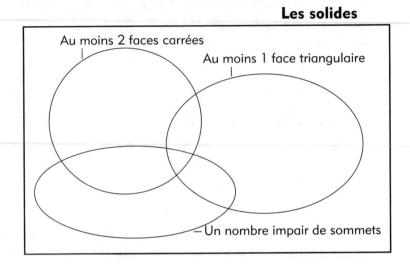

Au moins 2 faces carrées

Au moins 1 face triangulaire

Un nombre impair de sommets

2. Associe le nom du polyèdre à son développement.

a) prisme à base triangulaire

b) pyramide à base carrée

c) cube

d) pyramide à base rectangulaire

e) prisme à base carrée

f) pyramide à base triangulaire

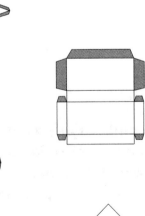

g) prisme à base rectangulaire

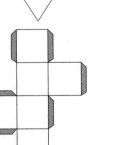

Exercices • Mathématique

3. Pour chacune des équations, trouve le nombre de faces, de sommets et d'arêtes.

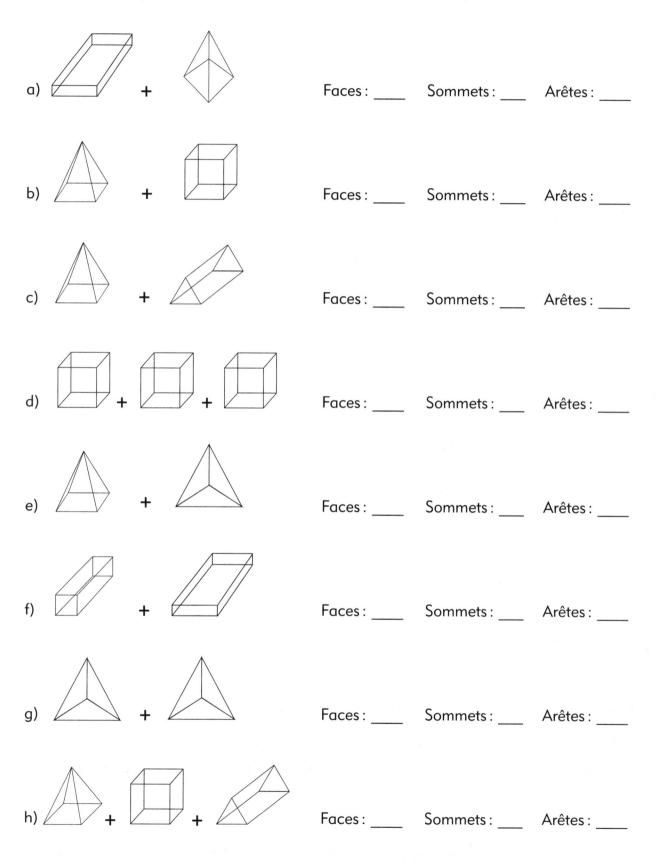

a)   +   Faces : ____   Sommets : ____   Arêtes : ____

b)   +   Faces : ____   Sommets : ____   Arêtes : ____

c)   +   Faces : ____   Sommets : ____   Arêtes : ____

d)   +   +   Faces : ____   Sommets : ____   Arêtes : ____

e)   +   Faces : ____   Sommets : ____   Arêtes : ____

f)   +   Faces : ____   Sommets : ____   Arêtes : ____

g)   +   Faces : ____   Sommets : ____   Arêtes : ____

h)   +   +   Faces : ____   Sommets : ____   Arêtes : ____

1. Encercle les polygones et fais un X sur les figures qui n'en sont pas.

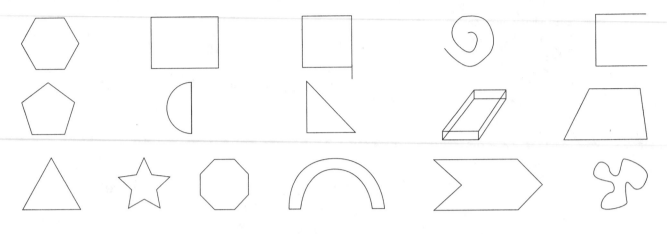

2. Encercle les polygones convexes et fais un X sur les polygones non convexes.

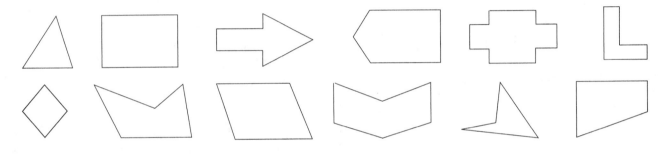

3. Associe chaque terme à la définition la plus juste.

carré – rectangle – losange – quadrilatère – trapèze – parallélogramme

a) Je suis un polygone qui possède 4 côtés.

Réponse : _____

b) Je suis un polygone qui possède 4 côtés dont 2 paires sont parallèles.

Réponse : _____

c) Je suis un polygone qui possède 4 côtés isométriques et 4 angles droits.

Réponse : _____

d) Je suis un polygone qui possède 4 côtés dont une seule paire est parallèle.

Réponse : _____

e) Je suis un polygone qui possède 4 côtés, 4 angles droits, 2 longueurs isométriques et 2 largeurs isométriques.

Réponse : _____

f) Je suis un polygone qui possède 4 côtés isométriques, 2 angles aigus et 2 angles obtus.

Réponse : _____

Test • Mathématique

4. Indique si chaque affirmation est vraie (V) ou fausse (F).

a) Le carré est un trapèze.   Réponse : _____

b) Le rectangle est un parallélogramme.   Réponse : _____

c) Le losange est un rectangle.   Réponse : _____

d) Le trapèze est un quadrilatère.   Réponse : _____

e) Le carré est un rectangle.   Réponse : _____

f)   Le parallélogramme est un carré.   Réponse : _____

g) Le trapèze est un losange.   Réponse : _____

h) Le rectangle est un carré.   Réponse : _____

5. Dans les polygones suivants, colorie les angles aigus en bleu, les angles droits en rouge, et les angles obtus en vert.

a)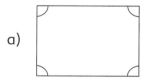

b)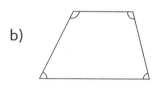

c)

d)

1. Complète le tableau en faisant un X dans les cases appropriées.

	polygone	convexe	quadrilatère	parallélogramme
a)				
b)				
c)				
d)				
e)				
f)				
g)				
h)				
i)				
j)				
k)				
l)				

2. Dessine les figures qui sont demandées.

a) 2 segments formant un angle obtus

· · · · · ·
· · · · · ·
· · · · · ·
· · · · · ·
· · · · · ·

b) un quadrilatère non convexe

· · · · · ·
· · · · · ·
· · · · · ·
· · · · · ·
· · · · · ·

c) 2 segments de droite perpendiculaires

· · · · · ·
· · · · · ·
· · · · · ·
· · · · · ·
· · · · · ·

d) 2 segments formant un angle aigu

· · · · · ·
· · · · · ·
· · · · · ·
· · · · · ·
· · · · · ·

e) un trapèze qui a au moins un angle droit

· · · · · ·
· · · · · ·
· · · · · ·
· · · · · ·
· · · · · ·

f) un losange

· · · · · ·
· · · · · ·
· · · · · ·
· · · · · ·
· · · · · ·

g) un polygone à six côtés qui compte une paire de côtés parallèles

· · · · · ·
· · · · · ·
· · · · · ·
· · · · · ·
· · · · · ·

h) un parallélogramme qui compte 4 angles droits

· · · · · ·
· · · · · ·
· · · · · ·
· · · · · ·
· · · · · ·

3. Décompose chaque tangram en traçant avec ta règle des segments de droite afin d'obtenir les figures planes demandées.

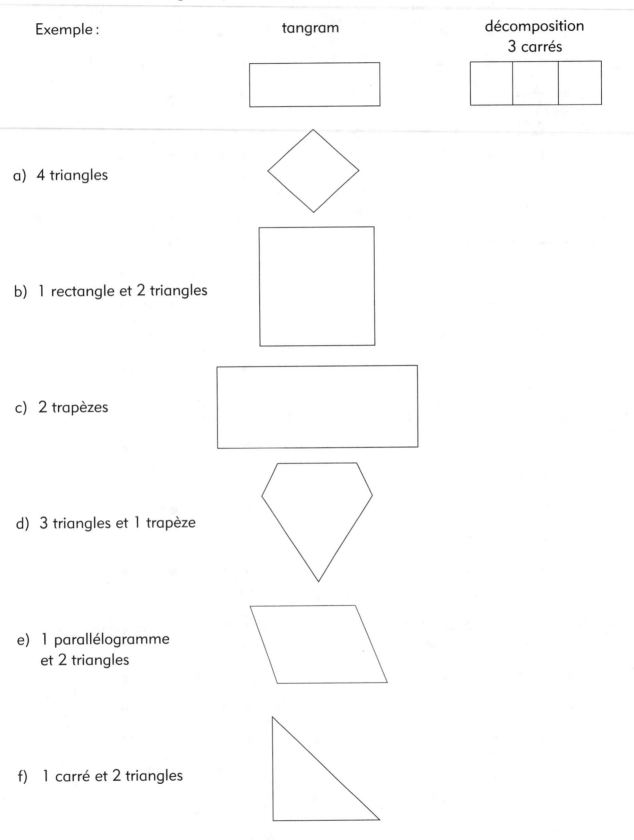

Exemple :　　　　　　　　　tangram　　　　　décomposition
　　　　　　　　　　　　　　　　　　　　　　　　3 carrés

a) 4 triangles

b) 1 rectangle et 2 triangles

c) 2 trapèzes

d) 3 triangles et 1 trapèze

e) 1 parallélogramme
　　et 2 triangles

f) 1 carré et 2 triangles

1. Pour chaque figure, trace en bleu deux segments qui sont parallèles.

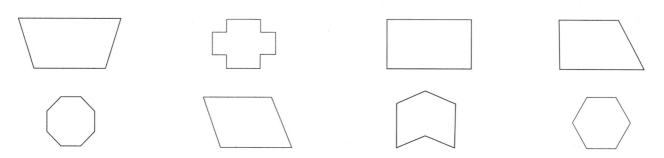

2. Dans chaque figure, trace en vert deux segments qui sont perpendiculaires.

3. Pour chaque figure, trouve le nombre de côtés et le nombre d'angles.

a)

Côtés : ___

Angles : ___

b)

Côtés : ___

Angles : ___

c)

Côtés : ___

Angles : ___

d)

Côtés : ___

Angles : ___

e)

Côtés : ___

Angles : ___

f)

Côtés : ___

Angles : ___

g)

Côtés : ___

Angles : ___

h)

Côtés : ___

Angles : ___

4. Complète chaque figure afin d'obtenir le quadrilatère indiqué.

a) un trapèze   b) un losange   c) un rectangle

d) un parallélogramme   e) un carré   f) un quadrilatère

5. Inscris les numéros des figures dans les bons ensembles.

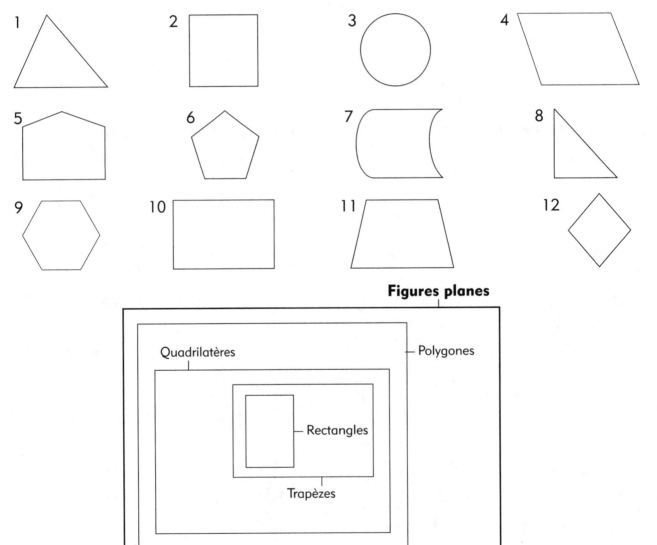

Figures planes

Quadrilatères — Polygones

— Rectangles

Trapèzes

Test · Mathématique

1. À partir des indices, trace les polygones en reliant les points, puis identifie-les.

a) J'ai 4 côtés de longueurs différentes et mes angles ne sont pas égaux.

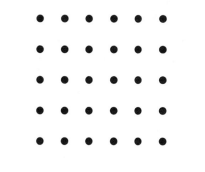

Je suis un _____.

b) J'ai 4 côtés de même longueur et 2 de mes angles sont aigus.

Je suis un _____.

c) J'ai 4 côtés et 4 angles droits, mais je ne suis pas un carré.

Je suis un _____.

d) J'ai 4 côtés dont 2 ont la même longueur et sont parallèles.

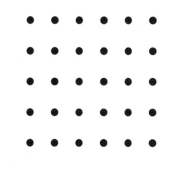

Je suis un _____.

e) J'ai 4 côtés qui sont parallèles en paires, et 2 de mes angles sont obtus.

Je suis un _____.

f) Je suis un rectangle dont tous les côtés sont d'égale longueur.

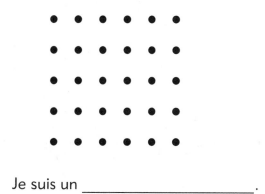

Je suis un _____.

2. Colorie le kaléidoscope en respectant le code de couleurs.

rectangles = vert   carrés = bleu ciel   parallélogrammes = jaune

losanges = orangé   trapèzes = mauve   quadrilatères non convexes = rouge

polygones convexes qui ne sont pas des quadrilatères = bleu marine

polygones non convexes qui ne sont pas des quadrilatères = rose

figures fermées qui ne sont pas des polygones = doré

3. Complète le tableau en inscrivant le nombre approprié dans chaque case.

	Nombre d'angles droits	Nombre de côtés	Nombre de paires de parallèles	Nombre d'angles aigus
a)				
b)				
c)				
d)				
e)				
f)				
g)				
h)				
i)				
j)				
k)				

Exercices • Mathématique

1. Complète les frises en utilisant la réflexion.

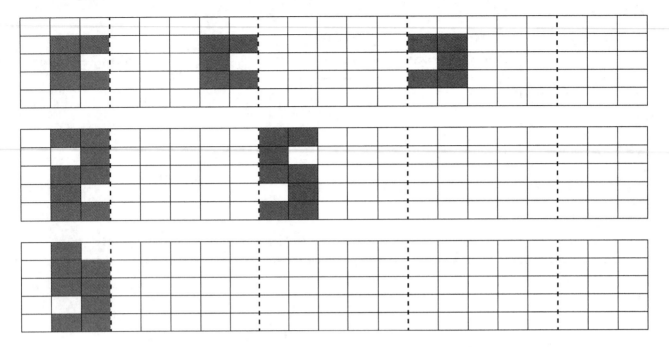

2. Complète le dallage par réflexion.

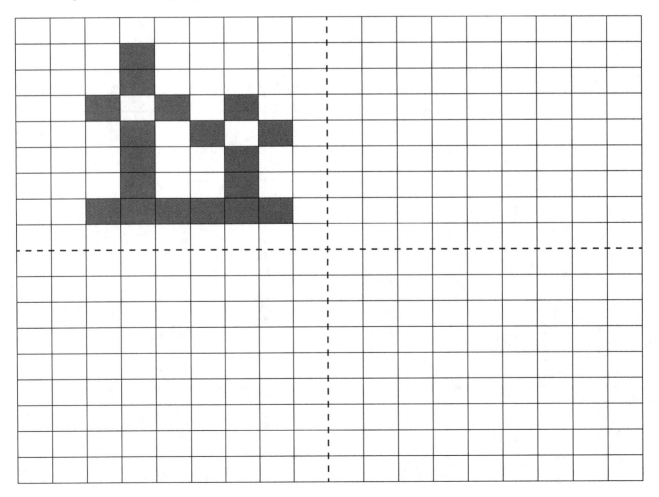

Test • Mathématique

1. Trace un axe de symétrie vertical, horizontal ou diagonal sur les illustrations symétriques, et fais un X sur les illustrations asymétriques.

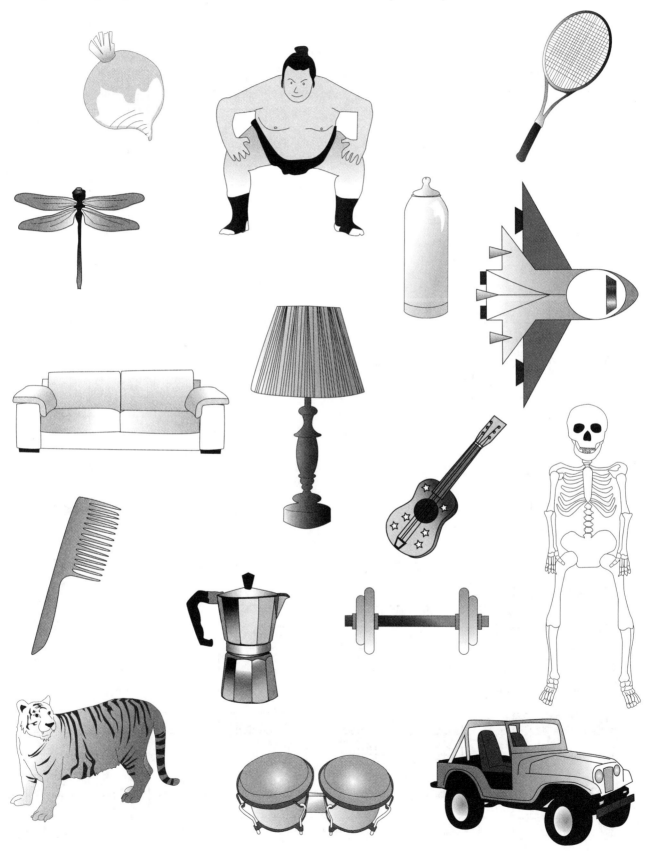

2. Reproduis les polygones par réflexion, et ce, en respectant l'axe de symétrie.

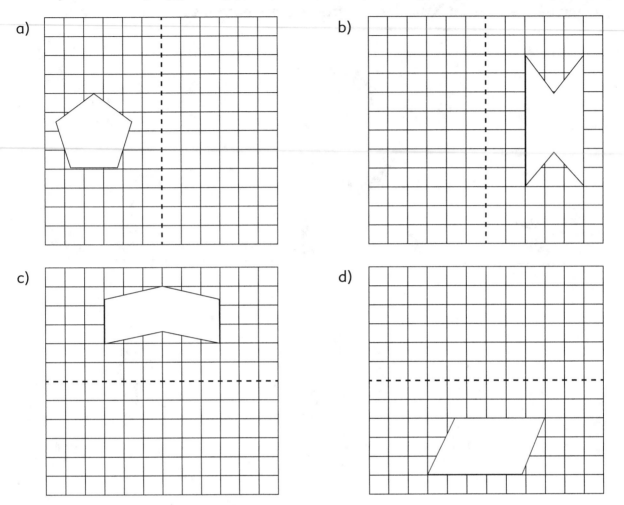

a)

b)

c)

d)

3. Reproduis le chiffre plusieurs fois en laissant une colonne vide entre chaque reproduction.

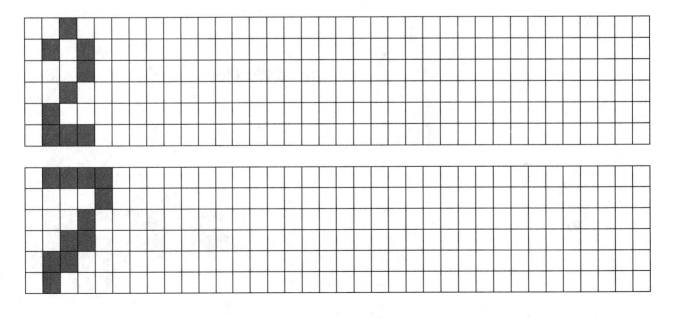

1. Complète les frises en utilisant la réflexion.

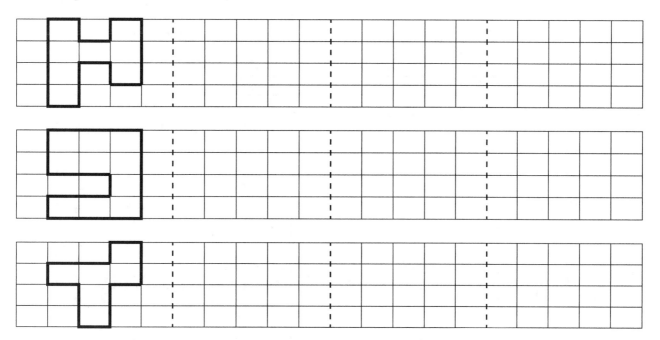

2. Complète le dallage par réflexion.

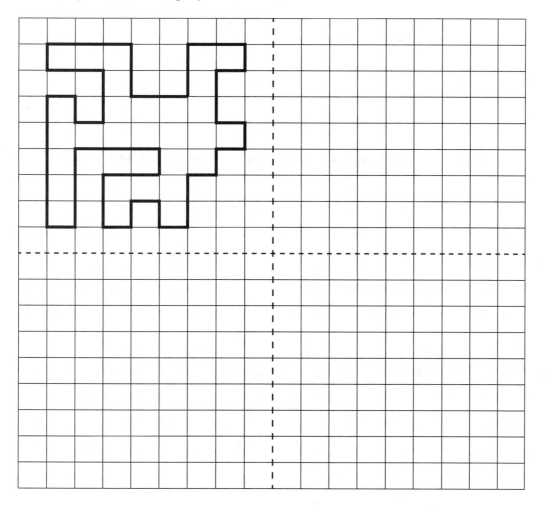

1. Complète les illustrations par réflexion, et ce, en respectant l'axe de symétrie.

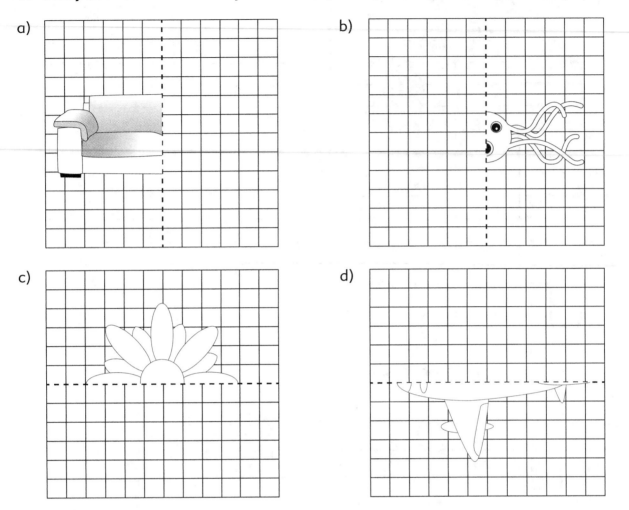

a)

b)

c)

d)

2. Reproduis le polygone plusieurs fois en laissant une colonne vide entre chaque reproduction.

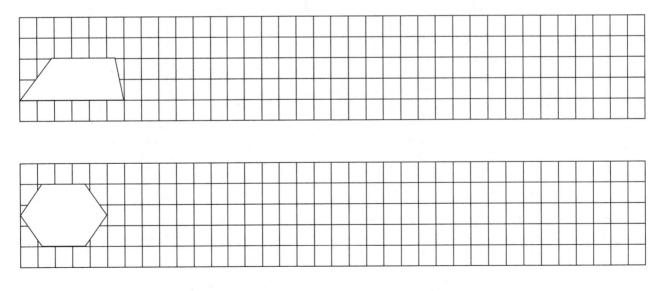

Exercices • Mathématique

3. Complète la frise en utilisant la réflexion.

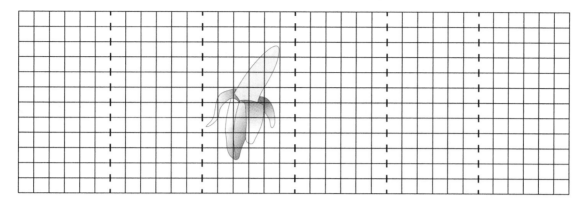

4. Complète le dallage en utilisant la réflexion.

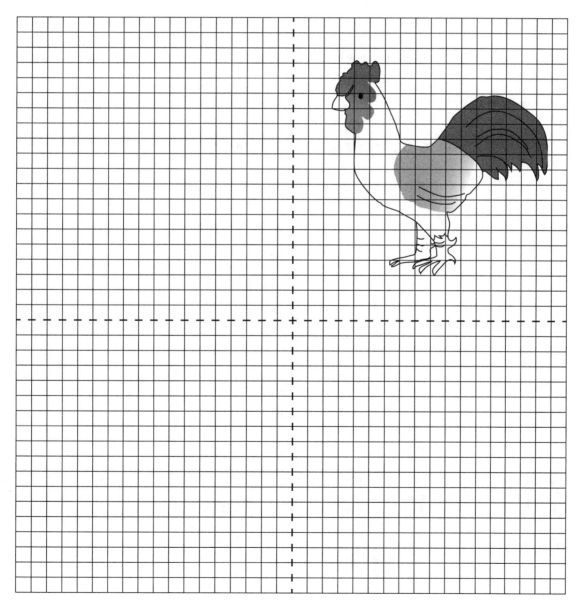

Exercices • Mathématique   **237**

1. Compare les différentes mesures à l'aide des symboles <, > ou =.

a) 5 dm _____ 34 cm

b) 65 mm _____ 6,5 cm

c) 8 m _____ 80 cm

d) 48 cm _____ 5 dm

e) 69 mm _____ 7 cm

f) 29 m _____ 230 dm

g) 9 cm _____ 90 mm

h) 37 mm _____ 3 cm

i) 2,3 m _____ 3,2 dm

j) 16 cm _____ 1,5 dm

2. Place les mesures en ordre croissant.

6 m – 54 dm – 487 cm – 5 423 mm – 46 dm – 491 cm – 4 853 mm

49 dm – 5 m – 525 cm – 61 dm – 4 m – 4 899 mm – 501 cm – 58 dm

_____

_____

3. Encercle l'unité de mesure la plus adéquate pour mesurer...

a) un kayak	m	dm	cm	mm
b) un pissenlit	m	dm	cm	mm
c) une fourmi	m	dm	cm	mm
d) une chandelle	m	dm	cm	mm
e) une aiguille	m	dm	cm	mm
f) une paille pour boire	m	dm	cm	mm
g) une trompe d'éléphant	m	dm	cm	mm
h) un brin d'herbe	m	dm	cm	mm
i) une sucette glacée	m	dm	cm	mm
j) un fer à cheval	m	dm	cm	mm
k) un grain de riz	m	dm	cm	mm
l) un cahier ligné	m	dm	cm	mm

4. Mesure chaque échelle à l'aide d'une règle. Attention aux unités de mesure!

Mesure

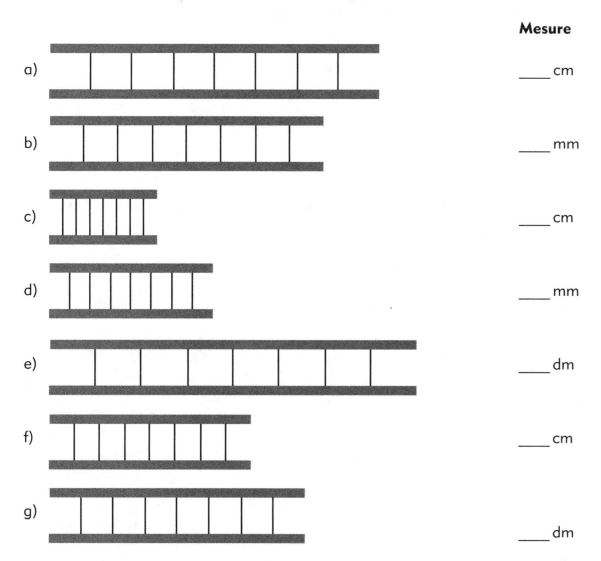

a) _____ cm

b) _____ mm

c) _____ cm

d) _____ mm

e) _____ dm

f) _____ cm

g) _____ dm

5. Trouve le périmètre de chaque figure.

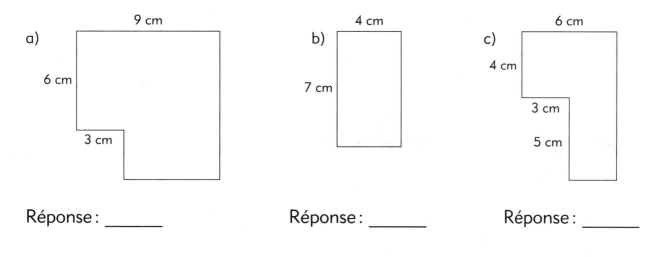

a) 9 cm, 6 cm, 3 cm

b) 4 cm, 7 cm

c) 6 cm, 4 cm, 3 cm, 5 cm

Réponse : _____   Réponse : _____   Réponse : _____

Test • Mathématique   **239**

1. **Encercle les mesures plus petites que 5 dm, souligne les mesures plus grandes que 0,7 m, et fais un X sur les mesures égales à 60 cm.**

0,75 dm	6 dm	8 cm	0,44 m	3,25 dm
600 mm	0,3 m	9 dm	49 cm	0,6 m
0,25 m	40 cm	438 mm	93 cm	8 dm

2. **Estime la longueur des clous, puis vérifie ton estimation à l'aide d'une règle. Attention aux unités de mesure!**

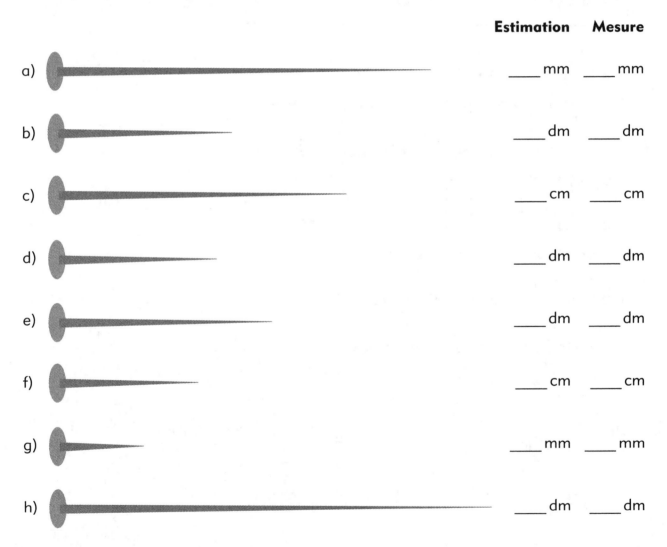

	Estimation	Mesure
a)	____ mm	____ mm
b)	____ dm	____ dm
c)	____ cm	____ cm
d)	____ dm	____ dm
e)	____ dm	____ dm
f)	____ cm	____ cm
g)	____ mm	____ mm
h)	____ dm	____ dm

Exercices • Mathématique

3. **Calcule le périmètre des figures représentées par les parties ombragées.**

a)

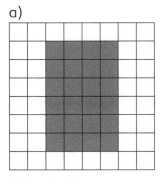

Périmètre : _____ cases

b)

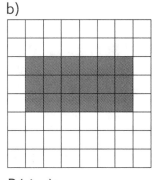

Périmètre : _____ cases

c)

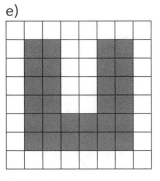

Périmètre : _____ cases

d)

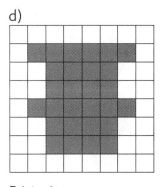

Périmètre : _____ cases

e)

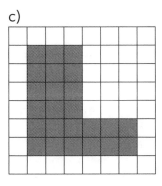

Périmètre : _____ cases

f)

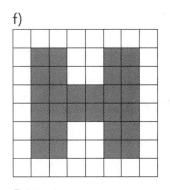

Périmètre : _____ cases

g)

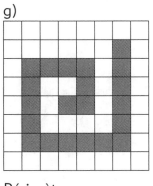

Périmètre : _____ cases

h)

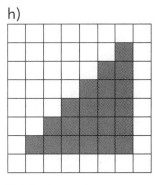

Périmètre : _____ cases

Exercices • Mathématique

4. Additionne ou soustrais les longueurs en laissant des traces de tes calculs. Attention à l'unité de mesure !

a) 15 cm + 3 dm =   _____ cm

b) 6 m – 18 dm =   _____ dm

c) 47 mm + 9 cm =   _____ mm

d) 36 dm – 453 mm =   _____ mm

e) 8 m – 44 cm =   _____ cm

f) 7 dm + 65 mm =   _____ dm

g) 2 cm + 2 m + 2 dm =   _____ cm

h) 9 m – 9 dm =   _____ m

5. Avec ta règle, trace des segments de droites qui mesurent exactement...

a) 30 mm

b) 1 dm

c) 4 cm

d) 0,08 m

e) 0,7 dm

1. **Pénélope veut mesurer la longueur du sentier qui mène du jardin à la remise, mais les rubans gradués qu'elle utilise n'ont pas tous la même unité de mesure. Trouve la longueur du sentier à l'aide des mesures prises par Pénélope : 6 400 mm, 235 cm, 48 dm et 7 m. Attention ! Tu dois donner la mesure finale en centimètres.**

   Démarche : _____

   _____

   Réponse : Le sentier menant du jardin à la remise mesure _____ centimètres.

2. **Horace la limace se déplace lentement. Les dimanches, les mardis, les jeudis et les samedis, le mollusque avance de 9 dm ; les autres jours, il recule de 35 cm. Trouve la distance parcourue par Horace la limace après 10 jours, sachant qu'il a commencé son périple le mardi et qu'il l'a terminé le jeudi de la semaine suivante. Attention ! Tu dois donner la mesure finale en décimètres.**

   Démarche : _____

   _____

   Réponse : Horace la limace a parcouru une distance de _____ décimètres.

3. **Le pâturage où le berger laisse brouter ses moutons comporte six côtés clôturés. Si les côtés mesurent respectivement 9 m, 15 m, 10 m, 12 m, 19 m et 27 m, quel est le périmètre du pâturage ?**

   Démarche : _____

   _____

   Réponse : Le périmètre du pâturage est de _____ mètres.

4. **La piste de course d'une ville qui accueille la compétition de Formule 1 est de forme rectangulaire. Si l'un de ses côtés mesure 0,78 km et qu'un autre mesure 1,6 km, quel est le périmètre de la piste de course ?**

   Démarche : _____

   _____

   Réponse : Le périmètre de la piste de course est de _____ kilomètres.

Test • Mathématique

1. Un charmeur de serpents transporte ses animaux à sang froid dans un panier d'osier. Trouve la longueur de chacun de ses serpents en respectant l'unité de mesure de la réponse finale. Pour ce faire, utilise le tableau de conversion.

Exemple : 2 m + 32 dm + 46 cm + 135 mm = 579,5 **cm**

m	dm	**cm**	mm
2			
3	2		
	4	6	
	1	3	5
5	7	9	5

a) 1 m + 34 cm + 2 dm =

m	dm	**cm**	mm

Réponse : _____ **cm**

b) 50 mm + 47 cm + 20 dm =

m	dm	cm	**mm**

Réponse : _____ **mm**

c) 50 cm + 3 m + 11 dm =

m	dm	cm	mm

Réponse : _____ **m**

d) 22 cm + 52 dm + 77 mm =

m	**dm**	cm	mm

Réponse : _____ **dm**

e) 33 cm + 33 mm + 33 dm =

m	dm	**cm**	mm

Réponse : _____ **cm**

f) 47 cm + 32 dm + 1 m + 25 mm =

m	dm	cm	**mm**

Réponse : _____ **mm**

Exercices • Mathématique

2. Avec ta règle, trace les figures demandées en reliant les points par des traits de 1 cm.

a) un carré dont le périmètre est de 16 cm

b) un rectangle dont le périmètre est de 12 cm

c) un rectangle dont le périmètre est est de 18 cm

d) une figure en « C » dont le périmètre est de 18 cm

e) une figure en « L » dont le périmètre est de 20 cm

f) un carré dont le périmètre est de 20 cm

Exercices • Mathématique

3. Complète le tableau suivant en convertissant les mesures.

↱	24 cm	32 m	7 850 mm	15 dm	430 cm	5,5 m	0,7 m	2 600 mm
mm								
cm								
dm								
m								

4. Avec ta règle, trace des segments de droites qui mesurent la somme ou la différence des équations suivantes.

a) 2 cm + 40 mm = _____ cm

b) 0,05 m + 0,3 dm = _____ cm

c) 10 cm – 0,5 dm = _____ cm

d) 1 m – 96 cm = _____ cm

e) 0,4 dm + 30 mm = _____ cm

f) 45 mm + 4,5 cm = _____ cm

1. Calcule l'aire des lettres représentées par les parties ombragées.

La lettre L : _____ cases   La lettre P : _____ cases
La lettre T : _____ cases   La lettre Y : _____ cases
La lettre C : _____ cases   La lettre Z : _____ cases

2. Étienne veut recouvrir le plancher de la salle de bain avec des tuiles de céramique. Trouve l'aire de cette pièce en sachant que 15 tuiles sont placées dans le sens de la longueur et que 8 tuiles sont placées dans le sens de la largeur.

Démarche : _____

Réponse : L'aire de la salle de bain est de _____ tuiles de céramique.

3. Christèle s'amuse à recouvrir la pochette carrée d'un disque compact avec des dés. Elle est capable de faire des rangées de 9 dés. Trouve l'aire de la pochette de disque compact.

Démarche : _____

Réponse : L'aire de la pochette est de _____ dés.

1. Estime puis calcule l'aire des figures représentées par les parties ombragées.

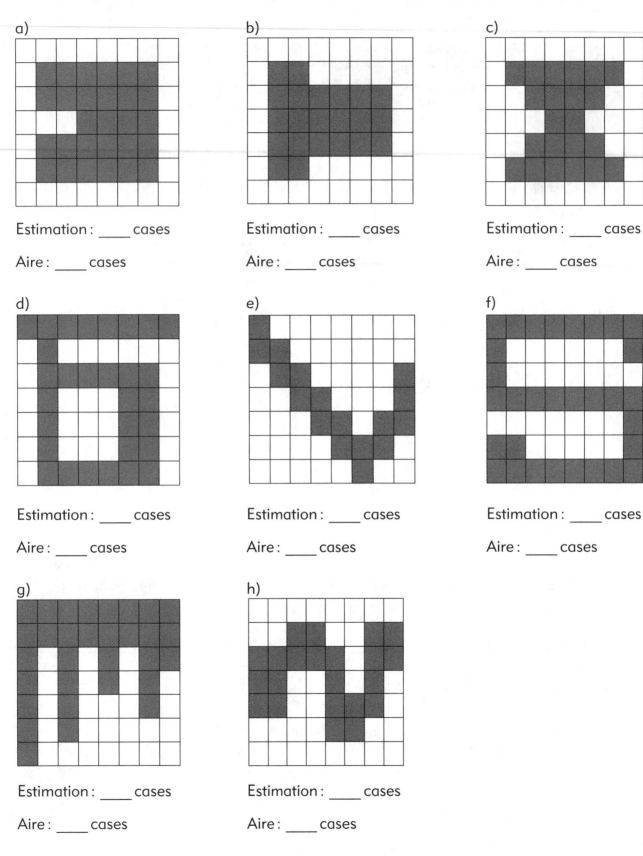

a)

Estimation : _____ cases

Aire : _____ cases

b)

Estimation : _____ cases

Aire : _____ cases

c)

Estimation : _____ cases

Aire : _____ cases

d)

Estimation : _____ cases

Aire : _____ cases

e)

Estimation : _____ cases

Aire : _____ cases

f)

Estimation : _____ cases

Aire : _____ cases

g)

Estimation : _____ cases

Aire : _____ cases

h)

Estimation : _____ cases

Aire : _____ cases

Exercices • Mathématique

2. Trouve l'aire des figures planes à partir des indices. Laisse des traces de tes calculs.

a) Un carré dont un des côtés mesure 8 cases.

Réponse : _____ cases

b) Un rectangle dont deux des côtés mesurent respectivement 3 et 9 cases.

Réponse : _____ cases

c) Une figure en forme de « L » : la partie verticale est en forme de rectangle et deux de ses côtés mesurent respectivement 5 et 8 cases, et la petite partie horizontale est en forme de carré dont un des côtés mesure 4 cases.

Réponse : _____ cases

3. Calcule l'aire des figures représentées par les parties ombragées.

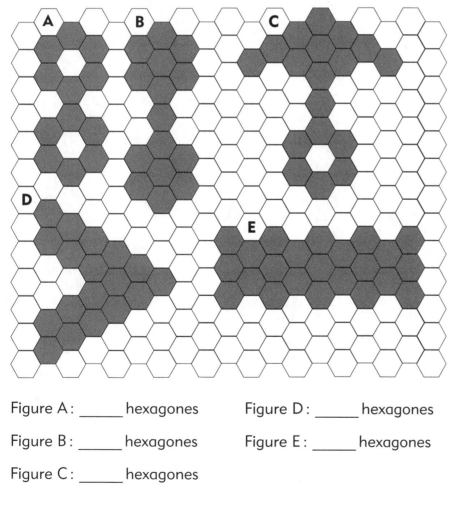

Figure A : _____ hexagones   Figure D : _____ hexagones

Figure B : _____ hexagones   Figure E : _____ hexagones

Figure C : _____ hexagones

Quelles figures recouvrent la même surface ? _____ et _____

1. Calcule l'aire de chaque figure.

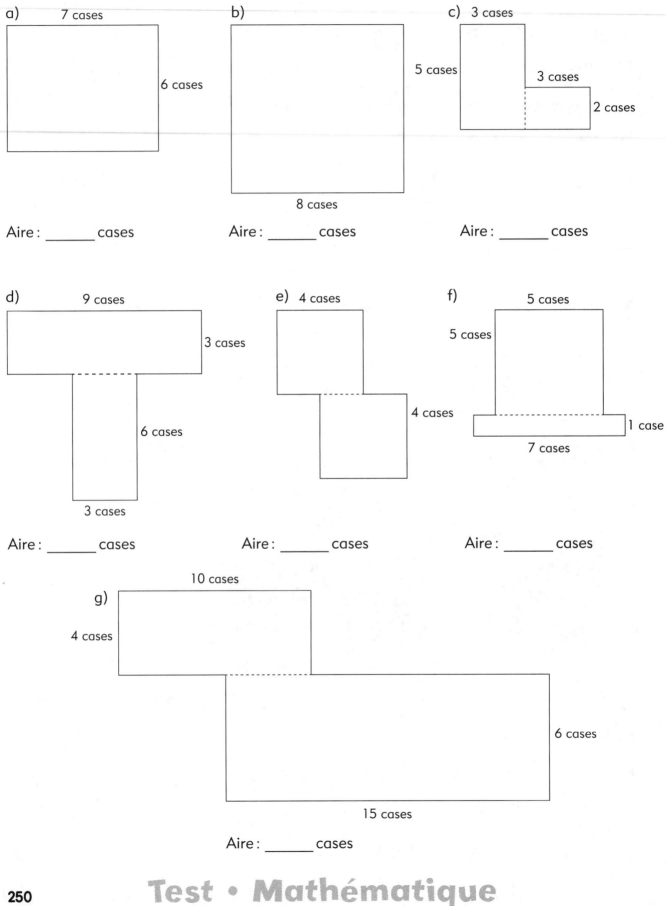

a) 7 cases — 6 cases

Aire : _____ cases

b) 8 cases

Aire : _____ cases

c) 3 cases — 5 cases — 3 cases — 2 cases

Aire : _____ cases

d) 9 cases — 3 cases — 6 cases — 3 cases

Aire : _____ cases

e) 4 cases — 4 cases

Aire : _____ cases

f) 5 cases — 5 cases — 7 cases — 1 case

Aire : _____ cases

g) 10 cases — 4 cases — 6 cases — 15 cases

Aire : _____ cases

Test • Mathématique

1. Calcule l'aire des figures représentées par les parties ombragées.

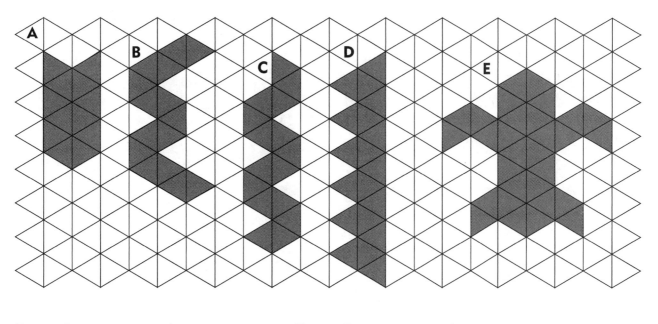

Figure A : _____ triangles   Figure D : _____ triangles

Figure B : _____ triangles   Figure E : _____ triangles

Figure C : _____ triangles

2. Dans le pavage ci-dessous, colorie des ensembles de triangles pour obtenir un parallélogramme dont l'aire est de 24 triangles, un losange dont l'aire est de 18 triangles, et un trapèze dont l'aire est de 12 triangles.

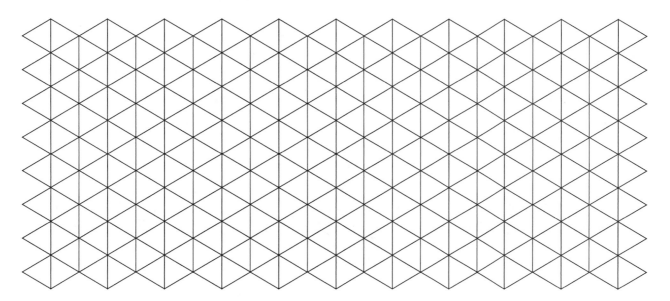

3. Calcule l'aire de chaque figure.

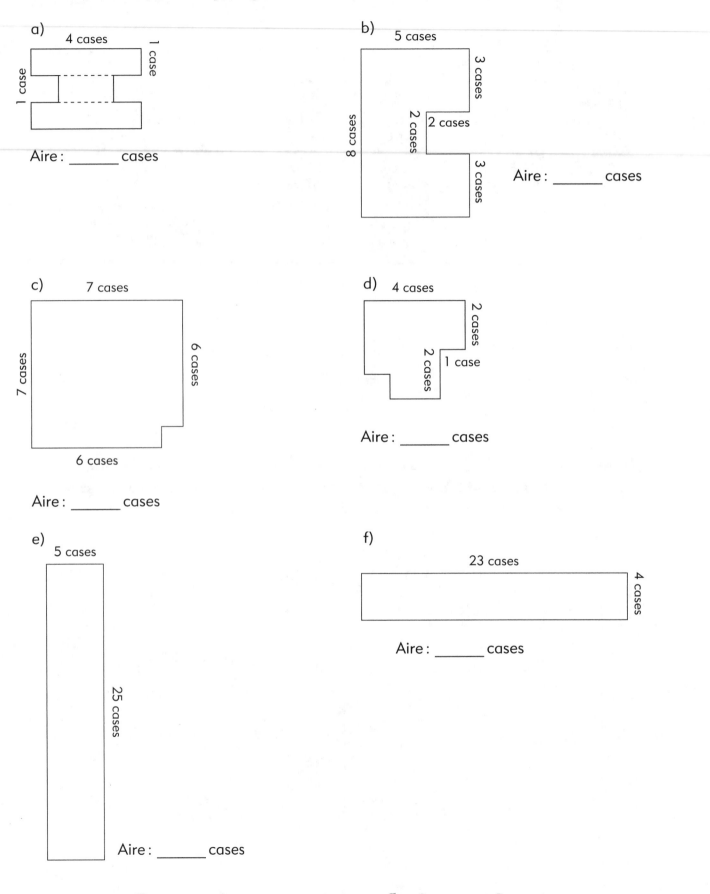

a)

4 cases

1 case

1 case

Aire : _____ cases

b)

5 cases

3 cases

2 cases

2 cases

8 cases

3 cases

Aire : _____ cases

c)

7 cases

7 cases

6 cases

6 cases

Aire : _____ cases

d)

4 cases

2 cases

2 cases

1 case

Aire : _____ cases

e)

5 cases

25 cases

Aire : _____ cases

f)

23 cases

4 cases

Aire : _____ cases

1. Trouve le volume de chaque assemblage.

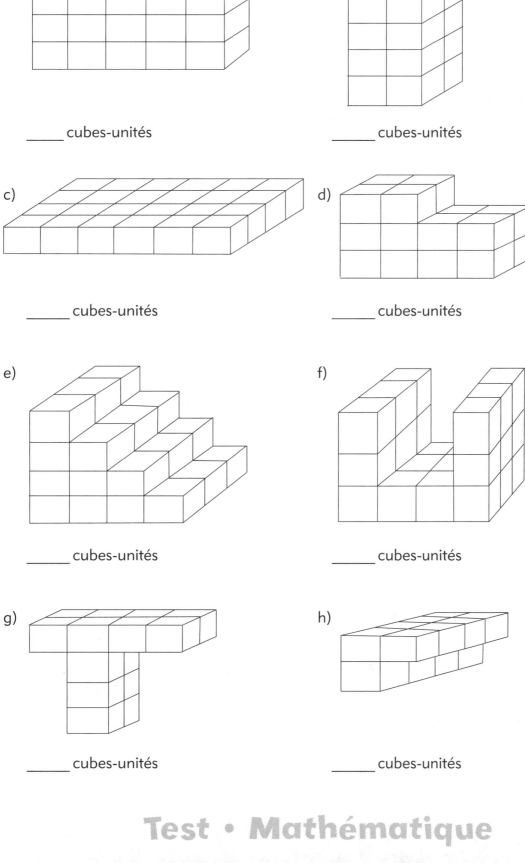

a)

_____ cubes-unités

b)

_____ cubes-unités

c)

_____ cubes-unités

d)

_____ cubes-unités

e)

_____ cubes-unités

f)

_____ cubes-unités

g)

_____ cubes-unités

h)

_____ cubes-unités

1. Trouve le volume de chaque assemblage.

a)

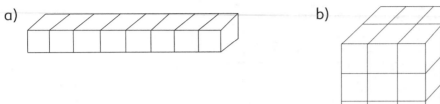

_____ cubes-unités

b)

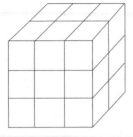

_____ cubes-unités

c)

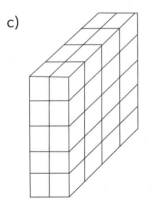

_____ cubes-unités

d)

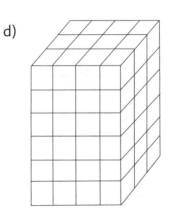

_____ cubes-unités

e)

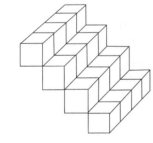

_____ cubes-unités

f)

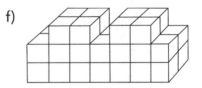

_____ cubes-unités

g)

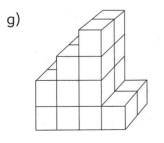

_____ cubes-unités

h)

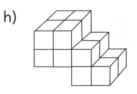

_____ cubes-unités

2. Complète chaque équation en dessinant dans le rectangle le nombre adéquat de cubes-unités.

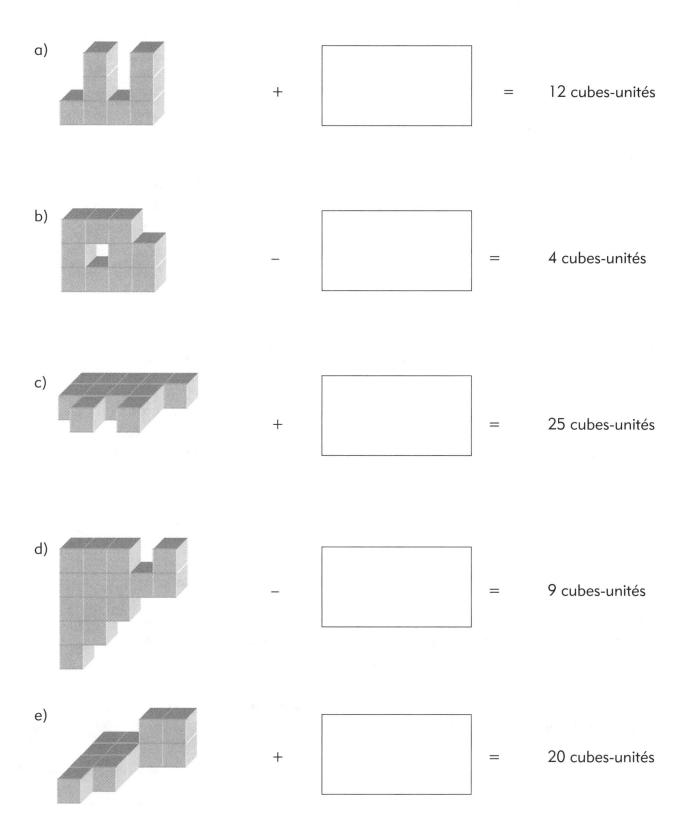

a)   +   =   12 cubes-unités

b)   −   =   4 cubes-unités

c)   +   =   25 cubes-unités

d)   −   =   9 cubes-unités

e)   +   =   20 cubes-unités

1. Trouve le volume de chaque assemblage.

a)

b)

c)

_____ prismes-unités   _____ prismes-unités   _____ prismes-unités

2. L'immeuble résidentiel où habite tante Joséphine compte 8 étages. Sur chaque étage, on retrouve 5 appartements de façade et 3 de profondeur. Quel est le volume de l'immeuble résidentiel où habite tante Joséphine ?

Démarche : _____

_____

Réponse : L'immeuble où habite tante Joséphine compte _____ appartements.

3. Un marchand de téléviseurs entrepose ses boîtes d'empaquetage dans un dépôt. Les boîtes empilées forment 12 colonnes de 4 boîtes. Si les boîtes sont disposées en 5 rangées et que le dépôt est rempli au maximum, quel est son volume ?

Démarche : _____

_____

Réponse : Le dépôt a un volume de _____ boîtes.

4. Un ornithologue a construit une cabane pour héberger les oiseaux qui peuplent son domaine. Son ouvrage compte 3 nichoirs de façade et 2 nichoirs de profondeur. Sachant que chaque nid accueille un couple d'oiseaux et qu'on compte 42 couples en tout, trouve le nombre d'étages de la cabane.

Démarche : _____

_____

Réponse : La cabane de l'ornithologue comporte _____ étages.

Test • Mathématique

1. Compare les volumes en utilisant les symboles <, > ou =.

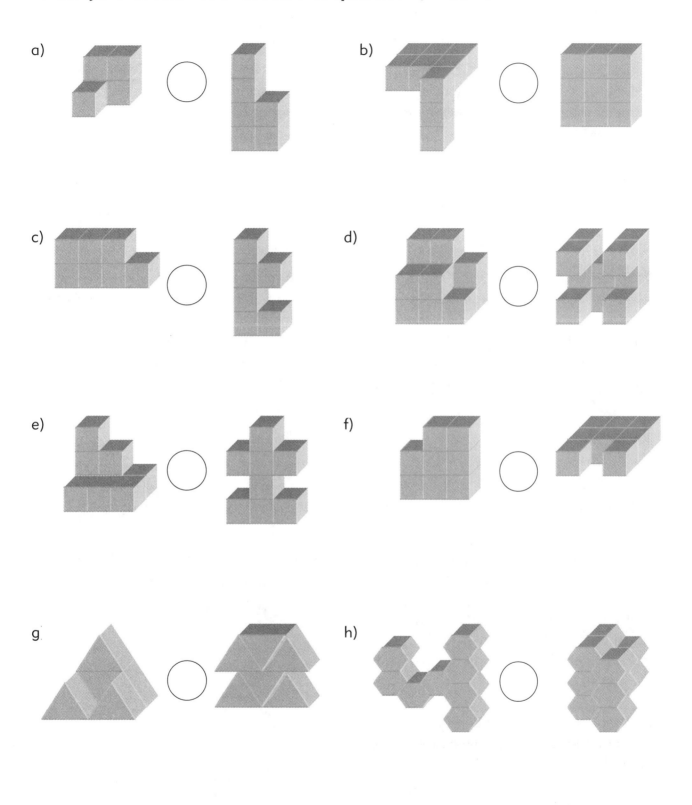

1. Sur chaque horloge, dessine l'aiguille des heures et l'aiguille des minutes, puis indique la durée du temps qui a passé.

a) Jérôme s'est levé vers 6 h 30 ce matin. Il s'est lavé, s'est habillé, puis a déjeuné pour ensuite prendre l'autobus 45 minutes plus tard. À son arrivée à l'école 10 minutes plus tard, il a joué avec ses amis dans la cour de récréation pendant 25 minutes, soit jusqu'à ce que la cloche sonne. À quelle heure débutent les cours à l'école de Jérôme ?

Lever de Jérôme

_____ h _____

Temps passé

Début des cours

b) Sophie a soupé vers 17 h 10. Elle a aidé son père à faire la vaisselle, a complété ses devoirs et leçons, puis a joué avec son chien Biscuit avant de mettre en marche le téléviseur 75 minutes plus tard. Elle a alors regardé trois émissions d'une durée de 30 minutes chacune avant de faire sa toilette et de se brosser les dents. Ces derniers préparatifs lui ont pris 15 minutes, puis elle est allée se mettre au lit. À quelle heure Sophie s'est-elle couchée ?

Souper de Sophie

_____ h _____

Temps passé

Coucher de Sophie

2. Lorsqu'on voyage, le décalage horaire peut parfois causer des maux de tête. Sur chaque horloge, dessine l'aiguille des heures et l'aiguille des minutes.

a) Il est 13 h 20 à Saint-Jean de Terre-Neuve. Il est 4 ½ heures plus tôt à Vancouver en Colombie-Britannique. Quelle heure est-il à Vancouver ?

b) Il est 22 h 50 au Maroc. Il est 7 heures plus tard au Viêtnam. Quelle heure est-il au Viêtnam ?

c) Il est 9 h 45 en Guadeloupe. Il est 6 heures plus tard au Liban. Quelle heure est-il au Liban ?

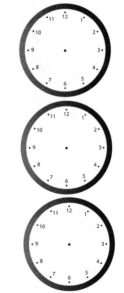

Test • Mathématique

1. Écris l'heure qui est indiquée en tenant compte du moment de la journée.

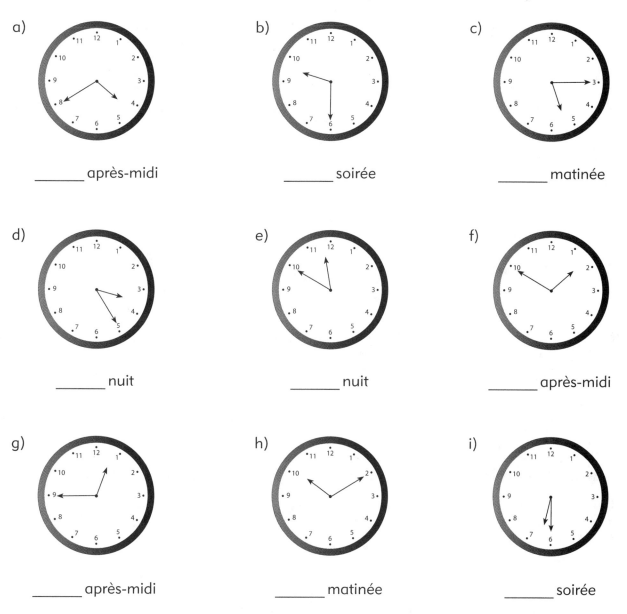

a) _____ après-midi

b) _____ soirée

c) _____ matinée

d) _____ nuit

e) _____ nuit

f) _____ après-midi

g) _____ après-midi

h) _____ matinée

i) _____ soirée

2. Sur chaque horloge, dessine l'aiguille des heures et celle des minutes.

a) 4 h 20

b) 19 h 55

c) 0 h 30

1. Complète les égalités en laissant des traces de tes calculs.

a) 4 heures = _____ minutes

b) 1 semaine = _____ heures

c) 5 ans = _____ semaines

d) 36 semaines = _____ jours

e) 8 ans = _____ mois

f) 7 minutes = _____ secondes

g) 6 jours = _____ heures

h) 2 ans = _____ jours

2. Compare les durées en utilisant les symboles <, > ou = et en laissant des traces de tes calculs.

a) 2 jours ◯ 36 heures

b) 3 heures ◯ 240 minutes

c) 5 minutes ◯ 300 secondes

d) 120 jours ◯ 17 semaines

e) 108 mois ◯ 9 ans

f) 400 minutes ◯ 8 heures

g) 6 jours ◯ 150 heures

h) 10 semaines ◯ 70 jours

i) 3 ans ◯ 18 mois

j) 168 heures ◯ 8 jours

Test • Mathématique

1. Place les durées dans l'ordre croissant.

3 jours	52 semaines	2 ans	48 heures
540 secondes	1 saison	5 heures	10 minutes
21 jours	4 semaines	360 minutes	2 mois

_____

_____

2. Relie par un trait chaque activité à la durée qui convient.

a) Écouter un disque compact au complet   seconde

b) Pelleter la neige tempête après une tempête   minute

c) Faire un grand ménage dans la maison   heure

d) Lancer un caillou dans la rivière   jour

e) Attendre entre 2 anniversaires de naissance   semaine

f) Voyager dans le Sud pendant la relâche   mois

g) Mettre des chaussures et attacher les lacets   saison

h) Attendre entre 2 pages de calendrier   année

3. Sur les horloges, dessine l'aiguille des heures et celle des minutes pour indiquer l'heure à laquelle tu te lèves habituellement et celle à laquelle tu te couches.

Heure du lever   Heure du coucher

1. **Dans un sondage téléphonique réalisé auprès de la population québécoise, on a établi la liste des 10 desserts favoris. Observe le diagramme à bandes, puis réponds aux questions.**

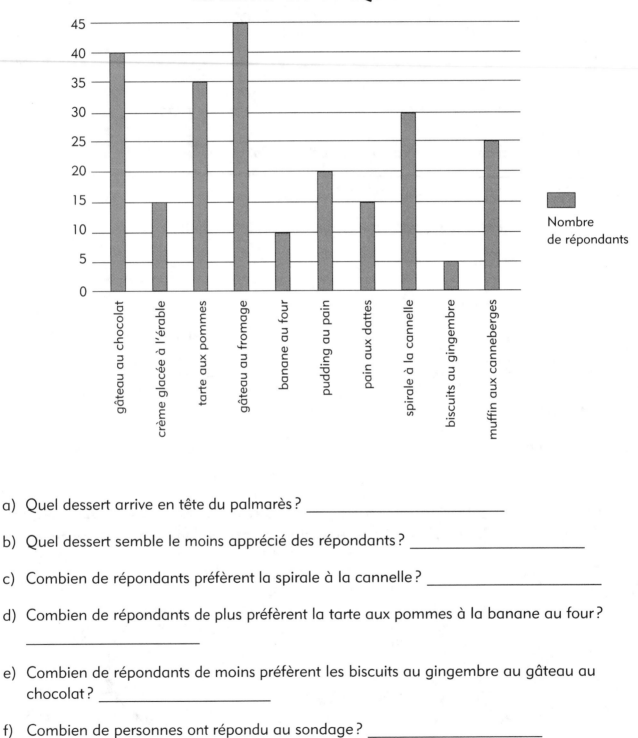

Les desserts favoris des Québécois

a) Quel dessert arrive en tête du palmarès? _____

b) Quel dessert semble le moins apprécié des répondants? _____

c) Combien de répondants préfèrent la spirale à la cannelle? _____

d) Combien de répondants de plus préfèrent la tarte aux pommes à la banane au four?

_____

e) Combien de répondants de moins préfèrent les biscuits au gingembre au gâteau au chocolat? _____

f) Combien de personnes ont répondu au sondage? _____

2. Selon les statistiques d'Environnement Canada, les températures moyennes qui se retrouvent au-dessus du point de congélation couvrent les mois d'avril à novembre. Observe le diagramme à ligne brisée, puis réponds aux questions.

Températures moyennes en degrés Celsius pour les mois d'avril à novembre

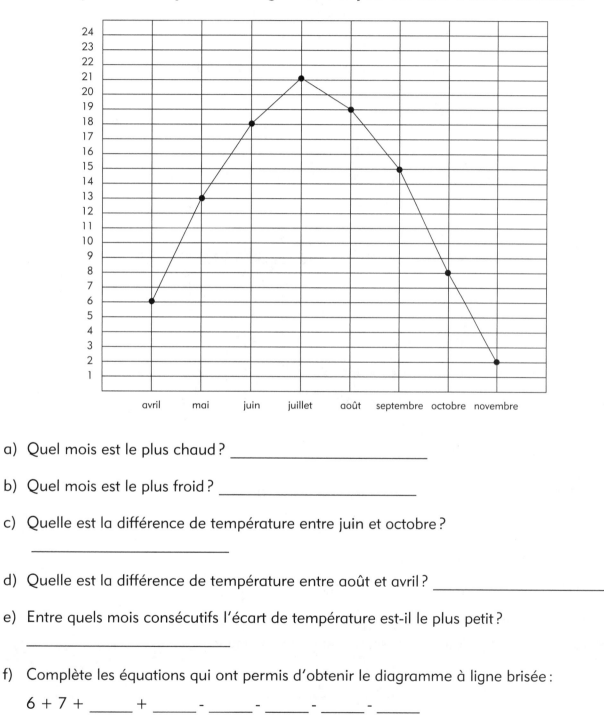

a) Quel mois est le plus chaud ? _____

b) Quel mois est le plus froid ? _____

c) Quelle est la différence de température entre juin et octobre ?

_____

d) Quelle est la différence de température entre août et avril ? _____

e) Entre quels mois consécutifs l'écart de température est-il le plus petit ?

_____

f) Complète les équations qui ont permis d'obtenir le diagramme à ligne brisée :

6 + 7 + _____ + _____ - _____ - _____ - _____ - _____

Test • Mathématique   **263**

1. **La puissance des sons se mesure à l'aide d'un instrument appelé** *sonomètre* **et se calcule en décibels (dB). Au-dessous de 10 dB, notre oreille ne perçoit presque rien ; au-dessus de 120 dB, le bruit devient douloureux. Observe le diagramme à bandes, puis réponds aux questions.**

Niveau de bruits

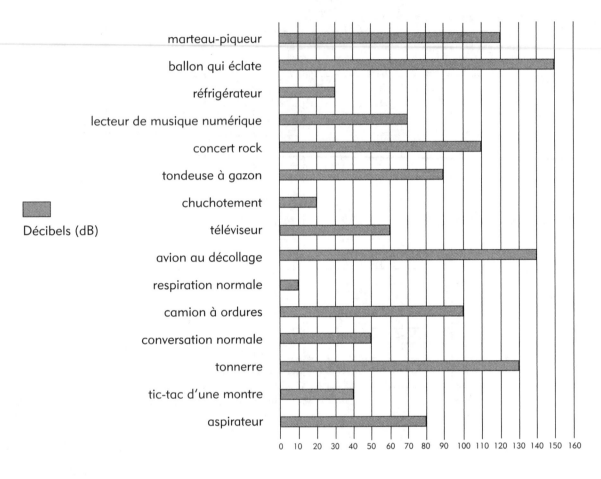

a) Combien de décibels produit une tondeuse à gazon ? _____

b) Combien de décibels produit une conversation normale ? _____

c) Quel son est le plus dommageable pour l'ouïe s'il est répété ? _____

d) Quels sons produisent entre 55 et 75 décibels ?

_____

e) Place les sons dans l'ordre décroissant selon leur puissance.

_____

_____

_____

_____

Exercices • Mathématique

2. Delphine accompagne ses parents dans une aventure de camping sauvage. Avant de se rendre au parc provincial, ils achètent des accessoires à la boutique de plein air. Observe le diagramme à ligne brisée, puis réponds aux questions.

Liste des accessoires

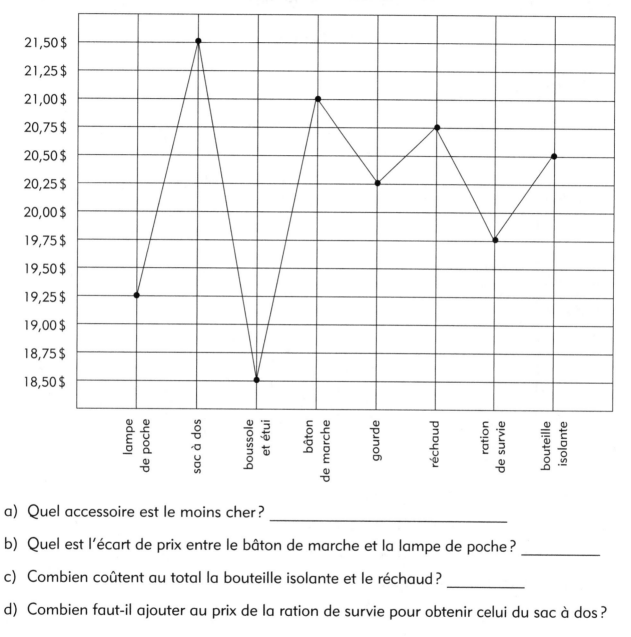

a) Quel accessoire est le moins cher? _____

b) Quel est l'écart de prix entre le bâton de marche et la lampe de poche? _____

c) Combien coûtent au total la bouteille isolante et le réchaud? _____

d) Combien faut-il ajouter au prix de la ration de survie pour obtenir celui du sac à dos?

_____

e) Indique deux accessoires dont la somme est égale à 40,75 $. _____

_____

3. **Le Dakar est une course d'endurance (voitures, camions, véhicules tout-terrain) qui relie Dakar, la capitale du Sénégal, à Lisbonne, la capitale du Portugal. Le trajet est d'environ 10 245 km, mais tous les participants ne terminent pas la course à cause des intempéries ou des bris mécaniques. Complète le diagramme à bandes à partir des données, et ce, en coloriant le nombre de cases approprié.**

Le Dakar

	Équipe 1	Équipe 2	Équipe 3	Équipe 4	Équipe 5	Équipe 6	Équipe 7	Équipe 8
9 250 km								
9 200 km								
9 150 km								
9 100 km								
9 050 km								
9 000 km								
8 950 km								
8 900 km								
8 850 km								
8 800 km								

- L'équipe 2 a franchi 400 km de moins que l'équipe 5.

- L'équipe 7 a franchi 150 km de plus que l'équipe 3.

- L'équipe 3 a complété un trajet de 8 950 km.

- L'équipe 6 a franchi 50 km de moins que l'équipe 4.

- L'équipe 1 a franchi 300 km de moins que l'équipe 7.

- L'équipe 4 a franchi 250 km de plus que l'équipe 1.

- L'équipe 8 a franchi 350 km de plus que l'équipe 2.

- L'équipe 5 a franchi 250 km de plus que l'équipe 6.

Quelle équipe a franchi la plus grande distance ? _____

1. **L'école des Trois saisons organise des activités parascolaires pour les 325 élèves du primaire qui la fréquentent. Observe le diagramme à bandes qui témoigne des inscriptions, puis réponds aux questions.**

Activités parascolaires

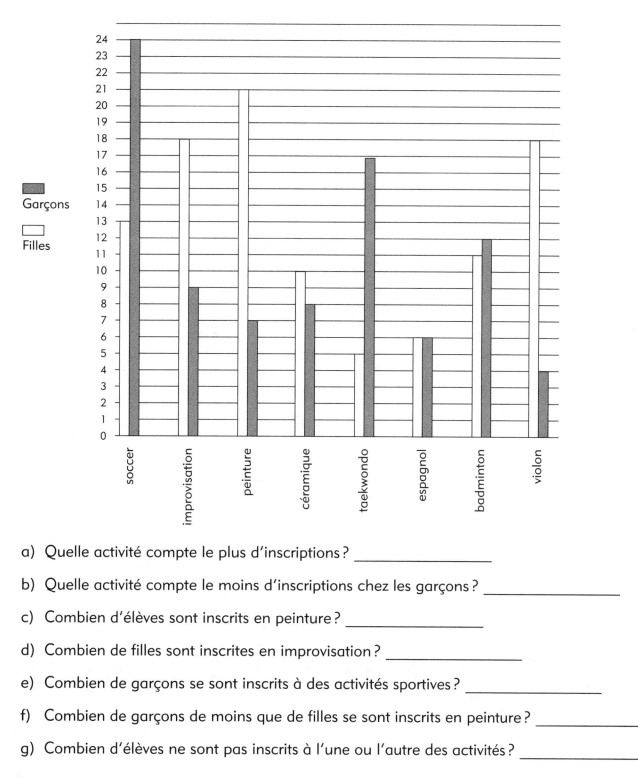

a) Quelle activité compte le plus d'inscriptions ? _____

b) Quelle activité compte le moins d'inscriptions chez les garçons ? _____

c) Combien d'élèves sont inscrits en peinture ? _____

d) Combien de filles sont inscrites en improvisation ? _____

e) Combien de garçons se sont inscrits à des activités sportives ? _____

f) Combien de garçons de moins que de filles se sont inscrits en peinture ? _____

g) Combien d'élèves ne sont pas inscrits à l'une ou l'autre des activités ? _____

Test • Mathématique

2. Pendant l'été, une bande de copains s'est retrouvée dans un champ à cueillir des fraises. Complète le diagramme à ligne brisée à partir des données, et ce, en traçant les points aux bons endroits et en tirant une ligne entre chacun d'eux. Tu découvriras alors qui a cueilli le moins de fraises en une heure.

La cueillette des fraises

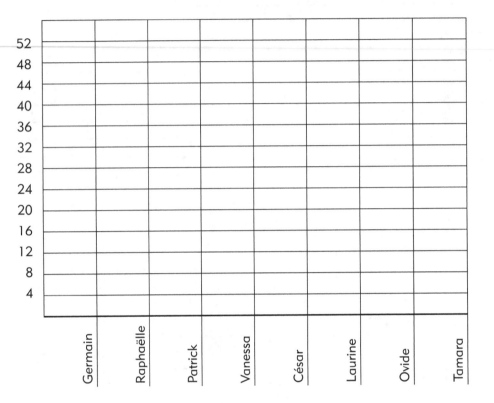

- Patrick a cueilli 6 fois moins de fraises que César.

- Ovide a cueilli 28 fraises de plus que Raphaëlle.

- Laurine a cueilli 20 fraises.

- Germain a cueilli 2 fois plus de fraises que Laurine.

- Tamara a cueilli 24 fraises de moins que Germain.

- Vanessa a cueilli 3 fois plus de fraises que Patrick.

- Raphaëlle a cueilli 4 fois moins de fraises que Tamara.

- César a cueilli 16 fraises de plus qu'Ovide.

Qui a cueilli le moins de fraises ? _____

Test • Mathématique

1. Le Québec recèle des villes et des villages pittoresques. Complète le diagramme à bandes à partir des données, et ce, en coloriant le nombre de cases approprié afin de découvrir la population de chaque municipalité.

Nombre d'habitants par municipalité

								Batiscan
								Saint-Mathieu
								Fermont
								Maniwaki
								Péribonka
								Dunham
								Ripon
								Portneuf
4 000 h	3 500 h	3 000 h	2 500 h	2 000 h	1 500 h	1 000 h	500 h	

- Fermont compte 1 500 habitants de plus que Batiscan.

- Batiscan compte 1 000 habitants.

- Péribonka compte 4 fois moins d'habitants que Saint-Mathieu.

- Saint-Mathieu compte 500 habitants de moins que Fermont.

- Portneuf compte 500 habitants de moins que Dunham.

- Dunham compte 7 fois plus d'habitants que Péribonka.

- Maniwaki compte 2 500 habitants de plus que Ripon.

- Ripon compte 2 fois moins d'habitants que Portneuf.

Parmi ces municipalités, laquelle est la moins populeuse ? _____

2. Transfère les données du diagramme à ligne brisée au diagramme à bandes.

École du Tournesol — Nombre d'élèves par classe

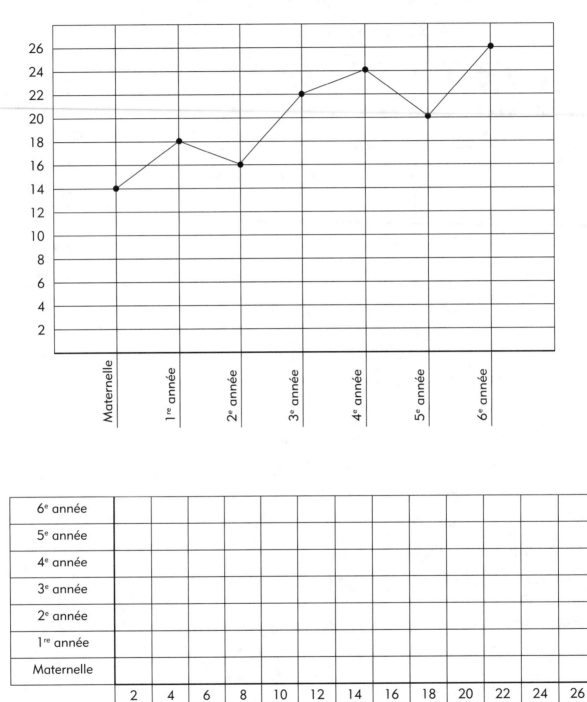

1. **Tristan a 6 pièces de monnaie dans la poche de son pantalon: un 1¢, un 5¢, un 10¢, un 25¢, un 1$ et un 2$. Il entre sa main dans la poche et en ressort deux pièces. Illustre toutes les combinaisons possibles.**

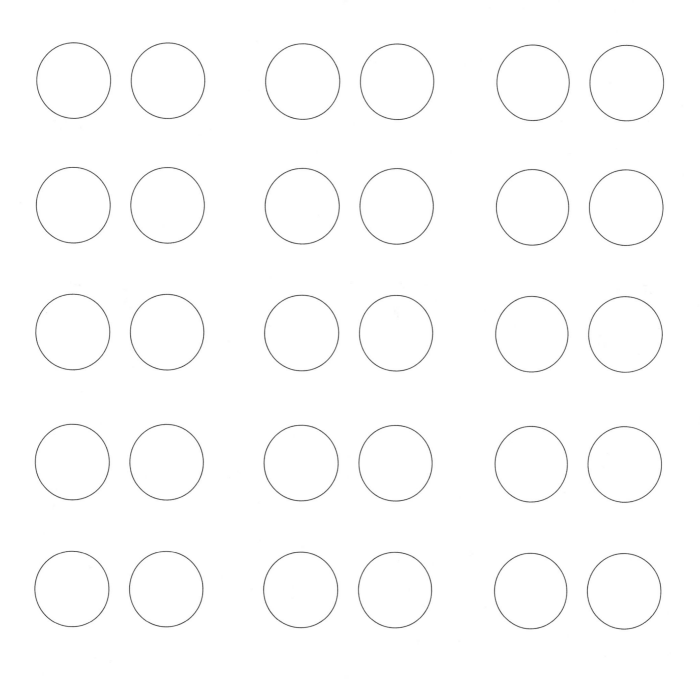

1. **Dans son étui à crayons, Marie-Lune a 5 crayons de cire de couleurs différentes: bleu, rouge, jaune, vert et violet. Pour compléter un devoir de mathématique portant sur les fractions, elle doit utiliser seulement 3 couleurs. Illustre toutes les combinaisons possibles.**

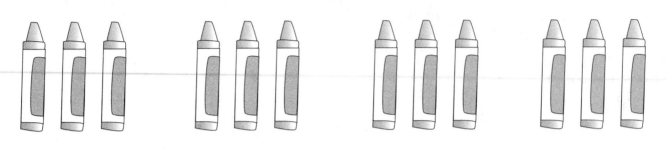

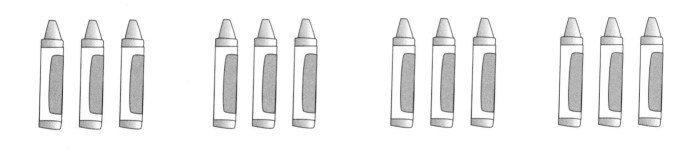

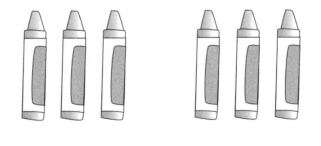

     Exercices • Mathématique

2. Observe le contenu de chacune des tirelires suivantes, puis réponds aux questions.

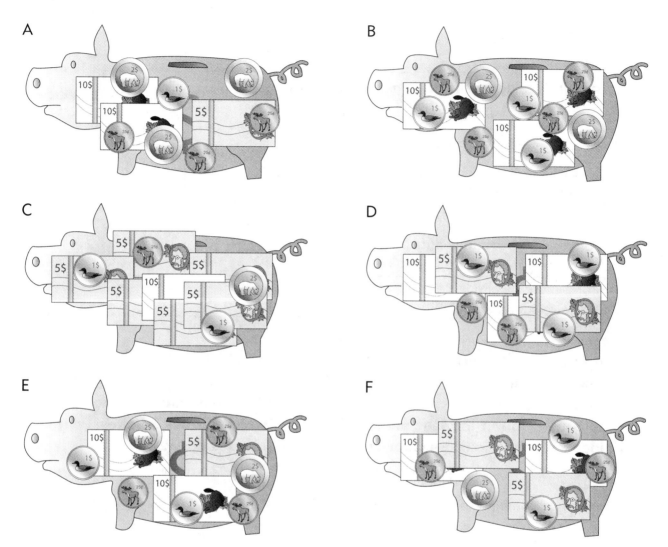

a) Dans quelle tirelire as-tu le plus de chances de tomber sur une pièce de monnaie ?
_____

b) Dans quelle tirelire as-tu autant de chances de trouver un 1 $ qu'un 25 ¢ ? _____

c) Dans quelle tirelire as-tu le plus de chances de tomber sur un billet de banque ?
_____

d) Dans quelle tirelire as-tu le moins de chances de tomber sur un 10 $? _____

e) Dans quelle tirelire as-tu autant de chances de trouver un billet de banque qu'une pièce de monnaie ? _____

f) Dans quelle tirelire as-tu le plus de chances de tomber sur un 5 $? _____

Exercices • Mathématique

1. Complète le tableau en faisant un X dans les cases appropriées.

	Certain	Possible	Impossible
a) La foudre tombe au même endroit trois fois de suite.			
b) Le père de Nicolas occupe trois emplois différents.			
c) Élise échoue à un examen d'univers social.			
d) La Terre cesse de tourner autour du Soleil, puis repart dans le sens contraire.			
e) La nuit succède au jour et vice versa.			
f) Une tempête de neige survient au mois d'avril.			
g) Une araignée tisse sa toile dans la nature pour capturer des insectes.			
h) La grand-mère de Simon célèbre son 150e anniversaire de naissance.			

2. L'oncle de Juliette participe à un jeu-questionnaire télévisé. Après avoir répondu correctement à toutes les questions, il devient éligible à remporter le gros lot, soit une maison de rêve entièrement décorée et meublée. Pour gagner, il doit simplement trouver les deux étoiles cachées en ouvrant 3 des 5 boîtes. Pour t'aider à répondre aux questions qui suivent, utilise des dessins.

a) Combien de combinaisons sont possibles ?

Réponse : Il y a _____ combinaisons possibles.

b) L'oncle de Juliette a-t-il plus de chances de gagner ou de perdre ?

Réponse : Il a plus de chances de _____.

Test • Mathématique

1. Les élèves de la classe de 4ᵉ année de l'école Quatre-Vents organisent une collecte de fonds pour venir en aide aux personnes démunies. Pour ce faire, ils invitent leurs parents et amis à venir jouer au lingo. Observe les cartes et colorie en bleu le jeu avec lequel il y a le plus de chances de gagner et en rouge celui avec lequel il y en a le moins, considérant que ce sont presque tous des nombres pairs qui sont sortis du boulier.

a)

L	I	N	G	O
57	38	75	37	66
33	71	49	50	13
24	19	☆	47	35
41	73	46	67	59
89	45	77	85	63

b)

L	I	N	G	O
86	18	55	9	39
32	43	37	25	50
45	61	☆	12	82
59	30	26	38	63
20	72	14	23	75

c)

L	I	N	G	O
40	19	49	14	85
73	2	21	88	57
64	31	☆	35	38
26	65	76	29	24
11	27	7	52	43

d)

L	I	N	G	O
12	27	52	48	16
35	26	74	32	2
28	40	☆	19	22
6	34	56	28	31
14	78	23	10	62

Exercices • Mathématique

2. Trouve tous les nombres à 3 chiffres que tu peux composer avec les chiffres qui sont à la base du nombre 7 439, et ce, sans utiliser deux fois le même chiffre dans un même nombre.

_____   _____   _____   _____   _____

_____   _____   _____   _____   _____

_____   _____   _____   _____   _____

_____   _____   _____   _____

_____   _____   _____   _____

3. L'esprit d'Arthur déborde d'imagination : il passe son temps à visualiser des situations farfelues. Colorie en rouge les situations qui sont impossibles, en bleu celles qui sont possibles, et en vert celles qui sont certaines.

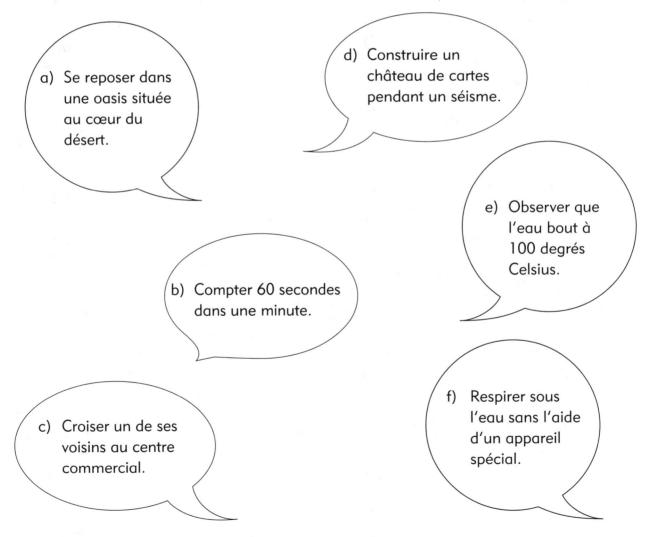

a) Se reposer dans une oasis située au cœur du désert.

d) Construire un château de cartes pendant un séisme.

e) Observer que l'eau bout à 100 degrés Celsius.

b) Compter 60 secondes dans une minute.

c) Croiser un de ses voisins au centre commercial.

f) Respirer sous l'eau sans l'aide d'un appareil spécial.

Colette Laberge

ANGLAIS

1. Rewrite the following sentences in the possessive form.

Example: The car of my father is yellow. My father's car is yellow.

a) The computer of my father is slow. _____

b) The favourite song of my mother is playing on the radio.

_____

c) The shoes of my sister are in the closet. _____

2. Complete each sentence with the correct pronoun.

a) (first person singular) _____ am late for school.

b) (third person singular) _____ sings a song.

c) (third person plural) _____ are playing tennis.

d) (first person plural) _____ are looking at the rainbow.

3. Rewrite these words in the plural form.

a) pencil: _____ b) glass: _____ c) heart: _____

d) page: _____ e) girl: _____ f) baby: _____

g) song: _____ h) apple: _____ i) bird: _____

4. Rewrite these verbs in their contracted form.

a) We are: _____ b) You have done: _____ c) They did not: _____

5. Write *a, an or* nothing at all in front of the following words.

a) _____ star   b) _____ moon   c) _____ accident

d) _____ roads   e) _____ apron   f) _____ ruler

g) _____ eraser   h) _____ friend   i) _____ airplane

1. Usually, the letter "s" is added to the end of a word to change it to the plural form. There are some exceptions. Draw a line to connect each word with its plural form.

a) foot •	• 1) babies
b) child •	• 2) boxes
c) mouse •	• 3) buses
d) crisis •	• 4) children
e) box •	• 5) crises
f) fox •	• 6) families
g) potato •	• 7) feet
h) half •	• 8) foxes
i) man •	• 9) geese
j) baby •	• 10) halves
k) bus •	• 11) knives
l) wolf •	• 12) men
m) woman •	• 13) mice
n) goose •	• 14) potatoes
o) tooth •	• 15) stories
p) family •	• 16) teeth
q) story •	• 17) wives
r) knife •	• 18) wolves
s) wife •	• 19) women

2. Rewrite these words in the plural form.

a) book: _____   b) fork: _____   c) door: _____

d) brother: _____   e) name: _____   f) tree: _____

g) school: _____   h) calendar: _____   i) friend: _____

j) carrot: _____   k) paper: _____   l) shirt: _____

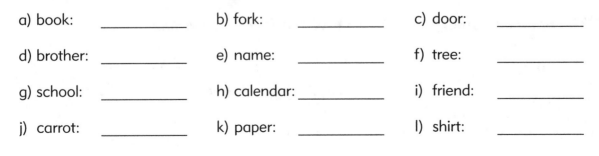

3. Rewrite the following sentences in the possessive form.

Example: This is the house of my mother. _____ *This is my mother's house.* _____

a) I borrowed the bicycle of my friend. _____

b) The living room of John is dirty. _____

c) The house of my grandmother is old. _____

d) The hammer of the construction worker is heavy. _____

e) The skirt of my sister is red. _____

4. Draw a line to match each expression with its contracted form.

a) I am   •   • 1) They're

b) She did not   •   • 2) We don't

c) I have done   •   • 3) They don't

d) They do not   •   • 4) She didn't

e) It is   •   • 5) I'm

f) They are   •   • 6) They haven't

g) She is not   •   • 7) She isn't/ She's not

h) They have not   •   • 8) He hasn't

i) We do not   •   • 9) It's

j) He has not   •   • 10) I've done

5. Fill in the blank with the correct pronoun.

a) **Sonia** (third person singular): _____ *She* _____ is sick today.

b) **John and Tim** (third person plural): _____ are watching a movie.

c) **Cats** (third person plural): _____ are my favourite animal.

d) **My mother and I** (first person plural): _____ look alike.

e) **The sun** (third person singular): _____ can be dangerous.

f) (Second person singular): _____ are going to school.

g) **My old toys** (third person plural): _____ are in the garage.

h) (First person singular): _____ am on the phone.

i) **Louis** (third person singular): _____ wrote a song.

j) (Third person plural): _____ will visit the zoo.

k) (Second person singular): _____ saw a lunar eclipse.

l) (Third person plural): _____ run a marathon.

m) (First person singular): _____ am very tall.

n) **Shawn** (Third person singular): _____ knows how to cook.

o) (First person plural): _____ will buy a new car.

p) **Callie and Grace** (Third person plural): _____ work for a radio station.

q) **The doors** (Third person plural): _____ are open.

6. Write *a*, *an* or nothing at all in front of the following words.

a) _____ arm   b) _____ bear   c) _____ melons

d) _____ roads   e) _____ apron   f) _____ ruler

g) _____ lions   h) _____ singer   i) _____ idea

1. Rewrite these expressions in their contracted form.

a) She has not: _____   b) We have not: _____   c) I am: _____

d) It is not: _____   e) You do not: _____   f) They will not: _____

2. Write *a*, *an* or nothing at all in front of the following words.

a) _____ eraser   b) _____ friend   c) _____ airplane

d) _____ apology   e) _____ drum   f) _____ episode

3. Rewrite the following sentences in the possessive form.

a) The books of my father are on the bookshelves. _____

b) The watch of my mother is small. _____

c) The freezer of my sister is broken. _____

4. Write the correct pronoun next to each description.

a) First person plural: _____   b) Third person singular: _____

c) Second person singular: _____   d) Third person plural: _____

e) First person singular: _____   f) Second person plural: _____

5. Rewrite these words in the plural form.

a) hotel: _____   b) kid: _____   c) boat: _____

d) body: _____   e) baby: _____   f) bone: _____

g) time: _____   h) child: _____   i) cup: _____

Test • Anglais

1. Get to the end of the maze by following the boxes containing pronouns.

Start

WE	EYES	SO	OUT	SPACE	REACH	LIFE
YOU	IS	GIVE	NEVER	BETWEEN	HEART	CALL
HE	SHE	IT	I	SMILE	EASY	SONG
MORE	ARE	ONLY	THEY	BUT	ROAD	TIME
SIT	NEED	AWAY	WE	FOR	DRIVER	MUSIC
WHEN	CLOSE	LOVE	YOU	THEY	HE	IT
CLOSE	WITH	HOLD	THERE	DO	HONEY	SHE

Finish

2. Colour all the stars containing words that need the article *a* in green, then colour those that need the article *an* in blue.

Exercices • Anglais

3. Rewrite these sentences using the contracted form of the underlined expressions.

Example: <u>I am not</u> your friend.

_____ *I'm not your friend.* _____

a) <u>We have not</u> told you the entire story.

_____

b) <u>She has not</u> received your gift.

_____

c) <u>I am not</u> a fast runner.

_____

d) <u>They will not</u> go to camp this summer.

_____

e) <u>You do not</u> want to go with them.

_____

f) <u>It is not</u> your fault.

_____

g) <u>She did not</u> want to share her popcorn.

_____

h) <u>I have not</u> done a really good job.

_____

i) <u>They do not</u> want to see your new car.

_____

j) <u>It is not</u> your turn to play with the band.

_____

k) <u>They are not</u> ready to leave the house.

_____

Exercices • Anglais

4. Colour the fishes containing plural words in blue.

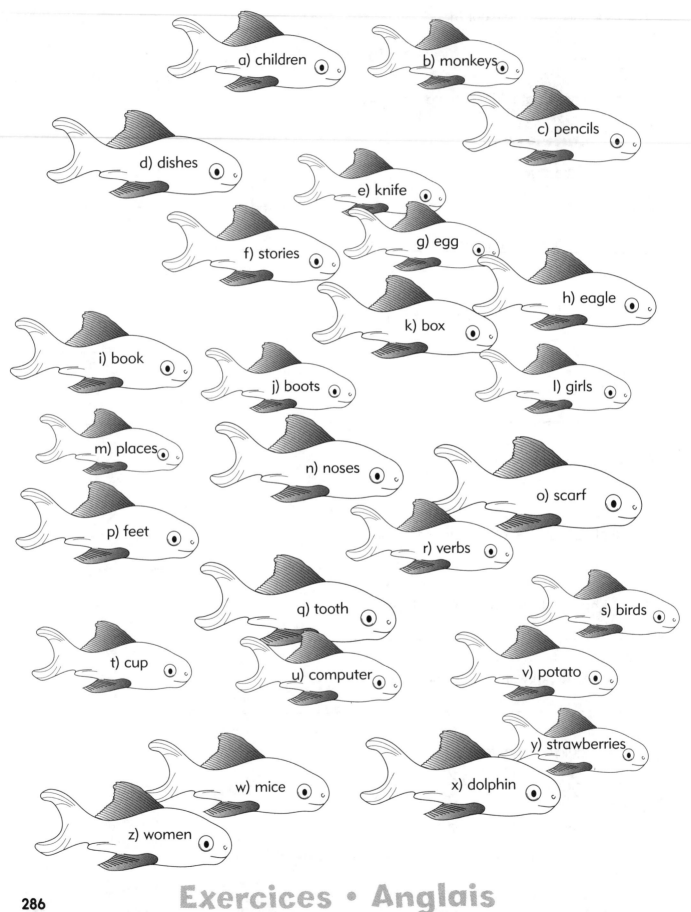

a) children
b) monkeys
c) pencils
d) dishes
e) knife
g) egg
h) eagle
f) stories
k) box
i) book
j) boots
l) girls
m) places
n) noses
o) scarf
p) feet
r) verbs
q) tooth
s) birds
t) cup
u) computer
v) potato
w) mice
y) strawberries
x) dolphin
z) women

1. Circle the verbs in the sentences below.

a) Simon always brushes his teeth after supper.

b) Ursula takes the bus every morning and every night.

c) Dennis puts on his yellow and green socks.

d) Sophie is late this morning.

2. Place a "X" to indicate if each sentence is set in the present, the past or the future.

	Present (Today)	Past (Yesterday)	Future (Tomorrow)
a) Justin is eating his cereal at this moment.	X	☐	☐
b) Patrick was an Olympic athlete years ago.	☐	☐	☐
c) My brother will go to a space camp next summer.	☐	☐	☐
d) Maddox and Cole saw a shark yesterday.	☐	☐	☐
e) My friend and I looked at the moon last night.	☐	☐	☐
f) They are fishing at this moment.	☐	☐	☐
g) My mother went to Italy last summer.	☐	☐	☐

3. Complete each sentence by writing the verb "to be" in the simple present tense.

a) She _____ a good musician.

b) They _____ firefighters.

4. Complete each sentence by writing the verb "to have" in the present progressive tense.

a) You _____ a lot of fun.

b) He _____ a very hard time.

1. Complete the following sentences by using the verb "to be" in the simple present tense.

a) I _____*am*_____ your new English teacher.

b) You _____ a very good cook.

c) We _____ part of the hockey team.

d) She _____ a well-known pediatrician.

e) It _____ a very good book.

f) They _____ outside playing with the dog.

g) William and I _____ happy to see you.

h) He _____ my older brother.

i) Anna _____ a ballet dancer.

j) Matthew and Francesca _____ brother and sister.

2. Conjugate the verb in brackets in the present progressive tense.

a) They (to talk) _*are talking*_ to the teacher.

b) Alexander (to play) _____ a soccer game.

c) My friend Peyton (to study) _____ to be an actress.

d) We (to write) _____ a long letter.

e) I (to buy) _____ my mother a nice gift.

f) You (to eat) _____ plenty of fruits and vegetables.

g) Mom (to work) _____ in the garden.

h) He (to have) _____ a very important meeting.

i) He (to go) _____ to visit a castle in Scotland.

Exercices • Anglais

3. Conjugate the verbs in the simple present tense.

a) To Be

I _____

You _____

He _____

She _____

It _____

We _____

You _____

They _____

b) To Have

I _____

You _____

He _____

She _____

It _____

We _____

You _____

They _____

c) To Play

I _____

You _____

He _____

She _____

It _____

We _____

You _____

They _____

d) To Run

I _____

You _____

He _____

She _____

It _____

We _____

You _____

They _____

e) To Read

I _____

You _____

He _____

She _____

It _____

We _____

You _____

They _____

f) To Do

I _____

You _____

He _____

She _____

It _____

We _____

You _____

They _____

g) To Like

I _____

You _____

He _____

She _____

It _____

We _____

You _____

They _____

h) To Watch

I _____

You _____

He _____

She _____

It _____

We _____

You _____

They _____

i) To Go

I _____

You _____

He _____

She _____

It _____

We _____

You _____

They _____

Exercices • Anglais

4. Complete the following sentences by using the verb "to eat" in the present progressive tense.

a) Victoria _____ chocolate cake.

b) Sabrina _____ apple pie.

c) I _____ steak and fries.

d) You _____ raspberry jam.

5. Complete the sentences by using the verb "to eat" in the past tense. Look at the verb chart for help.

a) Victoria _____ chocolate cake.

b) Sabrina _____ apple pie.

c) I _____ steak and fries.

d) You _____ raspberry jam.

I ate	You ate
You ate	We ate
He/She/It ate	They ate

6. Complete the sentences by using the verb "to eat" in the future tense. Look at the verb chart for help.

a) Victoria _____ chocolate cake.

b) Sabrina _____ apple pie.

c) I _____ steak and fries.

d) You _____ raspberry jam.

I will eat	You will eat
You will eat	We will eat
He/She/It will eat	They will eat

7. Circle the verbs in the sentences below.

a) Amber talks to Alexandra every night.

b) We add water to the swimming pool in the spring.

c) My uncle helps my father every Saturday.

d) The parrot plays with the pirate.

Exercices • Anglais

1. Circle the verbs in the sentences below.

a) Chris is running in the school.

b) If you like it, I will buy it.

c) Lucy and Nicole listen to the radio.

d) Soccer practice is cancelled.

2. Place a "X" to indicate if each sentence is set in the present, the past or the future.

	Present (Today)	Past (Yesterday)	Future (Tomorrow)
a) Megan will do her homework tonight.	☐	☐	**X**
b) Isabella walked a long time last night.	☐	☐	☐
c) My cousins are watching whales at this moment.	☐	☐	☐
d) Brooke and Haley were sick yesterday.	☐	☐	☐
e) Henry and Connor understand the teacher.	☐	☐	☐
f) The cows and the pigs will stay inside for the winter.	☐	☐	☐
g) Sebastian rides his bicycle with Bryan.	☐	☐	☐

3. Complete the sentences by using the verb "to read" in the simple present tense.

a) She _____ comic strips.

b) They _____ poetry in the park.

4. Complete the sentences by using the verb "to look" in the present progressive tense.

a) You _____ at the birds in the sky.

b) He _____ very sick.

Test • Anglais

1. Conjugate the verbs in the simple present tense.

a) To Write

I _____

You _____

He _____

She _____

It _____

We _____

You _____

They _____

b) To Drive

I _____

You _____

He _____

She _____

It _____

We _____

You _____

They _____

c) To Eat

I _____

You _____

He _____

She _____

It _____

We _____

You _____

They _____

d) To Look

I _____

You _____

He _____

She _____

It _____

We _____

You _____

They _____

e) To Give

I _____

You _____

He _____

She _____

It _____

We _____

You _____

They _____

f) To Drink

I _____

You _____

He _____

She _____

It _____

We _____

You _____

They _____

g) To Walk

I _____

You _____

He _____

She _____

It _____

We _____

You _____

They _____

h) To Run

I _____

You _____

He _____

She _____

It _____

We _____

You _____

They _____

i) To Think

I _____

You _____

He _____

She _____

It _____

We _____

You _____

They _____

Exercices • Anglais

2. Change the following sentences to the form indicated between the brackets.

Affirmative	Negative	Interrogative	Remember!
I **am** happy.	I am **not** happy.	**Am I** happy?	is not = isn't
You **are** nice.	You are **not** nice.	**Are you** nice?	are not = aren't
He **is** strong.	He is **not** strong.	**Is he** strong?	
She **is** quiet.	She is **not** quiet.	**Is she** quiet?	
It **is** broken.	It is **not** broken.	**Is it** broken?	
We **are** writing.	We are **not** writing.	**Are we** writing?	
They **are** in the gym.	They are **not** in the gym.	**Are they** in the gym?	

Example: (Negative) They are really funny. _____ *They are not really funny.* _____

a)   (Interrogative) Julien is sleeping on his desk.

_____

b)   (Affirmative) She is not in the school.

_____

c)   (Negative) Anita and Caroline are sisters.

_____

d)   (Interrogative) They are sitting on a bench.

_____

e)   (Affirmative) It isn't on the table.

_____

f)   (Negative) I am sorry.

_____

g)   (Interrogative) We are taking guitar lessons at school.

_____

h)   (Affirmative) You aren't doing your homework.

_____

i)   (Negative) Our school is big.

_____

j)   (Interrogative) He is drawing a picture.

_____

Exercices • Anglais

3. Write the number that matches the picture below.

1. Derrick has a dog.

2. Marie-Hélène and Julie have black hair.

3. The table has four legs.

4. I have big ears.

5. You have a book.

6. They have some toys.

7. He has a nice car.

8. I have a computer.

a)

b)

c)

d)

e)

f)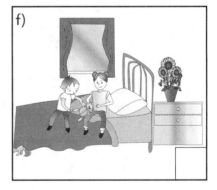

g)

h)

Exercices • Anglais

1. Place a "X" to indicate if the verb in each sentence is in the future tense or in the simple past tense.

	Simple Past	Future
a) My friend was ready to leave.	X	☐
b) The plane landed late last night.	☐	☐
c) Damian will make a reservation for us tomorrow.	☐	☐
d) Alexis and Samantha lived in France last year.	☐	☐
e) Keira and Emma will come with us next week.	☐	☐
f) Liam stopped biting his nails yesterday.	☐	☐
g) Tristan will not call you tonight.	☐	☐
h) The lion killed a zebra.	☐	☐
i) Noah didn't wait for me this morning.	☐	☐
j) I will sing for my grandparents next month.	☐	☐

2. Complete each sentence by writing the verb "to be" in the future tense.

a) They _____ late for lunch if they don't take the bus.

b) It _____ my turn after Carter and David.

c) We _____ with people we don't know.

3. Complete each sentence by writing the verb "to be" in the simple past tense.

a) The cat _____ in my bedroom.

b) They _____ the last ones to arrive at the party.

c) You _____ the only one with a red shirt.

Test • Anglais   **295**

1. **Write the verb "to be" in simple past tense (*was* or *were*) to complete the following sentences.**

   a) I _____ in Grade 1 when I was seven years old.

   b) You _____ at church last evening.

   c) He _____ in South Africa to see his friend.

   d) She _____ with us last night.

   e) It _____ the scariest thing I had ever seen.

   f) We _____ in the park yesterday.

   g) They _____ part of the soccer team.

   h) Mary and I _____ at the movie theatre with our friends.

   i) You and Simon _____ watching the dolphins in the ocean.

   j) All of our teachers _____ in the schoolyard.

2. **Write the simple past form of each verb to complete these affirmative sentences. Use the word bank for help.**

did	wrote	read	loved
saw	had	looked	said

   a) Christian (to read) _____ a book about the Second World War.

   b) We (to see) _____ a lot of people at the party.

   c) She (to do) _____ her homework on the bus.

   d) We (to love) _____ the Christmas show.

   e) They (to have) _____ a lot of candy on Halloween.

   f) He (to say) _____ that he didn't see anything.

   g) Scarlett (to write) _____ an essay on witches and magicians.

   h) Peter and Tim (to look) _____ everywhere for their keys.

Exercices • Anglais

3. Conjugate the verbs in the simple past tense.

a) To Be

I _____

You _____

He _____

She _____

It _____

We _____

You _____

They _____

b) To Have

I _____

You _____

He _____

She _____

It _____

We _____

You _____

They _____

c) To Play

I _____

You _____

He _____

She _____

It _____

We _____

You _____

They _____

d) To Run

I _____

You _____

He _____

She _____

It _____

We _____

You _____

They _____

e) To Read

I _____

You _____

He _____

She _____

It _____

We _____

You _____

They _____

f) To Love

I _____

You _____

He _____

She _____

It _____

We _____

You _____

They _____

4. Conjugate the verbs in the future tense.

a) To Love

I _____

You _____

He _____

She _____

It _____

We _____

You _____

They _____

b) To Read

I _____

You _____

He _____

She _____

It _____

We _____

You _____

They _____

c) To Play

I _____

You _____

He _____

She _____

It _____

We _____

You _____

They _____

Exercices • Anglais

5. Conjugate the verb in brackets in the future tense.

a) Christian (to read) _____ a book about the Second World War.

b) We (to see) _____ a lot of people at the party.

c) She (to do) _____ her homework on the bus.

d) We (to love) _____ the Christmas show.

e) They (to have) _____ a lot of candy on Halloween.

f) He (to say) _____ that he didn't see anything.

g) Scarlett (to write) _____ an essay on witches and magicians.

h) Peter and Tim (to look) _____ everywhere for their keys.

6. Conjugate the verb in brackets in the simple past tense. Use the word bank for help.

called	said	played	ate	drank	studied
read	talked	finished	paid	stopped	

a) Alexander (to stop) _____ at the grocery store.

b) Adrienne (to play) _____ with her little brother.

c) My uncle (to read) _____ an article about ecology.

d) Savannah (to talk) _____ to her English teacher.

e) They (to eat) _____ all the pies and the cakes.

f) She (to call) _____ the police station.

g) I (to study) _____ very hard for the math test.

h) He (to pay) _____ for all the furniture in the house.

i) Benjamin (to finish) _____ his test on time.

j) The baby cow (to drink) _____ milk.

k) Oliver (to say) _____ that he was sorry.

1. **Place a "X" to indicate if the verb in each sentence is in the future tense or in the simple past tense.**

	Past	Future
a) Monday will be a ped day.	☐	☐
b) Roberto wanted to go home.	☐	☐
c) Fatima will go to the shopping centre.	☐	☐
d) William broke a glass.	☐	☐
e) Andrew and Nathan will play with us.	☐	☐
f) Isabelle and Madeline took a day off last week.	☐	☐
g) We will take care of everything.	☐	☐
h) The birds will fly south before winter.	☐	☐
i) Arianna sang a beautiful song yesterday.	☐	☐
j) Reese will visit the zoo next summer.	☐	☐

2. **Complete each sentence by writing the verb "to be" in either the simple past tense or the future tense.**

a) My best friend _____ with us in two weeks.

b) Carter _____ in Grade 1 with me years ago.

c) They _____ at my place last night.

d) The teacher _____ unhappy with last week's test results.

3. **Conjugate the verb in brackets in either the simple past tense or the future tense.**

a) Justin (look) _____ strange last night.

b) Charlotte (love) _____ the surprise party next Saturday.

1. **Conjugate the verbs in the simple past tense.**

   a) To Write

   I _____

   You _____

   He _____

   She _____

   It _____

   We _____

   You _____

   They _____

   b) To Drive

   I _____

   You _____

   He _____

   She _____

   It _____

   We _____

   You _____

   They _____

   c) To Go

   I _____

   You _____

   He _____

   She _____

   It _____

   We _____

   You _____

   They _____

   d) To Look

   I _____

   You _____

   He _____

   She _____

   It _____

   We _____

   You _____

   They _____

   e) To Give

   I _____

   You _____

   He _____

   She _____

   It _____

   We _____

   You _____

   They _____

   f) To Drink

   I _____

   You _____

   He _____

   She _____

   It _____

   We _____

   You _____

   They _____

2. **Conjugate the verbs in the future tense.**

   a) To Look

   I _____

   You _____

   He _____

   She _____

   It _____

   We _____

   You _____

   They _____

   b) To Give

   I _____

   You _____

   He _____

   She _____

   It _____

   We _____

   You _____

   They _____

   c) To Write

   I _____

   You _____

   He _____

   She _____

   It _____

   We _____

   You _____

   They _____

Exercices • Anglais

3. Underline the sentences that take place in the past.

a) I will go for a bike ride with my friends.

b) My sister was hit by a car yesterday.

c) I got a bicycle for my birthday two years ago.

d) I will put my bicycle in the garage tonight.

4. Use the word bank to complete the sentences below.

climbing   play   is raining   will draw

a) I _____ a green and red house.

b) You _____ guitar very well.

c) I am _____ a mountain.

d) It _____ a lot today. I'm all wet.

5. Place these verbs in the correct column.

I slept   You will laugh   You will see   She ate   We ran   They will run

I walked   We looked   I will send   I will sing   We will dance   They listened

Yesterday (Past)	Tomorrow (Future)

Exercices • Anglais

6. **Look at the illustrations below and complete each sentence by writing the verb in the future tense and the simple past tense. Use the word bank for help.**

Example :

The boy ____*will brush*____ his teeth.

The boy _____*brushed*_____ his teeth.

brushed   will brush

| cut   will cut | washed   will wash | watched   will watch | swam   will swim |

| shuffled   will shuffle | read   will read | ate   will eat | talked   will talk |

a)

I _____ the cards.

I _____ the cards.

b)

The lumberjack _____ the tree.

The lumberjack _____ the tree.

c)

My family _____ cake.

My family _____ cake.

d)

The man _____ with me.

The man _____ with me.

e)

He _____ with a dolphin.

He _____ with a dolphin.

f)

The fairy _____ a book.

The fairy _____ a book.

g)

My brother _____ his hands.

My brother _____ his hands.

h)

My sister _____ TV.

My sister _____ TV.

1. **Choose the right action word to complete each sentence. Use the word bank.**

| Listen | Look | Cut | Draw | Write |

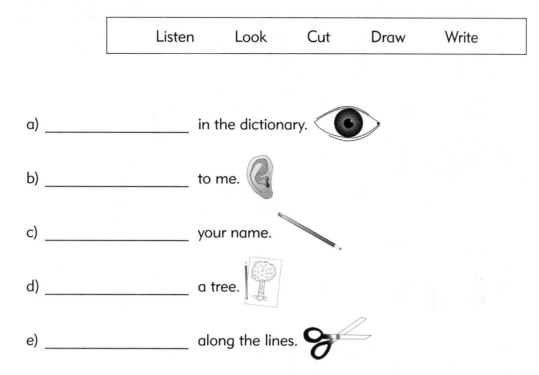

a) _____ in the dictionary.

b) _____ to me.

c) _____ your name.

d) _____ a tree.

e) _____ along the lines.

2. **Choose the right words to complete each sentence. Use the word bank.**

| good night | goodbye | I'm sorry | thank you |

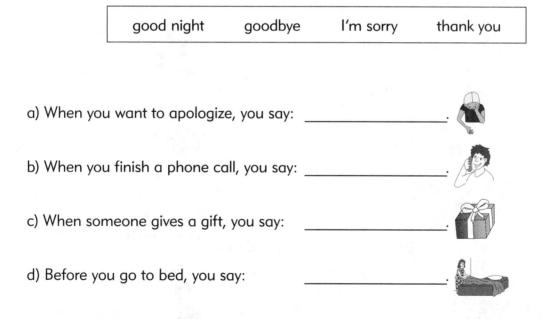

a) When you want to apologize, you say: _____ .

b) When you finish a phone call, you say: _____ .

c) When someone gives a gift, you say: _____ .

d) Before you go to bed, you say: _____ .

3. **Circle the correct answer. When you have to ask for help you say:**

a) Can you help me, please? I need some help.

b) Good morning, my name is Sabrina.

Test • Anglais　　　　　　　　　　　　　　　　　　**303**

1. Choose the right action word to complete each sentence. Use the word bank.

dress	drink	draw	play	sleep	stand up	walk	walk	wash	write

a) Please go to _____. It's very late.

b) Do you want to _____ ball with me?

c) The teacher asked us to _____ and sing a song.

d) _____ your milk.

e) My mother told me to _____ warmly because it is cold outside.

f) _____ your family.

g) _____ your name on the first line.

h) Do you _____ or do you take the bus to school?

i) I _____ my hands.

j) My neighbour asked me to _____ his dog.

Exercices • Anglais

2. Fill in the blanks with the correct polite expressions. Use the word bank.

you're welcome   sorry   good morning   thank you very much

"_____, Mr. Smith. How are you today?"

"I'm fine and you, Robert?"

"Very well, thank you!"

"I'm _____ to disturb you, I'm selling chocolate to collect funds for our school. Would you like to buy some?"

"Of course. How much is it?"

"It's $3."

"Here it is."

"_____, Mr. Smith."

"_____, Robert."

3. Sometimes you need to ask for help in class. Circle the expressions you can use.

a) My name is Nicolas.   b) Can you help me, please?   c) I don't understand.

d) I need some help.   e) This is my desk.   f) Gook luck!

g) Can you repeat the question? h) What do you mean?   i) I like rain.

4. The teacher often uses the same expressions during class. Choose the correct expression to complete each sentence.

take out   close   erase   raise your hand   open   write

a) Please _____ your book to page 25.

b) Mandy, can you _____ the board, please?

c) Antonio, _____ today's date on the board.

d) You have to _____ if you want to ask a question.

e) _____ your book from your backpack.

f) It's getting cold, Frances. Please _____ the window.

Exercices • Anglais

5. Answer the questions.

Example: What is this?   This is _____an apple_____.

a) What is this?   This is _____.

b) What is this?   This is _____.

c) What is this?   This is _____.

d) What is this?   This is _____.

e) What is this?   This is _____.

6. Can you do these things? Answer "Yes, I can" if you are able to and "No, I can't" if you are not able to.

a) Can you play guitar?   _____

b) Can you stand up on a horse?   _____

c) Can you jump on
   a trampoline?   _____

d) Can you ride a bicycle?   _____

e) Can you tie your shoes?   _____

Exercices • Anglais

1. Complete each sentence with the correct action word. Use the word bank.

look	eat	play	run	throw	put

a) My mother told me to _____ my cereal.

b) _____ at my new bicycle.

c) My coach told me to _____ my helmet on.

d) I can _____ a ball.

e) My parents _____ faster than me.

f) Don't _____ a video game.

2. Being polite is very important. Answer the following etiquette questions.

a) What do you say when you finish a phone call? _____

b) What do you say to the person who answers the phone when you call? _____

c) What is the best way to ask for someone when you make a phone call? Place a check mark next to the correct answer.

   ❏ Hello, Mrs. Gordon. It's Peter. May I speak to Anthony, please?

   ❏ Hi, I want to talk to Anthony.

d) There are different ways to greet people during the day. In the morning you say,

   "_____." In the afternoon you say, "_____." In the evening

   you say, "_____." Before going to bed you say, "_____."

e) It is polite to say, "_____" when you ask for something and,

   "_____" when you receive something.

f) To apologize, you say, "I'm _____."

Test • Anglais   307

1. Use the word bank to help you complete the telephone conversation.

call	goodbye	hello	message	much	please

a) Jade: _____, may I please speak to Veronica?

b) Veronica's mother: Veronica isn't here right now. Can she _____ you back?

c) Jade: Yes, _____. She can reach me at (819) 555-9631.

d) Veronica's mother: I will give her the _____ .

e) Jade: Thank you very _____. Have a nice day.

f) Veronica's mother: _____, Jade.

2. Draw a line to match each action with the correct picture.

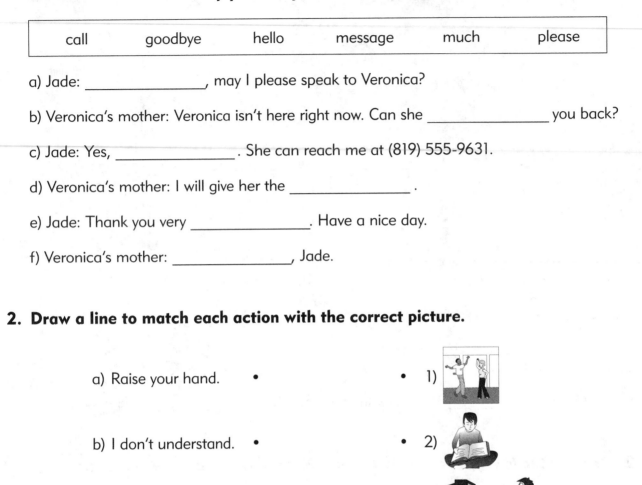

a) Raise your hand.   •

b) I don't understand.   •

c) Listen!   •

d) Go to the board.   •

e) Let's play.   •

f) Hi, how are you?   •

g) Good night!   •

h) Read your book.   •

• 1)

• 2)

• 3)

• 4)

• 5)

• 6)

• 7)

• 8)

Exercices • Anglais

3. Draw a line to match how each person is feeling with the correct picture.

a) I'm hot.　　　•

b) I'm cold.　　　•

c) I have a headache. •

d) My stomach hurts. •

e) I'm full.　　　•

f) I'm angry.　　•

g) I'm afraid.　　•

h) I'm happy.　　•

i) I'm tired.　　•

1)

2)

3)

4)

5)

6)

7)

8)

9)

Exercices • Anglais

4. Choose the right action word to complete each sentence.

colour	come here	sing	cut	eat
listen	slide	put	read	run

a) _____ the circles in blue.

b) _____ your coat on.

c) _____, Nathan. I want to talk to you.

d) _____ your lunch.

e) Open your book and _____ page 58.

f) We _____ faster than our gym teacher does.

g) Take your scissors and _____ a piece of paper.

h) _____ carefully. I will read a story.

i) The children like to _____ down the hill.

j) My friends _____ around the campfire.

1. Use the words below to correctly describe each of these question words.

Date/Time   Thing(s)   Person/People   Place(s)

a) Who: _____   b) What: _____

c) Where: _____   d) When: _____

2. Write _who, what, when_ or _where_ below each picture.

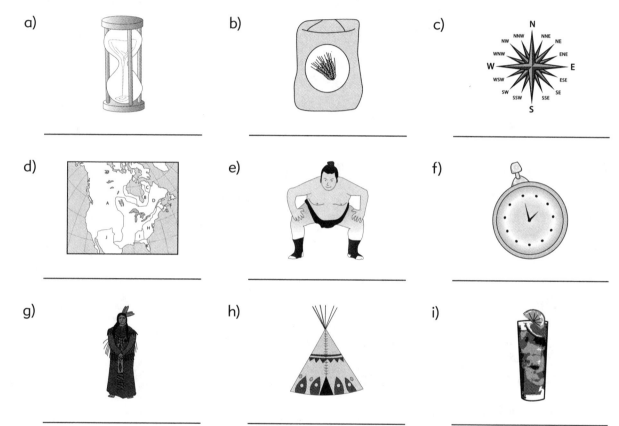

a) _____

b) _____

c) _____

d) _____

e) _____

f) _____

g) _____

h) _____

i) _____

3. Write _Who, What, Where_ or _When_ to complete the questions below.
   Read the answers at the end of each sentence for clues.

a) _____ is your dentist appointment? It's on May 30.

b) _____ is your sister? She's at the park.

c) _____ is your art teacher? Mr. Robertson is.

d) _____ is your favourite meal? It's steak.

e) _____ is your best friend? Robert is my best friend.

Test • Anglais

1. Write *Do* or *Does* to complete each question.

a) _____Does_____ Annabelle like to ski?

b) _____ you watch TV?

c) _____ we have to wait?

d) _____ Matthew like to play hockey?

e) _____ Alexis and Brooke go to your school?

f) _____ I have to bring a pencil?

g) _____ they like pizza?

h) _____ she want a new bicycle?

i) _____ you see the lake?

j) _____ she listen?

2. Answer these questions with the verb "to be."

Example: <u>Are</u> you ready?   _____*Yes, I am.*_____ or _____*No, I am not.*_____

a) Is she ready?   _____ or _____

b) Is your father old?   _____ or _____

c) Are you a good student?   _____ or _____

d) Am I wearing a blue coat?   _____ or _____

e) Is your dog black and white?   _____ or _____

f) Are we ready?   _____ or _____

g) Are you old?   _____ or _____

h) Are you young?   _____ or _____

i) Are you nice to your friends?   _____ or _____

Exercices • Anglais

3. **Complete the sentences with *How many*, *How much* or *How (+ the correct adjective)*. Read the answers at the end of each sentence for clues.**

a) _____ are you? I'm nine years old.

b) _____ friends do you have? I have five friends.

c) _____ does it cost? It costs $30.

d) _____ brothers do you have? I have two brothers.

e) _____ are you? I'm 145 centimetres tall.

f) _____ is the concert? It is one hour long.

g) _____ is your arm? It is one metre long.

h) _____ months are there in a year? There are twelve months in a year.

i) _____ is your finger? It is five centimetres long.

j) _____ water is there in the glass? There is 250 millilitres of water in the glass.

k) _____ monkeys did you see at the zoo? I saw 20 monkeys.

l) _____ is your mother? She is 165 centimetres tall.

m)_____ is your father? He is 43 years old.

n) _____ time does it take to walk to school? It takes two minutes.

o) _____ is your grandmother? She is 88 years old.

p) _____ is a hockey game? It is one hour long.

q) _____ does a cheeseburger cost? It costs $2.25.

r) _____ cats and dogs do you have? I have three cats and two dogs.

s) _____ is your tennis lesson? It's one hour and a half long.

4. Write the correct number under each picture.

a) ☐

b) ☐

c) ☐

d) ☐

e) ☐

f) ☐

g) ☐

h) ☐

i) ☐

j) ☐

k) ☐

l) ☐

1. May I go to the washroom, Mrs. Collins?

2. How much does the ice cream cost?

3. How old is the birthday boy?

4. Do you like the story I'm reading?

5. Who is playing a video game?

6. Do you brush your teeth after each meal?

7. How much does the popcorn cost?

8. Good morning class, how are you today?

9. Hi, how are you on this cold day?

10. Hello, may I speak to Bridget, please?

11. Did you have a good night's sleep?

12. Are you cold?

Exercices • Anglais

**1. Write *Who, What, Where* or *When* to complete the questions below.
Read the answers at the end of each sentence for clues.**

a) _____ do you live? I live in Quebec City.

b) _____ is your birthday? It's in three weeks.

c) _____ is Valentine's Day? It's on February 14.

d) _____ did you go on vacation? I went to Cuba.

e) _____ did you put the book? I put it on the table.

f) _____ is your favourite singer? Miley Cyrus is my favourite singer.

g) _____ is your mother? She is in the garden.

h) _____ is your teacher? My teacher is the lady with the pink dress.

i) _____ is on your bed? My teddy bear is on my bed.

j) _____ time do you go to bed at night? I go to bed at eight o'clock.

k) _____ is the laptop? It's in the living room.

l) _____ will they leave? They will leave in two days.

m) _____ is your favourite colour? It's blue.

n) _____ is your sister's name? Her name is Amanda.

2. Write *Do* or *Does* to complete each question.

a) _____ the boy wear his raincoat?

b) _____ you have a DVD player in your car?

c) _____ you want an apple?

d) _____ Julie know you?

e) _____ Brooke and Leila swim every day?

Test • Anglais

1. Write the question beside each answer.

Example: I live in Magog. Where do you live?

a) I'm nine years old. How _____?

b) My aunt lives in Helsinki. Where _____?

c) I get up at seven o'clock. What _____?

d) Martin is going to school. Where _____?

e) Mr. Smith is our new neighbour. Who _____?

f) I live near the store. Where _____?

g) Anne is with me. Who _____?

h) I am eating an orange. What _____?

i) I like bananas. What _____?

2. Complete the following sentences using the question words below.

Who	What	Where	When	When	Who	How

a) _____ is your friend? He is in his bedroom.

b) _____ are your going to visit your uncle? I will visit him on Saturday.

c) _____ is your best friend? Brendon is.

d) _____ much money do you have? I have five dollars.

e) _____ is in the classroom? The teacher is.

f) _____ did you have for supper? I had a club sandwich.

g) _____ are you going in vacation? I'm going next week.

Exercices • Anglais

3. Complete the sentences with *How many*, *How much* or *How* (+ *the correct adjective*). Read the answers at the end of each sentence for clues.

a) _____ televisions do you have? I have one television.

b) _____ horses do you have? I have two horses.

c) _____ cups of flour do you need? I need one cup.

d) _____ does your schoolbag cost? It costs $34.

e) _____ are you? I'm 145 centimetres tall.

f) _____ does your favourite TV show last? It lasts an hour.

g) _____ is your leg? It is one metre long.

h) _____ friends do you have? I have 10 friends.

i) _____ is your ruler? It is 30 centimetres long.

4. Circle the question word in each sentence and answer the question.

a) Who is your teacher? _____

b) What's your favourite meal? _____

c) Where were you born? _____

d) How old are you? _____

e) What is your favourite dessert? _____

f) What's your best friend's name? _____

g) Where do you live? _____

h) How do you go to school? _____

i) What is the first month of the year? _____

Exercices • Anglais

5. Write the correct number under each picture.

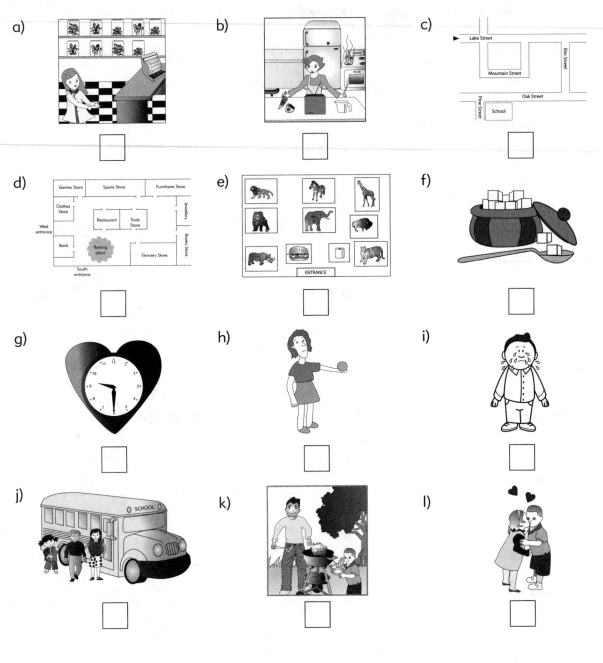

a)

b)

c)

d)

e)

f)

g)

h)

i)

j)

k)

l)

1. Mom, what's for supper?

2. Where is the shoe store?

3. Can I have more chicken, please?

4. Is this bus going to school?

5. Where is the lion?

6. How much sugar do you want
   in your coffee?

7. Are you sad?

8. What time is it?

9. Where do you live?

10. How much does a chocolate bar cost?

11. Do you want to play ball with me?

12. Do you love me?

1. **A very hungry bear has forgotten his honey pot. Follow the steps to colour in the picture below.**

   Colour the honey on the pot in yellow.
   Colour the top stripe in green.
   Colour the middle stripe in red.
   Colour the bottom stripe in blue.
   Draw a bee in the honey pot.
   Draw a spoon on top of the honey pot.
   Draw a flower to the left of the honey pot.
   Draw a heart to the right of the honey pot.
   Write your name on the honey pot.

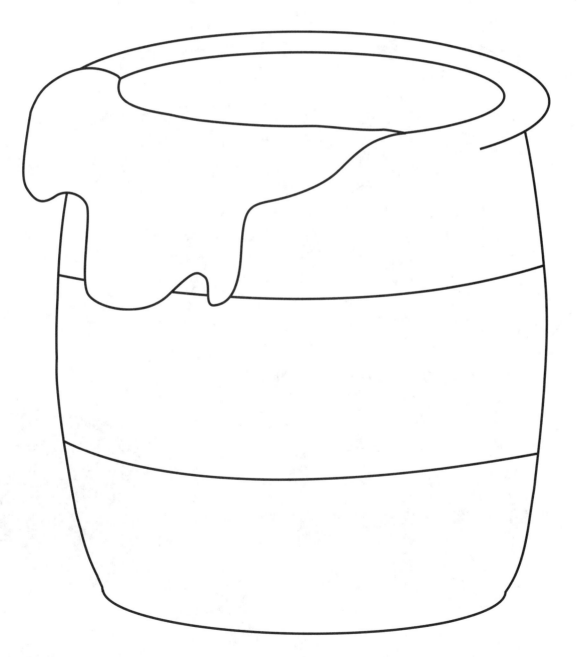

Test • Anglais   319

1. Follow the directions to find the treasure.

Walk **between** the plants.

Walk **under** the archway.

Walk **through** the small forest.

Walk **beside** the house.

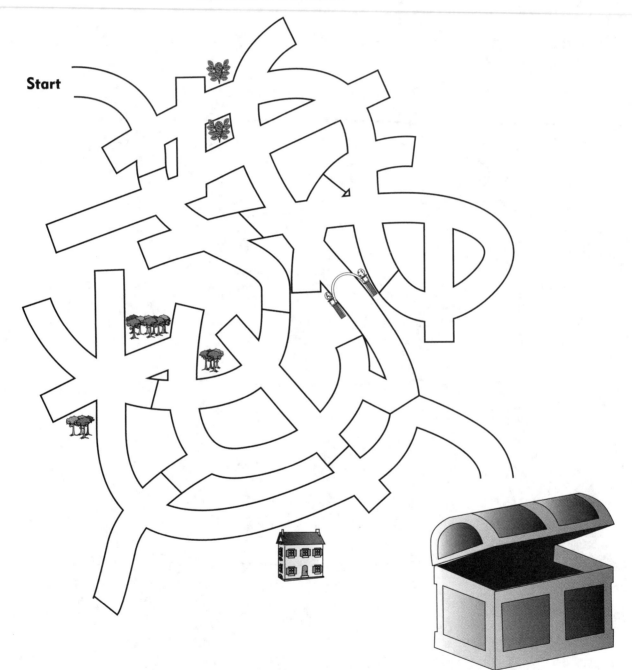

Exercices • Anglais

2. Read the instructions to find out where to draw the mouse.

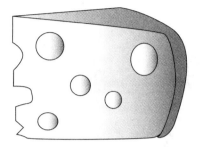

a) Draw a mouse to the left of the cheese.

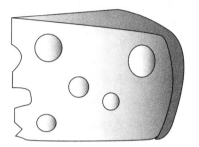

b) Draw a mouse on the cheese.

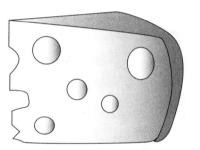

c) Draw a mouse behind the cheese.

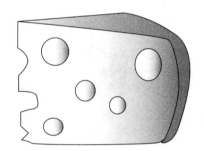

d) Draw a mouse to the right of the cheese.

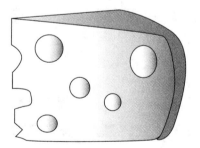

e) Draw a mouse under the cheese.

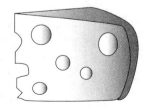

f) Draw a mouse between the two cheeses.

Exercices • Anglais

3. Help your parents put the groceries away. Write the letter that represents each food in the correct spot in the pantry.

a) Put the cereal under the bread .

b) Put the bagel to the left of the bread .

c) Put the pineapple above the bagel .

d) Put the peanut butter to the right of the bread .

e) Put the pizza under the peanut butter .

f) Put the cheese above the peanut butter .

g) Put the banana between the pineapple and the cheese .

h) Put the bottle to the left of the cereal .

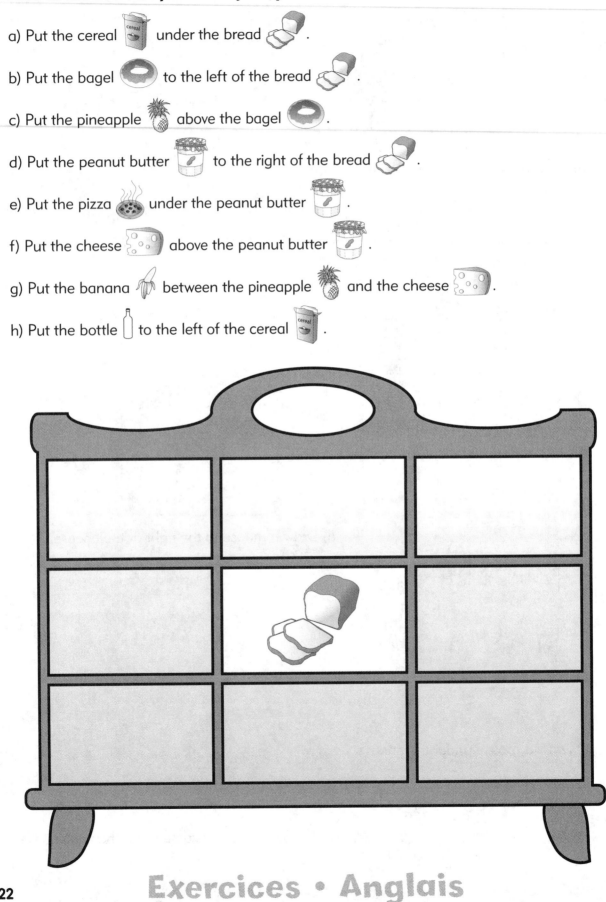

Exercices • Anglais

1. Look at the illustrations and decide if the statements are true or false.

a) The egg is **in** the basket. _____

b) The egg is **under** the basket. _____

c) The egg is **to the right** of the basket. _____

d) The egg is **behind** the basket. _____

e) The egg is **to the left of** the basket. _____

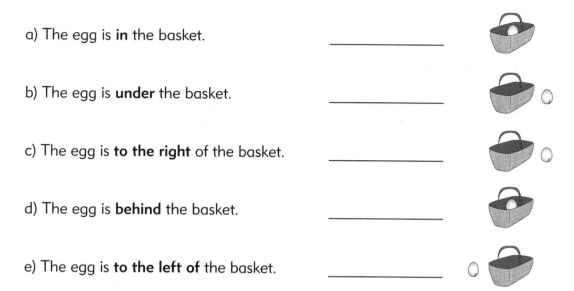

2. Follow the steps to complete the picture below.

Colour the last child waiting by the ladder in green.

Draw a "X" on each children in the swimming pool.

Draw a bird between the sun and the cloud.

Draw two flowers under the tree.

Draw a circle around the child behind the pool.

1. Follow the steps to complete the picture below.

Draw a passenger at the front of the airplane.
Draw a sun above the airplane.
Draw a bird under the airplane.
Draw a passenger at the back of the airplane.
Draw a cloud to the left of the airplane.
Draw a passenger in the middle of the airplane.

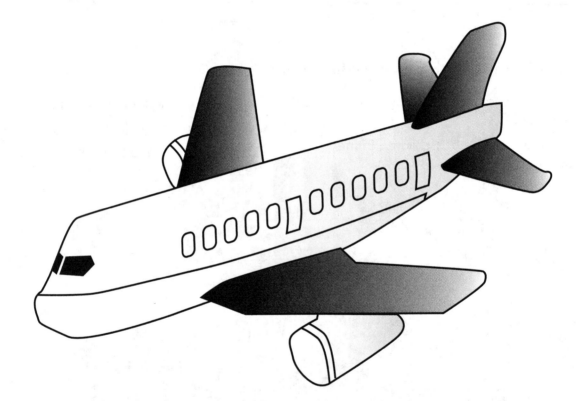

Exercices • Anglais

2. Follow the steps to complete the picture below.

Draw a hot-air balloon above the one illustrated.
Draw another hot-air balloon below the one illustrated.
Draw two passengers in the basket  of the hot-air balloon illustrated.

3. Follow the steps to complete the picture below.

Colour the first train car in green.

Draw a bird on the third train car.

Colour the fifth train car in yellow.

Draw a person in the fourth train car.

Draw a dog behind the last train car.

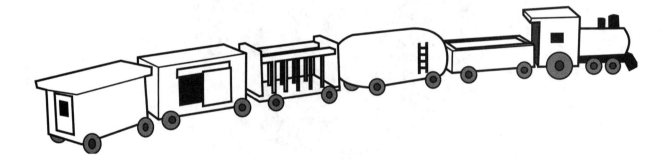

Exercices • Anglais

1. Follow the instructions to colour in the picture.

2. Follow the instructions to colour in the picture.

square: red

circle: black

rectangle: green

triangle: orange

1: red

2: blue

3: green

4: purple

5: yellow

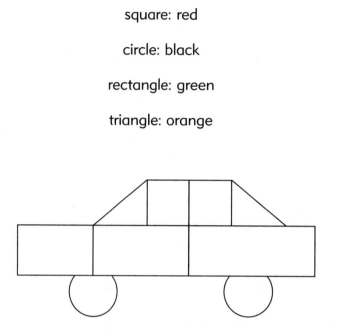

3. Write out each number in word form under the balloon.

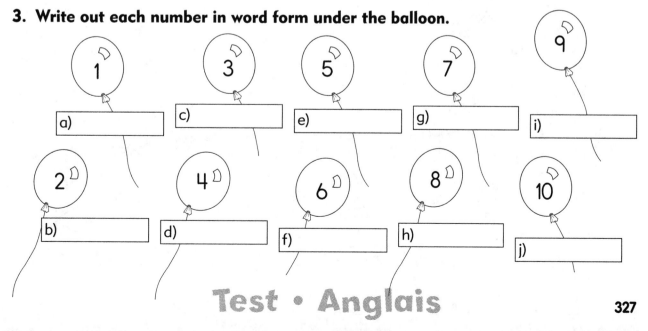

a)

c)

e)

g)

i)

b)

d)

f)

h)

j)

Test • Anglais

1. Follow the instructions to colour in the picture.

1: purple   2: blue   3: red   4: brown   5: dark blue

Exercices • Anglais

2. Write out each number in word form.

1 one	2	3	4	5	6	7
8	9	10	11	12	13	14
15	16	17	18	19	20	21
22	23	24	25	26	27	28
29	30	31	32	33	34	35
36	37	38	39	40	41	42
50	60	70	80	90	100	0

3. Write out each ordinal number in word form.

a) 1st: _____ *first* _____   b) 2nd: _____

c) 3rd: _____   d) 4th: _____

Exercices • Anglais

4. Follow the instructions to colour in the picture.

triangle: blue

rectangle: green

circle: yellow

square: red

Exercices • Anglais

1. Draw a line to connect each number with its word form.

a) sixty-eight   19

b) eighty-two   53

c) nineteen   68

d) forty-seven   14

e) seventy-one   82

f) thirty-four   71

g) fifty-three   34

h) fourteen   47

2. Colour each circle in the colour indicated.

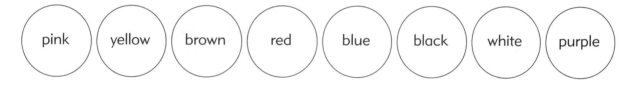

3. Mark a "X" on the square-shaped objects.

4. Mark a "X" on the rectangle-shaped objects.

5. Mark a "X" on the circle-shaped objects.

Test • Anglais

1. Colour each crayon in the colour indicated.

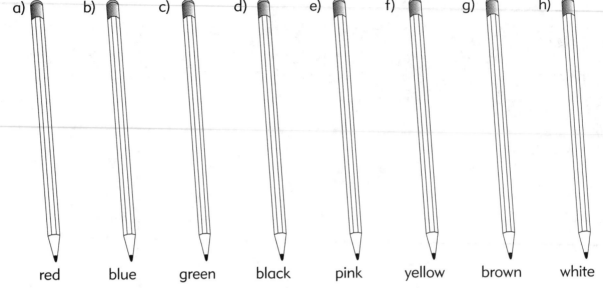

a)   b)   c)   d)   e)   f)   g)   h)

red   blue   green   black   pink   yellow   brown   white

2. Follow the instructions to colour in the picture.

a)   The bread is brown.

b)   The truck is red.

c)   The plane is grey.

d)   The flower is pink.

e)   The crocodile is green.

f)   The giraffe is yellow.

g)   The parrot is green, blue and red.

h)   The snake is brown.

i)   The die is grey.

j)   The caterpillar is orange.

Exercices • Anglais

3. Connect the dots, start at thirty.

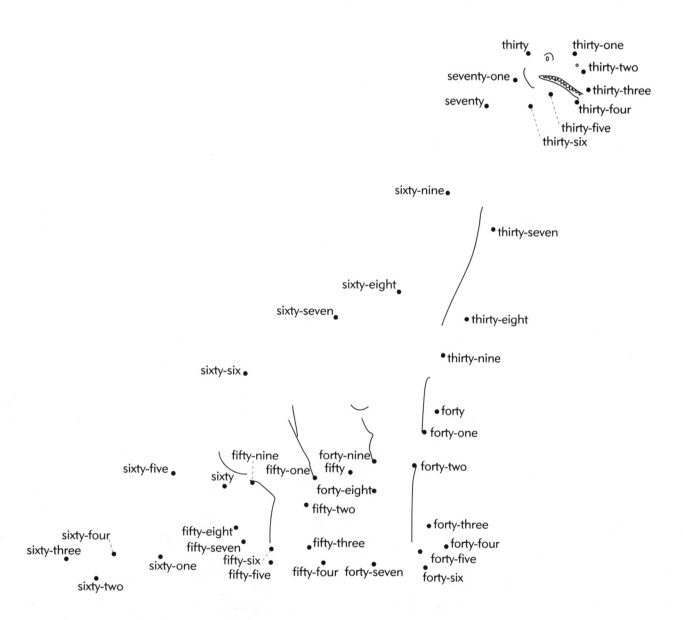

4. Follow the steps to draw a snowman.

Draw one circle for its body and another for its head.
Draw two circles for its eyes.
Draw one triangle for its nose and another for its hat.
Draw a rectangle for its mouth.
Draw circles and squares on its body for its buttons.
Draw a big, long rectangle with a triangle on one end for a broom in the snowman's hand.
Draw other geometric shapes to finish off your snowman.

Exercices • Anglais

1. The order of days of the week is all mixed up in the nursery rhyme below. Rewrite the days of the week on each line in the correct order.

How many days has my baby to play?
Saturday, Monday, Sunday,

_____

Tuesday, Thursday, Wednesday, Friday

_____

Saturday, Monday, Sunday.

_____

Hop away, skip away, my baby wants to play.
My baby wants to play every day.
(Mother Goose)

2. Draw the hands on the clocks to tell the correct time.

a) It's ten o'clock.   b) It's a quarter after six.   c) It's ten to two.   d) It's a quarter to four.

3. Write the names of the seasons displayed in the pictures below.

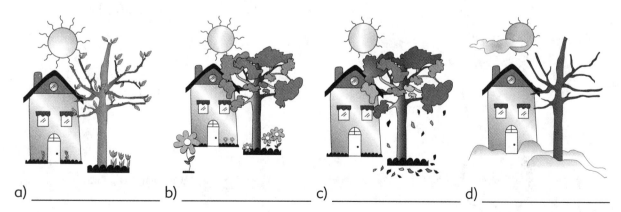

a) _____   b) _____   c) _____   d) _____

4. Write the months in which these holidays are celebrated.

a) Christmas: _____   b) Halloween: _____

Test • Anglais   335

1. Draw a connecting line to match the clock with the correct time.

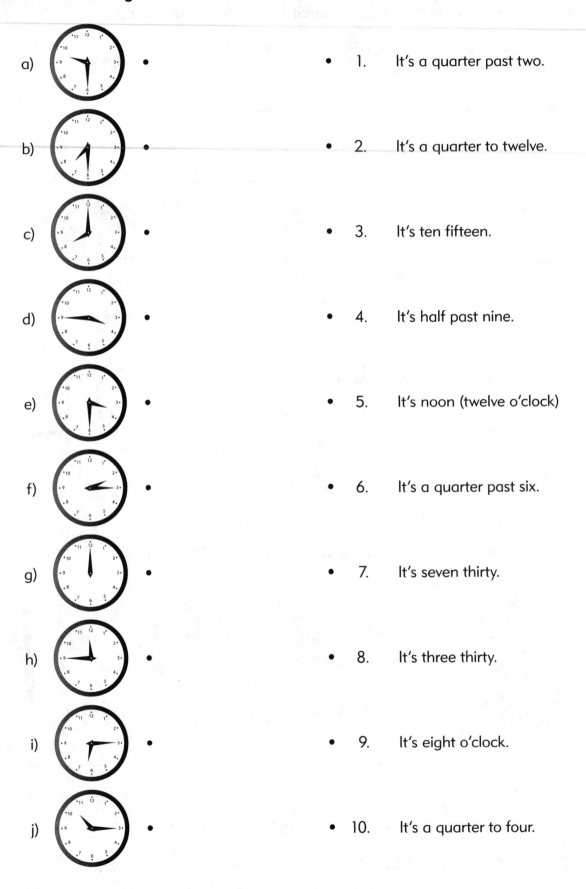

a) •   • 1.   It's a quarter past two.

b) •   • 2.   It's a quarter to twelve.

c) •   • 3.   It's ten fifteen.

d) •   • 4.   It's half past nine.

e) •   • 5.   It's noon (twelve o'clock)

f) •   • 6.   It's a quarter past six.

g) •   • 7.   It's seven thirty.

h) •   • 8.   It's three thirty.

i) •   • 9.   It's eight o'clock.

j) •   • 10. It's a quarter to four.

Exercices • Anglais

2. Write the names of these holidays. Then write the month in which they are celebrated.

a)

_____

_____

b)

_____

_____

c)

_____

_____

d) HAPPY FATHER'S DAY

_____

_____

3. Look at Helen's schedule and answer the questions below.

	Monday	Tuesday	Wednesday	Thursday	Friday	Saturday	Sunday
morning	Dentist's appointment						Soccer game
afternoon		French exam				Shopping with Sofia	
supper				Restaurant with mom			
evening	Soccer practice		Meeting with teachers		Movie night with my friends	Hockey game at Bell Centre	

a) On which day does Helen have a movie night with her friends? _____

b) On which day does she have her soccer practice? _____

c) On which day do you think Helen will study for her French exam? _____

d) Who is Helen going shopping with? _____ When? _____

e) On which day is her dentist's appointment? _____

f) Who is she having supper with on Thursday? _____

g) What is she doing Saturday night? _____

h) When does she have her soccer game? _____

i) On what day is she meeting her teachers? _____

4. Write the first month of each season.

a) spring _____   b) summer _____

c) fall   _____   d) winter _____

1. Answer these questions about the days of the week.

a) Which day comes right after Saturday? _____

b) Which day is between Wednesday and Friday? _____

2. Fill in the blanks with the right answer.

a) Valentine's Day is in the month of _____ .

b) St. Patrick's Day is in the month of _____ .

c) Your birthday is in the month of _____ .

3. Write the names of the four seasons.

_____   _____

_____   _____

4. Write the time as shown.

Example: It is a quarter after two. a) _____   b) _____

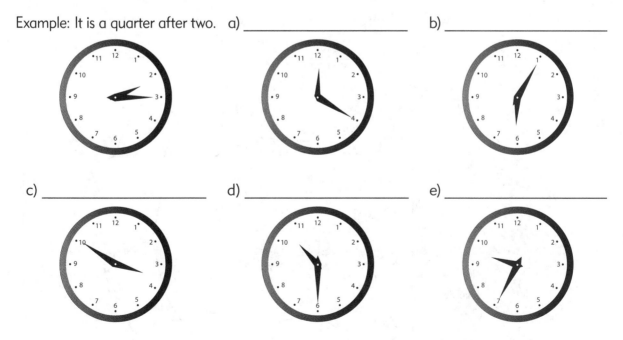

c) _____   d) _____   e) _____

1. The farmer has decided to name his cows after the days of the week.
Fill in the blanks to discover the names of his cows.

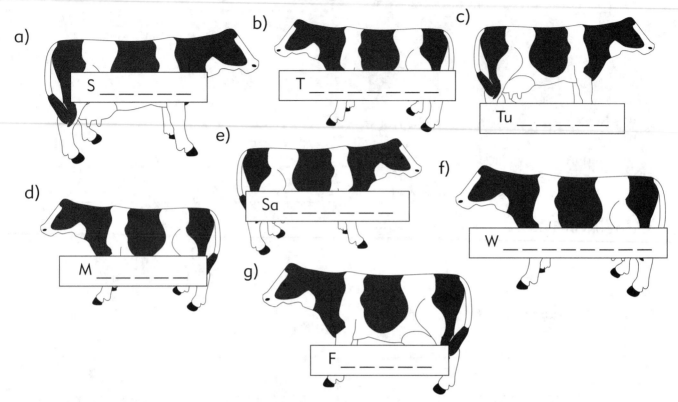

a) S _ _ _ _ _ _

b) T _ _ _ _ _ _ _

c) Tu _ _ _ _ _ _

d) M _ _ _ _ _ _

e) Sa _ _ _ _ _ _

f) W _ _ _ _ _ _ _ _

g) F _ _ _ _ _

2. Colour the boxes with the word "Saturday" in blue, the boxes with the word "Tuesday" in red, the boxes with the word "Thursday" in black, and the boxes with the word "Wednesday" in green.

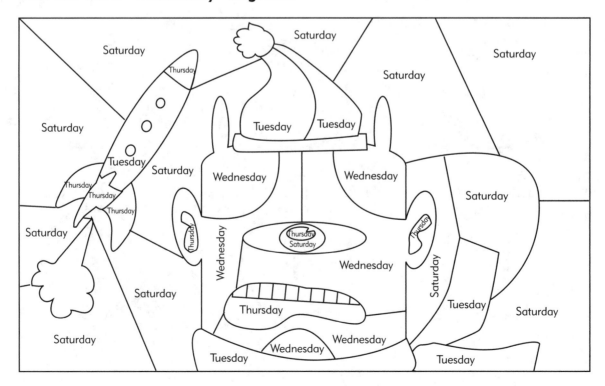

Exercices • Anglais

3. **Write the names of the holidays displayed in the pictures below.**

Easter – Valentine's Day – Halloween – St. Patrick's Day – Birthday – Christmas

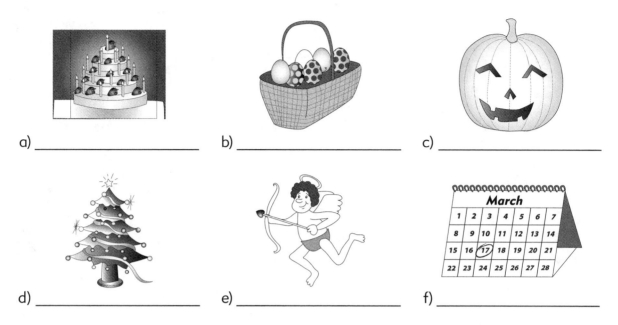

a) _____   b) _____   c) _____

d) _____   e) _____   f) _____

4. **Finish writing the names of the months below. Remember that, like the days of the week, the months begin with a capital letter.**

J_____

F _____

M_____

A _____

M_____

J_____

J_____

A _____

S _____

O _____

N _____

D _____

5. Draw the hands on the clocks to tell the correct time.

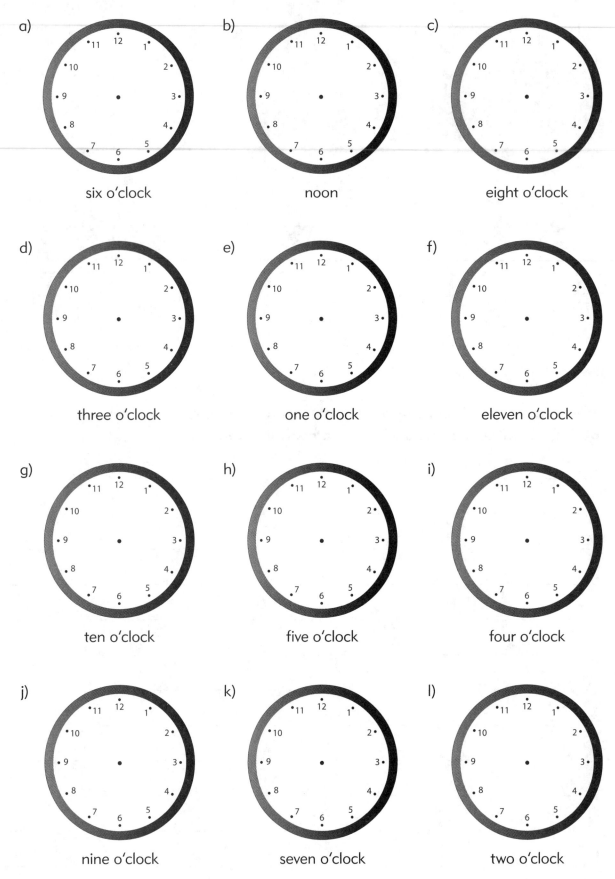

a) six o'clock

b) noon

c) eight o'clock

d) three o'clock

e) one o'clock

f) eleven o'clock

g) ten o'clock

h) five o'clock

i) four o'clock

j) nine o'clock

k) seven o'clock

l) two o'clock

Exercices • Anglais

1. **How much is it?**

   a) 1 ten-dollar bill and 1 nickel: _____

   b) 3 quarters, 4 dimes and 5 pennies: _____

   c) 3 twenty-dollar bills, 2 one-dollar coins and 4 dimes: _____

   d) 4 one-dollar coins and 6 quarters: _____

   e) 8 quarters and 26 pennies: _____

   f) 13 dimes and 17 pennies: _____

2. **Circle the chores that you do at home.**

   Wash the dishes.   Empty the dishwasher.   Make your bed.

   Clean your room.   Set the table.   Rake the leaves.

   Shovel the driveway.   Dust the furniture.   Sweep the floor.

3. **Write the name of each activity under the correct picture.**

   | snakes and ladders   camping   dominoes   acting   board game   bike ride |

   a)

   _____

   b)

   _____

   c)

   _____

   d)

   _____

   e)

   _____

   f)

   _____

1. Write out these sums of money as shown below.

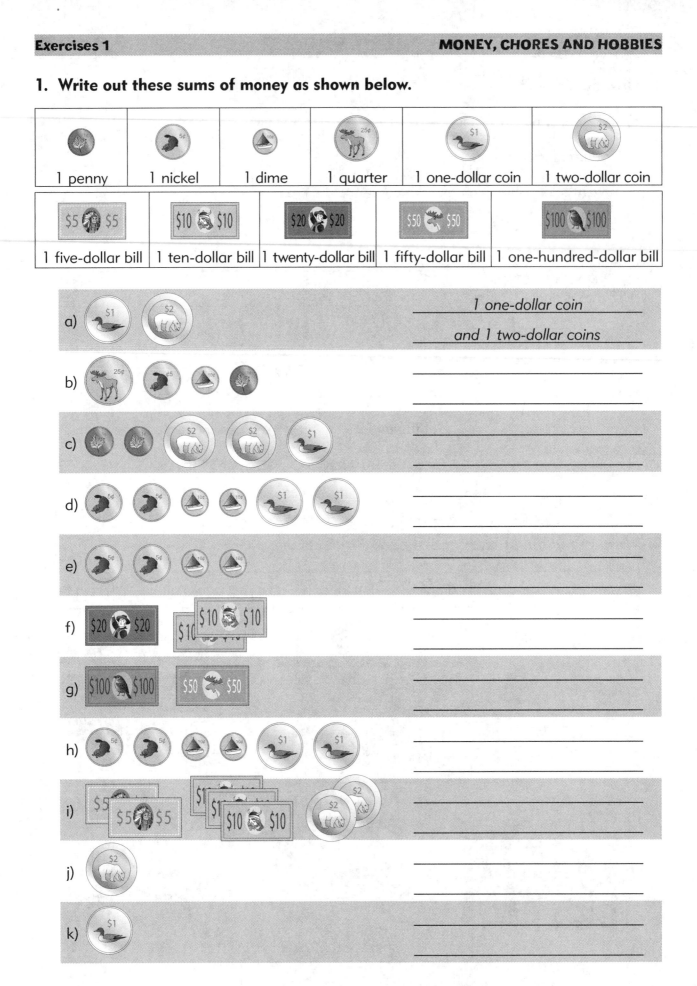

a) _____1 one-dollar coin_____
_____and 1 two-dollar coins_____

b) _____
_____

c) _____
_____
_____

d) _____
_____

e) _____
_____
_____

f) _____
_____

g) _____
_____

h) _____
_____

i) _____
_____

j) _____
_____

k) _____
_____

2. Write the number of each picture next to the name of the activity.

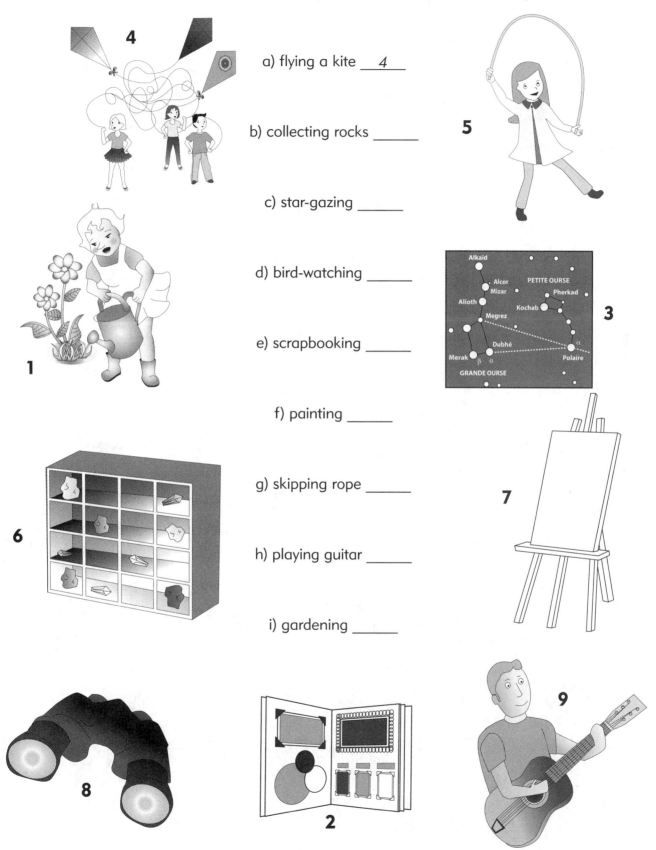

a) flying a kite ___4___

b) collecting rocks _____

c) star-gazing _____

d) bird-watching _____

e) scrapbooking _____

f) painting _____

g) skipping rope _____

h) playing guitar _____

i) gardening _____

Exercices • Anglais

3. Write the number of each picture next to the name of the chore.

a) setting the table _____

b) drying the dishes _____

c) raking _____

d) mowing the lawn _____

e) washing the floor _____

f) washing windows _____

g) dusting _____

h) taking out the garbage _____

i) cleaning the bathroom _____

Exercices • Anglais

1. How much is it?

a) 3 five-dollar bills and 2 quarters: _____

b) 4 quarters, 2 dimes and 7 pennies: _____

c) 1 ten-dollar bill, 3 one-dollar coins and 4 nickels: _____

d) 2 two-dollar coins, 1 quarter, 5 dimes and 1 nickel: _____

2. Andy works at a golf resort as a cook. Circle the chores that he has to do.

a) Shovel the snow.   b) Peel the fruits and vegetables.   c) Mow the lawn.

d) Park the golfers' cars.   e) Prepare meals.   f) Prepare sauces.

3. Write the name of each activity under the correct picture. Use the word bank.

| collecting hockey cards   playing piano   listening to music |
| cooking   singing   watching television |

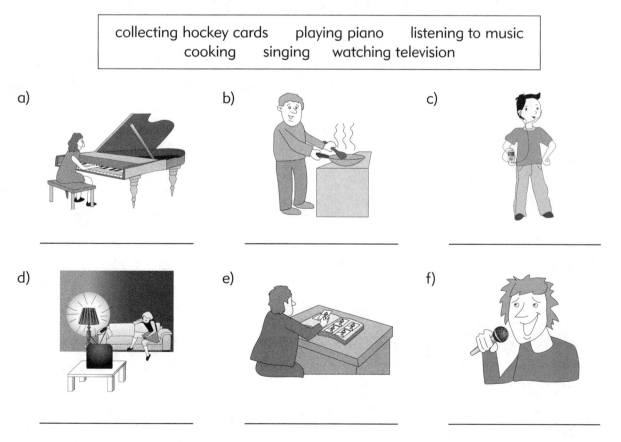

a) _____   b) _____   c) _____

d) _____   e) _____   f) _____

Test • Anglais   **347**

1. How much is it?

a) 2 twenty-dollar bills and 1 five-dollar bill: _____

b) 3 one-dollar coins, 2 dimes, 1 nickel and 2 pennies: _____

c) 5 nickels, 2 dimes, 2 quarters and 3 pennies: _____

d) 1 ten-dollar bill, 2 one-dollar coins and 3 two-dollar coins: _____

e) 1 fifty-dollar bill, 1 five-dollar bill and 1 twenty-dollar bill: _____

2. Write out these sums of money as shown below.

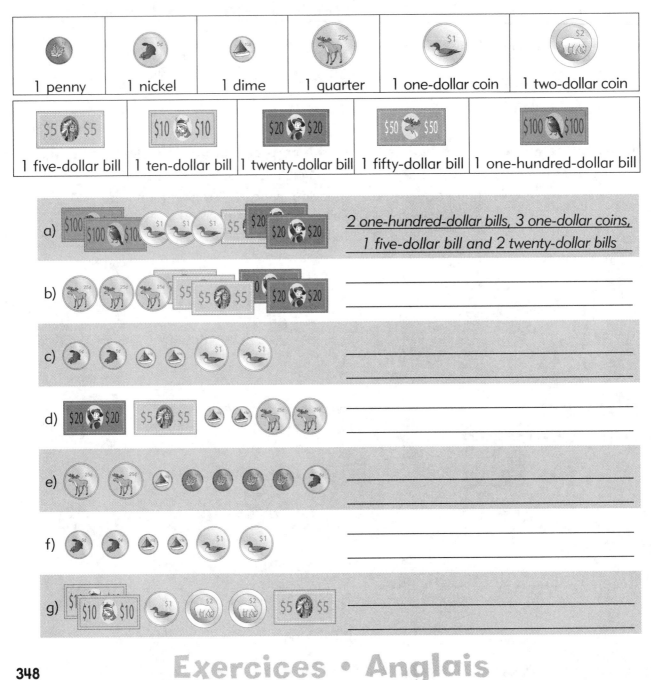

1 penny	1 nickel	1 dime	1 quarter	1 one-dollar coin	1 two-dollar coin

1 five-dollar bill	1 ten-dollar bill	1 twenty-dollar bill	1 fifty-dollar bill	1 one-hundred-dollar bill

a) *2 one-hundred-dollar bills, 3 one-dollar coins, 1 five-dollar bill and 2 twenty-dollar bills*

b) _____

c) _____

d) _____

e) _____

f) _____

g) _____

3. Write the number of each picture next to the name of the activity.

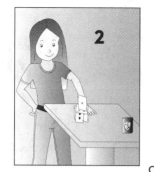

a) sewing _____

b) collecting stamps _____

c) going to the movies _____

d) playing cards _____

e) reading _____

f) dancing _____

g) playing a video game _____

h) playing chess _____

i) putting together a puzzle _____

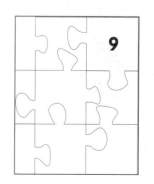

4. Write the number of each picture next to the name of the chore.

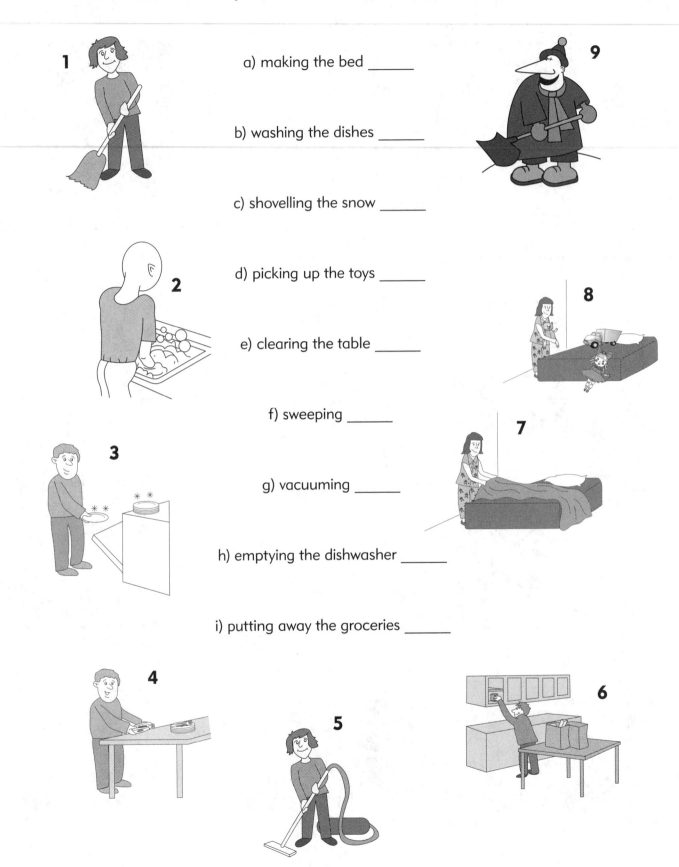

a) making the bed _____

b) washing the dishes _____

c) shovelling the snow _____

d) picking up the toys _____

e) clearing the table _____

f) sweeping _____

g) vacuuming _____

h) emptying the dishwasher _____

i) putting away the groceries _____

Exercices • Anglais

1. **Draw a line to connect each of the five senses with the matching body part.**

sight

smell

taste

touch

hearing

2. **Write the names of the body parts below. Use the word bank.**

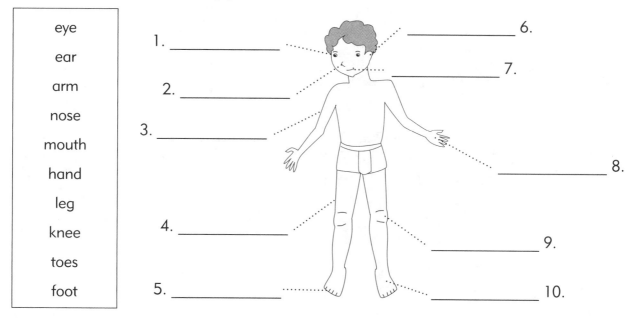

eye

ear

arm

nose

mouth

hand

leg

knee

toes

foot

1. _____

2. _____

3. _____

4. _____

5. _____

6. _____

7. _____

8. _____

9. _____

10. _____

3. **Use the word bank to help you write the names of the clothes on the clothesline.**

| glove | jacket | mitten | nightgown | pants | raincoat |
| scarf | shirt | skirt | sock | tie | winter coat |

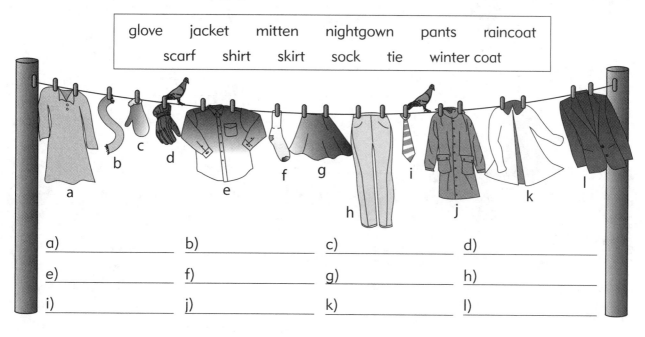

a) _____   b) _____   c) _____   d) _____

e) _____   f) _____   g) _____   h) _____

i) _____   j) _____   k) _____   l) _____

Test • Anglais

1. Write the name of the body part, and how many of those body parts you have, next to each picture. Look at the word bank for help.

arms	legs	nose	toes
ears	eyes	mouth	hands
			fingers

Example:

I have __one__ __head__.
    (number) (body part)

I have __two__ __knees__.
    (number) (body part)

a)   I have _____ _____.

b)   I have _____ _____.

c)   I have _____ _____.

d)   I have _____ _____.

e)   I have _____ _____.

f)   I have _____ _____.

g)   I have _____ _____.

h)   I have _____ _____.

i)   I have _____ _____.

Exercices • Anglais

2. **Use the word bank to write the name of the piece of clothing below the correct picture.**

boot	glove	pants	shoe
coat	hat	shirt	slipper
dress	mitten	skirt	toque

a)

_____

b)

_____

c)

_____

d)

_____

e)

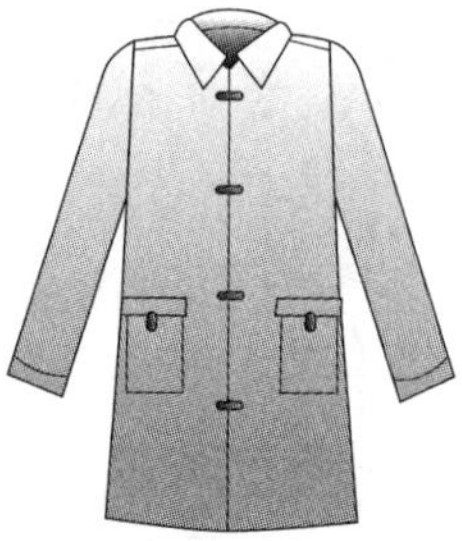

_____

f)

_____

g)

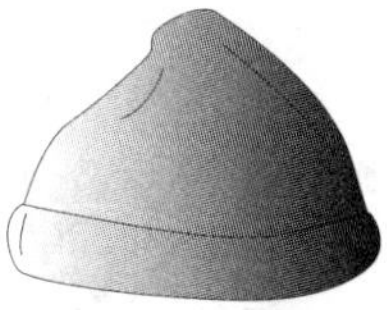

_____

h)

_____

i)

_____

j)

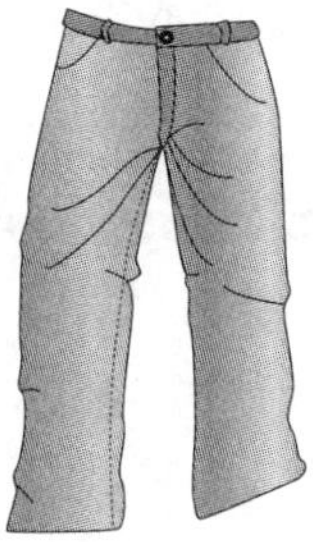

_____

k)

_____

l)

_____

3. **Draw the missing body parts on the faces below.**

a) mouth

b) nose

c) eyes

d) mouth

e) eyes

f) nose

g) eyes, mouth

h) nose, eyes

i) mouth, nose, eyes

1. Write the names of the clothes below.

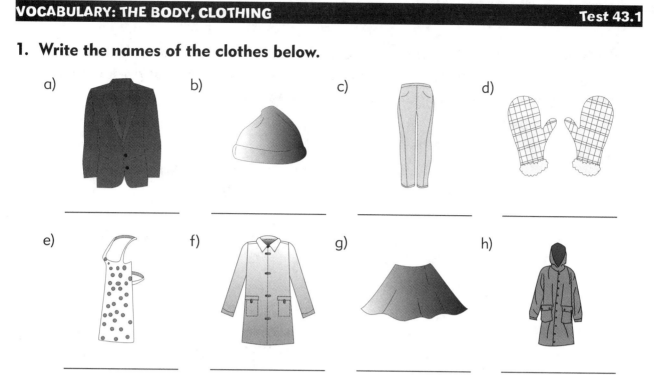

a)

b)

c)

d)

e)

f)

g)

h)

2. Write the names of the body parts below.

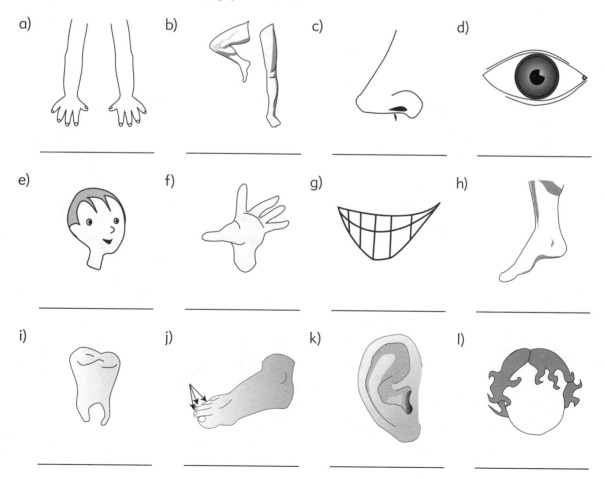

a)

b)

c)

d)

e)

f)

g)

h)

i)

j)

k)

l)

Test • Anglais

1. Write the names of the clothes and accessories below each picture, then write the names of the body parts. Draw a line to connect the clothing with the matching body parts. Look at the word bank for help.

earmuffs – eye – foot – glasses – ear – hand – hat – head
legs – mitten – neck – pants – scarf – shirt – sock – torso

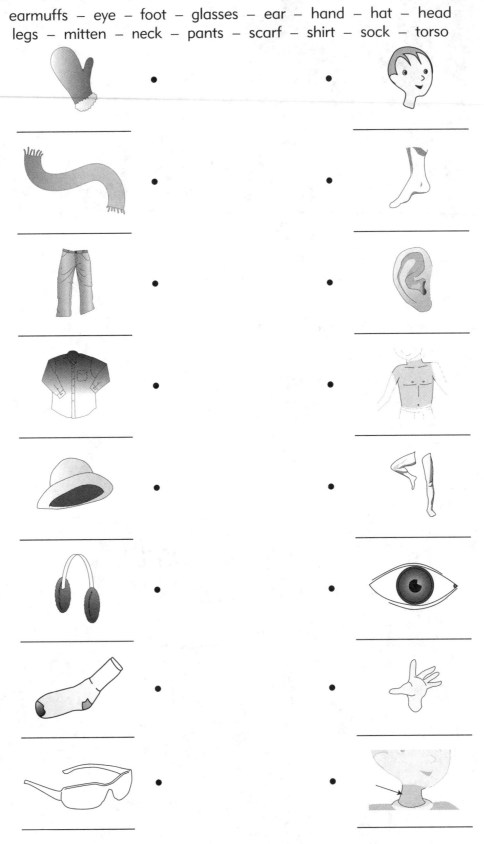

2. Kevin has made a list of clothes to pack for his vacation. Draw a line between the correct clothing and Kevin's backpack.

shorts   toothpaste

cap   running shoes

socks   sandals

belt

T-shirt   toothbrush

comb

underwear   pants

bermuda shorts

TOOTHPASTE

3. Draw a line between the name of each body part and its picture.

hair   ear

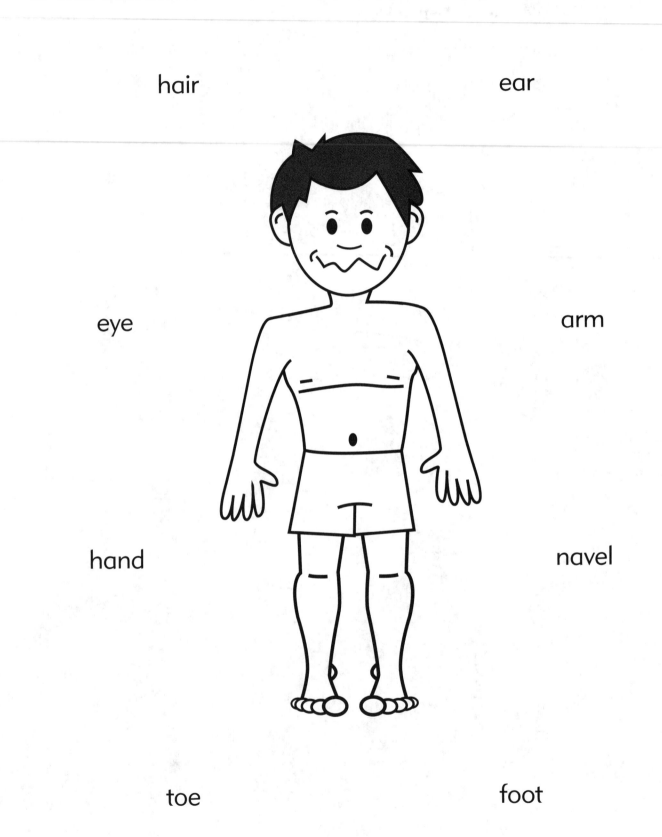

eye   arm

hand   navel

toe   foot

Exercices • Anglais

1. Use the word bank to help you write the correct name under each picture.

bear	cat	polar bear	eagle	skunk
ladybug	mouse	dolphin	sea horse	horse
camel	crab	raccoon	fish	wolf

a) _____

b) _____

c) _____

d) _____

e) _____

f) _____

g) _____

h) _____

i) _____

j) _____

k) _____

l) _____

m) _____

n) _____

o) _____

Test • Anglais

1. Draw a line to connect each word with the matching body part.

Tail   Horns   Ears

Eyes

Nose

Neck

Legs

Feathers   Beak

Wings

Claws

2. Solve the riddles. Which animal is it?

a) It has a small curly tail. It has a flat round nose.
It has small pointy ears. It says "Oink, Oink". _____

b) It has horns. It has a long tail. It has four long legs.
It gives us milk to drink. _____

c) It has a beak. It has feathers. It has wings.
It gives us eggs. _____

d) It likes to run. It has a big nose. It has a big tail.
It is a cowboy's best friend. _____

e) It has a small tail. It has four short legs. It gives us wool.
It says "Baaah, Baaah". _____

3. Choose another animal and make your own riddle. Ask a friend or family member to solve it.

It has _____. It has _____

_____. It has _____.

Duck

Cat

Dog

Goat

Exercices • Anglais

skunk raccoon fox bear porcupine rabbit

4. Read the text and answer the questions.

a) It is small. It is black and white. It has a striped tail.
   You can smell it from far away. _____

b) It is very big and tall. It is brown. It has antlers.
   It lives in the forest. _____

c) It is small. It can be many colors. It has pointy ears.
   It can fly. _____

d) It is small. It is normally brown. It has a flat tail.
   It has big teeth. _____

moose

deer

Which animal do you like best? Why?

I prefer the _____, because it is
                     wild animal
_____ and _____.
         adjective   adjective
It has _____.

quills

striped

Draw the animal

tail   beaver

antlers   owl

5. Place each animal in the correct column.

panda

mosquito

hen

beluga

killer whale

butterfly

rat

swordfish

goat

pelican

stingray

bat

boar

shark

dog

ibis

trout

toucan

I walk	**I swim**	**I fly**
_____	_____	_____
_____	_____	_____
_____	_____	_____
_____	_____	_____
_____	_____	_____
_____	_____	_____

Exercices • Anglais

1. Use the word bank to help you write the correct name under each picture.

ant	bison	seal	fly	squirrel
beaver	pig	dog	octopus	kangaroo
llama	cow	snake	frog	vulture

a)

b)

c)

d)

e)

f)

g)

h)

i)

j)

k)

l)

m)

n)

o)

Test • Anglais

1. **Zoe visited the zoo today. Write the names of the animals that she saw. Use the word bank.**

| rhinoceros | orangutan | lion | zebra | elephant | bison | giraffe | tiger |

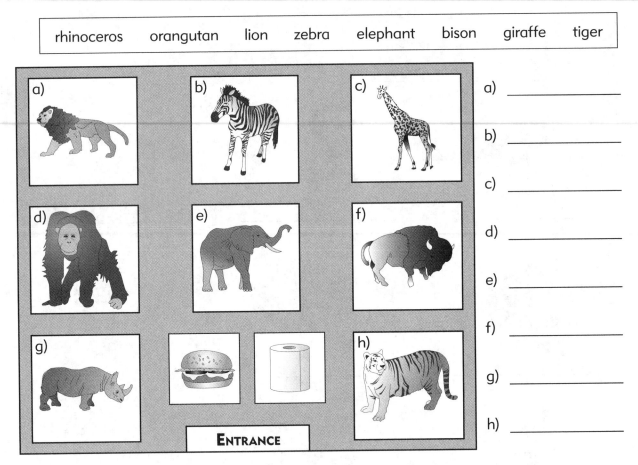

a) _____

b) _____

c) _____

d) _____

e) _____

f) _____

g) _____

h) _____

2. **Some animals have feathers, while some have fur and others have scales. Place each animal in the correct column.**

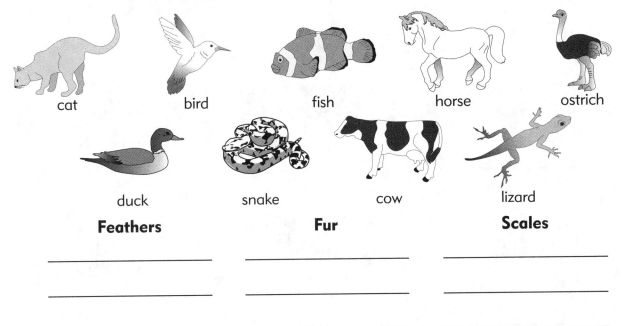

cat   bird   fish   horse   ostrich

duck   snake   cow   lizard

Feathers   **Fur**   **Scales**

_____   _____   _____

_____   _____   _____

_____   _____   _____

Exercices • Anglais

3. Place each animal in the correct column according to its habitat.

lobster

giraffe

zebra

horse

dolphin

lion

sheep

fish

hen

rhinoceros

octopus

pig

shark

snake

rooster

cow

tiger

whale

Jungle	Ocean	Farm
_____	_____	_____
_____	_____	_____
_____	_____	_____
_____	_____	_____
_____	_____	_____
_____	_____	_____

Exercices • Anglais   365

4. Use the word bank to help you write the correct name under each picture.

caterpillar	chipmunk	cougar	crocodile	deer
gazelle	goose	iguana	penguin	flamingo
rabbit	spider	turtle	walrus	woodchuck

a)

b)

c)

d)

e)

f)

g)

h)

i)

j)

k)

l)

m)

n)

o)

1. Draw a line to match each illustration with the correct school supply.

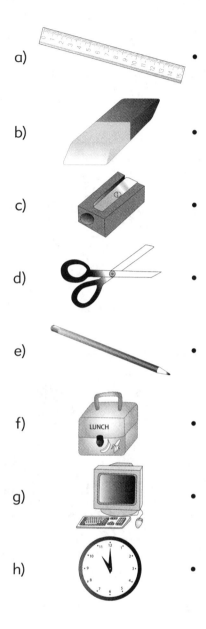

a) •

b) •

c) •

d) •

e) •

f) •

g) •

h) •

• 1) scissors

• 2) sharpener

• 3) ruler

• 4) eraser

• 5) lunch box

• 6) pencil

• 7) clock

• 8) computer

2. Cross out the words that are not related to school.

principal's office	computer lab	boy's washroom	barn
art room	cow	dentist	English room
ambulance	pencil	blackboard	tiger
janitor	classroom	eraser	squirrel
student	lamb	wave	gymnasium
book	restaurant	chalk	lion

1. Write the correct job below each picture. Use the word bank.

| nurse   secretary   principal   janitor   art teacher   gym teacher |
| music teacher   computer science teacher   English teacher |

a)

b)

c)

d)

e)

f)

g)

h)

i)

Exercices • Anglais

2. Use the word bank to help you write the names of the objects in the playground.

hopscotch	pear ball	seesaw
jump rope	soccer ball	monkey bars
swings	slide	basketball hoop

PLAYGROUND

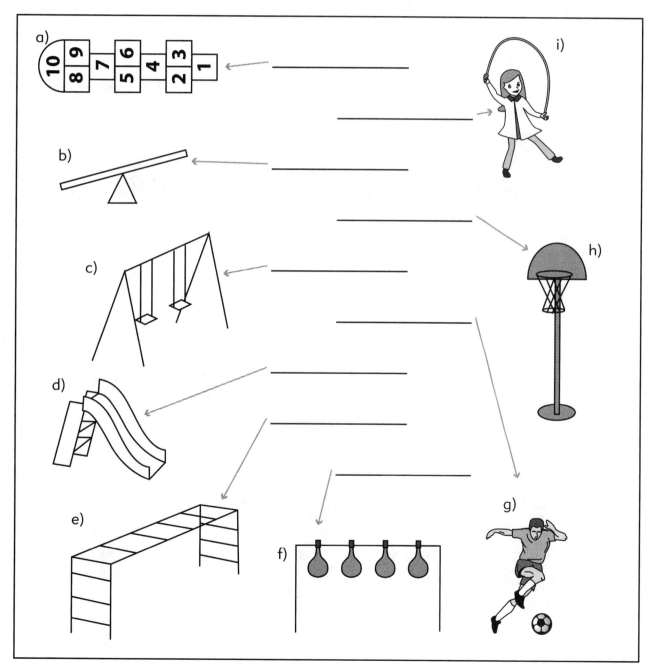

3. Where would you find these objects? Use the word bank to help you.

computer room	art room	gymnasium
cafeteria	music room	library

a)

b)

c)

_____

_____

_____

d)

e)

f)

_____

_____

_____

g)

h)

i)

_____

_____

_____

j)

k)

l)

_____

_____

_____

Exercices • Anglais

1. **Write the name of each school supply under the correct picture. Use the word bank.**

backpack	blackboard	eraser	glue
paperclip	pen	pencil case	protractor
ruler	scissors	triangle	sharpener

a)

b)

c)

d)

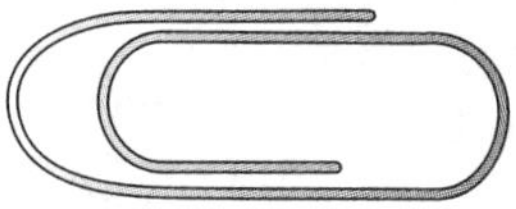

e)

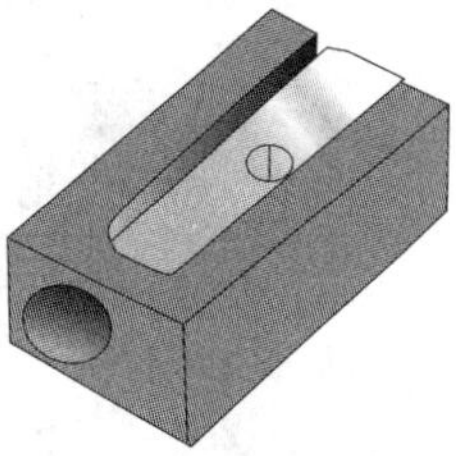

f)

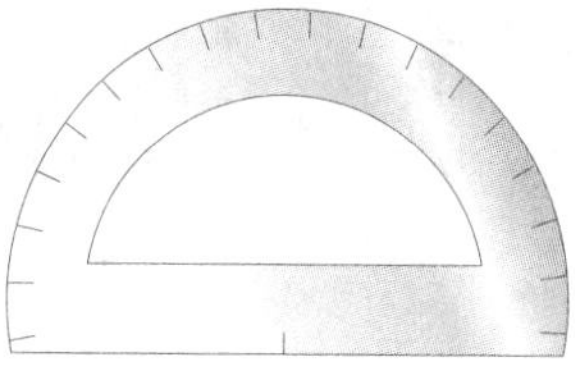

g)

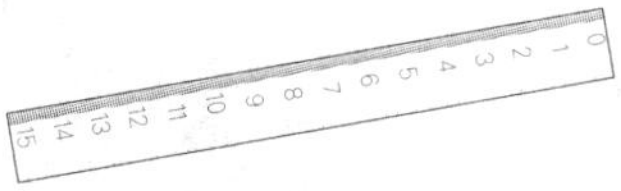

h)

i)

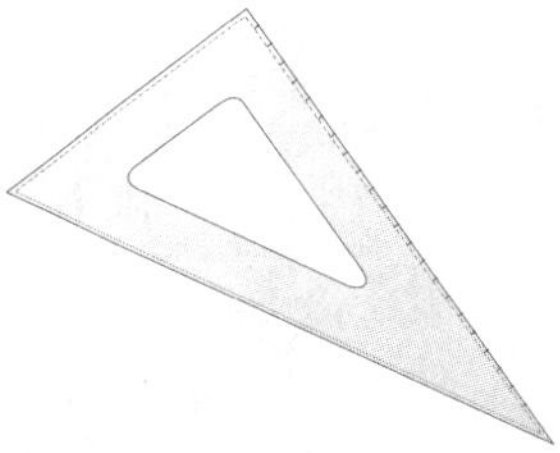

j)

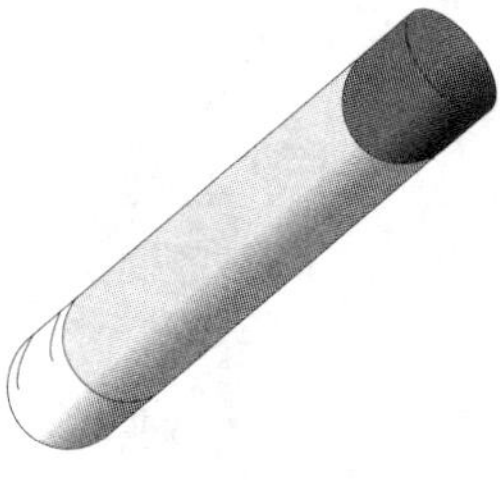

k)

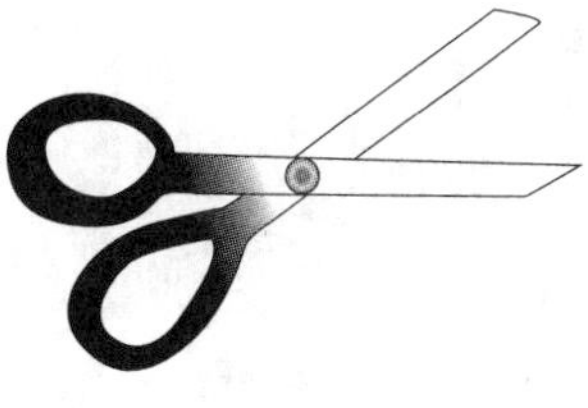

l)

1. Write the name of each classroom object under the correct picture. Use the word bank.

book	bookcase	calculator	calendar
chair	clock	compass	computer
lunch box	pencil	binder	globe

a)

b)

c)

d)

e)

f)

g)

h)

i)

j)

k)

l)

Exercices • Anglais

2. Write the correct room number next to each clue.

a) You do sports in this room. _____

b) The boys wash their hands in this room. _____

c) You learn how to use computers in this room. _____

d) The teachers and the principal come in through this door. _____

e) You eat your lunch in this room. _____

f) The girls wash their hands in this room. _____

g) The person in charge of the school uses this room as an office. _____

h) You learn how to play instruments in this room. _____

i) The principal's assistant works in this room. _____

j) Some students go to this room when school is finished for the day. _____

1. Main Entrance

2. Daycare	3. Principal's Office	4. Secretary's Office	5. Computer Lab
			6. Gymnasium
10. Music Room	9. Boy's Washroom	8. Girl's Washroom	7. Cafeteria

3. Complete the crossword puzzle.

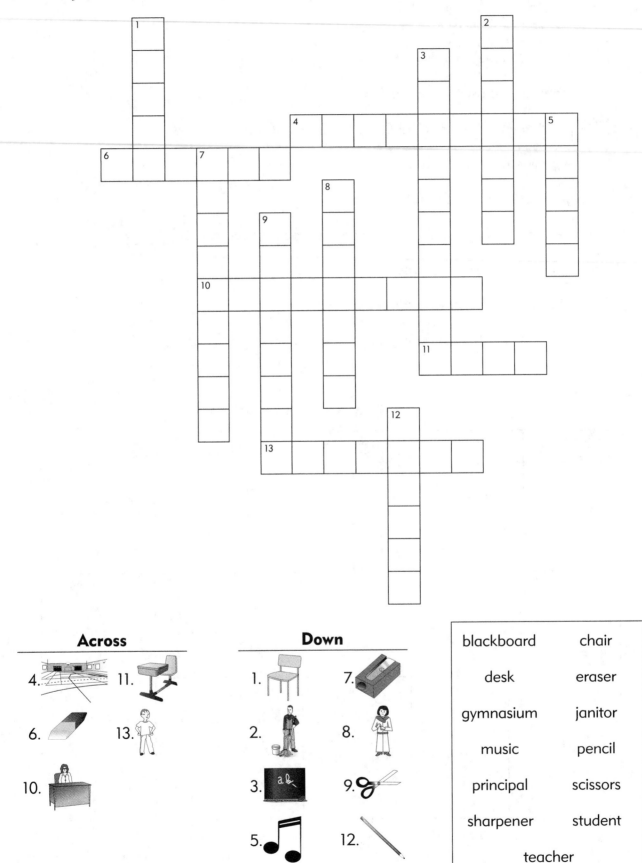

Across

4. 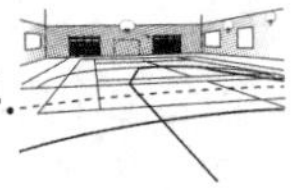

11. 

6. 

13. 

10. 

Down

1. 

7. 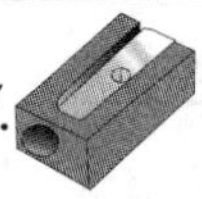

2. 

8. 

3. 

9. 

5. 

12. 

blackboard	chair
desk	eraser
gymnasium	janitor
music	pencil
principal	scissors
sharpener	student
teacher	

1. Write the names of the foods and kitchen objects under the pictures below. Use the worb bank.

avocado	bread	broccoli	candy	cheese
cup	egg	fork	glass	knife
plate	potato	refrigerator	sausage	sugar

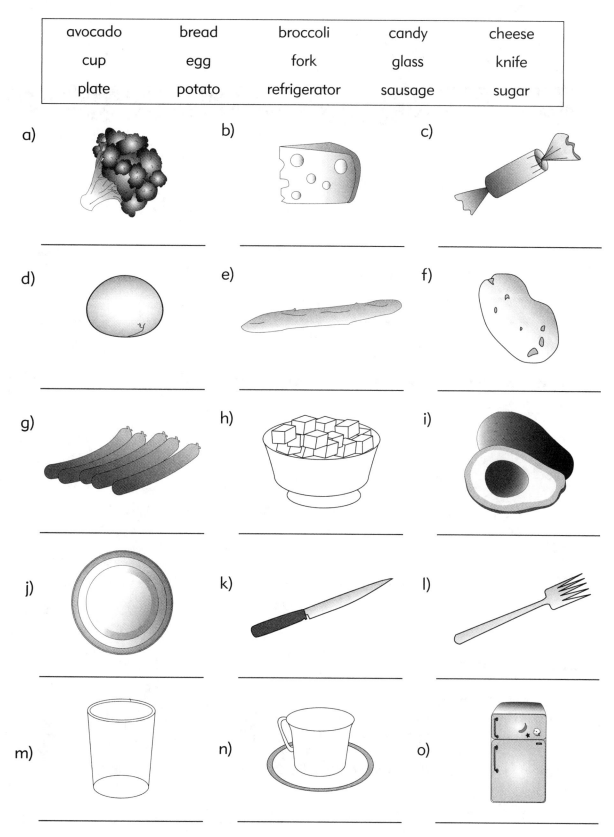

a)

b)

c)

d)

e)

f)

g)

h)

i)

j)

k)

l)

m)

n)

o)

1. Write the name of each food under the correct category.

hamburger   potato   apple   ice cream   cake   juice   steak   bacon   tea

hotdog   ham   broccoli   banana   strawberry   milk   kiwi   soft drink

cookies   pie   carrot   coffee   beans   water   chicken

Fruits and Vegetables	Meat	Drinks	Desserts

2. Help Mr. Kennedy find out what he is eating. Unscramble the letters of the food words below.

a) posu   _____

b) gotodh   _____

c) brumahreg   _____

d) aeck   _____

e) fecofe   _____

3. Answer the questions.

a) What is Mr. Kennedy drinking? He is drinking _____.

b) What is he eating for dessert? He is eating _____.

c) Name two other foods that he is eating. He is eating _____ and _____.

Exercices • Anglais

4. Complete the crossword puzzle below. Use the word bank if you need help.

Fruits and vegetables

Across	Down		
1. 🍐	10. 🍇	2. 🍏	5. 🍋
6. 🫑	12. 🥕	3. 🍓	9. 🍌
7. 🍋	13. 🥬	4. 🥒	11. 🥦
8. 🍉	14. 🎃		

apple	banana
broccoli	carrot
celery	lemon
orange	pear
pepper	pumpkin
raspberry	strawberry
watermelon	zucchini

5. **Henry invited all the kids in his class to his party. Use the word bank to help you find out what they ate and drank.**

bread	cake	candy	cotton candy	cheese
chicken	hot chocolate	eggs	ham	ice cream
peanuts	pie	pizza	rice	sandwich

a) _____

b) _____

c) _____

d) _____

e) _____

f) _____

g) _____

h) _____

i) _____

j) _____

k) _____

l) _____

m) _____

n) _____

o) _____

**1. Write the names of the foods and kitchen objects under the pictures below.
    Use the worb bank.**

apple	carrots	chair	cherries	coffee machine
corn	dishwasher	faucet	grapes	kiwi
lemon	strawberry	table	toaster	tomato

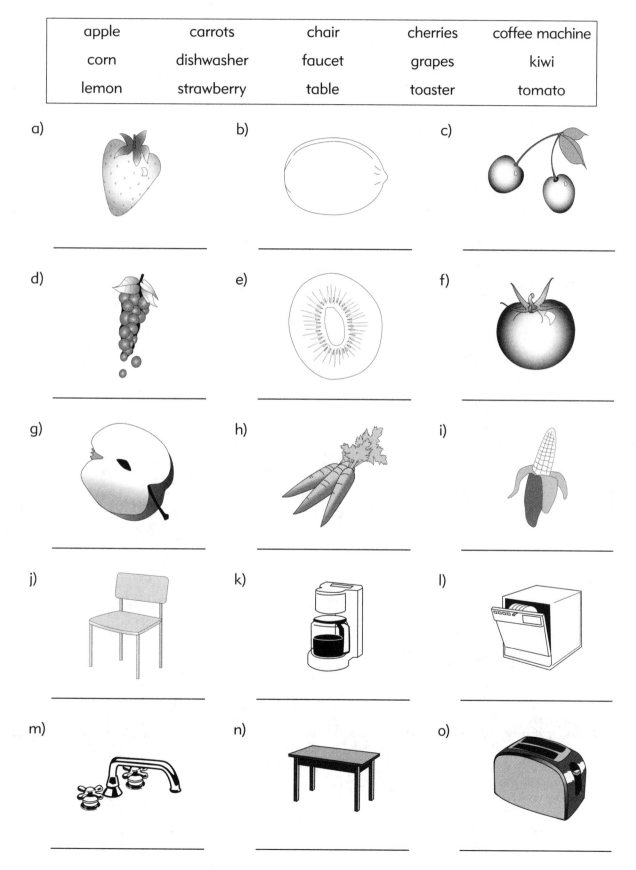

a)

b)

c)

d)

e)

f)

g)

h)

i)

j)

k)

l)

m)

n)

o)

1. Write the name of each animal next to the food that it eats. Use the word bank.

| bee   bird   cat   elephant   monkey   mouse   rabbit   seal   squirrel |

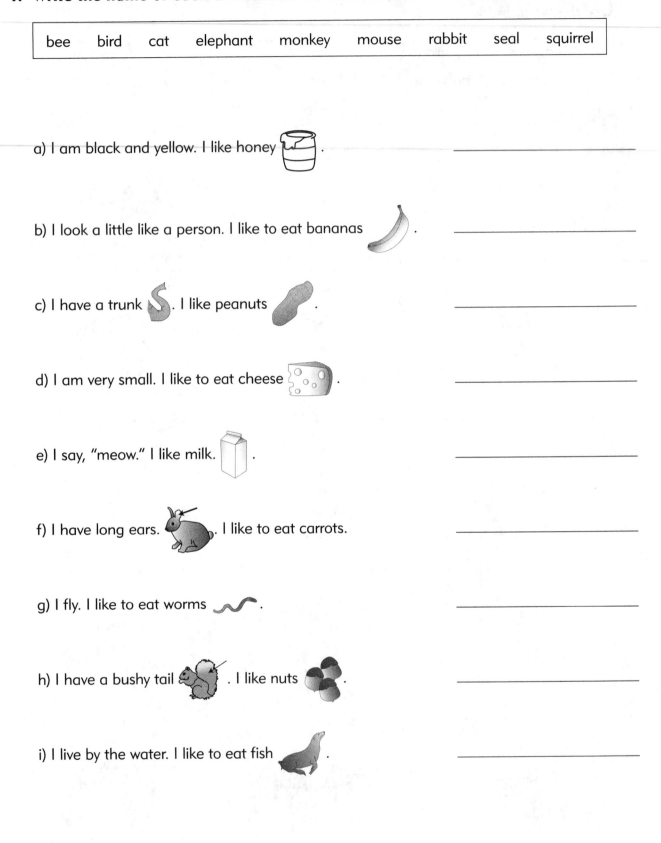

a) I am black and yellow. I like honey   .   _____

b) I look a little like a person. I like to eat bananas   .   _____

c) I have a trunk   . I like peanuts   .   _____

d) I am very small. I like to eat cheese   .   _____

e) I say, "meow." I like milk.   .   _____

f) I have long ears.   . I like to eat carrots.   _____

g) I fly. I like to eat worms   .   _____

h) I have a bushy tail   . I like nuts   .   _____

i) I live by the water. I like to eat fish   .   _____

Exercices • Anglais

2. Answer the questions below.

Example: Where is the milk? _The milk is in the fridge._

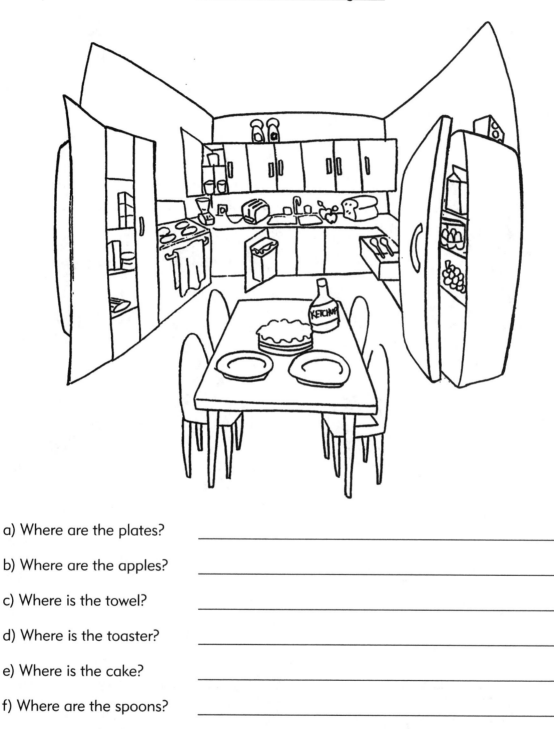

a) Where are the plates?   _____

b) Where are the apples?   _____

c) Where is the towel?   _____

d) Where is the toaster?   _____

e) Where is the cake?   _____

f) Where are the spoons?   _____

g) Where is the bread?   _____

h) Where is the cheese?   _____

i) Where are the eggs?   _____

3. **Look at how much these items cost at the supermarket. Calculate the total cost for each of the shopping baskets below.**

$4.59　　　　$3.74　　　　$6.95　　　　$2.78

$2.50　　　　$4.35　　　　$8.63　　　　$3.99

$2.85　　　　$0.98　　　　$1.25　　　　$2.55

BASKET #1	**BASKET #2**
toilet paper	toothpaste
cheese	milk
milk	sausages
pineapple	bread
muffin	yogurt

BASKET #3	**BASKET #4**
	broccoli
	muffin
pineapple	toilet paper
muffin	chicken

Exercices • Anglais

1. Write the names of the family members described below.

a) He is male. You have the same parents. He is your _____ .

b) She is your father's sister. She is your _____ .

c) He is your mother's brother. He is your _____ .

d) He is your uncle's son. He is your _____ .

e) She is your mother's mother. She is your _____ .

f) She is your mother's sister. She is your _____ .

g) He is your father's father. He is your _____ .

h) She is female. You have the same parents. She is your _____ .

i) You grew in her belly. She is your _____ .

2. Draw a line to match each feeling with the correct illustration.

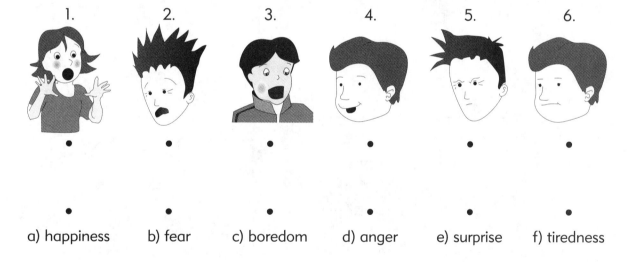

a) happiness   b) fear   c) boredom   d) anger   e) surprise   f) tiredness

3. Unscramble the words to discover the job in each illustration.

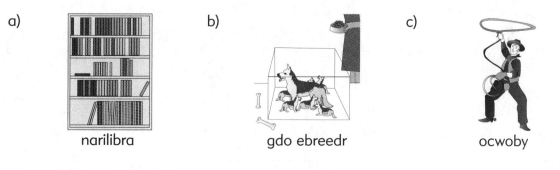

a) narilibra

b) gdo ebreedr

c) ocwoby

_____   _____   _____

Test • Anglais

1. Match each job with the tool needed for that job.

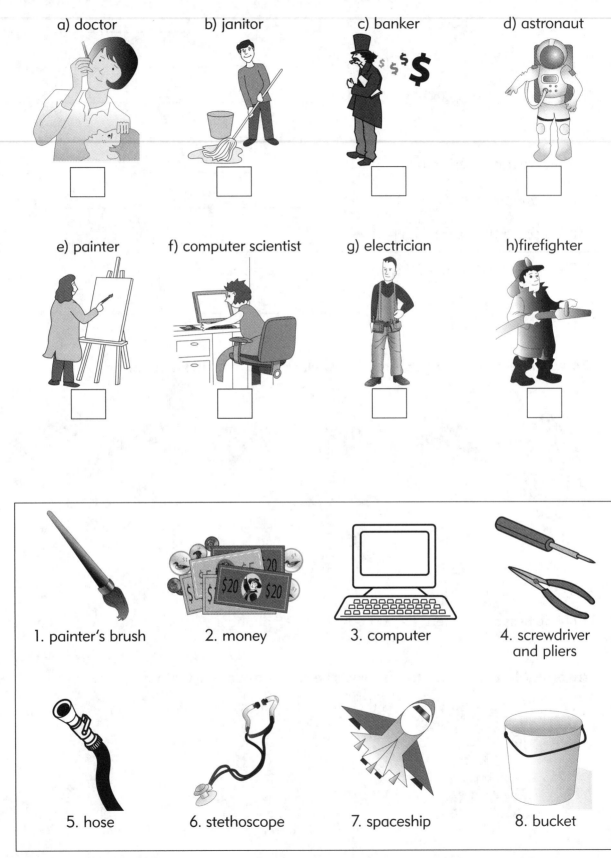

a) doctor   b) janitor   c) banker   d) astronaut

e) painter   f) computer scientist   g) electrician   h)firefighter

1. painter's brush   2. money   3. computer   4. screwdriver and pliers

5. hose   6. stethoscope   7. spaceship   8. bucket

Exercices • Anglais

2. Fill in your family tree by writing the names of your family members on the correct leaves.

3. Write how you feel in each situation. Use the word bank for help.

happy (heureux)	**sad** (triste)	**angry** (fâché)	**surprised** (surpris)
nervous (nerveux)	**excited** (excité)	**bored** (s'ennuyer)	**embarrassed** (embarrassé)
sorry (désolé)	**shy** (gêné)	**afraid** (apeuré)	**disappointed** (désapointé)
proud (fier)	**good** (bien)	**bad** (mal)	**guilty** (coupable)

Example: When I eat my favourite meal, I feel _____ *good* _____ .

a) When I see my best friend, I feel _____ .

b) When my mother kisses me, I feel _____ .

c) When I watch a scary movie, I feel _____ .

d) When I lie to my parents, I feel _____ .

e) When I receive a gift, I feel _____ .

f) When it's raining outside and I don't have anybody to play with, I feel _____ .

g) When I see my friend crying, I feel _____ .

h) When I meet new people, I feel _____ .

4. How are you today? Circle how you feel.

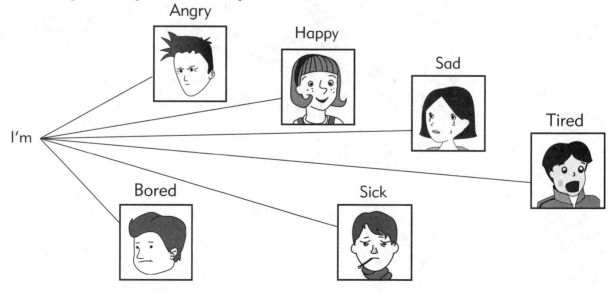

Exercices • Anglais

1. Unscramble the words to discover the job in each illustration.

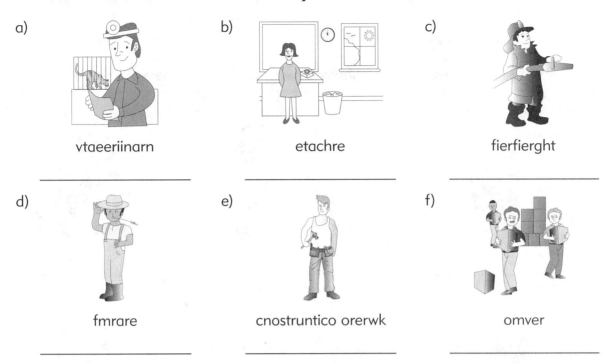

a) vtaeeriinarn

_____

b) etachre

_____

c) fierfierght

_____

d) fmrare

_____

e) cnostruntico orerwk

_____

f) omver

_____

2. Circle all the family-related words in the text below.

My parents first met at my father's cousin's wedding. They got married one year later. My brother and sister were born two years later. They are twins. My uncle Martin is my godfather and my aunt Carol is my godmother. My grandfather Joe and my grandmother Marianne are my mother's parents. My grandpa Hank and my grandma Rita are my father's parents.

3. Unscramble the words to discover the feelings. Use the word bank for help.

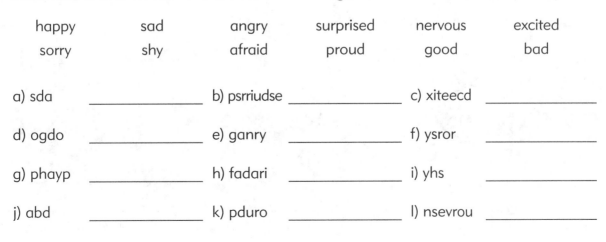

| happy | sad | angry | surprised | nervous | excited |
| sorry | shy | afraid | proud | good | bad |

a) sda _____

b) psrriudse _____

c) xiteecd _____

d) ogdo _____

e) ganry _____

f) ysror _____

g) phayp _____

h) fadari _____

i) yhs _____

j) abd _____

k) pduro _____

l) nsevrou _____

1 . Use the word bank to help you write the name of each worker.

hairdresser	caterer	letter carrier	bus driver	dentist	lumberjack
cook	dressmaker	Santa Claus	waiter	cobbler	doctor

a)

b)

c)

_____

d)

e)

f)

_____

g)

h)

i)

_____

j)

k)

l)

_____

2. **Follow the boxes that contain words about feelings to make a path to the finish line.**

Start

happy	excited	angry	embarrassed	plate	eraser	spring
blue	radio	dentist	disappointed	fork	picture	ham
name	hour	finger	guilty	apple	work	ruler
square	glue	arm	sad	leave	meal	read
pencil	paper	mother	sorry	door	soccer	write
window	flower	book	proud	floor	ball	number
phone	six	talk	nervous	afraid	good	surprised

Finish

3. **Draw a line to connect each feeling to the matching picture.**

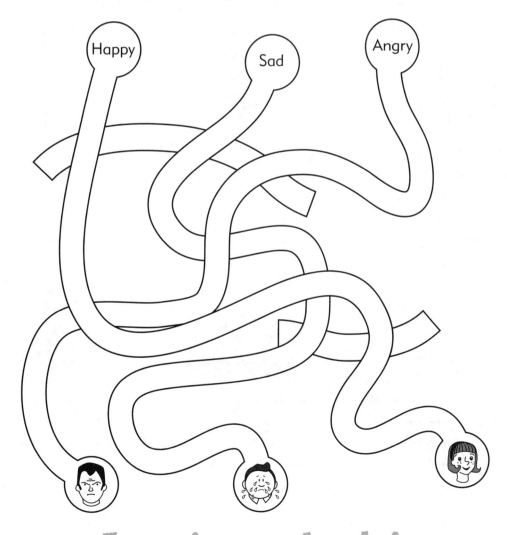

Exercices • Anglais

4. Write the correct sentence under each picture.

My grandfather is reading a story.   My grandmother is knitting a scarf.
My father is a magician.   My uncles are mechanics.
My sister is eating an apple.   My cousin is eating cotton candy.
My mother says goodnight to my brother.   My brother is reading a book.
My aunt is a dancer.

a)

b)

c)

_____   _____   _____
_____   _____   _____
_____   _____   _____
_____   _____   _____
_____   _____   _____

d)

e)

f)

_____   _____   _____
_____   _____   _____
_____   _____   _____
_____   _____   _____
_____   _____   _____

g)

h)

i)

_____   _____   _____
_____   _____   _____
_____   _____   _____
_____   _____   _____
_____   _____   _____

Exercices • Anglais

1. Write the name of each building or vehicle under the pictures below.

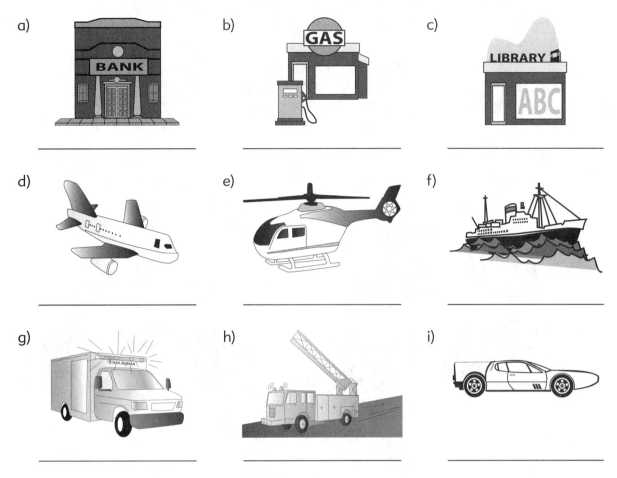

a)   b)   c)

d)   e)   f)

g)   h)   i)

2. In which room of the house would you find these objects?

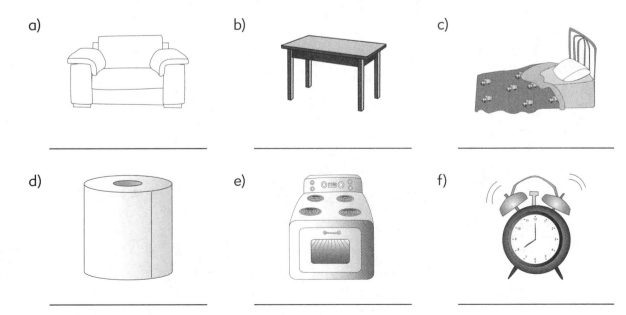

a)   b)   c)

d)   e)   f)

1. Write the name of each room of the house under the pictures below.

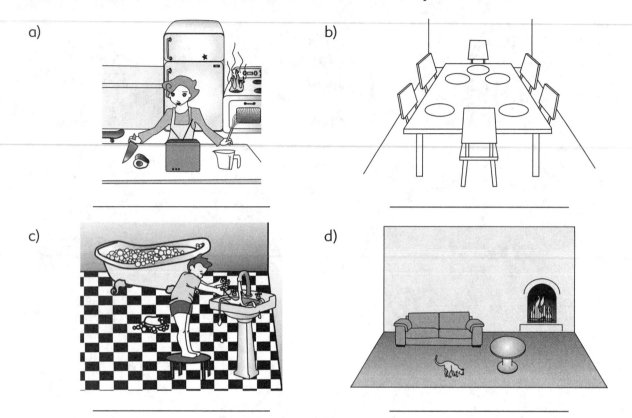

a)

b)

c)

d)

2. Fill in the diagram by writing the names of the parts of the house.

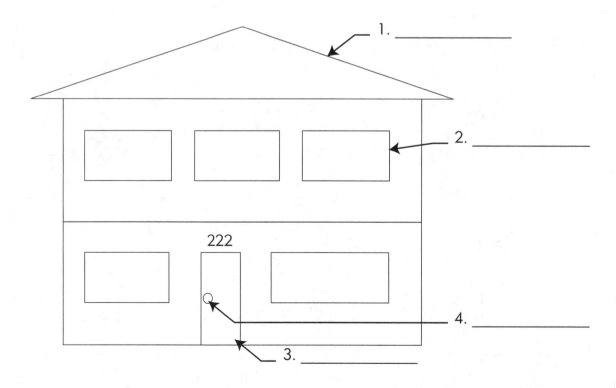

1. _____

2. _____

222

3. _____

4. _____

3. **Write the number corresponding to the store in which you can find the objects below.**

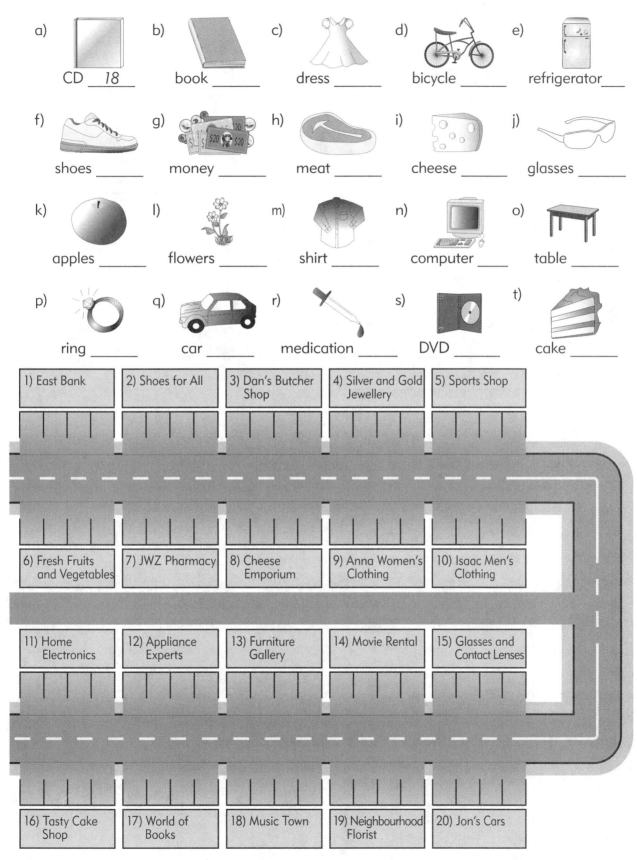

a) CD _18_

b) book _____

c) dress _____

d) bicycle _____

e) refrigerator _____

f) shoes _____

g) money _____

h) meat _____

i) cheese _____

j) glasses _____

k) apples _____

l) flowers _____

m) shirt _____

n) computer _____

o) table _____

p) ring _____

q) car _____

r) medication _____

s) DVD _____

t) cake _____

1) East Bank

2) Shoes for All

3) Dan's Butcher Shop

4) Silver and Gold Jewellery

5) Sports Shop

6) Fresh Fruits and Vegetables

7) JWZ Pharmacy

8) Cheese Emporium

9) Anna Women's Clothing

10) Isaac Men's Clothing

11) Home Electronics

12) Appliance Experts

13) Furniture Gallery

14) Movie Rental

15) Glasses and Contact Lenses

16) Tasty Cake Shop

17) World of Books

18) Music Town

19) Neighbourhood Florist

20) Jon's Cars

Exercices • Anglais

4. Complete the crossword puzzle below. Use the word bank if you need help.

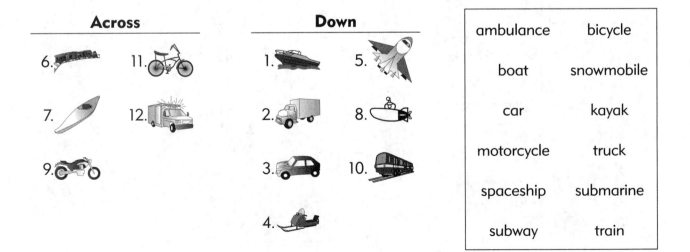

Across

6.
11.
7.
12.
9.

Down

1.
2.
3.
4.
5.
8.
10.

ambulance	bicycle
boat	snowmobile
car	kayak
motorcycle	truck
spaceship	submarine
subway	train

Exercices • Anglais

1. Write the name of each image under the pictures below.

a)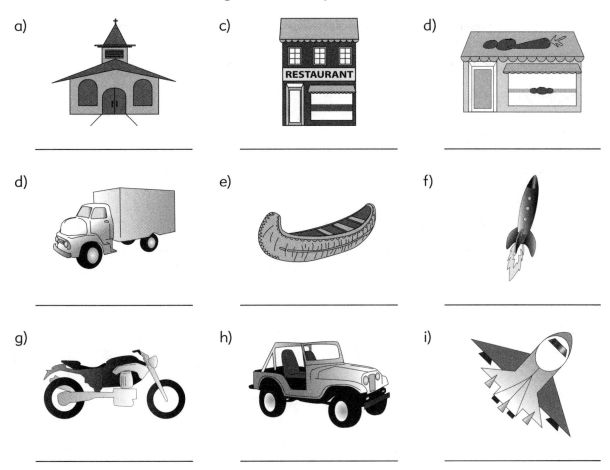

c)

d)

d)

e)

f)

g)

h)

i)

2. In which room of the house would you find these objects?

a)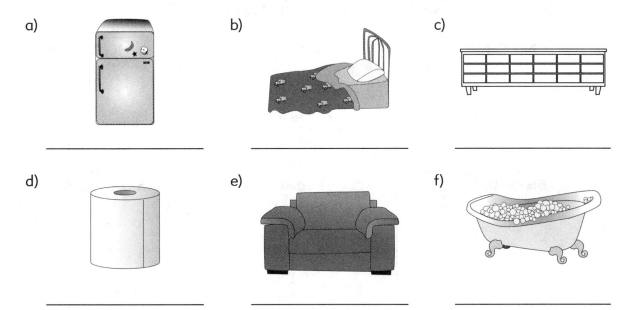

b)

c)

d)

e)

f)

Test • Anglais   **395**

1. Read the sentences below. Describe your house.

> In my house, **there is** a dining room and **there is** a living room.
> **There are** also three bedrooms and two bathrooms.
> **There is** an office in the basement. **There is** no garage.

Describe your house.

In my house, there is _____

_____ .

2. What does your house look like? Draw it.

3. Place three pieces of furniture in each of the four rooms.

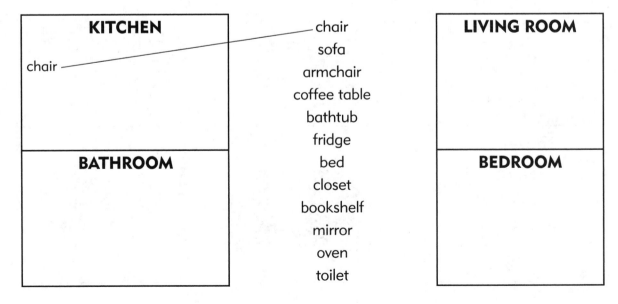

KITCHEN		LIVING ROOM
chair	chair	
	sofa	
	armchair	
	coffee table	
	bathtub	
	fridge	
BATHROOM	bed	BEDROOM
	closet	
	bookshelf	
	mirror	
	oven	
	toilet	

Exercices • Anglais

4. Write the name of each location represented on the road signs below.

airport	arena	bank	church	fire station	garage
harbour	hospital	library	police station	post office	restaurant
	school	theatre	train station		

a) _____

b) _____

c) _____

d) _____

e) _____

f) _____

g) _____

h) _____

i) _____

j) _____

k) _____

l) _____

m) _____

n) _____

o) _____

Exercices • Anglais

5. Circle the best vehicle to reach your destination.

a) You are going to the other side of the lake.

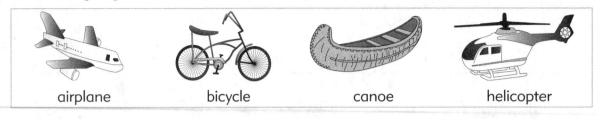

airplane　　　　bicycle　　　　canoe　　　　helicopter

b) You are travelling from Québec to Sweden.

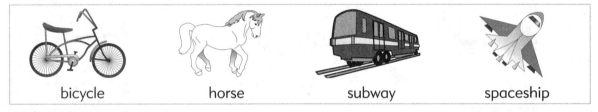

motorcycle　　　　airplane　　　　hot-air balloon　　　　ambulance

c) You are going on a cycling tour.

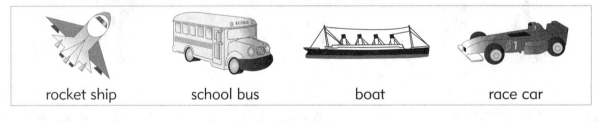

bicycle　　　　horse　　　　subway　　　　spaceship

d) You are going to school.

rocket ship　　　　school bus　　　　boat　　　　race car

e) You are going to put out a fire.

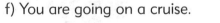

taxi　　　　motorcycle　　　　fire truck　　　　kayak

f) You are going on a cruise.

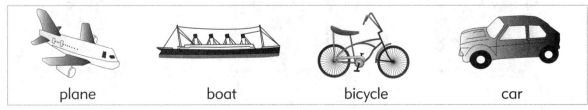

plane　　　　boat　　　　bicycle　　　　car

Exercices • Anglais

1. This story is all mixed up! Write the numbers 1 to 10 in the boxes to put the sentences in the correct order.

[ ] After the tournament, Ken won a trophy for the best goal scorer.

ate

[ ] Ken woke up at seven o'clock in the morning.

[ ] He drove them to the skating rink on Fifth Avenue.

[ ] He quickly got dressed and ate his breakfast.

[ ] Then he put on his coat and boots, picked up his hockey bag and walked outside.

played

[ ] Arthur drove Ken back to his house around eight o'clock in the evening.

drove

[ ] He waited on the street in front of his house.

[ ] After a few minutes a car pulled up and Ken got inside. It was his friend Arthur.

[ ] The boys were in a hockey tournament. They played four games. They never lost any.

[ ] Arthur had his father's new car.

won

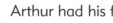

Test • Anglais   399

1. This story is all mixed up! Write the numbers 1 to 9 in the boxes to put the sentences in the correct order.

☐ Finally, Tim and the other students help Miss Jones clean up. This has been an unusual start to a school day.

☐ It is nine o'clock. The school bell rings. Tim is outside in the schoolyard.

☐ The dog ignores the screaming and follows the cat three times around the classroom, under desks and chairs, knocking over the garbage can and piles of paper.

☐ He lines up to enter the school with his friends.

☐ When they get to their classroom, his teacher, Miss Jones, takes the attendance. She asks the students to take out their math books for the first period.

☐ After, the cat and dog race out of the classroom and back down the hallway towards the school entrance.

☐ All the girls scream, Miss Jones jumps up on her chair and everyone begins to laugh.

☐ Then, Miss Jones climbs down off her chair and looks at the mess. It looks like a tornado has hit the classroom.

☐ Suddenly, they hear a loud barking noise. They see a dog and a cat run into their classroom.

2. Answer these questions, they're related to the text above.

a) When does the school bell ring? _____

b) Who climbs up on her chair? _____

c) What noise do the students hear? _____

d) Where do the cat and dog go after they leave the classroom? _____

3. Read the story, then answer the questions.

The Little Match Girl

Hans Christian Andersen

A poor, badly dressed little girl was roaming the city streets to sell matches on New Year's Eve. Even though she was cold and hungry, she refused to go home. Her father would have surely beaten her because she had not sold one single match all day.

She found shelter from the cold between two buildings. She wanted to light a match to warm herself up.

By the light of the first match, she saw a wood stove that gave off a soft, lovely heat.

A gust of wind blew out the match and the image disappeared. She lit a second match and saw a table overflowing with delicious food. Once again, a gust of wind blew out that sight, too. By the light of the third match was the most magical, most beautifully decorated Christmas tree she had ever seen.

When she lit the fourth match the little girl saw a vision of her beloved grandmother, the only person who ever loved her. This image made the little girl so happy that she lit another match, and another match, and then another match so that her grandmother would not disappear. Finally, the grandmother took her granddaughter in her arms and brought her to a place where she would never be cold or hungry again.

The next day, the little girl was found lifeless in the snow, a soft smile lighting up her face.

a) How many visions did the little girl have? _____

_____

b) Why was the little girl scared to go home? _____

_____

c) What did the little girl see when she lit the first match? _____

_____

4. Follow the steps to draw a robot.

a) Draw a large square for the robot's body.

b) Draw two long rectangles for the robot's legs.

c) At the end of both legs, draw two small triangles for its feet.

d) Draw two rectangles on either side of the body. These are the robot's arms.

e) At the end of both arms, draw two circles for its hands.

f) Draw a rectangle for the robot's neck.

g) Draw a square on top of the neck. This is the robot's head.

h) Draw the robot's eyes, nose and mouth.

i) Add two ears.

j) Colour in the robot with the colours of your choice.

Exercices • Anglais

1. Place the images in order by writing the numbers 1 to 5 next to the correct scenes.

1. Marie puts on her coat. She is going to the bookstore to buy a new book.

2. As she walks down the street, she wonders which book she will buy. She would really like a comic book, but she would also like a novel.

3. Marie walks into the bookstore and goes towards the youth section. She looks through different books.

4. Marie chooses a book and goes to the cash register to pay for her purchase.

5. Marie gets cozy in her chair and begins to read the novel that she just bought.

Test • Anglais

1. Read the clues to solve the riddles below.

a) They call me the King of the Jungle.
   I eat other animals.
   I have a very loud roar.

   Who am I? _____

b) I am dangerous.
   I live underwater.
   My fin sticks out the water when I swim
   near the surface.

   Who am I? _____

c) I live on the farm.
   My mother is a hen.
   I say, "Peep! Peep! Peep!"

   Who am I? _____

d) I live on the farm.
   I give milk.
   I say, "Moo!"

   Who am I? _____

e) I am known to be sneaky and sly.
   I have red fur.
   I look like a dog.

   Who am I? _____

f) I am all white.
   I sometimes have a carrot for a nose.
   When it gets warm, I melt.

   Who am I? _____

g) I have a red nose.
   I am very funny.
   I work in a circus.

   Who am I? _____

h) I am a vegetable.
   I am orange.
   You decorate me on Halloween.

   Who am I? _____

| shark | chick | pumpkin | lion |

| cow | clown | fox | snowman |

Exercices • Anglais

2. Place the images in order by writing the numbers 1 to 4 next to the correct scenes.

1. The telephone rings at Felix's house. It's his friend Steven and he wants Felix to come to his house to play.

2. Felix gets dressed in his snowsuit and asks his mother to drive him to his friend's house.

3. Steven and Felix have a lot of fun. They make snowmen, go sledding and build a snow fort.

4. It's time to go. Felix thanks Steven's mom and waves goodbye. What a great day!

Exercices • Anglais

Here is the front and back cover of a book I borrowed from the library.

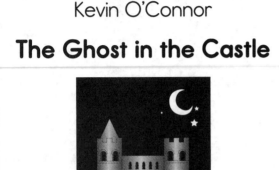

Kevin O'Connor

The Ghost in the Castle

CAR ACT ERE

Jake and Sofia are visiting their Uncle Oscar in Scotland.

At night, they hear strange noises. The castle is haunted by the ghost of Lady Margaret, a woman who mysteriously disappeared.

Follow them as they find out what really happened in the castle.

3. Look at the front cover of the book and answer the questions.

a) What is the author's name? _____

b) What is the name of the publishing house? _____

c) Where does the story take place? _____

4. Read the text on the back cover of the book and answer the questions.

a) In which country does this story take place? _____

b) What is the name of the woman who mysteriously disappeared? _____

c) What do you think the story is about? _____

_____

Stéphane Vallée

UNIVERS SOCIAL

1. **Écris le mot auquel correspondent les définitions suivantes.**

     a) Maladie infectieuse et contagieuse caractérisée par l'éruption de boutons.

     _____

     b) Attaque rapide menée par les Iroquois en territoire urbain.

     _____

     c) Action de donner en échange des objets contre des fourrures.

     _____

     d) Grand canot d'écorce.

     _____

     e) Préparation de viande séchée.

     _____

     f) Plante dont les feuilles peuvent remplacer le tabac.

     _____

     g) Poisson d'eau douce aussi appelé perche noire.

     _____

     h) Fruit d'un arbrisseau à petites baies rouges appelées aussi canneberges.

     _____

     i) Jupe ou jupon de femme.

     _____

2. **Parmi les aliments suivants, trois n'ont jamais fait partie de l'alimentation des Iroquoiens entre 1500 et 1745. Encercle-les.**

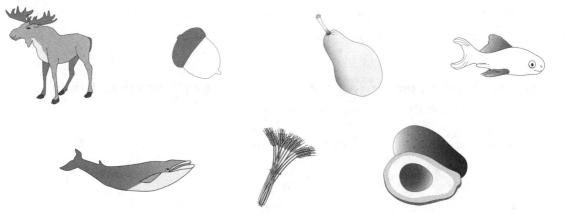

1. **Sur la première carte, trace approximativement, puis colorie le territoire que les Iroquoiens occupaient vers 1500 et sur la seconde, trace approximativement, puis colorie le territoire qu'ils occupaient vers 1745.**

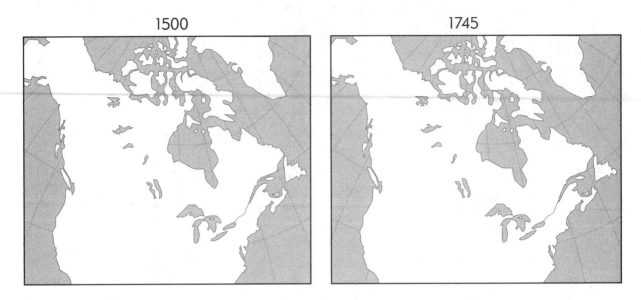

1500   1745

2. **Entre 1500 et 1745, la population iroquoienne présente en Nouvelle-France est passée de 100 000 à 12 000 individus. Parmi les événements et contextes cités ci-dessous, lequel n'est pas une cause probable du déclin de cette population ?**

   a) Les Iroquoiens délaissèrent la culture du maïs pour élever du bétail et de la volaille.

   b) Les Iroquoiens n'avaient pas d'anticorps pour combattre les maladies européennes.

   c) Les Iroquoiens se livraient combat entre eux pour fournir les colons en fourrures.

   d) Les Iroquoiens durent faire face à la famine à cause du manque de nourriture.

3. **Encercle la lettre qui correspond le moins aux changements survenus chez la population iroquoienne entre 1500 et 1645.**

   a) Les Iroquoiens échangèrent leurs armes traditionnelles pour les armes à feu des colons.

   b) Les Iroquoiens migrèrent vers les treize colonies anglo-américaines et s'y allièrent.

   c) Les Iroquoiens durent céder leurs terres aux colons et occuper des sols moins fertiles.

   d) Les Iroquoiens vécurent dans des missions et plusieurs furent convertis au christianisme.

4. **Encercle la lettre qui correspond aux noms de nations ou de tribus alliées des colons français au début du XVIIIe siècle.**

   a) Les Agniers, les Onneiouts et les Onontagués.

   b) Les Chippewas, les Kiowas et les Sioux.

   c) Les Aztèques, les Incas et les Mayas.

   d) Les Algonquins, les Hurons et les Montagnais.

5. **À partir des indices, découvre des éléments qui sont venus modifier le mode de vie des Iroquoiens entre 1500 et 1745, et ce, tout en remplissant la grille de mots entrecroisés.**

1. Propagation soudaine et rapide d'une maladie contagieuse auprès de la population.
2. Résistance naturelle contre les bactéries, les microbes et les virus.
3. Arme à feu des colons qui doit être allumée avec une mèche.
4. Convertir les autochtones païens à la religion.
5. Prêtre ou religieux chargé de convertir les Iroquoiens à la religion.
6. Pacte militaire entre les Iroquois et les Britanniques contre les Français et les Hurons.
7. Maladie contagieuse qui cause un empoisonnement général.
8. Autochtones installés dans les missions établies près des villages des colons.
9. Guet-apens ou attaque-surprise des Iroquois contre les Hurons.
10. Maladie infectieuse et contagieuse caractérisée par l'éruption de boutons.
11. Boisson qui enivre en créant une excitation des sens.
12. Croisement entre les autochtones et les colons français.
13. Attaques rapides menées par les Iroquois en territoire huron.
14. Territoire créé et destiné aux autochtones pour les convertir à la religion.
15. Action des Hurons d'aller de tous les côtés à la suite des attaques iroquoises.
16. Action de donner en échange des objets contre des fourrures.

6. **Explique dans tes mots en quoi consistaient les guerres iroquoises.**

_____

_____

_____

7. **Explique dans tes mots ce que signifie la Grande Paix de 1701 pour les Amérindiens.**

_____

_____

_____

8. **Indique si chaque affirmation à propos des modifications du mode de vie des Iroquoiens <u>alliés des Français</u> survenues entre 1500 et 1745 est vraie (V) ou fausse (F).**

a) Ils délaissèrent leurs canots d'écorce pour se déplacer à cheval. _____

b) Ils trouvaient que les outils des Français étaient moins résistants. _____

c) Ils préféraient la laine au cuir parce qu'elle gardait mieux la chaleur. _____

d) Ils délaissèrent peu à peu leurs maisons longues pour d'autres habitations. _____

e) Ils abandonnèrent leurs croyances pour pratiquer les rites catholiques. _____

f) Ils cessèrent de chasser et de pêcher pour pratiquer des métiers artisanaux. _____

g) Ils apprirent l'anglais et s'engagèrent dans l'armée britannique. _____

h) Ils fabriquèrent des canots et des raquettes pour les colons. _____

9. **Illustre ce à quoi pouvait ressembler une mission (village d'Amérindiens domiciliés) au début du XVIIIe siècle.**

10. Parmi les aliments illustrés ci-dessous, colorie en vert ceux dont les Iroquoiens se nourrissaient vers 1500 et en mauve ceux qui se sont ajoutés à leur alimentation après l'arrivée des premiers Européens. Fais ensuite un X sur ceux qui n'ont jamais fait partie de leur alimentation entre 1500 et 1745.

Poire	Perdrix	Avocat	Volaille	Cobaye	Ours
Blé	Canne à sucre	Orignal	Porc	Poisson	Maïs
Baleine	Alpaga	Glands	Fruits sauvages	Carottes	Antilope

11. Il semble que les Amérindiens aient transformé le mode de vie des colons français plus que ces derniers ont influencé celui des Amérindiens. Observe chaque image, puis décris l'influence des nations amérindiennes sur les habitudes et les techniques des colons français.

a) _____

_____

b) _____

_____

_____

c) _____

_____

d) _____

_____

12. **Au cours des XVIIᵉ et XVIIIᵉ siècles, les colons de la Nouvelle-France ont adopté certains mots et expressions faisant partie du vocabulaire des Amérindiens. Trouve les mots d'origine autochtone à l'aide des indices.**

a) Lanières de peau d'animal destinées à être tressées.   __ A __ __ C __ __

b) Grenouille géante appelée aussi grenouille-taureau.   __ __ __ __ U __ __ O __

c) Mammifère à fourrure hydrofuge aussi appelé glouton.   __ __ R __ __ J __ __ __

d) Traîneau servant à glisser sur la neige.   __ O __ __ __ __ __ A __

e) Mammifère voisin de la martre et à la queue épaisse.   __ É __ __ __ __

f) Grand canot d'écorce.   __ __ B __ __ __ A

g) Poisson d'eau douce aussi appelé perche noire.   __ __ H __ __ A __

h) Plante dont les feuilles peuvent remplacer le tabac.   __ __ C __ __ __ O __ __

i) Rongeur aux pattes palmées aussi appelé rat musqué.   __ __ __ D __ T __ __ __

j) Vieillard membre du conseil de la nation.   __ __ __ __ __ H __

k) Mammifère herbivore cervidé et bon nageur.   __ __ __ P __ __ I

l) Longue cuillère de bois.   __ I __ __ U __ N __ __

m) Saumon d'eau douce originaire du lac Saint-Jean.   O __ A __ A __ I __ H __

n) Petit canard sauvage de l'île de Terre-Neuve.   __ __ C __ __ __ U __

o) Mammifère cervidé aussi appelé renne.   __ __ R __ B __ __ __

p) Fruit d'un arbrisseau à petites baies rouges appelé aussi canneberge.   __ T __ __ __ __

q) Mets composé de farine de maïs et de viande.   __ __ G __ M __ __ É

r) Préparation de viande séchée.   P __ __ __ I __ __ __ __

s) Jupe ou jupon de femme.   __ A __ H __ __ O __ É

t) Plante médicinale à longues racines jaunes.   __ __ V __ Y __ __ __

13. **En plus d'emprunter des mots au vocabulaire des Amérindiens, les colons de la Nouvelle-France ont aussi utilisé des toponymes d'origine autochtone pour nommer des lieux. Dans la liste ci-dessous, colorie en vert les feuilles d'érable sur lesquelles sont écrits des toponymes d'origine amérindienne.**

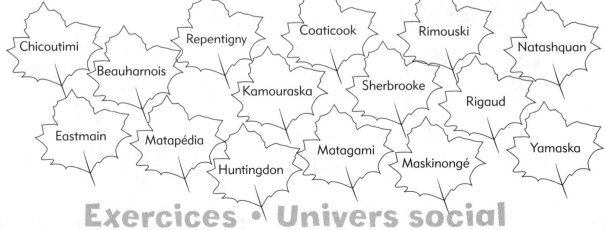

Chicoutimi · Beauharnois · Repentigny · Coaticook · Rimouski · Natashquan · Kamouraska · Sherbrooke · Rigaud · Eastmain · Matapédia · Matagami · Maskinongé · Yamaska · Huntingdon

1. **Place sur la ligne du temps la lettre associée à chaque événement qui a marqué l'histoire de la Nouvelle-France entre 1645 et 1745.**

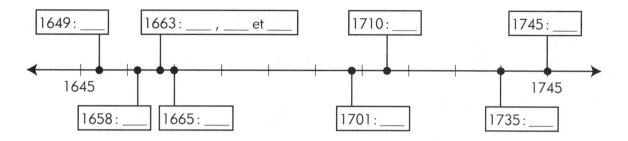

A. Inauguration du *Chemin du Roy* qui relie Québec à Montréal.

B. Arrivée du premier contingent de filles du Roy à Québec.

C. Arrivée du régiment Carignan-Salières pour la défense contre les attaques iroquoises.

D. Création du Conseil souverain et nomination d'un gouverneur général par le roi.

E. Capitulation de Port-Royal, sur la baie de Fundy, qui passe aux mains des Anglais.

F. Fondation du Séminaire de Québec pour la formation des prêtres.

G. Massacre des jésuites Jean de Brébeuf et Gabriel Lalemant par les Iroquois.

H. Premier cours donné par Marguerite Bourgeoys dans une étable convertie en école.

I. Prise de la forteresse de Louisbourg par les Britanniques.

J. Signature de «la paix de Montréal» avec les cinq nations iroquoises.

2. **Encercle la lettre qui ne fait pas partie des conditions déterminées par l'intendant Talon en ce qui a trait au mariage entre une fille du Roy et un colon de la Nouvelle-France.**

a) Les hommes qui refusaient de se marier pouvaient perdre leur permis de chasse.

b) Les filles du Roy recevaient une dot en argent d'une somme de 50 livres.

c) Les soldats n'avaient pas le droit de se marier avec les filles du Roy.

d) Les filles du Roy devaient être prises en charge par des religieuses ou des veuves.

3. **Encercle la lettre qui correspond le moins aux conséquences directes de l'arrivée du régiment Carignan-Salières et des filles du Roy dans la seconde moitié du XVIIᵉ siècle.**

a) Les villages de Chambly, Contrecœur, Louiseville, Sorel et Varennes furent fondés.

b) Le commerce des fourrures s'accentua autour des Grands Lacs et près du Mississippi.

c) La population de la Nouvelle-France passa de 300 habitants en 1641 à 85 000 en 1754.

d) L'agriculture commerciale s'intensifia et des métiers artisanaux firent leur apparition.

1. Qui suis-je ? Écris le nom des personnages qui ont marqué l'histoire de la Nouvelle-France entre 1645 et 1745.

François de Montmorency-Laval
Jacques Marquette
Jean-Baptiste Colbert
Louis ℤ𝕏ℤ
Marie-Madeleine Jarret de Verchères
Louis Jolliet
Pierre-Esprit Radisson

Gilles Hocquart
Jean Talon
Louis de Buade, comte de Frontenac
Marie Marguerite d'Youville
Médard Chouart des Groseilliers
Pierre Le Moyne, sieur d'Iberville
René Robert Cavelier de La Salle

a) _____
Ministre du roi de France
qui fut chargé de réorganiser
la Nouvelle-France.

b) _____
Fondatrice de la congrégation
des Sœurs de la Charité
de Montréal.

c) _____
Premier intendant de
la Nouvelle-France chargé
du peuplement de la colonie.

d) _____
Navigateur et militaire
qui combattit les Anglais
et fonda la Louisiane.

e) _____
Héroïne née dans la colonie
qui défendit le fort contre
les envahisseurs iroquois.

f) _____
Explorateur et missionnaire
jésuite français qui
accompagna Louis Jolliet.

g) _____
Gouverneur de la
Nouvelle-France qui défendit
la colonie contre les Anglais.

h) _____
Intendant de la
Nouvelle-France qui stimula
l'industrie navale.

i) _____
Explorateur qui atteignit
le delta du Mississippi et
qui découvrit la Louisiane.

j) _____
Surnommé le Roi-Soleil,
roi de France qui favorisa le
développement de la colonie.

k) _____
Explorateur intrépide et
coureur des bois qui observa
les coutumes des Iroquois.

l) _____
Explorateur qui découvrit
les fleuves Mississippi,
Missouri et Ohio.

m) _____
Fondateur du Séminaire
de Québec et premier évêque
de la Nouvelle-France.

n) _____
Explorateur et commerçant
de fourrures qui atteignit le
lac Supérieur avec Radisson.

2. **En 1713, par le traité d'Utrecht, la France confirma la possession du territoire de la baie d'Hudson et de l'île de Terre-Neuve à l'Angleterre en plus de lui céder l'Acadie. Toutefois, elle conserva l'île du Cap-Breton, la Nouvelle-France et la Louisiane. Sur la carte, colorie en rouge <u>seulement</u> les nouveaux territoires anglais et en bleu le territoire français subsistant.**

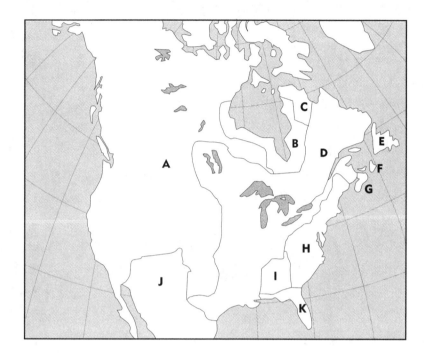

3. **Aux XVIIᵉ et XVIIIᵉ siècles, les administrateurs de la Nouvelle-France avaient décidé d'un système de distribution des terres conçu par le cardinal Armand Jean du Plessis de Richelieu et repris par la suite par Jean Talon : la seigneurie. Énumère trois responsabilités qu'avait alors un seigneur ainsi que trois devoirs auxquels était soumis le censitaire.**

a) Responsabilités du seigneur :

_____

_____

_____

_____

b) Devoirs du censitaire :

_____

_____

_____

_____

Exercices • Univers social

4. Sur la carte, illustre la façon dont les terres de la seigneurie étaient divisées entre 1645 et 1745, puis indique où étaient situés les maisons des censitaires ou habitants, les rangs, le manoir du seigneur, le moulin banal et l'église.

Fleuve

5. Énumère trois avantages du régime seigneurial en Nouvelle-France entre 1645 et 1745.

a) _____

b) _____

c) _____

6. Encercle la lettre qui ne s'applique pas au régime seigneurial en Nouvelle-France.

a) Le gouverneur et l'intendant étaient chargés de céder des terres aux seigneurs.

b) Les habitants pouvaient faire paître leur bétail sur la terre de la commune.

c) Les seigneurs étaient issus principalement de la noblesse française.

d) Les habitants devaient remettre une partie de leur récolte au seigneur.

1. **Observe la carte de l'Amérique du Nord, puis numérote les villes, les forts et les postes de traite de la Nouvelle-France selon leur emplacement au milieu du XVIIIe siècle.**

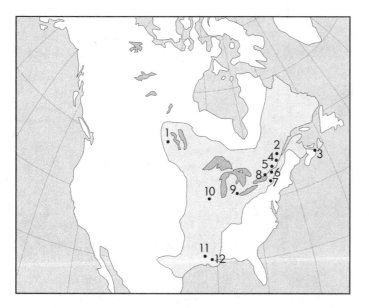

a) Bâton-Rouge _____

b) Détroit _____

c) Fort Chambly _____

d) Fort Dauphin _____

e) Fort Frontenac _____

f) Fort Saint-Louis _____

g) Louisbourg _____

h) Montréal _____

i) La Nouvelle-Orléans _____

j) Québec _____

k) Tadoussac _____

l) Trois-Rivières _____

2. **Encercle la lettre qui correspond le moins aux caractéristiques de la population de la Nouvelle-France au milieu du XVIIIe siècle.**

a) La colonie compte environ 55 000 habitants, dont 4600 à Québec et 3700 à Montréal.

b) La population est surtout concentrée autour des Grands Lacs et près du Mississippi.

c) La plupart des colons parlent le français, sont catholiques et pratiquent l'agriculture.

d) Les familles comptent 7 enfants en moyenne et l'espérance de vie est de 50 ans.

3. **Colorie selon leur provenance les ressources que les colons exploitaient au milieu du XVIIIe siècle : celles provenant surtout de l'Acadie en jaune, celles provenant surtout du Canada en bleu, celles provenant surtout des Pays d'en Haut en vert et celles provenant surtout de la Louisiane en mauve.**

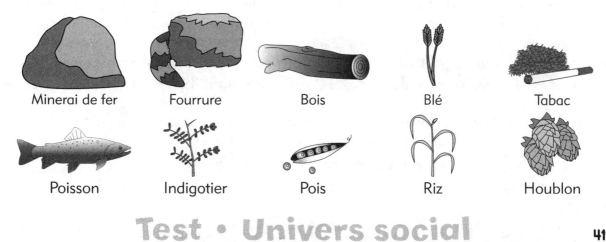

| Minerai de fer | Fourrure | Bois | Blé | Tabac |
| Poisson | Indigotier | Pois | Riz | Houblon |

1. **Pour chaque ensemble physiographique du territoire de la Nouvelle-France au milieu du XVIIIᵉ siècle, illustre le paysage que les colons français pouvaient contempler.**

   a) Basses-terres du Saint-Laurent et des Grands Lacs

   b) Bouclier canadien

   c) Appalaches

   d) Plaines centrales et littoral du golfe du Mexique

2. **Colorie les éléments de végétation qui correspondent le mieux au sud du territoire de la Nouvelle-France (Louisiane) au milieu du XVIIIᵉ siècle.**

   Chêne   Pin   Palmier   Saule   Cyprès   Cactus

3. **Encercle la lettre qui correspond le mieux au réseau hydrographique du sud du territoire de la Nouvelle-France (Louisiane) au milieu du XVIIIᵉ siècle.**

   a) Océan Pacifique et rivières Colorado, Columbia et Rio Grande.

   b) Golfe du Saint-Laurent et rivières Chaudière, Richelieu et Saint-François.

   c) Océan Atlantique et rivières Delaware, Hudson et Potomac.

   d) Golfe du Mexique et rivières Mississippi, Missouri et Ohio.

4. **Complète l'organigramme du gouvernement royal de la Nouvelle-France au milieu du XVIIIᵉ siècle, et ce, avec les mots suivants :** *ministre de la Marine, gouverneurs locaux, capitaines de milice, intendant, vice-roi, gouverneur général, colons, Conseil souverain, sous-délégués, roi.*

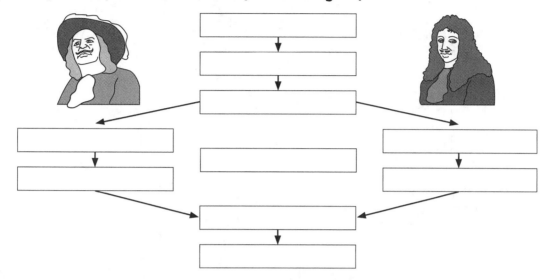

5. **Dans la Nouvelle-France du milieu du XVIIIᵉ siècle, le Conseil souverain était composé du gouverneur général, de l'intendant, de l'évêque de Québec et de divers conseillers. Nomme trois responsabilités pour chacune de ces fonctions.**

a) Le gouverneur général : _____

_____

_____

b) L'intendant : _____

_____

_____

c) L'évêque : _____

_____

_____

6. **Encercle la lettre qui correspond aux administrateurs (gouverneur général et intendant) de la Nouvelle-France au milieu du XVIIIᵉ siècle.**

a) Daniel de Rémy, sieur de Courcelles, et Jean Talon.

b) Louis de Buade, comte de Frontenac, et Jacques Duchesneau de la Doussinière.

c) Charles de la Boische, marquis de Beauharnois, et Gilles Hocquart.

d) Pierre de Rigaud de Vaudreuil de Cavagnial, et François Bigot.

7. **Au milieu du XVIIIᵉ siècle, des ateliers de production artisanale voient le jour dans les villes de la Nouvelle-France. Découvre les métiers qui leur sont associés en remplissant la grille de mots croisés à partir des indices.**

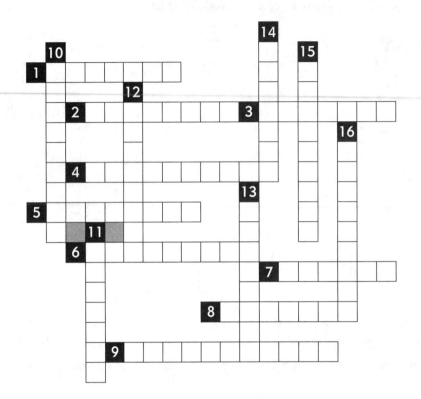

1. Artisan qui transforme les peaux d'animaux en cuir.
2. Artisan qui fabrique et vend de la bière.
3. Artisan qui fabrique et répare des charrettes.
4. Artisan qui fabrique et répare des articles de cuir.
5. Artisan qui fabrique des meubles.
6. Artisan qui confectionne et répare les serrures et les clés.
7. Artisan qui fabrique des récipients en terre cuite.
8. Artisan qui fabrique et vend des draps.
9. Artisan qui fabrique des outils et des objets tranchants.
10. Artisan qui fabrique et répare des tonneaux.
11. Artisan qui fabrique et vend des selles et des harnais.
12. Artisan qui fabrique et vend des armes.
13. Artisan qui travaille le fer au marteau après l'avoir chauffé.
14. Personne qui dépèce la viande pour la vendre.
15. Artisan qui confectionne et vend des chapeaux.
16. Artisan qui prépare et vend des fourrures.

8. Au milieu du XVIIIe siècle, les habitants de la Nouvelle-France exploitaient les ressources naturelles et les transformaient pour obtenir des produits servant à améliorer leur qualité de vie. Pour chaque ressource, indique le(s) produit(s) obtenu(s).

a) Forêt

Produit(s) obtenu(s): _____
_____
_____

b) Chanvre

Produit(s) obtenu(s): _____
_____
_____

c) Houblon

Produit(s) obtenu(s): _____
_____
_____

d) Lin

Produit(s) obtenu(s): _____
_____
_____

e) Loup-marin

Produit(s) obtenu(s): _____
_____
_____

f) Marsouin

Produit(s) obtenu(s): _____
_____
_____

g) Mouton

Produit(s) obtenu(s): _____
_____
_____

h) Jute

Produit(s) obtenu(s): _____
_____
_____

9. Colorie les moyens de transport utilisés par les habitants de la Nouvelle-France au milieu du XVIIIᵉ siècle.

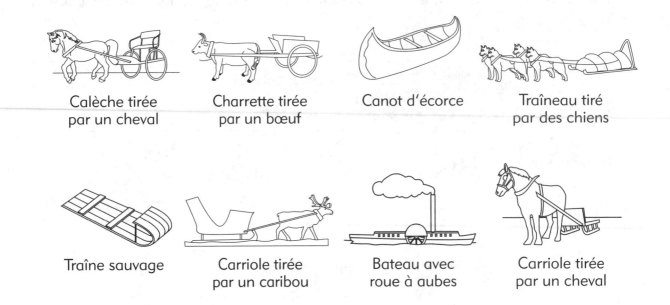

Calèche tirée
par un cheval

Charrette tirée
par un bœuf

Canot d'écorce

Traîneau tiré
par des chiens

Traîne sauvage

Carriole tirée
par un caribou

Bateau avec
roue à aubes

Carriole tirée
par un cheval

10. Les habitants de la Nouvelle-France travaillaient dur pour cultiver leurs terres ou pour soutenir leurs entreprises artisanales, mais ils profitaient tout de même de leurs quelques temps libres pour s'amuser. Illustre quatre activités que les habitants de la Nouvelle-France pratiquaient pour se divertir au milieu du XVIIIᵉ siècle, et ce, à la campagne comme à la ville.

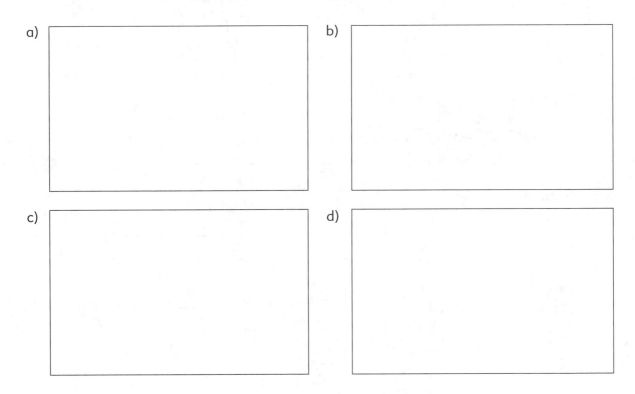

a)

b)

c)

d)

Exercices • Univers social

1. **Sur la carte de l'Amérique du Nord au milieu du XVIIIᵉ siècle, colorie en bleu le territoire de la Nouvelle-France et en rouge celui des treize colonies anglo-américaines.**

2. **Encercle la lettre qui correspond le mieux aux noms des principales villes des treize colonies anglo-américaines au milieu du XVIIIᵉ siècle.**

   a) Asunción, Mexico, Santa Fe, Saint-Domingue et Veracruz.
   b) Louisbourg, Montréal, La Nouvelle-Orléans, Québec et Trois-Rivières.
   c) Baltimore, Boston, Charleston, New York et Philadelphie.
   d) Chicago, Houston, Las Vegas, Memphis et Seattle.

3. **Encercle la lettre qui correspond le mieux aux caractéristiques de la population des treize colonies anglo-américaines au milieu du XVIIIᵉ siècle.**

   a) Les treize colonies anglo-américaines comptent environ 55 000 habitants dont la plupart parlent le français et sont de religion catholique.
   b) Les treize colonies anglo-américaines comptent environ 1 200 000 habitants dont la plupart parlent l'anglais et sont de religion protestante.
   c) Les treize colonies anglo-américaines comptent environ 1 200 000 habitants dont la plupart parlent l'espagnol et sont de religion protestante.
   d) Les treize colonies anglo-américaines comptent environ 55 000 habitants dont la plupart parlent l'anglais et sont de religion catholique.

1. **Indique si chaque affirmation formulée en lien avec les diverses régions des treize colonies anglo-américaines est vraie (V) ou fausse (F).**

   a) Les colonies du Nord sont recouvertes de forêts mixtes. _____

   b) Les colonies du Centre bénéficient d'un climat très chaud et très humide. _____

   c) Les colonies du Sud se composent de terres sablonneuses et marécageuses. _____

   d) Les colonies du Nord sont soumises à des hivers froids et neigeux. _____

   e) Les colonies du Centre possèdent les terres les plus fertiles. _____

   f) Les colonies du Sud sont recouvertes de conifères et de mousse. _____

   g) Les colonies du Nord sont caractérisées par des sols rocheux et peu fertiles. _____

   h) Les colonies du Centre sont recouvertes de forêts de feuillus. _____

   i) Les colonies du Sud sont caractérisées par des montagnes et des vallées. _____

2. **Associe chaque numéro inscrit sur la carte à l'une des treize colonies anglo-américaines au milieu du XVIIIᵉ siècle.**

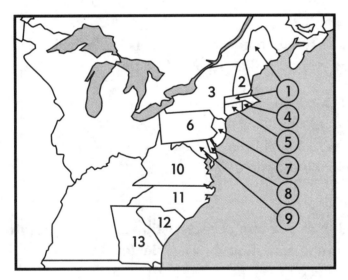

   a) Caroline du Nord _____

   b) Caroline du Sud _____

   c) Connecticut _____

   d) Delaware _____

   e) Géorgie _____

   f) Maryland _____

   g) Massachusetts _____

   h) New Hampshire _____

   i) New Jersey _____

   j) New York _____

   k) Pennsylvanie _____

   l) Rhode Island _____

   m) Virginie _____

3. Colorie uniquement les ressources <u>produites</u> et <u>exportées</u> par les habitants des treize colonies anglo-américaines vers l'Angleterre et les autres colonies britanniques au milieu du XVIIIᵉ siècle.

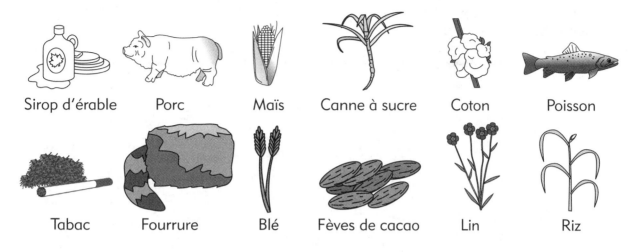

| Sirop d'érable | Porc | Maïs | Canne à sucre | Coton | Poisson |

| Tabac | Fourrure | Blé | Fèves de cacao | Lin | Riz |

4. Outre les Britanniques et leurs esclaves africains, la population des treize colonies anglo-américaines au milieu du XVIIIᵉ siècle était composée de plusieurs groupes ethniques provenant surtout d'Europe. Encercle la lettre qui correspond le mieux à ces principaux groupes ethniques.

a) Allemands, Écossais, Français et Hollandais.
b) Espagnols, Italiens, Portugais et Roumains.
c) Finlandais, Norvégiens, Russes et Ukrainiens.
d) Autrichiens, Belges, Irlandais et Suisses.

5. Encercle la lettre qui correspond le mieux au réseau hydrographique des treize colonies anglo-américaines au milieu du XVIIIᵉ siècle.

a) Océan Pacifique et rivières Arkansas, Colorado, Columbia et Rio Grande.
b) Fleuve Saint-Laurent et rivières Chaudière, des Outaouais, Richelieu et Saint-Maurice.
c) Golfe du Mexique et rivières Mississippi, Missouri, Tennessee et Wisconsin.
d) Océan Atlantique, rivière Delaware, rivière Hudson, rivière Ohio et rivière Potomac.

6. Encercle la lettre qui correspond le mieux au type de gouvernement en place dans les treize colonies anglo-américaines au milieu du XVIIIᵉ siècle.

a) Les treize colonies sont administrées par un gouverneur général et un intendant.
b) Les treize colonies sont administrées par un gouverneur et un lieutenant-gouverneur.
c) Chaque colonie est administrée par un gouverneur et une assemblée élue.
d) Chaque colonie est administrée par un gouverneur et des seigneurs.

7. **Sur la carte, colorie en rouge l'Angleterre, en mauve les treize colonies anglo-américaines et en vert les colonies des Antilles. Explique ensuite dans tes mots en quoi consistait le commerce triangulaire au milieu du XVIIIᵉ siècle, puis colorie de la même couleur que chaque région les ressources qui y étaient exploitées et les articles qui y étaient produits.**

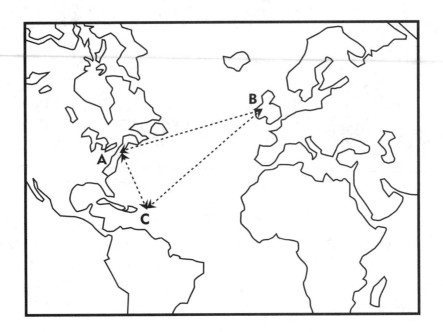

Le commerce triangulaire, c'était...

_____

_____

_____

_____

_____

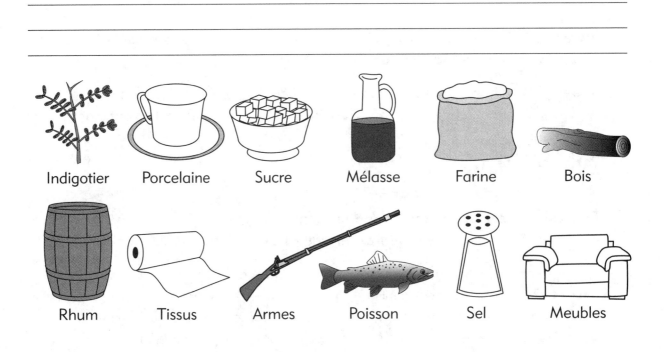

Indigotier   Porcelaine   Sucre   Mélasse   Farine   Bois

Rhum   Tissus   Armes   Poisson   Sel   Meubles

8. À l'aide des images et des indices, trouve le nom des personnages qui vivaient dans les treize colonies anglo-américaines au milieu du XVIIIᵉ siècle, puis décris-les sommairement.

a)  _ U _ _ E _

b)  _ _ L _ _ _ _ R _ _ _ N _ _ _ _ _

c)  _ _ O _ A _ ou _ O _ O _

d)  _ S _ _ _ _ _ _ F _ _ C _ _ _

e)  _ _ _ Q _ _ I _ ou M _ H _ _ _ _

f)  _ A _ _ _ A _ _ _ N _ _ A _ _

1. **Place sur la ligne du temps la lettre associée à chaque événement qui a marqué l'histoire et qui a apporté des changements dans la société canadienne entre 1745 et 1820.**

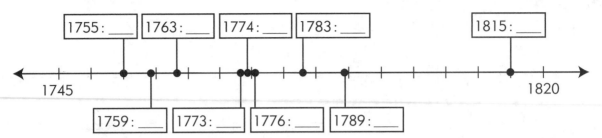

| 1755 : ___ | 1763 : ___ | 1774 : ___ | 1783 : ___ | 1815 : ___ |

1745   1820

| 1759 : ___ | 1773 : ___ | 1776 : ___ | 1789 : ___ |

A. Boston Tea Party (révolte politique de la colonie du Massachusetts contre la Grande-Bretagne).

B. Signature du traité de Paris par lequel la France cède ses colonies à la Grande-Bretagne.

C. Prise de la Bastille et début de la Révolution française.

D. Fin des guerres napoléoniennes qui ravagent l'Europe.

E. Déclaration d'indépendance des États-Unis vis-à-vis de la Grande-Bretagne.

F. Grand Dérangement (déportation des Acadiens par les Britanniques).

G. Signature du traité de Versailles par lequel la G.-B. reconnaît l'indépendance des É.-U.

H. L'Acte de Québec rétablit les lois civiles françaises et permet la pratique de la religion catholique.

I. Bataille des plaines d'Abraham durant la guerre de Sept Ans.

2. **Sur la première carte, colorie en bleu le territoire correspondant à la « Province of Quebec » et en rouge ceux correspondant aux autres possessions britanniques à la suite de l'Acte de Québec en 1774. Sur la seconde carte, colorie en bleu le territoire correspondant au Bas-Canada et en rouge celui correspondant au Haut-Canada à la suite de l'Acte constitutionnel de 1791.**

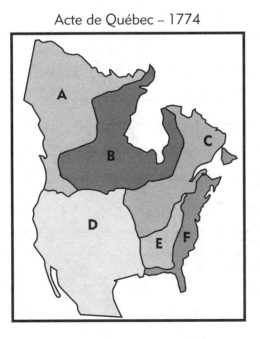

Acte de Québec – 1774

Acte constitutionnel – 1791

1. **Qui suis-je? Écris sur la bonne bannière le nom du personnage qui a marqué l'histoire de la société canadienne entre 1745 et 1820.**

Guy Carleton, baron de Dorchester
Joseph-Octave Plessis
James Wolfe
François Gaston, duc de Lévis
Obwandiyag, dit Pontiac
Pierre de Rigaud de Vaudreuil de Cavagnial

Napoléon Bonaparte
Louis-Joseph Papineau
Charles-Michel d'Irumberry de Salaberry
Louis Joseph, marquis de Montcalm
James Murray
John Coape Sherbrooke

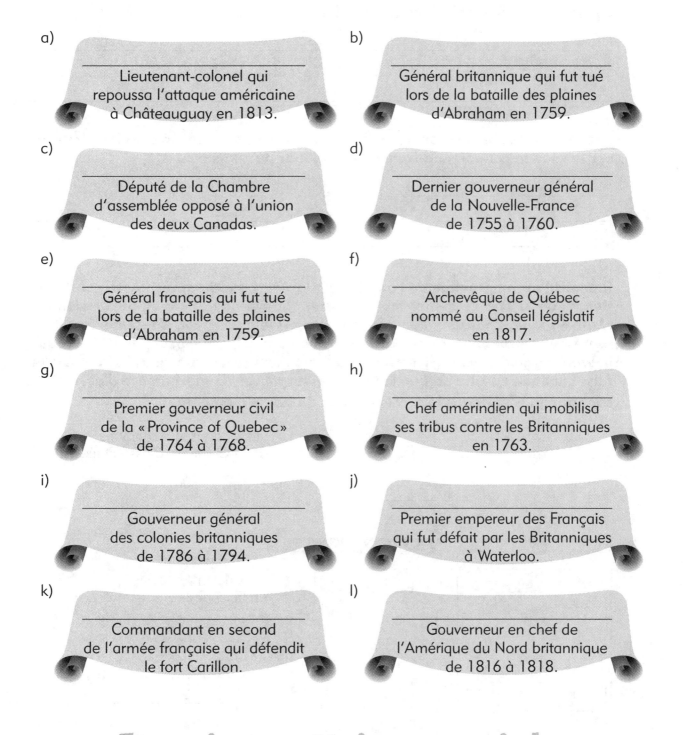

a)
_____
Lieutenant-colonel qui repoussa l'attaque américaine à Châteauguay en 1813.

b)
_____
Général britannique qui fut tué lors de la bataille des plaines d'Abraham en 1759.

c)
_____
Député de la Chambre d'assemblée opposé à l'union des deux Canadas.

d)
_____
Dernier gouverneur général de la Nouvelle-France de 1755 à 1760.

e)
_____
Général français qui fut tué lors de la bataille des plaines d'Abraham en 1759.

f)
_____
Archevêque de Québec nommé au Conseil législatif en 1817.

g)
_____
Premier gouverneur civil de la « Province of Quebec » de 1764 à 1768.

h)
_____
Chef amérindien qui mobilisa ses tribus contre les Britanniques en 1763.

i)
_____
Gouverneur général des colonies britanniques de 1786 à 1794.

j)
_____
Premier empereur des Français qui fut défait par les Britanniques à Waterloo.

k)
_____
Commandant en second de l'armée française qui défendit le fort Carillon.

l)
_____
Gouverneur en chef de l'Amérique du Nord britannique de 1816 à 1818.

2. Explique dans tes mots les impacts de la Conquête britannique et de la signature du traité de Paris sur le territoire canadien-français et la société canadienne-française à la fin du XVIIIe siècle.

_____

_____

_____

3. Explique dans tes mots ce que sont les loyalistes et leur impact sur le territoire canadien-français et la société canadienne-française à la fin du XVIIIe siècle.

_____

_____

_____

4. Explique dans tes mots ce que sont les guerres napoléoniennes et leur impact sur la société canadienne-française au début du XIXe siècle.

_____

_____

_____

5. Remplis l'organigramme de l'administration du Canada après l'Acte constitutionnel de 1791 à l'aide des mots suivants : _gouverneur général, population du Haut-Canada, Chambre d'assemblée, Conseil législatif, roi, Conseil exécutif, représentant du gouverneur, Parlement de Londres, population du Bas-Canada, lieutenant-gouverneur._ Attention! Certains mots peuvent être utilisés plus d'une fois. Explique ensuite de quelle façon les membres de la Chambre d'assemblée sont nommés et décris leur rôle au sein du gouvernement.

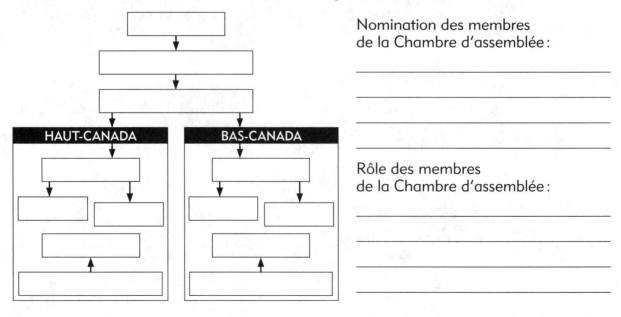

Nomination des membres
de la Chambre d'assemblée :

_____

_____

_____

_____

Rôle des membres
de la Chambre d'assemblée :

_____

_____

_____

_____

Colette Laberge

SCIENCE

1. **Nomme les sept couleurs de l'arc-en-ciel.**

   _____

2. **Donne la définition de la densité.**

   _____

   _____

3. **À ton avis, est-ce que tous les liquides se mélangent bien ? Explique ta réponse.**

   _____

   _____

   _____

4. **À ton avis, est-ce que l'huile et l'eau se mélangent bien ? Explique ta réponse.**

   _____

   _____

   _____

5. **Trouvent, dans la maison, deux liquides qui se mélangent bien. Explique comment tu as procédé pour savoir s'ils se mélangeaient.**

   _____

   _____

   _____

6. **Indique si l'exposé suivant est vrai ou faux.**

   L'électricité statique est un transfert de charges (électrons) d'un matériau à un autre qui est produit le plus souvent par un frottement ; les charges peuvent être positives ou négatives ; les charges opposées s'attirent, et les charges identiques se repoussent.

   _____

7. **Donne des exemples des états d'une matière.**

   a) gazeux : _____

   b) liquide : _____

   c) solide : _____

1. Appel interurbain

Matériel
Ficelle de 10 mètres
Deux pots de yogourt vides

Fais un trou dans le fond de chacun des pots de yogourt.

Insère la ficelle dans le trou de l'un des pots de yogourt et fais un nœud à l'intérieur. Fais la même chose dans l'autre pot.

Demande à un ami de prendre un des pots de yogourt et prends l'autre. Éloignez-vous l'un de l'autre et assurez-vous que la ficelle soit bien tendue. Et maintenant, chuchotez! Le son de vos voix fera vibrer la ficelle et celle-ci le transportera entre vous.

2. La fourchette qui sonne

Matériel
Fourchette
Cuillère
Ficelle de 1 mètre

Attache la fourchette au centre de la ficelle.

Attache une des extrémités de la ficelle à l'index de ta main droite. Attache l'autre extrémité à ton index gauche.

Mets tes index dans tes oreilles et laisse la fourchette se balancer devant toi. Demande à quelqu'un de frapper la fourchette avec la cuillère. Tu entendras alors de drôles de sons.

3. Voir les vibrations

Matériel
Bol
Pellicule plastique
Riz ou sucre
Plaque à biscuits
Cuillère de bois

Pose la pellicule plastique sur le bol. Assure-toi que la pellicule soit bien tendue.

Saupoudre du sucre ou du riz sur la pellicule plastique.

Tiens la plaque à biscuits au-dessus du bol. Frappe la plaque avec la cuillère de bois. Observe ce qui arrive avec le sucre ou les grains de riz.

4. Un arc-en-ciel dans la maison

Matériel
Grand verre transparent
Eau
Petit miroir
Lampe de poche

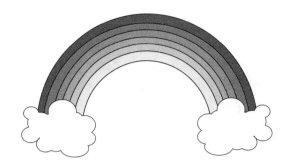

Mets le miroir dans le verre en l'appuyant sur la paroi, côté miroir vers le haut.
Remplis le verre avec de l'eau.

Rends-toi dans une pièce sombre avec des murs de couleur pâle. Éclaire le miroir à l'aide d'une lampe de poche. Tu verras apparaître un arc-en-ciel. Si rien ne se produit, change l'angle de la lampe de poche.

5. Du ciel bleu dans la maison

Matériel
Bouteille d'eau vide (500 ml)
Bol
Entonnoir
Lait en poudre
Lampe de poche assez puissante

Remplis le bol avec de l'eau. Ajoute lentement de 5 à 10 pincées de lait en poudre. Verse une petite quantité du mélange (2 cm) dans la bouteille de plastique à l'aide de l'entonnoir.

Éteins les lumières. Éclaire la bouteille à l'aide de la lampe de poche.

Observe bien la lumière qui apparaît à l'arrière et sur les côtés de la bouteille. Qu'est-il arrivé ? Tu devrais voir une lumière rougeâtre derrière la bouteille et une lumière bleuâtre sur les côtés.

Ajoute plus de liquide et répète la même opération.

Si rien ne se produit, ajoute un peu de lait en poudre. Si la lumière ne passe pas à travers la bouteille, refais le mélange en mettant moins de lait en poudre.

Exercices • Science

6. Objets flottants sur trois niveaux

Matériel
Huile
Bouchon de liège
Pièce de monnaie
Eau
Raisin
Miel
Bocal

Remplis le bocal au tiers avec du miel.

Remplis un autre tiers avec de l'huile.

Remplis le reste du bocal avec de l'eau et attends que les trois liquides se séparent.

Fais tomber dans le bocal la pièce de monnaie, le raisin et le bouchon de liège.

Décris ce que tu observes.

_____

_____

_____

_____

_____

_____

7. L'huile sens dessus dessous

Matériel
Eau
Huile végétale
Bol de plastique transparent

Remplis le bol de plastique aux trois quarts avec de l'eau. Ajoute un peu d'huile. Laisse reposer quelques minutes. L'huile étant plus légère que l'eau, elle remonte à la surface.

Mets le contenant au congélateur. Attends quelques heures. Sors le mélange. Où est l'huile ? L'eau, en gelant, est devenue moins dense que l'huile, et c'est pourquoi l'huile est maintenant au fond.

8. L'électricité statique

Matériel
Peigne de plastique
Chandail de laine
Balle de ping-pong
Ballon gonflable

a) Frotte le peigne sur le chandail de laine à plusieurs reprises. Fais couler un mince filet d'eau au robinet. Approche le peigne du filet d'eau. Attention de ne pas mouiller le peigne.

Décris ce que tu as vu : _____

_____

b) Frotte le peigne sur le chandail de laine à plusieurs reprises. Approche le peigne de la balle de ping-pong.

Décris ce que tu as vu : _____

_____

c) Gonfle le ballon. Frotte-le contre tes cheveux. Essaie de le faire tenir sur un mur.

Décris ce que tu as vu : _____

_____

d) Frotte le ballon sur différentes surfaces et observe ensuite s'il adhère au mur. Note la surface et la réaction obtenue ci-dessous.

_____

_____

_____

_____

_____

_____

_____

_____

_____

_____

9. Deux expériences sur la couleur

Matériel
Verre ayant des côtés droits
Eau
15 ml (3 c. à thé) de lait
Lampe de poche

Remplis le verre avec de l'eau jusqu'aux trois quarts. Ajoute 15 ml de lait.
Dans une pièce sombre, éclaire le dessous du verre.

Note tes observations :

_____

Éclaire maintenant un des côtés du verre.

Note tes observations :

_____

Éclaire maintenant le dessus du verre.

Note tes observations :

_____

Matériel
Carton blanc
Crayons de couleur : violet, jaune, orange, bleu, rouge, vert
Crayon de plomb avec gomme à effacer à l'extrémité

Dessine un cercle d'environ 10 cm sur le carton blanc. Divise le cercle en six pointes égales.

Colorie chacune des pointes d'une couleur différente.

Perce un trou en plein centre du cercle et fixe-le sur la gomme à effacer.

Fais tourner le cercle le plus rapidement possible. Essaie dans les deux sens.

Note tes observations :

_____

Exercices • Science

10. La moutarde qui monte et descend

Matériel
Bouteille de boisson gazeuse vide (1 litre)
Sachet de moutarde (comme dans les restaurants)
Verre
Eau

Remplis un verre d'eau et mets-y un sachet de moutarde. Est-ce que le sachet flotte ? S'il flotte, tant mieux. Sinon, essaie avec un autre sachet.

Plie délicatement un sachet de moutarde en deux. Introduis-le dans la bouteille. Remplis la bouteille avec de l'eau jusqu'au goulot et visse soigneusement le bouchon.

Presse les côtés de la bouteille jusqu'à ce que le sachet de moutarde coule vers le fond. Relâche la bouteille et l'enveloppe remonte à la surface. Fais monter et descendre la moutarde.

11. L'aiguille flottante

Matériel
Bol rempli d'eau
Aiguille
Morceau de papier hygiénique

Le but de cette expérience est de déposer l'aiguille le plus délicatement possible sur l'eau sans briser la surface.

Pour commencer, laisse tomber l'aiguille dans le bol d'eau. L'aiguille ne flotte pas. Comment la faire flotter ?

Assèche bien l'aiguille. Découpe un morceau de papier hygiénique de façon à ce qu'il soit un peu plus large et un peu plus long que l'aiguille.

Place l'aiguille sur le morceau de papier hygiénique. Dépose ce papier délicatement sur la surface de l'eau. Attends que le papier coule. Tu peux pousser doucement les coins du papier pour accélérer le processus.

12. Fécule en suspension

Matériel
250 ml (1 tasse) de fécule de maïs
Grand bol
125 ml ($\frac{1}{2}$ tasse) d'eau chaude
Assiette à tarte
Colorant alimentaire

Mets la fécule de maïs dans le bol. Ajoute l'eau tout en remuant le mélange. N'ajoute pas l'eau d'un seul coup. Le mélange doit ressembler à de la pâte à crêpe assez épaisse.

Ajoute quelques gouttes de colorant alimentaire de la couleur de ton choix.

Mets tes mains dans le bol et décris la texture du mélange.

_____

_____

_____

_____

_____

Verse de l'eau dans une assiette à tarte. Frappe la surface de l'eau avec ta main. Jette l'eau. Verse une partie du mélange de fécule dans l'assiette à tarte. Frappe la surface du mélange avec ta main.

Décris la différence entre l'eau et le mélange d'eau et de fécule.

_____

_____

_____

_____

_____

Quand on parle de l'état d'une matière, on utilise les termes : solide, liquide et gazeux. Le mélange que tu viens de faire est connu sous le nom de liquide en suspension. Le mélange ressemble à un liquide, mais, lorsqu'on le manipule, il donne l'impression d'être un solide.

1. Les noms suivants désignent des parties de quel fruit?

pédoncule, pépin, pulpe, cœur

_____

2. Nomme deux fleurs sauvages qui poussent au Québec.

_____

3. Indique si les animaux suivants sont des amphibiens, des reptiles, des oiseaux, des rongeurs, des mammifères marins ou des primates.

a) otarie : _____   b) couleuvre : _____

c) baleine : _____   d) grenouille : _____

e) rat : _____   f) atèle : _____

g) ibis : _____   h) gorille : _____

i) boa : _____   j) crapaud : _____

k) colibri : _____   l) écureuil : _____

4. Indique si les animaux suivants se déplacent en volant ou en marchant.

a) chat : _____   b) pigeon : _____

c) lion : _____   d) chien : _____

e) canari : _____   f) tigre : _____

1. Les vertébrés et les invertébrés

On peut diviser les animaux en deux catégories : les vertébrés (qui ont un squelette)
et les invertébrés (qui n'ont pas de squelette).

Coche la bonne case.

	Vertébré	Invertébré
a) puce		
b) crocodile		
c) crevette		
d) ver		
e) chauve-souris		
f) araignée		
g) lion		
h) écureuil		
i) limace		
j) zèbre		
k) chat		
l) oursin		
m) étoile de mer		
n) chien		
o) escargot		
p) rat		
q) hamster		
r) mouche		
s) bernard-l'ermite		
t) moufette		

2. En te servant de la liste de mots, nomme les parties d'un champignon.

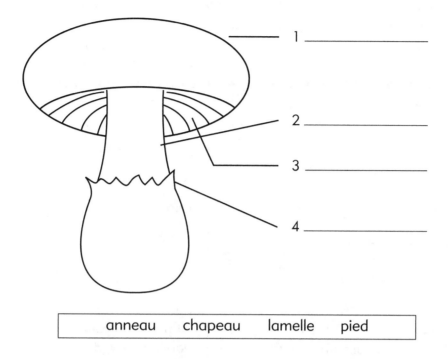

1 _____

2 _____

3 _____

4 _____

anneau	chapeau	lamelle	pied

3. En te servant de la liste de mots, nomme les parties de la pomme.

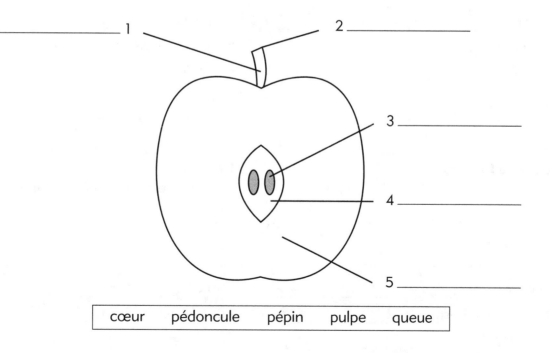

_____ 1   2 _____

3 _____

4 _____

5 _____

cœur	pédoncule	pépin	pulpe	queue

4. La flore du Québec

Remplis les fiches d'identification de ces fleurs du Québec. Trouve les informations sur des sites Internet, dans des guides d'identification, etc.

Lobélie cardinale
(Dessine cette fleur ou colle une photo qui la représente.)

Hauteur : _____

Couleur : _____

Période de floraison : _____

Particularité : _____

_____

Lis du Canada
(Dessine cette fleur ou colle une photo qui la représente.)

Hauteur : _____

Couleur : _____

Période de floraison : _____

Particularité : _____

_____

Épilobe hirsute
(Dessine cette fleur ou colle une photo qui la représente.)

Hauteur : _____

Couleur : _____

Période de floraison : _____

Particularité : _____

_____

Calla des marais
(Dessine cette fleur ou colle une photo qui la représente.)

Hauteur : _____

Couleur : _____

Période de floraison : _____

Particularité : _____

_____

Sabot de la vierge
(Dessine cette fleur ou colle une photo qui la représente.)

Hauteur : _____

Couleur : _____

Période de floraison : _____

Particularité : _____

_____

Iris versicolore
(Dessine cette fleur ou colle une photo qui la représente.)

Hauteur : _____

Couleur : _____

Période de floraison : _____

Particularité : _____

_____

5. Faire pousser un haricot

Est-ce qu'un haricot pousse mieux dans la terre, dans le sable ou dans l'eau ?
Tente l'expérience et note tes observations.

Matériel

Deux petits pots pour les plantes   Du sable
Un petit pot de verre   Un peu de ouate
Des cailloux   Trois graines de haricot
De la terre

Mets quelques cailloux dans le fond des deux pots pour les plantes. Dans un des pots, mets de la terre et dans l'autre, du sable. Enterre dans chacun des deux pots une graine de haricot à 1 cm de la surface.

Mets de la ouate dans le fond du pot de verre. Déposes-y la graine de haricot et remplis le pot d'eau jusqu'à la moitié.

Place les pots dans un endroit ensoleillé et arrose-les régulièrement.

Note ici la croissance des plantes.

Dans le sable :

Après une semaine :
_____

Après deux semaines :
_____

Après un mois :
_____

Dans la terre :

Après une semaine :
_____

Après deux semaines :
_____

Après un mois :
_____

Dans l'eau :

Après une semaine :
_____

Après deux semaines :
_____

Après un mois :
_____

6. Le règne animal

Nomme six espèces pour chaque classe du règne animal :

a) les amphibiens

_____   _____   _____

_____   _____   _____

b) les reptiles

_____   _____   _____

_____   _____   _____

c) les oiseaux

_____   _____   _____

_____   _____   _____

d) les rongeurs

_____   _____   _____

_____   _____   _____

e) les mammifères ongulés

_____   _____   _____

_____   _____   _____

f) les mammifères marins

_____   _____   _____

_____   _____   _____

g) les primates

_____   _____   _____

_____   _____   _____

h) les félins

_____   _____   _____

_____   _____   _____

La métamorphose

Certains animaux subissent une métamorphose durant leur cycle de vie.
Leur apparence n'est pas la même à tous les stades de leur développement.

7. **Classe dans l'ordre les étapes de la métamorphose d'un papillon. Ensuite, fais un dessin de chacune de ces étapes. Tu peux chercher dans le dictionnaire le sens des mots que tu ne connais pas.**

imago   œuf   chrysalide   chenille

8. **Chez la grenouille, la métamorphose s'accompagne de changements importants : les branchies disparaissent et sont remplacées par des poumons.**

   a) Cherche le mot *branchies* dans le dictionnaire et retranscris sa définition.

   _____

   b) Voici les trois grandes étapes de la métamorphose d'une grenouille. Écris leur nom en dessous de l'illustration.

   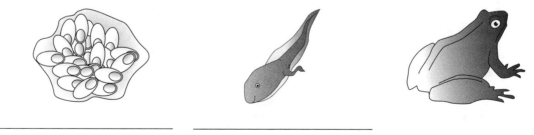

   _____   _____

   _____

   c) Est-ce que tu connais des insectes qui subissent une métamorphose complète ?
   Écris leur nom.

   _____

   _____

Le mouvement chez les animaux

9. Indique comment se déplacent les animaux suivants.

	Vol	Reptation	Marche	Friction
a) urubu à tête rouge				
b) crocodile				
c) dauphin				
d) serpent				
e) chauve-souris				
f) chat				
g) lion				
h) écureuil				
i) cygne				
j) ver de terre				
k) couleuvre				
l) cheval				
m) merle d'Amérique				
n) chien				
o) limace				
p) rat				
q) hamster				
r) escargot				
s) morse (hors de l'eau)				
t) moufette				

1. Cherche dans le dictionnaire la définition de *fossile*.

   _____

   _____

2. À quoi sert une éolienne ?

   _____

   _____

3. Cherche dans le dictionnaire la définition de *tsunami*.

   _____

   _____

4. Explique dans tes mots les différentes étapes du cycle de l'eau en commençant par l'évaporation. Tu peux également faire un dessin.

   _____

   _____

   _____

   _____

   _____

   _____

   _____

   _____

   _____

   _____

Test • Science

1. Fabriquer de faux fossiles

Matériel
Plâtre de Paris
Eau
Petits plats rectangulaires en aluminium
Spatule
Coquillages, feuilles, fougères, arêtes de poisson
Huile

Mets un peu d'eau dans le fond du plat.

Saupoudre un peu de plâtre sur l'eau.

Remue énergiquement jusqu'à ce que le mélange ait la consistance d'une pâte. Si le mélange est trop liquide, ajoute un peu de plâtre.

Dépose les coquillages (préalablement huilés), les feuilles, etc., sur le plâtre. Appuie fermement pour imprimer leur forme dans le plâtre, puis retire-les.

Laisse sécher le plâtre deux ou trois jours avant de le démouler.

Tu peux imprimer un seul motif ou plusieurs.

Utilise des plats de différentes grandeurs pour avoir de plus petits ou de plus grands fossiles.

2. Fabriquer une éolienne

Suis les étapes pour fabriquer une mini-éolienne.
D'abord, fabrique un vire-vent.

Matériel
Papier ou carton
Poinçon
Punaise
Bouchon de liège

Reproduis le modèle suivant sur une feuille en prenant tout l'espace.

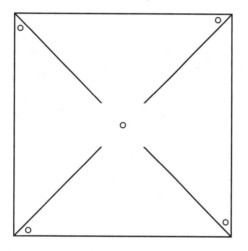

Perce des trous avec un poinçon là où il y a des cercles. Coupe le long des lignes.

Replie chaque coin vers le centre et t'assurant d'aligner tous les trous avec celui du centre.

Insère la punaise dans le trou et enfonce-la dans le bouchon de liège de l'autre côté.

Suis les étapes pour fabriquer l'éolienne.

Matériel
Morceau de bois cylindrique d'environ 25 cm de long et dont le diamètre est assez petit pour s'insérer dans la paille
Vire-vent
Paille de 18 cm de longueur
Pot rempli de sable ou de terre

Insère le morceau de bois dans le bouchon de liège du vire-vent.

Insère le bout de bois dans la paille.

Plante ton éolienne dans un pot rempli de sable ou de terre.

Exercices • Science

3. Les catastrophes naturelles

Il existe plusieurs formes de catastrophes naturelles : les ouragans, les tornades, les raz-de-marée, les éruptions volcaniques, les tremblements de terre, les tempêtes, les cyclones, les inondations, etc. Toutes ces catastrophes surviennent à travers le monde, et ce, plus souvent que nous le pensons. Nous allons en apprendre un peu plus sur certaines de ces catastrophes naturelles.

Les inondations et les tsunamis

Selon toi, qu'est-ce qu'un tsunami ?

_____

_____

Un tsunami est une immense vague ou une série de grosses vagues qui peuvent atteindre une vitesse de 700 km/h et une hauteur de 30 m. Les tsunamis peuvent être provoqués par des tremblements de terre, des glissements de terrain, des éruptions volcaniques ou des explosions. Il est très difficile de prévoir ces catastrophes.

Les inondations sont un peu plus simples à prévoir, car elles surviennent souvent aux mêmes moments de l'année. Par exemple, au printemps, avec la fonte des neiges, le niveau des cours d'eau peut monter considérablement et déborder, ce qui entraîne une inondation.

La région du Saguenay–Lac-Saint-Jean, au Québec, a connu son lot de catastrophes naturelles : tremblements de terre, feux de forêt, glissements de terrain et inondations, dont « le déluge du Saguenay ». Cette série d'inondations a été l'une des plus grandes catastrophes naturelles au Canada. En 1996, pendant 48 heures, entre 150 et 280 mm de pluie sont tombés sur la région. À cause des grandes pluies, les bassins et les réservoirs des cours d'eau ont débordé, ce qui a entraîné des inondations qui ont détruit de nombreuses maisons, faisant quelques milliers de sinistrés. À Chicoutimi, seule une petite maison blanche a résisté à la force des torrents. Elle incarne le symbole de ce drame et elle est maintenant devenue le musée du Déluge du Saguenay. Si tu la cherches sur Internet, tu en trouveras sûrement une image.

Trouve la définition des mots suivants :

ouragan : _____

magma : _____

verglas : _____

cyclone : _____

embâcle : _____

4. Cristaux colorés

Attention, la supervision d'un adulte est requise.

Matériel
Poudre d'alun (en vente dans les supermarchés dans la section des épices)
Eau
Petite casserole
Cuillère de bois
Colorant alimentaire : vert, rouge, jaune ou bleu
Pot en verre
Essuie-tout

Mets 20 ml (4 c. à thé) d'eau et 15 ml (3 c. à thé) d'alun dans la casserole.

Ajoute le colorant alimentaire pour obtenir la couleur que tu désires. Voir les quantités ci-dessous.

Bleu saphir : 10 gouttes de colorant bleu
Rouge rubis : 12 gouttes de colorant rouge
Blanc diamant : aucun colorant
Jaune ambre : 6 gouttes de colorant jaune et 1 goutte de colorant vert
Vert émeraude : 10 gouttes de colorant vert
Jaune topaze : 10 gouttes de colorant jaune

Demande l'aide d'un adulte. Porte le mélange à ébullition en remuant pendant quelques secondes, jusqu'à ce que l'alun soit dissous.

Laisse le mélange refroidir pendant quelques minutes. Verse le mélange dans un pot en verre. Laisse reposer pendant 3 jours sans couvrir le pot ou fermer le couvercle. Tu verras graduellement des cristaux apparaître. **Ne bouge pas le mélange.**

Au bout de 3 jours, égoutte doucement l'excédent d'eau et retire délicatement les cristaux. Étends les cristaux sur des essuie-tout pour les laisser sécher.

Refais le mélange pour obtenir toutes les couleurs de cristaux que tu désires.

Conserve tes «pierres précieuses» ou organise une chasse au trésor dont le prix sera tes cristaux colorés.

5. Le cycle de l'eau

Écris dans les carrés les différentes étapes du cycle de l'eau.

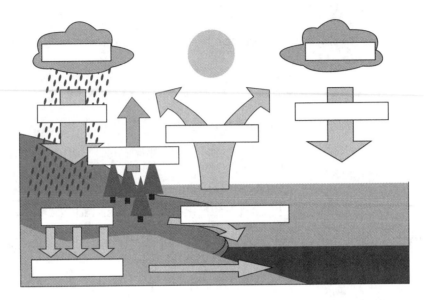

Infiltration : L'eau qui est libérée retourne au sol, où elle est absorbée dans la terre.

Condensation : Lorsque la quantité de vapeur est suffisante, les particules se condensent et forment des nuages.

Évaporation : Les rayons du soleil réchauffent l'eau, qui se transforme en vapeur.

Précipitation : L'eau accumulée dans les nuages est libérée sous forme de pluie ou de neige.

Ruissellement : L'eau s'écoule vers le cours d'eau.

Petite expérience sur l'évaporation de l'eau

Matériel
Tasse à mesurer
Deux contenants de plastique

Remplis les deux contenants de 250 ml (1 tasse) d'eau. Place le premier au soleil ou, s'il pleut, sous une lampe pendant quatre heures. Place l'autre contenant dans la maison pendant quatres heures.

Après les quatres heures, mesure la quantité d'eau dans chaque contenant.

Quel contenant contient le moins d'eau ?

_____

Pourquoi ?

_____

TEST 1
Page 13

1. Les mots qui étaient bien orthographiés sont en gras.
amoureux, bicyclette, brocoli, **chapeau**, chemin, chocolat, clôture, **concombre**, **dernière**, **dimanche**, écureuil, **famille**, fauteuil, folle, **foulard**, **fromage**, histoire, **hockey**, horloge, insecte, journée, lampe, **maison**, **musique**, nouveau, ordinateur, **parapluie**, piscine, pompier, **reine**, restaurant, **sapin**, secrétaire, **tableau**, toujours, tabouret

2. a) annexe b) prochaine c) affaire d) bonhomme
e) million f) framboise g) important h) guerre i) supprimer
j) appeler k) pamplemousse l) appétit
m) épingle n) allumette o) embouteillage p) escalier

3. a) escalier b) espace c) Québec d) toujours e) souvent
f) écureuil g) pluie h) printemps i) automne j) bicyclette
k) calorie l) bonshommes m) joyeux n) faisons o) cauchemar

Page 14

1. a) anneau b) machine c) anniversaire d) bonnet
e) ennemi f) analyse g) colonne h) anomalie i) astronaute
j) innocent k) mannequin l) banane

2. a) comète b) biscotte c) citadin d) carotte e) assiette
f) clarinette g) chaton h) omelette i) acrobate j) carte
k) flottaison l) absente m) flatteur n) dispute
o) correspondante p) salopette q) jaquette r) boutique
s) goutte t) bouton u) noisette v) aventure w) spaghetti
x) bataille

3. a) pomiculteur b) mammifère c) dommage d) brume
e) amertume f) comestible g) immédiat h) costume
i) commun j) image k) pomme l) emmener

4. a) gouffre b) bouffe c) afin d) africaine e) veuf f) girafe
g) carafe h) bluff i) gaffe j) chiffon k) agrafe l) étoffe

Page 15

5. c) vingt d) cinq e) trente-deux f) dix-sept

6. Il faut suivre les mots *trouver*, *quantité*, *coup*, *trésor*, *objet*, *truie*, *tableau*, *prison*, *chambre*, *phrase*, *mot*, *écran*, *clavier*, *endroit*, *kiwi*, *école*, *bébé*

Page 16

7. a) abri b) âne c) voilà d) râteau e) caméra f) au-delà
g) cauchemar h) crâne i) celui-là j) affaire k) théâtre l) déjà

8. a) escargot b) haricot c) sabot d) renard e) galop f) crapaud
g) défunt h) léopard i) rat j) croc k) intérêt l) dos

9. a) limpide b) brin c) européen d) train e) moyen f) timbre
g) ravin h) électricien i) simple j) terrain k) engin l) main
m) ancien n) sain o) gain p) pimpant

10. Quelquefois sur ma tete (tête) elle met ses main (mains) pures,/ Blanches, ainsi que des frisson (frissons) blancs de guipures./Elle me baise le fron (front), me parle tendrement,/ D'une voix au son d'or mélancolikement (mélancoliquement)./Elle a les yeu (yeux) couleur de ma vague chimère,/Ô toute poésie, ô toute extase, ô Mère!/ À l'autel de ses pieds je l'honore en pleurrant (pleurant), / Je suis toujours petit pour elle, quoique gran (grand).

TEST 1.1
Page 17

1. a) vingt et un b) trente-sept c) trampoline d) pâtisserie
e) cahier f) gymnase g) phrase h) natation i) heureux
j) forêt k) chambre l) sommet m) banane n) courir

2. Les mots en gras étaient bien orthographiés. a) endroit
b) **père** c) sport d) **argent** e) anniversaire f) longtemps
g) fatiguer h) fendre i) **indice** j) **respiration**

Page 18

1. Les enfants s'amuse (s'amusent) au park (parc) quand tout à coup, comme surgi de nulle par (part), arrive un énorme chien noire (noir) qui grogne et jappe très fort. Il jape (jappe) tellement fort que tous les enfant (enfants) se sauvent en courant. Seule Kim n'a pas bougé. Elle attend calmment (calmement) que le chien s'approche d'elle. Ses amis lui crient de se sauvé (sauver) avant que le chien la morde ou pire encore, mais Kim connait (connaît) bien le chien, c'est le sien. À quelques centimètre (centimètres) de Kim, le chien s'arrête et se met à gémire (gémir) en montrant sa patte. Le pauvre chien a une (un) clou enfoncé dans sa patte. Kim le lui retire rapidemen (rapidement). Le chien, soulagé, lèche les mains de Kim.

Les enfant (enfants) s'amusent au parc quand tout à cou (coup), come (comme) surgi de nulle part, arrive un énorme chien noir qui grogne et jape (jappe) très fort. Il jappe telement (tellement) fort que tous les enfants se sauve (sauvent) en courant. Seule Kim n'a pas bougé. Elle attend calmement que le chien s'aproche (s'approche) d'elle. Ses ami (amis) lui crient de se sauver avant que le chien la mordde (morde) ou pire encore, mais Kim connaît bien le chien, c'est le sien. À quelques centimètres de Kim, le chien s'arête (s'arrête) et se met à gémir en montrant sa pate (patte). Le pauvre chien a un clou enfoncé dans sa patte. Kim le lui retire rapidement. Le chien, soulager (soulagé), lèche les main (mains) de Kim.

Page 19

2. Nathaniel : Salut! Arthur : Salut, ça va? Nathaniel : Oui, qu'est-ce que tu fais? Arthur : J'ai joué dehors. J'ai fait un bonhomme de neige. Nathaniel : C'est amusant (bien, drôle, etc.). Qui est-ce qui était avec toi? Arthur : Benjamin et Alex. Toi qu'est-ce que tu fais? Nathaniel : J'ai joué avec mon cousin. C'était vraiment ennuyant. Arthur : Moi, j'étais mort de rire avec les gars. Nathaniel : Viens-tu chez nous? Arthur : Oui, j'arrive. À plus tard.

Page 20

3. 1) âne 2) câlin 3) empêche 4) huître 5) août 6) chaîne
7) enquêter 8) même 9) arrêt 10) chêne 11) être 12) naître
13) bâcler 14) cône 15) fâcher 16) pâte 17) bâtir
18) connaître 19) fête 20) pêche 21) bâton 22) côte
23) flûte 24) prête 25) bête 26) coût 27) forêt 28) rêver
29) bientôt 30) crêpe 31) fraîche 32) tempête 33) boîtier
34) croûte 35) gâte 36) tête 37) brûler 38) dégât 39) hôpital
40) têtu 41) bûche ou bâche 42) dîner 43) hôtel 44) théâtre

4. leçons, cantatrice, toujours, milliers, voix, spectacle, horrible, accident, scène, aujourd'hui, Madame.

TEST 2

Le nom

Le nom est un mot variable dont la forme peut changer selon le nombre et parfois le genre. Le nom sert à désigner des réalités comme des personnes, des animaux, des choses, des lieux, des actions, des sentiments.

Le nom est un donneur: il donne son genre et son nombre au déterminant et à l'adjectif qui l'accompagnent.

Le nom simple est formé d'un seul mot. Le nom composé est formé de plusieurs mots (sous-marin, porte-bonheur).

Il y a deux sortes de nom: le nom commun et le nom propre.

Le nom commun: nom qui commence par une lettre minuscule. Il est souvent précédé d'un déterminant. Le nom commun désigne des réalités de manière générale.

Le nom propre commence toujours par une lettre majuscule. Le nom propre désigne:
- des personnes et des personnages: Marie, Antoine, Astérix, Tintin, etc.
- des animaux: Milou, Idéfix, Garfield, etc.
- des lieux: Montréal, Abitibi, Angleterre, etc.
- des populations: des Manitobains, des Français, des Allemands, etc.
- d'autres réalités: nom d'édifice (école Nouvel horizon, hôpital Cité de la santé), nom d'entreprise (éditions Caractère), nom de bateau (Titanic), etc.

Les déterminants

Les déterminants se placent devant le nom qu'ils accompagnent. Ils reçoivent le genre et le nombre de ce même nom.

Les déterminants articles

Ce sont des mots variables qui servent à introduire un nom.

Les déterminants articles sont: le, la, l', les, un, une, des.

Les déterminants contractés

Ils sont formés d'une préposition (à ou de) et d'un article (le ou les) réunis en un seul mot.

Les déterminants contractés sont: au (à + le), du (de + le), aux (à + les), des (de + les).

Les déterminants démonstratifs

Ils s'emploient devant une personne, un animal, une chose ou une réalité que l'on veut montrer.

Les déterminants démonstratifs sont: ce, cet, cette, ces.

Les déterminants possessifs

Ils s'emploient pour indiquer qui possède l'animal, la chose ou la réalité désignée par le nom.

Les déterminants possessifs sont: mon, ma, mes, ton, ta, tes, son, sa, ses, notre, nos, votre, vos, leur, leurs.

Les déterminants numéraux

Ils précisent la quantité de personnes, d'animaux ou de choses que le nom désigne.

Les déterminants numéraux sont: un, une, deux, trois... douze, treize, quatorze,... vingt, trente, cent, mille, etc. (Seuls les déterminants numéraux **un**, **vingt** et **cent** sont variables. Tous les autres sont invariables.)

Les déterminants interrogatifs

Ils s'emploient devant un nom pour poser une question.

Les déterminants interrogatifs sont: quel, quelle, quels, quelles, combien d', combien de.

Les déterminants exclamatifs

Ils s'emploient devant un nom pour exprimer une émotion.

Les déterminants exclamatifs sont: quel, quelle, quels, quelles, que d', que de.

Autres déterminants

Certains, aucun, différents, chaque, toute, etc.

Le groupe du nom

Le groupe du nom (GN) est formé d'un nom seul ou d'un groupe de mots dont au moins un nom commun ou propre. Le noyau du groupe du nom est un nom.

Les principales constructions du groupe du nom

Nom seul: **Marc** est parti.

Déterminant + nom:
Les clients sont avisés. (clients est le noyau)

Déterminant + nom + adjectif:
La robe bleue est vendue. (robe est le noyau)

Déterminant + nom + adjectifs:
J'ai **une amie gentille et généreuse**. (amie est le noyau)

Déterminants + adjectif + nom:
Les belles pommes sont à vendre. (pommes est le noyau)

Déterminant + nom + complément du nom:
Ta sauce à spaghetti est la meilleure. (sauce est le noyau, à spaghetti est le complément du nom.)

Le groupe du nom peut être remplacé par un pronom. Marc est parti. **Il** est parti.

Page 21

1. a) <u>Mes amis et moi</u> allons faire de <u>l'escalade</u>.
b) <u>Les enfants de la garderie</u> vont jouer <u>au parc</u>.
c) <u>Mon amie Christelle</u> est allergique <u>aux arachides</u>.
d) <u>Nous</u> avons dansé sur <u>la scène</u>.
e) <u>Ils</u> ont fabriqué <u>une belle fusée rouge</u>.
f) <u>Ma tante Cécile</u> tricote <u>des pantoufles</u>.

2. a) <u>Les</u> souris dansent devant <u>le</u> mur.
b) <u>Un</u> gros chat a mangé <u>deux</u> souris.
c) J'ai visité <u>un</u> château en France.
d) <u>Les</u> chauves-souris se nourrissent <u>d'</u>insectes.
e) <u>Mes</u> amis sont partis en voyage.
f) <u>Les</u> livres sont bien rangés dans <u>la</u> bibliothèque.

3. Noms communs: pain, papa, maman, pays, rue, crayon, québécois, école. Noms propres: Italie, Europe, Zacharie, Émilie, Saint-Lambert, Maria, Australie, Américains, Bosnie, Allemagne, Dieu. lire est un verbe.

Page 22

1. a) Les acrobates du cirque se balancent dans les airs.
b) Mes amis sont partis à la campagne.
c) Les gros tigres me font peur.
d) J'ai marché dans un champ.
e) Nous avons mangé des glaces à la vanille.
f) La feuille vole dans le ciel.

2. Les et étoiles, un et ovni, une et lumière, le et ciel, Cette et lumière, la et gauche, la et droite, mon et père, un et satellite, des et extraterrestres, la et planète

Page 23

3. Quatre : fém., mas., plur. ; Mon : masc., sing. ;
Ma : fém., sing. ; Le : masc., sing. ; La : fém., sing. ;
Un : masc., sing. ; Ce : masc., sing. ; Tes : masc., fém., plur. ;
Quelles : fém., plur. ; Cette : fém., sing. ; Ces : masc., fém.,
plur. ; Sa : fém., sing. ; Son : masc., sing.
4. Déterminant défini (article) : le, un, des, la, les, une ;
Déterminant possessif : notre, ton, mon, leur, votre, son ;
Déterminant démonstratif : cet, ces, ce, cette ; Déterminant
numéral : sept, trois, deux, quatre, cinq, six, un, une

Page 24

5. a) B b) C c) b d) b e) b f) B ou b g) B h) b i) b j) B k) b l) B
6. Samedi matin, Patrice et son père Gérard s'en vont à la
pêche au lac Tremblant. Tandis qu'ils seront à la pêche, sa
mère Audrey et sa sœur Caroline iront faire de la
randonnée sur le mont Royal. À la fin de la journée, ils se
sont donné rendez-vous au restaurant Chez Rita à Saint-
Jovite pour manger des spaghettis. Ensuite, ils dormiront à
l'auberge Aux Quatre-vents. Toute la famille rentrera à la
maison dimanche matin.
7. a) F b) f c) f d) F e) F f) f g) F h) f i) F j) f k) F l) F

TEST 2.1
Page 25

1. a) Léa (np) et Mathieu (np) ont pris l'autobus (nc).
b) Les enseignantes (nc) de l'école (nc) Sainte-Hélène (np)
assistent à une conférence (nc). c) Iona (np) a fait une
croisière (nc) sur le Queen Mary II (np). d) Fanny (np) et
Myriam (np) font du vélo (nc). e) La tasse (nc) de café (nc)
est pleine. f) Un camion (nc) bleu est stationné devant la
maison (nc).
2. a) Ma sœur Marie suit des cours de danse. b) Les clowns
font rire mon père. c) J'ai vu des chevaux dans le champ.
d) Dans l'étable, il y avait des vaches brunes.
e) Mon frère s'est fait voler sa bicyclette. f) J'ai les cheveux
blonds et les yeux bleus.
3. Hier soir, j'écoutais **la** radio dans **ma** chambre quand **le**
téléphone a sonné. C'était **mon** amie Brenda. Elle voulait
que je lui prête **mon** livre de français. Elle avait oublié **le**
sien à l'école et ne pouvait pas aller jouer **au** parc avant
d'avoir fini **ses** devoirs. Comme j'avais fini les miens, j'ai
pris **mon** vélo et je me suis dirigée chez elle. J'attendrai
dehors **le** temps qu'elle finisse **le** ou **son** travail. Ensuite,
nous pourrons aller au parc jouer avec **le** nouveau chien
de **mon** ou **notre** amie Hélène.

Page 26

1. Lieux : Valleyfield, Saint-Hyacinthe, Sainte-Marthe
Personnes : Sophie, Marc, Julie Animaux : Princesse,
Minette, Coquette
2. En vert : Annabelle, Kirkland, Lévis, Beauceville, Katia,
Kevin, Zachary, Simone, Marie, Simon, Tatiana,
Méditerranée, Rome, Liverpool En brun : papa, maman,
sœur, neveu, nièce, école, oncle

Page 27

3. a) la, une, cette, notre, votre, leur b) les, des, ces, mes,
tes, ses, nos, vos, leurs, deux, trois… c) l', une, cette, notre,
votre, leur d) les, des, ces, mes, tes, ses, nos, vos, leurs,
deux, trois… e) le, un, ce, mon, ton, son, notre, votre, leur
f) la, une, cette, notre, votre, leur g) l', un, cet, mon, ton,
son, notre, votre, leur h) les, des, ces, mes, tes, ses, nos,
vos, leurs, deux, trois… i) les, des, ces, mes, tes, ses, nos,
vos, leurs, deux, trois…

Page 28

4. a) Le groupe du nom est formé d'un nom, seul ou
accompagné d'un déterminant, ou d'un déterminant et
d'un adjectif. b) nom seul c) déterminant + nom
d) déterminant + adjectif + nom

TEST 3

Le groupe du verbe (GV)
Le groupe du verbe est l'un des deux constituants obligatoires
de la phrase, avec le groupe sujet. Il indique ce que l'on dit à
propos du groupe sujet. Le groupe du verbe contient toujours
un verbe conjugué. Ce verbe conjugué est le noyau du groupe
du verbe. Le verbe conjugué peut être seul ou accompagné
d'un complément du verbe ou d'un attribut du sujet.

Les principales constructions du groupe du verbe
Verbe seul : Paul **mange**. (mange est le noyau du groupe du
verbe)
Verbe + adjectif : Vous **êtes** belle. (êtes est le noyau du groupe
du verbe)
Verbe + groupe du nom : Félix **mangera** une pomme. (mangera est le noyau du groupe du verbe)
Verbe + préposition + groupe du nom : Mariane **ira** à l'hôpital. (ira est le noyau du groupe du verbe)
Verbe + groupe du nom + préposition + groupe du nom : Tu
lis un livre à ton ami. (lis est le noyau du groupe du verbe)
Pronom + verbe + groupe du nom : Ils **mangent** des pommes.
(mangent est le noyau du groupe du verbe)
Pronom + verbe + préposition + groupe du nom : Nous **irons**
à la pharmacie. (irons est le noyau du groupe du verbe)
Verbe + adverbe : Tu **manges** lentement. (manges est le noyau
du groupe du verbe)
Verbe + verbe à l'infinitif : Je **voudrais** courir. (voudrais est le
noyau du groupe du verbe)

Le groupe sujet (GS)
Le groupe sujet est l'un des deux constituants obligatoires de
la phrase avec le groupe du verbe. Il indique de qui ou de quoi
on parle.

Principales constructions du groupe sujet
Un groupe du nom : Mes **amies** mangent des pommes. (amies
est le noyau du groupe sujet)
Plusieurs groupes du nom : La **policière** et le **pompier** travaillent beaucoup. (policière et pompier sont le noyau du
groupe sujet)
Un pronom : **Ils** mangent des pommes. (ils est le noyau du
groupe sujet)

Lᴇ ᴡ ᴛᴠsʀsǫᴡ

Les pronoms personnels
Ce sont les pronoms les plus courants.
    Les pronoms personnels désignent les personnes qui parlent, les personnes à qui l'on parle ou les personnes de qui on
parle.
1ʳᵉ personne singulier : je, j', me, m', moi
2ᵉ personne singulier : tu, te, t', toi
3ᵉ personne singulier : il, elle, on, le, la, l', lui, se, s', en, y, soi
1ʳᵉ personne pluriel : nous
2ᵉ personne pluriel : vous
3ᵉ personne pluriel : ils, elles, leur, les, eux, se, s', en, y

Les pronoms possessifs

Ils expriment un lien d'appartenance ou de possession : le mien, les miens, la mienne, les miennes, le tien, les tiens, la tienne, les tiennes, le sien, les siens, la sienne, les siennes, le nôtre, la nôtre, les nôtres, le vôtre, la vôtre, les vôtres, le leur, la leur, les leurs.

Les pronoms démonstratifs

Servent à désigner une personne, un animal, une chose ou une réalité qu'on veut montrer : celui, celui-ci, celui-là, ceci, cela, ça, ce, c', celle, celle-ci, celle-là, ceux, ceux-ci, ceux-là, celles, celles-ci, celles-là.

Les pronoms indéfinis

Ils désignent des personnes, des animaux, des choses ou des réalités dont la quantité ou l'identité n'est pas précisée : certain/certaine, chacun/chacune, grand-chose, on, personne, plusieurs, quelqu'un/quelques-uns/quelques-unes, quelque chose, rien, tous/tout/toutes.

Les pronoms interrogatifs

S'emploient au début d'une phrase pour poser une question : quel, quelle, lequel, laquelle, quels, quelles, qui, que, quoi.

Les pronoms relatifs

Dont, où, que, qui.

Page 29

1. a) Je <u>joue</u> dehors avec mes amis. b) Francesca <u>mange</u> <u>des framboises et des bleuets.</u> c) Jean-Luc <u>joue de la</u> <u>guitare électrique.</u> d) Mireille <u>écrit</u> dans son cahier.

2. a) Nous irons cueillir des pommes et des citrouilles. b) Mika participera à la course contre la montre. c) Les chiens dorment dans leur niche. d) La forêt est sombre et silencieuse.

3. a) <u>Elles</u> font des culbutes sur le tapis. b) <u>On</u> participera à un camp de hockey. c) <u>Vous</u> parlez trop fort. d) <u>Je</u> suis en quatrième année.

4. a) Les étoiles <u>brillent</u> dans le ciel.

b) Le médecin et l'infirmière <u>soignent</u> un malade.

c) Il n'<u>ira</u> pas à la classe verte avec ses amis.

Page 30

1. a) grimper, escalader b) danser c) arroser, éteindre d) tricoter e) dormir f) tondre, couper g) regarder, h) patiner i) nager j) déjeuner, dîner, souper, manger k) embrasser l) pleuvoir

Page 31

2. a) Sujet : Ma mère, Verbe : boit.
   b) Sujet : L'autoroute, Verbe : est fermée.
   c) Sujet : J', Verbe : ouvre.
   d) Sujet : Tous les élèves de ma classe, Verbe : font.
   e) Sujet : Érika, Verbe : a déménagé.
   f) Sujet : Kevin et Jason, Verbe : ont préparé.
   g) Sujet : Le téléphone, Verbe : sonne.
   h) Sujet : je, Verbe : peux.
   i) Sujet : Sylvie, Verbe : a réussi.
   j) Sujet : Le petit ver de terre, Verbe : a creusé.
   k) Sujet : Certaines conditions, Verbe : s'appliquent.
   l) Sujet : Vous, Verbe : écoutez.
   m) Sujet : le lac près de votre chalet, Verbe : est envahi.
   n) Sujet : Le musée, Verbe : présente.

Page 32

3. a) Didier a mal au dos et il prend un comprimé pour soulager la douleur. b) Rafaëla et Peggie vont magasiner et elles achètent des chaussures. c) Ma mère a cueilli des citrouilles avec lesquelles elle a fait une tarte. d) Caroline travaille dehors, elle est horticultrice. e) Aïcha étudie beaucoup parce qu'elle veut réussir son examen. f) Mes amis et moi allons en randonnée parce que nous aimons ça. g) Vincent n'aime pas les carottes et il n'en mange pas. h) Leila a acheté un chien, car elle en voulait un depuis longtemps.

TEST 3.1
Page 33

1. a) défaite b) place c) mangeoire d) garage e) gras f) paquet g) gond h) fragile

2. a) Ils ou elles b) Nous c) Vous d) Je e) Vous f) Elles

3. a) Marie et Julie, n'attendez pas qu'il soit trop tard. b) Vous courez la chance de gagner un voyage en France. c) Mes amis et moi ferons une chasse au trésor. d) Paris est la capitale de la France. e) Les papillons sont partis pour les pays chauds. f) Mon frère a eu très froid en attendant l'autobus. g) Le téléphone ne fonctionne plus depuis hier soir.

Page 34

1. Ils conduisent une voiture rouge. Maya (ou Lucas) allume un feu de joie. Lucas (ou Maya) chante dans une chorale. Nous achetons des fruits et des légumes. Elles portent des robes roses. Vous avez cassé les branches de l'arbre.

2. Groupe sujet

3. Groupe du verbe

4. a) dessiner b) promener c) skier d) construire e) danser f) lire g) éduquer h) marcher i) téléphoner j) boxer k) fleurir l) cacher m) glacer n) greffer o) gaffer

Page 35

5. garantir, avouer, vouloir, prendre, être, faire, rêver, dissoudre, frire, épier, accrocher, transcrire, ôter, parfumer, verser, fuir, gesticuler, apprendre, caler, fouetter, mordre, organiser, dater, frissonner, lire, concevoir, bénir, obscurcir, taper

6. Le mont Everest **est** le plus haut sommet du monde. Plusieurs alpinistes **ont tenté** de l'escalader. Le premier Canadien à réussir son ascension se **nomme** Yves Laforest. Il **a réussi** cet exploit en 1991.

Page 36

7. Réponses au choix

8. Réponses au choix

TEST 4

Le radical et la terminaison

Le radical (en gras dans l'exemple ci-dessous) est une partie du verbe qui ne change généralement pas dans la conjugaison. Certains verbes comme pouvoir changent de radical (je peux, je pourrais, que je puisse, etc.).

 *J'**aim**e*
 *Tu **aim**es*
 *Il **aim**e*
 *Nous **aim**ons*
 *Vous **aim**ez*
 *Ils **aim**ent*

La terminaison (soulignée dans l'exemple ci-dessus) est la partie du verbe qui change selon le mode, le temps, le nombre et la personne auxquels le verbe est conjugué.

Temps des verbes

***Temps simple* :** *les verbes conjugués à un temps simple sont formés d'un seul mot (on ne compte pas le pronom). Les temps simples du mode indicatif sont : le présent, l'imparfait, le futur simple, le conditionnel présent et le passé simple.*

Temps composé : *les verbes conjugués à un temps composé sont formés de deux mots (on ne compte pas le pronom) : un auxiliaire (avoir ou être) et le participe passé du verbe. Les temps composés sont : le passé composé, le plus-que-parfait, le passé antérieur, le futur antérieur et le conditionnel passé.*

Les modes du verbe

Le mode du verbe exprime de quelle manière est utilisé le verbe. Il existe cinq modes : l'impératif, l'indicatif, l'infinitif, le participe et le subjonctif.
L'impératif sert à donner des ordres.
L'indicatif sert à illustrer un événement déjà arrivé (passé), un événement en train d'arriver (présent) ou qui arrivera (futur).
L'infinitif donne le sens du verbe.
Le participe est un événement qui arrive en même temps qu'un autre.
Le subjonctif exprime un souhait.

L'indicatif présent

Sert à indiquer un événement qui survient dans le présent.

Terminaisons de l'indicatif présent des verbes réguliers

Personne et nombre	Pronoms personnels	Verbes en **-er** (sauf aller)	Verbes en **-ir** (font -issant au participe présent)
1re pers. sing.	je, j'	-e	-s
2e pers. sing.	tu	-es	-s
3e pers. sing.	Il, elle, on	-e	-t
1re pers. plur.	nous	-ons	-ons
2e pers. plur.	vous	-ez	-ez
3e pers. plur.	ils, elles	-ent	-ent

L'impératif présent

Il sert à donner des ordres.

Terminaisons des verbes à l'impératif présent

Personne et nombre	Verbes en **-er** comme aimer	Verbes en **-ir** comme finir
2e pers. sing.	-e	-e
1re pers. plur.	-ons	-ons
2e pers. plur.	-ez	-ez

L'impératif présent se conjugue sans pronom seulement aux trois personnes mentionnées ci-dessus.

Page 37

1. a) je pens**e** b) vous annonc**ez** c) nous mange**ons**
d) elles dans**ent** e) je cueiller**ai** f) vous connaiss**iez**
g) tu dis**ais** h) ils naîtr**ont**
2. a) nous b) il/elle/on c) tu d) je e) vous f) ils/elles
3. a) impératif présent b) infinitif c) indicatif présent
d) indicatif présent e) impératif présent f) infinitif
4. a) manger, aller, penser, regarder, etc. b) finir, dormir, gémir, fuir, etc. c) vouloir, pouvoir, falloir, devoir, etc. d) dire, mettre, naître, plaire, etc.

Page 38

1.

Personne et nombre	Pronoms	Terminaisons	Exemples
1re pers. sing.	je (j')	s e x ai	Je lis Je parle Je veux J'**ai**
2e pers. sing.	tu	s x	Tu sais Tu peux
3e pers. sing.	il/elle/on	d a t e	Elle ten**d** Il v**a** On fai**t** Elle mang**e**
1re pers. plur.	nous	ons mes	Nous rêv**ons** Nous som**mes**
2e pers. plur.	vous	ez tes	Vous sort**ez** Vous fai**tes**
3e pers. plur.	ils/elles	ent ont	Elles march**ent** Ils f**ont**

2. a) Tu manges b) Nous déménageons c) Ils ou Elles dansent d) Vous partez e) Ils ou Elles attendent f) Nous lisons

Page 39

3. a) Nous b) Je c) Elles d) Vous e) Ils f) Tu g) Elle h) Il i) Tu j) Nous
4. a) Tu b) J' c) Vous d) Ils ou Elles e) Nous f) Il ou Elle ou On g) J' h) Vous i) Tu

Page 40

5. a) jouer b) Partez c) Prends d) joue e) visite f) ont g) est h) assiste i) Prends j) dévalent k) Demeurez
6. « Va (impératif présent) me chercher (infinitif) des carottes dans le potager, me demande (indicatif présent) ma mère. Je veux (indicatif présent) faire un potage de carottes pour le souper. Nous recevons (indicatif présent) tes grands-parents ainsi que ton parrain et ta marraine. » J'ai envie de lui répondre (infinitif) que je n'en ai (indicatif présent) pas envie, mais je sais (indicatif présent) qu'elle sera fâchée contre moi. Je me dépêche (indicatif présent) d'y aller (infinitif) parce que je suis (indicatif présent) en train de jouer (infinitif) à un jeu vraiment palpitant sur Internet. C'est un jeu où il faut (indicatif présent) s'occuper (infinitif) de nos animaux, les nourrir (infinitif), leur faire faire (infinitif) une promenade et toutes sortes de choses amusantes.

TEST 4.1
Page 41

1. a) jouer b) manger c) danser d) donner e) bouillir f) boire g) battre h) mentir i) servir
2. Claire ne veut pas aller à Trois-Rivières. Elle aimerait mieux rester à Montréal et jouer avec ses amies. Elle demande la permission à ses parents de rester ici, mais ils ne veulent pas. Ils lui disent qu'ils doivent aller voir sa grand-mère qui est très malade. Claire comprend. Elle jouera avec ses amies une autre fois.
3. a) lis b) viens c) prends d) dis e) bois f) finis
4. a) écout**e** b) regard**e**, brill**ent** c) finiss**ent** d) regard**es** e) écout**ez** f) envahiss**ent** g) revien**s**

Page 42

1. a) Je suis, tu es, il/elle/on est, nous sommes, vous êtes, ils/elles sont b) J'ai, tu as, il/elle/on a, nous avons, vous avez, ils/elles ont c) Je fais, tu fais, il/elle/on fait, nous faisons, vous faites, ils/elles font

2. a) sois, soyons, soyez b) aie, ayons, ayez c) fais, faisons, faites d) place, plaçons, placez e) appelle, appelons, appelez f) cours, courons, courez g) entre, entrons, entrez h) vends, vendons, vendez i) mens, mentons, mentez

Page 43

3. manger, aller, rêver, fermer, etc.

4. finir, dormir, ouvrir, mourir, etc.

5. vouloir, pouvoir, revoir, devoir, etc.

6. faire, rire, croire, distraire, etc.

7. a) infinitif b) indicatif présent c) impératif présent d) indicatif présent e) impératif présent f) infinitif g) indicatif présent h) indicatif présent i) infinitif j) indicatif présent k) impératif présent l) infinitif

Page 44

8. a) Je sers, tu sers, il/elle/on sert, nous servons, vous servez, ils/elles servent b) Je veux, tu veux, il/elle/on veut, nous voulons, vous voulez, ils/elles veulent c) Je protège, tu protèges, il/elle/on protège, nous protégeons, vous protégez, ils/elles protègent d) sers, servons, servez e) veux, voulons, voulez f) protège, protégeons, protégez g) dis, disons, dites h) vois, voyons, voyez i) plais, plaisons, plaisez j) descends, descendons, descendez k) explore, explorons, explorez l) sens, sentons, sentez

TEST 5

Le participe présent

Le participe présent sert à exprimer une action qui a lieu en même temps que l'action du verbe.

Exemple : Les élèves entrèrent dans la classe en criant.
Les verbes au participe présent sont invariables.

Le conditionnel présent

Permet d'exprimer des actions, des états ou des événements qui pourraient avoir lieu, mais à plusieurs conditions.

Terminaisons du conditionnel présent des verbes réguliers

Personne et nombre	Pronoms personnels	Verbes en **-er** comme aimer	Verbes en **-ir** comme finir
1ʳᵉ pers. sing.	je, j'	-rais	-rais
2ᵉ pers. sing.	tu	-rais	-rais
3ᵉ pers. sing.	il, elle, on	-rait	-rait
1ʳᵉ pers. plur.	nous	-rions	-rions
2ᵉ pers. plur.	vous	-riez	-riez
3ᵉ pers. plur.	ils, elles	-raient	-raient

Le subjonctif présent
Terminaisons du conditionnel présent des verbes réguliers

Personne et nombre	Pronoms personnels	Verbes en **-er** comme aimer	Verbe en **-ir** comme finir
1ʳᵉ pers. sing.	que je, j'	-e	-e
2ᵉ pers. sing.	que tu	-es	-es
3ᵉ pers. sing.	qu'il, elle, on	-e	-e
1ʳᵉ pers. plur.	que nous	-ions	-ssions
2ᵉ pers. plur.	que vous	-iez	-ssiez
3ᵉ pers. plur.	qu'ils, elles	-ent	-ssent

Page 45

1. a) subj. prés. b) cond. prés. c) part. prés. d) cond. prés. e) part. prés. f) subj. prés. g) cond. prés. h) subj. prés. i) part. prés. j) subj. prés. k) cond. prés. l) cond. prés. m) part. prés. n) subj. prés. o) part. prés. p) subj. prés. q) cond. prés. r) cond. prés.

Page 46

1. a) j'irais b) ayant c) sache d) ouvrions e) lisiez f) écriraient g) réglant h) réussissent i) soit

2. Les verbes au participe présent sont : *restant, entrant, quêtant, usant, imitant, nageant*. Mot caché : *requin*.

Page 47

3. a) Je serais, tu serais, il /elle/on serait, nous serions, vous seriez, ils/elles seraient b) J'aurais, tu aurais, il/elle/on aurait, nous aurions, vous auriez, ils/elles auraient c) Je ferais, il/elle/on ferait, nous ferions, vous feriez, ils/elles feraient d) J'aimerais, tu aimerais, il/elle/on aimerait, nous aimerions, vous aimeriez, ils/elles aimeraient e) Je finirais, tu finirais, il/elle/on finirait, nous finirions, vous finiriez, ils/elles finiraient f) Je voudrais, tu voudrais, il/elle/on voudrait, nous voudrions, vous voudriez, ils/elles voudraient

4. aimant, finissant, voulant

5. Sortant par la porte d'en arrière et rencontrant l'affreuse sorcière édentée, Paula eut la peur de sa vie.

Page 48

6. a) Que je sois, que tu sois, qu'il/elle/on soit, que nous soyons, que vous soyez, qu'ils/elles soient b) Que j'aie, que tu aies, qu'il/elle/on ait, que nous ayons, que vous ayez, qu'ils/elles aient c) Que je fasse, que tu fasses, qu'il/elle/on fasse, que nous fassions, que vous fassiez, qu'ils/elles fassent d) Que j'aime, que tu aimes, qu'il/elle/on aime, que nous aimions, que vous aimiez, qu'ils/elles aiment e) Que je finisse, que tu finisses, qu'il/elle/on finisse, que nous finissions, que vous finissiez, qu'ils/elles finissent f) Que je veuille, que tu veuilles, qu'il/elle/on veuille, que nous voulions, que vous vouliez, qu'ils/elles veuillent

7. étant, ayant, faisant

8. Carole aimerait bien partir en République dominicaine, mais elle n'a pas encore son passeport. Il faudrait qu'elle se rende au bureau des passeports et en fasse la demande. Elle le ferait bien, mais elle n'a pas reçu son acte de naissance. Carole s'occupera de toutes les formalités dès demain.

Corrigé • Français

TEST 5.1
Page 49
1. a) subj. prés. b) cond. prés. c) cond. prés. d) part. prés.
e) subj. prés. f) part. prés. g) cond. prés. h) cond. prés.
2. Je voudrais bien aller à Cuba, mais j'ai peur de prendre
l'avion. Je pourrais aller voir un psychologue pour m'aider.
Il me donnerait sûrement des trucs pour vaincre ce
problème. Il faut vraiment que je fasse quelque chose.
3. a) cuisant b) devant c) disant d) ouvrant e) plaçant
f) étudiant
4. a) Que je sach**e** me servir d'un marteau est important
pour rénover la maison. b) Il faut qu'elles étudi**ent**
beaucoup pour réussir. c) Alors que nous appel**ions** le 911,
les pompiers sont arrivés. d) Il demande que vous arriv**iez**
15 minutes avant le début du spectacle.
Page 50
1. a) travaillant b) prendraient c) gagnerais d) puissent
e) vaincrais f) dises g) chantant h) veniez i) puisse
j) dansant k) arrivent
2. Il faut encercler le troisième bouquet de ballons.
Page 51
3. Il faut suivre les participes présents : *marchant, dansant,
pensant, frappant, décidant, lisant, roulant, riant, finissant,
étudiant, écoutant, soulignant, tapant.*
Page 52
4. Il faut passer par *aimerais, voudrions, lirais, ramasserais,
pourriez, souffrirais, seraient, trouverait, tiendriez, suivrais,
servirions, recevrais, pourrions, naîtrais, joindraient, fuirait,
mettraient, plairais, rirais, viendrions, vivrait, chanterions,
marcheriez, finirait.*

TEST 6

Le passé composé
L'auxiliaire **avoir** *sert à conjuguer la plupart des verbes.
L'auxiliaire* **être** *est utilisé avec des verbes qui expriment un
mouvement comme aller, arriver, entrer, partir; ou un état
comme devenir, mourir, naître, rester.*

J'ai mangé	Je suis né(e)
Tu as mangé	Tu es né(e)
Il, elle, on a mangé	Il, elle, on est né (e) (s)
Nous avons mangé	Nous sommes nés (es)
Vous avez mangé	Vous êtes nés (es)
Ils ont mangé	Ils, elles sont nés (es)

Le futur simple
Il sert à exprimer quelque chose qui arrivera dans l'avenir.

Terminaisons du futur simple des verbes réguliers

Personne et nombre	Pronoms personnels	Verbes en **-er** comme aimer	Verbe en **-ir** comme finir
1ʳᵉ pers. sing.	je, j'	-rai	-rai
2ᵉ pers. sing.	tu	-ras	-ras
3ᵉ pers. sing.	il, elle, on	-ra	-ra
1ʳᵉ pers. plur.	nous	-rons	-rons
2ᵉ pers. plur.	vous	-rez	-rez
3ᵉ pers. plur.	ils, elles	-ront	-ront

L'imparfait de l'indicatif
*Permet de situer dans le passé quelque chose qui est en train
de se réaliser.*

Terminaisons de l'imparfait des verbes réguliers

Personne et nombre	Pronoms personnels	Verbes en **-er** comme aimer	Verbe en **-ir** comme finir
1ʳᵉ pers. sing.	je, j'	-ais	-ais
2ᵉ pers. sing.	tu	-ais	-ais
3ᵉ pers. sing.	il, elle, on	-ait	-ait
1ʳᵉ pers. plur.	nous	-ions	-ions
2ᵉ pers. plur.	vous	-iez	-iez
3ᵉ pers. plur.	ils, elles	-aient	-aient

Page 53
1. a) passé composé b) imparfait c) futur simple d) passé
composé e) futur simple f) imparfait g) futur simple
h) imparfait i) passé composé j) imparfait k) imparfait
l) passé composé m) passé composé n) futur simple
o) imparfait p) passé composé q) imparfait r) futur simple
2. a) Je mangerai des fruits et des légumes tous les jours.
b) J'irai au zoo de Granby. c) Je ferai cuire des côtelettes
et des brochettes. d) Mario sera un chirurgien réputé.
Page 54
1. a) ai connu b) as cueilli c) ont célébré d) sommes morts
e) sont nées f) a plu g) est venu h) avez vu i) ont ouvert
j) ai menti k) avons lu l) a fallu m) sont allés n) as fini
o) avez été
2. a) Vous avez offert b) Elles sont restées c) J'ai débarqué
d) Tu es parti e) Il a servi f) Nous avons dormi g) Tu as
grossi h) J'ai appelé i) Ils ont rendu j) Vous avez donné
Page 55
3. a) J'étais, tu étais, il/elle/on était, nous étions, vous étiez,
ils/elles étaient b) J'avais, tu avais, il/elle/on avait, nous
avions, vous aviez, ils/elles avaient c) Je faisais, tu faisais,
il/elle/on faisait, nous faisions, vous faisiez, ils/elles faisaient
d) J'aimais, tu aimais, il/elle/on aimait, nous aimions, vous
aimiez, ils/elles aimaient e) Je finissais, tu finissais, il/elle/on
finissait, nous finissions, vous finissiez, ils/elles finissaient
f) Je voulais, tu voulais, il/elle/on voulait, nous voulions,
vous vouliez, ils/elles voulaient g) Je regardais, tu regardais,
il/elle/on regardait, nous regardions, vous regardiez, ils/elles
regardaient h) Je mentais, tu mentais, il/elle/on mentait,
nous mentions, vous mentiez, ils/elles mentaient i) Je
recevais, tu recevais, il/elle/on recevait, nous recevions,
vous receviez, ils/elles recevaient
Page 56
4. a) Je serai, tu seras, il/elle/on sera, nous serons, vous
serez, ils/elles seront b) J'aurai, tu auras, il/elle/on aura,
nous aurons, vous aurez, ils/elles auront c) Je ferai, tu feras,
il/elle/on fera, nous ferons, vous ferez, ils/elles feront
d) J'aimerai, tu aimeras, il/elle/on aimera, nous aimerons,
vous aimerez, ils/elles aimeront e) Je finirai, tu finiras,
il/elle/on finira, nous finirons, vous finirez, ils/elles finiront
f) Je voudrai, tu voudras, il/elle/on voudra, nous voudrons,
vous voudrez, ils/elles voudront g) Je regarderai, tu
regarderas, il/elle/on regardera, nous regarderons, vous
regarderez, ils/elles regarderont h) Je mentirai, tu mentiras,
il/elle/on mentira, nous mentirons, vous mentirez, ils/elles
mentiront i) Je recevrai, tu recevras, il/elle/on recevra, nous
recevrons, vous recevrez, ils/elles recevront

TEST 6.1
Page 57
1. a) futur simple b) passé composé c) imparfait d) futur simple e) passé composé f) passé composé g) futur simple h) futur simple i) passé composé j) passé composé k) futur simple l) imparfait
2. Omar est tout excité. Il **recevra** (futur simple) par la poste le jeu qu'il **a commandé** (passé composé) sur Internet la semaine dernière. Il **rêvait** (imparfait) de ce jeu depuis longtemps.
3. a) J'ai reçu b) Tu as ri c) Nous avons écrit d) Vous avez fait e) J'ai connu f) Tu as cuisiné g) Nous avons aidé h) Vous avez frappé
4. a) fais**ais** b) batt**aient** c) pratiqu**iez** d) mett**aient**
Page 58
1. a) recevra b) auras c) répareront d) pêcherez e) riront f) tourneras g) iront h) marcherez i) transportera j) viendrons k) souperai l) tiendrons m) brosserai
2. a) Vous offrirez b) Elles resteront c) Je débarquerai d) Tu partiras e) Il servira f) Nous dormirons g) Tu grossiras h) J'appellerai i) Ils rendront j) Vous donnerez
Page 59
3. Réponse au choix
4. Réponse au choix
5. Réponse au choix
6. a) J'irai visiter le zoo de Granby avec le service de garde de l'école. b) Tu joueras au tennis avec tes amis au parc de l'école. c) Nous appliquerons de la crème solaire pour nous protéger. d) Elles appelleront le médecin pour prendre un rendez-vous. e) Le facteur livrera un colis pour mon père. f) Vous irez voir un spectacle de danse. g) Nous travaillerons durant de longues heures pour bâtir la maison.
Page 60
7. Il faut colorier : *étais, avait, appelaient, broyions, envoyaient, étudiait, cuisiez, dansions, appreniez, avaient, était, créais, lisais, pesions, payait, buviez, battaient, changions, mordiez, tapait, chantaient, fermions, voyait, savait, composait, quittiez, bâtissions, partait, parlait, dansions, écrivait, passais, naissait, payais, teniez, saviez, courais, couvrait.*

TEST 7

La phrase
La phrase est une suite ordonnée de mots ayant un sens. Elle commence par une majuscule et se termine généralement par un point. Les constituants obligatoires de la phrase sont le groupe sujet et le groupe du verbe. Une phrase peut également comporter un groupe complément de phrase qui est facultatif.
La phrase négative sert à exprimer une négation, un refus, une interdiction. Elle se construit avec des mots de négation (*ne... pas, n'...pas, ni...ni, aucun...ne/n'*, etc.). La phrase négative peut être déclarative, exclamative, impérative ou interrogative.
   Exemples : Je **ne** mange **pas** une pomme.
   Que cette pomme **n'**est **pas** bonne !
   Ne mange **pas** cette pomme.
   Tu **ne** mangeras **pas** cette pomme, n'est-ce pas ?

La phrase positive ne contient pas de mots de négation. La phrase positive peut être déclarative, exclamative ou impérative.
   Exemples : Il mange une pomme.
   Quelle belle pomme !
   Mange ta pomme.
   Veux-tu une pomme ?
La phrase déclarative sert à raconter un fait, donner une information ou exprimer un point de vue. Elle se termine par un point. On se sert de la phrase déclarative pour construire les autres types de phrases.
   Exemple : Je mange une pomme.
La phrase exclamative sert à exprimer vivement une émotion, un sentiment, un jugement. Elle se termine par un point d'exclamation.
   Exemple : Quelle belle pomme !
La phrase impérative sert à donner un ordre ou un conseil, ou à exprimer un souhait. Elle comporte toujours un verbe conjugué à l'impératif et se termine par un point ou un point d'exclamation.
   Exemple : Mange ta pomme.
La phrase interrogative sert à poser une question. Elle se termine par un point d'interrogation.
   Exemple : Est-ce que tu veux une pomme ?

Page 61
1. oui
2. a) Nous n'irons pas visiter Rome l'automne prochain. b) Ma mère n'est pas mécanicienne. Elle ne répare pas les automobiles.
3. a) Est-ce qu'Andréa est allée à son cours de natation hier matin ? b) Est-ce que Michel et Charles sont en vacances à Cuba ?
4. a) Mange ta soupe. b) Chante une chanson.
5. a) Isabelle achète un thé glacé.
Page 62
1. a) nég. b) nég. c) pos. d) nég. e) pos. f) pos. g) nég. h) nég. i) nég. j) nég. k) pos. l) nég. m) pos. n) pos. o) pos. p) nég.
Page 63
2. a) Vous avez écouté le dernier album de Simple Plan. b) Nawel a acheté une nouvelle maison. c) Ta sœur va au chalet de ton oncle cet été. d) Vous avez vu le feu d'artifice hier soir. e) Laurence a mis sa robe bleue et rose. f) Tes amies ont le droit d'aller au centre commercial. g) Tu aimes les fruits et les légumes. h) Tu as déjà mangé des insectes. i) Le spectacle est annulé. j) Tu as déjà volé en montgolfière.
Page 64
3. a) Caresse le chat de ton ami. b) Lis une bande dessinée. c) Dors toute la nuit dans ton lit. d) Mange des fruits. e) Écoute ton professeur. f) Range ta chambre. g) Prends ton vélo pour aller à l'école.
4. a) Qu'il est difficile de réussir ce sudoku ! b) Est-ce que tu irais acheter du pain ? c) Que vous avez une belle robe ! d) Je parle au téléphone avec Geneviève. e) Il n'arrive pas à ouvrir le document que vous avez envoyé. f) Quelle magnifique voiture ! g) Est-ce que vous aimez les pêches ?

TEST 7.1
Page 65
1. a) Je veux des pommes. b) Je ne regarde pas un film.
c) Ne veux-tu pas une pomme ? d) As-tu une règle ? e) Que
tu es bonne ! f) Que ce n'est pas beau ! g) Ne sors pas tout
de suite. h) Débarrasse la table.
2. a) négative, impérative b) positive, exclamative
c) négative, interrogative d) positive, déclarative
Page 66
1. a) J'ai un ordinateur à la maison. Je n'ai pas d'ordinateur
à la maison. b) J'ai reçu de beaux cadeaux pour mon
anniversaire. Je n'ai pas reçu de beaux cadeaux pour mon
anniversaire. c) Il faut savoir le poème par cœur pour
vendredi. Il ne faut pas savoir le poème par cœur pour
vendredi. d) Nous avons regardé l'éclipse de Lune hier soir.
Nous n'avons pas regardé l'éclipse de Lune hier soir.
e) Nous avons fait de bons rêves. Nous n'avons pas fait
de bons rêves. f) Je prendrai des cours de planche à roulettes.
Je ne prendrai pas des cours de planche à roulettes.
Page 67
2. a) nég., imp. b) pos., inter. c) pos., exclam. d) nég., inter.
e) pos., déc. f) pos., imp. g) pos., inter. h) pos., déclar.
i) nég., exclam. j) nég., inter. k) nég., déclar. l) pos., exclam.
m) pos., déclar. n) nég., inter.
Page 68
3. Réponses au choix
4. a) Voulez-vous danser avec moi ? b) Elles <u>ne</u> veulent <u>pas</u>
aller au bal. c) Que tu <u>n</u>'es <u>pas</u> bon danseur <u>!</u>

TEST 8

Formation du féminin des noms et des adjectifs
*Généralement, pour former le féminin on ajoute un **e** à la fin.*
   → *surveillant/surveillante*
   → *fermé/fermée*
   → *grand/grande*
   → *avocat/avocate*
   ***Sauf** :*
   → *maire/mairesse*
   → *maître/maîtresse*
   → *prince/princesse*
   → *tigre/tigresse*
   → *âne/ânesse*

Les mots qui se terminent en -eau font -elle *au féminin* :
   → *chameau/chamelle*
   → *jumeau/jumelle*
   → *nouveau/nouvelle*

Les mots qui se terminent en -el font -elle *au féminin* :
   → *artificiel/artificielle*
   → *habituel/habituelle*
   → *réel/réelle*

Les mots qui se terminent en -en font -enne *au féminin* :
   → *norvégien/norvégienne*
   → *quotidien/quotidienne*
   → *mathématicien/mathématicienne*

Les mots qui se terminent en -er font -ère *au féminin* :
   → *droitier/droitière*
   → *fier/fière*
   → *passager/passagère*

Les mots qui se terminent en -et font -ette au féminin :
   → *net/nette*
   → *muet/muette*
   → *violet/violette*
   ***Sauf** :*
   → *complet/complète*
   → *concret/concrète*
   → *discret/discrète*
   → *incomplet/incomplète*
   → *indiscret/indiscrète*
   → *inquiet/inquiète*
   → *secret/secrète*

Les mots qui se terminent en -eur font -eure ou -euse au féminin :
   → *chauffeur/chauffeuse*
   → *meilleur/meilleure*
   → *professeur/professeure*
   → *vendeur/vendeuse*
   ***Exception** :*
   → *vengeur/vengeresse*

Les mots qui se terminent en -f font -ve au féminin :
   → *veuf/veuve*
   → *naif/naïve*
   → *craintif/craintive*

Les mots qui se terminent en -il font -ille au féminin :
   → *gentil/gentille*
   → *pareil/pareille*

Les mots qui se terminent en -on font -onne au féminin :
   → *baron/baronne*
   → *mignon/mignonne*
   → *champion/championne*
   ***Sauf** :*
   → *démon/démone*
   → *dindon/dinde*
   → *compagnon/compagne*

Certains mots qui se terminent en -teur font -teure au féminin :
   → *auteur/auteure*

Certains mots qui se terminent en -teur font -teuse au féminin :
   → *menteur/menteuse*
   ***Sauf** :*
   → *serviteur/servante*

Certains mots qui se terminent en -teur font -trice au féminin :
   → *acteur/actrice*
   → *lecteur/lectrice*
   → *amateur/amatrice*

Les mots qui se terminent en -x font -se au féminin :
   → *affreux/affreuse*
   → *chanceux/chanceuse*
   → *jaloux/jalouse*

Certains mots changent complètement de forme :
   → *homme/femme*
   → *fou/folle*
   → *monsieur/madame*
   → *neveu/nièce*
   → *oncle/tante*
   → *loup/louve*
   → *roi/reine*
   → *garçon/fille*

Quelques mots dont le genre est difficile à retenir.
Masculin : accident, aéroport, âge, agenda, air, anniversaire, ascenseur, asphalte, autobus, autographe, automate, avion, bulbe, échange, éclair, élastique, éloge, emblème, entracte, épisode, équilibre, escalier, exemple, habit, haltère, hélicoptère, hôpital, hôtel, incendie, obstacle, oreiller, pétale, pore, tentacule, trampoline.
Féminin : agrafe, algèbre, ambulance, ancre, annonce, armoire, artère, astuce, atmosphère, autoroute, écharde, énigme, envie, épice, hélice, idole, impasse, intrigue, moustiquaire, offre, orthographe.

La formation du pluriel des noms et des adjectifs
En général, on ajoute un « s » à la fin pour former le pluriel :
→ *une table/des tables*
→ *une maison/des maisons*
→ *un garçon/des garçons*

Les mots qui se terminent en -al font -aux au pluriel :
→ *hôpital/hôpitaux*
→ *royal/royaux*
→ *général/généraux*

Sauf :
→ *bal, banal, carnaval, cérémonial, chacal, fatal, festival, glacial, natal, naval, récital et régal qui prennent un « s » à la fin.*

Les mots qui se terminent en -ail font -ails au pluriel :
→ *chandail/chandails*
→ *détail/détails*
→ *épouvantail/épouvantails*

Sauf :
→ *bail/baux*
→ *corail/coraux*
→ *émail/émaux*
→ *travail/travaux*
→ *vitrail/vitraux*

Les mots qui se terminent en -au font -aux au pluriel :
→ *noyau/noyaux*
→ *tuyau/tuyaux*

Sauf :
→ *landau/landaus*
→ *sarrau/sarraus*

Les mots qui se terminent en -eau font -eaux au pluriel :
→ *ciseau/ciseaux*
→ *râteau/râteaux*
→ *seau/seaux*

Les mots qui se terminent en -eu font -eux au pluriel :
→ *lieu/lieux*
→ *neveu/neveux*
→ *feu/feux*

Sauf :
→ *bleu/bleus*
→ *pneu/pneus*

Les mots qui se terminent en -ou font -ous au pluriel :
→ *kangourou/kangourous*
→ *sou/sous*

Sauf :
→ *bijou, caillou, chou, genou, hibou, joujou, pou qui prennent un « x » à la fin.*

Les mots qui se terminent par -s, -x et -z sont invariables :
→ *gaz/gaz*
→ *bas/bas*
→ *voix/voix*

Certains mots changent complètement de forme :
→ *ciel/cieux*
→ *monsieur/messieurs*
→ *œil/yeux*

Page 69
1. Les corrections sont en gras. a) **Une** espadrille b) Une écharpe c) Des **bals** d) **Une** épingle e) Des **coraux** f) **Une** allumette g) Des bijou**x** h) Des bonshommes i) **Un** oreiller
2. a) féminin b) masculin c) masculin d) masculin ou féminin e) masculin f) masculin g) féminin h) féminin i) masculin
3. a) bergère b) magicienne c) pareille d) danseuse e) espionne f) coquette g) meilleure h) criminelle i) idiote j) discrète k) sotte l) femme
4. a) singes b) caribous c) choux d) médicaux e) banals ou banaux f) châteaux g) jeux h) joyaux i) chandails

Page 70
1. **er ⇒ ère :** boulanger, cordonnier, droitier, écolier, gaucher, hospitalier, saisonnier **eur ⇒ euse :** bricoleur, chanteur, coiffeur, menteur, nageur, rêveur, trompeur **eur ⇒ eure :** auteur, docteur, ingénieur, intérieur, meilleur, professeur, supérieur **on ⇒ onne :** bon, bouffon, champion, espion, maigrichon, mignon, patron **el ⇒ elle :** artificiel, bel, éternel, exceptionnel, personnel, tel, traditionnel **ajout du** e : brun, droit, gris, joli, petit, seul, vrai

Page 71
2. **et ⇒ ette :** blondinet, cadet, cet, coquet, fluet, muet, rondelet **en ⇒ enne :** aérien, ancien, chien, collégien, indien, magicien, musicien **f ⇒ ve :** bref, chétif, impulsif, neuf, sportif, veuf, vif **x ⇒ se :** amoureux, creux, curieux, dangereux, délicieux, heureux, honteux **teur ⇒ trice :** directeur, lecteur, protecteur, réducteur, révélateur, spectateur, traducteur **différent :** frère, garçon, homme, neveu, oncle, papa, parrain **divers :** blanc, doux, faux, fou, franc, roux, sec

Page 72
3. **ou ⇒ ous, ou ⇒ oux :** cailloux, caribous, fous, genoux, hiboux, matous, poux **al ⇒ als, al ⇒ aux :** bals, banals, bocaux, festivals, journaux, médicaux, végétaux **eu ⇒ eux, eu ⇒ eus :** bleus, cheveux, feux, jeux, milieux, pneus, vœux **au ⇒ aux :** boyaux, gruaux, joyaux, landaus, noyaux, sarraus, tuyaux **eau ⇒ eaux :** bateaux, beaux, berceaux, châteaux, gâteaux, hameaux, rameaux **ail ⇒ aux, ail ⇒ ails :** baux, chandails, coraux, détails, épouvantails, éventails, travaux, **ne change pas :** gris, heureux, joyaux, jus, nez, riz, souris

TEST 8.1
Page 73
1. a) Des châteaux b) Des prix c) Des matous d) Des feux e) Des noyaux f) Des yeux g) Des animaux h) Des récitals
2. a) Les danseuses font un grand écart (ou de grands écarts). b) Les avocates plaident au tribunal (ou aux tribunaux). c) Les professeures ont donné un devoir à l'élève (ou des devoirs aux élèves).
3. a) La **gardienne** de prison surveille les prisonniers. b) **Un** autobus jaune sillonne les rues. c) Les **hiboux** sont bien cachés dans les arbres. d) J'ai ramassé des **cailloux**.

Corrigé • Français

1. **s** : autruche, cage, cirque, clown, fête, jongleur, louve, malade, père, tempête; **aux** : cheval, corail, émail, journal, jovial, joyau, principal, signal, travail, vitrail; **eaux** : berceau, cadeau, corbeau, escabeau, flambeau, morceau, pinceau, radeau, tableau, tombeau

2. a) Les grands-mamans font des bonshommes de neige. b) Les avant-midi, ils font voler leurs cerfs-volants.

3. a) Les, hautes b) belle c) chevaux, blancs d) roses e) Un f) noires g) hiboux, cailloux h) bruns i) bijoux j) professeur k) brûlée l) blanche.

4. Une fourmi s'est **rendue** au bord d'**une** rivière pour étancher sa soif. Elle a été emportée par le courant et était sur le point de se noyer. **Un** cygne, perché sur un arbre surplombant l'eau, a cueilli **une** feuille et l'a laissée tomber dans l'eau près de la fourmi. La fourmi est montée sur la feuille et a flotté saine et sauve jusqu'au bord. Peu après, un chasseur d'oiseaux est venu s'installer sous les **arbres** où le cygne était perché. Il a placé **un** piège pour le cygne. La fourmi a compris ce que le chasseur allait faire et l'a piqué aux **pieds**. Le chasseur d'oiseaux a hurlé de douleur et a laissé tomber ses **pièges**. Le bruit a fait s'envoler le cygne et il a été sauvé. Comme quoi les plus **petits** peuvent souvent aider les plus **grands**.

5. a) féminin b) masculin c) féminin ou masculin d) masculin e) masculin f) féminin g) féminin h) masculin i) féminin

TEST 9

Les synonymes
Mots qui ont un sens pareil ou semblable à celui d'un autre mot.

> *Exemple : crier/hurler*

L'adjectif
L'adjectif est un mot variable qui se place généralement après le nom qu'il accompagne, parfois avant. L'adjectif dit comment est la personne, l'animal, la chose ou la réalité désignée par le nom.

> *Une belle fille. Des chiens méchants.*
> *Le grand garçon. La prochaine fois.*

L'adjectif est un receveur, c'est-à-dire qu'il reçoit le genre et le nombre du nom qu'il accompagne. Pour l'accord de l'adjectif, voir plus loin la formation du féminin et du pluriel.

Les antonymes
Mots dont le sens est le contraire de celui d'un autre mot.

> *Exemples :*
> → *paix/guerre*
> → *amour/haine*

1. a) léger b) sale c) vaillant d) désagréable e) dernier f) malheureux g) blanc h) homme

2. a) abîmer, par exemple b) bouquin, par exemple c) drôle, par exemple d) ôter, par exemple e) futé, par exemple f) enjamber, par exemple g) bourde, par exemple h) pesant, par exemple

3. a) Chloé aime les <u>gros</u> chiens <u>noirs</u>. b) Sabine n'aime pas les tomates <u>vertes</u>. c) Elle a reçu un bol <u>bleu</u> pour son anniversaire. d) J'ai les cheveux <u>blonds</u>. e) L'écorce de l'arbre est <u>rugueuse</u>. f) Les pommes <u>rouges</u> dans l'arbre sont <u>grosses</u>. g) La soprano chante une <u>belle</u> chanson.

1. a) facile b) fâché c) heureux d) grand e) bon f) joyeux g) jour h) différent i) dur j) garçon k) faible l) chaud m) fermé n) extérieur o) avec p) beau q) masculin r) dessous s) descendre t) invisible u) plein v) jeune w) peu x) sud y) toujours z) pâle

2. Il faut relier *pauvre à riche*; *engraisser à maigrir*; *simple à compliqué*

3.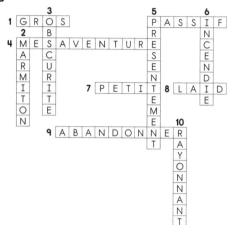

4. Fendre et ouvrir, modeler et sculpter, précieux et cher, humer et sentir, tendre et doux, indice et signe, long et interminable.

5. Les adjectifs sont : noir, blanc, joyeux, meilleur, nouveau, heureux, contente, triste, longue, petit, vieille

6. Les phrases suivantes sont des exemples. Toute autre phrase enrichie d'adjectifs est acceptée. a) Kevin compose une belle chanson. b) Kate et Sandrine portent des chaussures noires. c) Le soleil jaune brille dans le ciel bleu. d) La lune blanche éclaire le jardin sombre. e) Félix voit une grosse araignée. f) Je parle avec ma meilleure amie. g) J'ai gagné une belle bicyclette rouge.

TEST 9.1

1. a) Ma tante a acheté un manteau vert. b) Mon chat et mon chien sont noirs. c) Nina vit dans une belle maison. d) Luc s'est acheté une voiture neuve. e) J'ai assisté à un magnifique coucher de soleil.

2. a) Amir **descend** de la voiture de son père. b) Antoine a mis sa chemise **blanche**. c) C'est une journée **froide** aujourd'hui.

3. a) Stéphane s'est déguisé en **démon** pour l'Halloween. b) J'ai **terminé** tous mes devoirs et mes leçons pour la semaine.

1. Il était une fois un homme qui avait sept fils. Sa femme et lui désiraient ardemment avoir une <u>jolie</u> <u>petite</u> fille. Finalement, un <u>beau</u> jour d'été, la mère donna naissance à la fille tant <u>attendue</u>. Ils étaient <u>heureux</u>, mais la fillette était <u>chétive</u> et il fallait la laver avec de l'eau <u>magique</u>.

Le père envoya un des garçons chercher l'eau à la fontaine. Les six autres le suivirent, et comme chacun voulait être le premier à puiser l'eau, les <u>pauvres</u> garçons laissèrent tomber la cruche dans le puits <u>profond</u>. Ne sachant pas quoi

faire, ils restèrent là. Ils étaient <u>effrayés</u> de la réaction qu'aurait leur père.

Le père était <u>inquiet</u>. Il se demandait bien ce que faisaient ses <u>vilains</u> garçons. Puis, il se mit en colère et il cria : « Je voudrais qu'ils soient changés en corbeaux <u>noirs</u> ! » À peine avait-il prononcé ces <u>terribles</u> mots qu'il vit dans le ciel <u>bleu</u> sept corbeaux <u>noirs</u> aux yeux <u>jaunes</u> voler au-dessus de sa tête.

Lorsqu'elle fut plus <u>grande</u>, la <u>petite</u> sœur découvrit qu'elle avait sept frères qui avaient été changés en corbeaux <u>noirs</u>. Elle partit à leur recherche. Elle alla jusqu'au soleil qui était trop <u>chaud</u>, jusqu'à la lune qui était <u>méchante</u>, jusqu'aux étoiles. L'étoile du matin lui donna la clé pour ouvrir la porte de la montagne de glace où se trouvaient ses frères.

Quand elle arriva devant la porte, elle s'aperçut qu'elle avait perdu la <u>précieuse</u> clé. Alors, la <u>bonne</u> <u>petite</u> sœur prit son couteau, se coupa le <u>petit</u> doigt et s'en servit pour ouvrir la <u>grande</u> porte.

Arrivée dans l'<u>immense</u> château, la <u>petite</u> fille vit une table richement <u>dressée</u> pour sept personnes. Elle mangea un peu dans chaque assiette et but dans chacun des <u>petits</u> gobelets. Dans le <u>dernier</u> gobelet, elle déposa son <u>petit</u> anneau <u>doré</u> qui lui venait de son père et de sa mère.

Lorsque les corbeaux burent et mangèrent, ils se demandèrent bien qui avait pu boire et manger dans leurs plats. Lorsque l'un d'eux trouva l'anneau, il se plaignit de s'ennuyer de sa sœur. Celle-ci sortit de sa cachette, et les frères reprirent aussitôt leur forme <u>humaine</u>. Les sept frères et la sœur étaient <u>heureux</u> d'être enfin <u>réunis</u>.

Page 83

2. a) adore b) intéressant c) turbulents d) nettoyé e) récolté f) amusant

3. Bruit et vacarme ; ami et compagnon ; colère et rage ; cri et hurlement ; guerre et bataille ; milieu et centre ; gaieté et joie

4. a) gaucherie et maladresse b) fureur et rage c) courir et jogger d) douceur et tendresse e) campagne et nature f) danger et risque g) individu et personne h) assurance et confiance i) douleur et souffrance j) dos et verso

Page 84

5. a) triste b) peu c) rire d) petit e) mort f) ennemi g) laid h) descendre i) triste j) murmurer

---

TEST 10

PⱯÉJⱮƵI Ⱳ

Liste des principaux préfixes et leur signification

aéro-	air	**aéro**port
anti-	contre	**anti**virus
auto-	de soi-même	**auto**défense
bi-	deux	**bi**lingue
centi-	centième	**centi**mètre
co-	avec	**co**voiturage
dé-/des-	contraire	**dé**laissé/**dés**avantagé
ex-	à l'extérieur de, qui a cessé d'être	**ex**-mari
extra-	en dehors	**extra**terrestre
in-/im-/il-/ir-	contraire	**in**décis, **im**mature, **il**logique, **ir**rationnel
inter-	entre	**inter**national
kilo-	mille	**kilo**mètre
mal-	contraire	**mal**heureux
mi-	moitié	**mi**-temps
milli-	millième	**milli**mètre
multi-	plusieurs	**multi**culturel
para-	protection contre	**para**chute
poly-	plusieurs	**poly**valent
pré-	avant	**pré**histoire
re-/ré-/r-	de nouveau	**re**faire, **ré**crire, **r**emplir
super-	au-dessus de	**super**poser
sur-	au-dessus	**sur**consommation
télé-	à distance	**télé**commande
tri-	trois	**tri**cycle
ultra-	au-delà de	**ultra**son
vidéo-	voir	**vidéo**cassette
zoo-	animal	**zoo**logie

SⱯⱮƵI Ⱳ *Liste des principaux suffixes et leur signification*

-able	possibilité	confort**able**
-ade	action	gliss**ade**
-age	action	affich**age**
-ain/-aine	origine/habitant	afric**ain**/afric**aine**
-aine	groupe de	vingt**aine**
-aire	agent	incend**iaire**
-ais/-aise	origine/habitant	antill**ais**/antill**aise**
-al/-ale	qui a rapport à	loc**al**/loc**ale**
-ant/-ante	qui fait une action	fabric**ant**/fabric**ante**
-ateur/-atrice	qui fait une action	libér**ateur**/libér**atrice**
-ation	action	éduc**ation**
-ée	quantité	cuillér**ée**
-el/-elle	qui a rapport à	artifici**el**/artifici**elle**
-ent/-ente	caractéristique	différ**ent**/différ**ente**
-er	action	ski**er**
-er/-ère	occupation/ profession	boulang**er**/ boulang**ère**
-eux/-euse	caractéristique	chanc**eux**/ chanc**euse**
-ien/-ienne	occupation/ profession, origine	chirurg**ien**/ chirurg**ienne** ital**ien**/ital**ienne**
-ier/-ière	occupation/ profession	pomp**ier**/pomp**ière**
-if/-ive	caractéristique	invent**if**/invent**ive**
-ique	qui a rapport à la science	informat**ique**
-ir	action	découvr**ir**
-iste	occupation/ profession	fleur**iste**
-ment	pour former des adverbes	lente**ment**
-ois/-oise	origine/habitant	québéc**ois**/ québéc**oise**
-on	diminutif	chat**on**
-onner	diminutif	chant**onner**
-tion	action	démoli**tion**
-vore	manger	herbi**vore**

Mots-valises

Les mots-valises sont la réunion de deux mots existants pour nommer une réalité nouvelle, par exemple internaute (internet et astronaute).

Mots d'une même famille

Ce sont des mots formés avec la même racine : rose, rosier, roseraie, etc.

Par contre, boisson n'est pas de la même famille que bois, boisée, boiserie.

Les mots invariables

Les élèves n'apprennent pas tout de suite les différentes formes et fonctions des mots invariables qui regroupent tous les mots qui ne varient pas en genre et en nombre. Cette catégorie regroupe les conjonctions, les adverbes et les prépositions.

Page 85

1. a) aéroport, aéroportuaire, aéronautique, etc.
b) minibus, minijupe, etc. c) supergrand, superfluide, etc.
d) télécommande, télévision, téléguider, etc.
2. a) fruiterie, épicerie, sucrerie, etc. b) création, diminution, inspection, etc. c) baleineau, éléphanteau, louveteau, etc. d) assiettée, maisonnée, pelletée, etc.
3. a) rond, rondement, rondelle, rondin b) merveille, émerveillement, merveilleux
4. a) héliport b) clavardage c) franglais d) courriel
5. Je n'ai **jamais** (ou **pas**) mangé d'insectes.

Page 86

1. a) cinéma b) avec c) opposition d) inverse e) français
f) cœur g) avant h) petit i) plusieurs j) poisson k) à côté
l) chaleur m) long n) au-dessus
2. a) vidéocassette, vidéoclip, vidéocommunication, etc.
b) polycopie, polygraphe, polygone, etc. c) postscriptum, postproduction, postnatal, etc. d) unilingue, unijambiste, unicellulaire, etc. e) semi-automatique, semi-conserve, semi-fini, etc. f) supermarché, superpuissance, superposer, etc.
g) tricycle, tripode, trio, etc. h) sous-développé, sous-sol, sous-plat, etc. i) promenade, promener, projeter, etc. j) parapluie, paravent, pare-feu, etc. k) monoplace, monomoteur, monopole, etc. l) minichaîne, minime, miniature, etc.
3. a) cœur b) à côté de, ou qui protège c) demi d) plusieurs
e) au-dessus de f) un

Page 87

4. a) puissance b) collectif c) mesure d) traitement
e) langue f) diminutif g) qui tue h) plantation i) qui ressemble
j) action k) appareil l) diminutif m) diminutif n) son
5. a) maisonnette, fillette, clochette, etc. b) glissade, fanfaronnade, fusillade, etc. c) rapidité, férocité, ponctualité, etc. d) chaton, ourson, tigron, etc. e) française, portugaise, anglaise, etc. f) manger, marcher, penser, etc.
g) mentir, devenir, finir, etc. h) biologie, sociologie, psychologie, etc. i) gaspésien, abitibien, ivoirien, etc.
j) agoraphobe, claustrophobe, photophobe, etc.
k) bibliophile, francophile, russophile, etc. l) active, productive, naïve, etc.
6. a) puissance b) qui tue c) diminutif d) aimer
e) traitement f) collectif

Page 88

7. a) lionne, lionceau b) citronnier, citronnade, citronné, citronner, citronnelle c) fleurir, fleuriste, fleuri, fleurage
d) compte-gouttes (et tout autre mot composé commençant par *compte*), compte, comptable, comptabilité, décompte, etc. e) espérance, espérer, désespoir, etc. f) patient, impatient, impatience, patienter, etc. g) plantation, planter, planteur, déplanter, etc. h) arbuste, arbustif, arbrisseau, etc.
i) rosier, roseraie, rosâtre, etc. j) venteux, venter, éventer, etc.
8. a) J'ai mis ma valise **dans** le coffre de la voiture. b) Je ne veux pas y aller **parce que** j'ai peur. c) Je mets **toujours** mon casque pour faire du vélo.
9. vrai
10. a) téléthon b) caméscope

TEST 10.1
Page 89

1. a) antiaérien, antibiotique, antichar, etc. b) bipède, bicyclette, binôme, etc. c) zoologie, zoologique, zoologue, etc. d) international, interurbain, internat, etc.
2. a) camionnage, atterrissage, brossage, etc.
b) couturière, cavalière, chapelière, etc. c) mouchoir, accoudoir, parloir, etc. d) otite, uvéite, bronchite, etc.
3. a) mousse, moussant, mousser, mousseux b) centre, centrer, centriste, central
4. a) courriel b) pourriel c) abribus d) restoroute
5. J'ai **bien** agi en lui rendant ce qu'il avait perdu.

Page 90

1. b) agroalimentaire, agronome, agrologie, etc. c) anti tache, antichar, anticoagulant, etc. d) archi-connu, archi-ennuyant, archi-content, etc. e) automobile, autographe, autogestion, etc. f) bicyclette, bipède, bicolore, etc. g) biologie, biologiste, biophysique, etc. h) centimètre, centime, centilitre, etc.
i) ex-mari, ex-patient, ex-élève, etc. j) extraterrestre, extraordinaire, extrapoler, etc. k) hydroélectricité, hydrofuge, hydrocarbure, etc. l) inexact, insensible, inséparable, etc.
m) interactivité, interagir, intercellulaire, etc. n) kilomètre, kilogramme, kilowatt, etc. o) radiothérapie, radiophonique, radiotélévision, etc. p) zoonose, zoophyte, zoopsie, etc.
q) cinémascope, cinémathèque, cinématographique, etc.
r) contre-indication, contre-manifestant, contre-interrogatoire, etc.

Page 91

2. b) martiniquais, montréalais, sénégalaise, etc.
c) agriculture, pisciculture, viticulture, etc. d) déménager, ranger, décider, etc. e) cachette, voiturette, camionnette, etc.
f) menteur, coureur, danseur, etc. g) trifluvien, bostonien, haïtienne, etc. h) policier, ambulancière, bijoutier, etc.
i) blanchir, venir, polir, etc. j) dermatite, encéphalite, gingivite, etc. k) théologie, philologie, archéologie, etc.
l) lentement, doucement, rudement, etc. m) bougeoir, dortoir, semoir, etc. n) ânon, aileron, moucheron, etc.
o) microscope, télescope, otoscope, etc. p) carnivore, omnivore, herbivore, etc. q) charitable, buvable, critiquable, etc. r) calligraphie, cartographie, sténographie, etc.

Page 92

3. 1. libre, libérateur, libération 2. papier, paperasse, papeterie 3. silence, silencieusement, silencieux 4. pardon, pardonner, pardonnable 5. livre, livresque, livret 6. trouble, troubler, troublant 7. vent, ventilation, venteux
4. a) dans b) pour c) sur d) jamais, parce que

TEST 11

Onomatopée

Jeu de sonorité qui consiste à utiliser un mot pour évoquer un bruit particulier.

    Coin-coin (cri du canard)

    Badaboum ! (objet qui tombe)

    Ding-dong (son de cloche)

Homophone

Mot qui se prononce de la même façon qu'un autre mot, mais qui a un sens différent.

    Son *père et sa mère* **sont** *en vacances.*

    Il mange une tranche de **pain** *sous le* **pin** *parasol.*

Voici quelques homophones qui portent à confusion :

▶ **a et à**

    a → verbe *avoir* → On peut le remplacer par *avait*.

        Exemple : Il *a* mangé. Il *avait* mangé.

    à → préposition → **On ne peut pas** le remplacer par *avait*.

        Exemple : Elle est *à* l'hôpital. Elle est *avait* l'hôpital.

▶ **ça et sa**

    ça → pronom démonstratif → On peut le remplacer par *cela*.

        Exemple : *Ça* ne fonctionne pas. *Cela* ne fonctionne pas.

    sa → déterminant possessif → On peut le remplacer par *la*.

        Exemple : *Sa* robe est sale. *La* robe est sale.

▶ **ce et se**

    ce → déterminant démonstratif → On peut le remplacer par *le*.

        Exemple : *Ce* chat est roux. *Le* chat est roux.

    ce → pronom démonstratif → On peut le remplacer par *cela*.

        Exemple : *Ce* sera facile. *Cela* sera facile.

    se → pronom personnel → **On ne peut pas** le remplacer par *un* ou *cela*.

        Exemple : Il *se* sent bien. Il *un* sent bien. Il *cela* sent bien.

▶ **ces, ses, c'est, s'est**

    ces → déterminant démonstratif → On peut ajouter *là* après.

        Exemple : *Ces* pommes sont bonnes. *Ces* pommes *là* sont bonnes.

    ses → déterminant possessif → On peut ajouter *à lui* ou *à elle* après le nom.

        Exemple : Il a perdu *ses* lunettes. Il a perdu *ses* lunettes *à lui*.

    c'est → déterminant démonstratif (c' = ce) + verbe *être* (est) → on peut le remplacer par *cela est*.

        Exemple : *C'est* bon. *Cela est* bon.

    s'est → pronom (s' = se) + verbe *être* (est) → On peut le remplacer par *s'était*.

        Exemple : Marie *s'est* perdue. Marie *s'était* perdue.

▶ **la, l'a, là**

    la → déterminant → On peut le remplacer par *un* ou *une*.

        Exemple : Marie mange *la* tarte. Marie mange *une* tarte.

    l'a → pronom (l' = le) + verbe *avoir* (a) → On peut le remplacer par *l'avait*.

        Exemple : Elle *l'a* perdu. Elle *l'avait* perdu.

    là → adverbe → On peut le remplacer par *ici*.

        Exemple : Il n'était pas *là*. Il n'était pas *ici*.

▶ **leur, leur, leurs**

    leur → déterminant possessif singulier → On peut le remplacer par *un* ou *une*.

        Exemple : Ils ont vendu *leur* auto. Ils ont vendu *une* auto.

    leurs → déterminant possessif pluriel → On peut le remplacer par *des*.

        Exemple : Ils ont vendu *leurs* bonbons. Ils ont vendu *des* bonbons.

    leur → pronom personnel → On peut le remplacer par *lui*.

        Exemple : Marie *leur* a vendu des bonbons. Marie *lui* a vendu des bonbons.

▶ **ma et m'a**

    ma → déterminant possessif → On peut le remplacer par *un* ou *une*.

        Exemple : *Ma* robe est sale. *Une* robe est sale.

    m'a → pronom (m' = me) + avoir (a) → On peut le remplacer par *m'avait*.

        Exemple : Elle *m'a* donné des bonbons. Elle *m'avait* donné des bonbons.

▶ **mes et mais**

    mes → déterminant possessif → On peut le remplacer par *les*.

        Exemple : *Mes* bonbons sont bons. *Les* bonbons sont bons.

    mais → conjonction → **On ne peut pas** le remplacer par *les*.

        Exemple : Il veut des bonbons, *mais* il n'y en a pas. Il veut des bonbons, *les* il n'y en a pas.

▶ **mon et m'ont**

    mon → déterminant possessif → On peut le remplacer par *un* ou *une*.

        Exemple : *Mon* frère veut des bonbons. *Un* frère veut des bonbons.

    m'ont → pronom (m' = me) + verbe *avoir* (ont) → On peut le remplacer par *m'avaient*.

        Exemple : Ils *m'ont* choisi. Ils *m'avaient* choisi.

▶ **on et ont**

    on → pronom personnel → On peut le remplacer par un prénom.

        Exemple : *On* ne veut pas de bonbons. *Marie* ne veut pas de bonbon.

    ont → verbe avoir → On peut le remplacer par *avaient*.

        Exemple : Mes sœurs *ont* vendu des bonbons. Mes sœurs *avaient* vendu des bonbons.

▶ **ou et où**

    ou → conjonction → On peut le remplacer par *et*.

        Exemple : Tu veux des oranges *ou* des pommes. Tu veux des oranges *et* des pommes.

    où → adverbe ou pronom relatif → **On ne peut pas** le remplacer par *et*.

        Exemple : *Où* vas-tu? *Et* vas-tu?

▶ **son et sont**

    son → déterminant possessif → On peut le remplacer par *un* ou *une*.

        Exemple : *Son* frère veut des bonbons. *Un* frère veut des bonbons.

    sont → verbe *être* → On peut le remplacer par *étaient*.

        Exemple : Ils *sont* choisis. Ils *étaient* choisis.

► **ta, t'a**

> **ta** → déterminant possessif → On peut le remplacer par *un* ou *une*.
>
> > Exemple : *Ta robe est sale. Une robe est sale.*
>
> **t'a** → pronom (t' = te) + *avoir* (a) → On peut le remplacer par *t'avait*.
>
> > Exemple : Elle *t'a* donné des bonbons. Elle *t'avait* donné des bonbons.

► **ton et t'ont**

> **ton** → déterminant possessif → On peut le remplacer par *un* ou *une*.
>
> > Exemple : *Ton frère veut des bonbons. Un frère veut des bonbons.*
>
> **t'ont** → pronom (t' = te) + verbe *avoir* (ont) → On peut le remplacer par *t'avaient*.
>
> > Exemple : Ils *t'ont* choisi. Ils *t'avaient* choisi.

Mots composés

Mots formés de la réunion de deux mots. Ils peuvent être reliés ou non par un trait d'union.

En un seul mot : bienfaisant, bonheur, clairsemé, contrebasse, football, madame, motoneige, paratonnerre, passeport, photocopie, portemanteau, pourboire, survêtement, tournesol, tournevis, etc.

Sans trait d'union : à jamais, à peu près, album à colorier, appareil photo, bande dessinée, chaise longue, château fort, chemin de fer, disque compact, hôtel de ville, machine à coudre, poêle à frire, premier ministre, sac à dos, salle à manger, etc.

Avec trait d'union : abat-jour, après-demain, après-midi, arc-en-ciel, casse-tête, celle-ci, cerf-volant, compte-gouttes, cure-dent, garde-robe, grand-mère, grille-pain, haut-parleur, laissez-passer, lave-vaisselle, oiseau-mouche, passe-partout, pique-nique, porc-épic, porte-fenêtre, rond-point, sous-marin, sous-sol, taille-crayon, etc.

> *Dans la nouvelle orthographe, bien des mots ont été soudés.*
>
> *Exemples : entretemps, extraterrestre, tictac, weekend, portemonnaie, etc.*
>
> *Pour plus de renseignements concernant la nouvelle orthographe, vous pouvez consulter le site Internet suivant :* www.nouvelleorthographe.info *ou le livre :* Connaitre et maitriser la nouvelle orthographe Guide pratique, *Chantal Contant et Romain Muller, Éditions De Champlain, 2009.*

Page 93

1. a) foi, foie b) voit, voix c) son d) encre e) dent f) se g) sept h) laid, lait
2. a) dormir b) éternuer c) sonner à la porte d) cri du chat e) téléphone f) pleurer g) cri du coq h) cri de l'âne i) cri du chien
3. a) château b) tapis c) revoir d) vœu e) coton f) vivre g) sécuritaire h) brunâtre i) pique-nique
4. a) casse-tête b) pique-nique c) ouvre-boîte d) arc-en-ciel e) pousse-pousse f) chauve-souris g) oiseau-mouche h) cache-nez i) essuie-glace

Page 94

1. a) ses b) ces c) C'est d) Mets e) mais f) m'est g) t'ont h) thon i) ton j) à k) a l) camp m) Quand

Page 95

2. a) piano b) crayon c) corneille d) pluie e) Canada f) baleine g) rouge h) sœur i) hiver j) soleil k) grammaire l) marteau m) téléphone n) noir o) août p) mécanicien q) Floride r) Monopoly s) skier, glisser, hockey, etc. t) couteau u) lit v) école w) cauchemar

Page 96

3. a) Son os a fait cric-crac en se cassant. b) J'ai entendu boum, badaboum lorsque le mur de brique s'est écroulé. c) Ses chaussures mouillées faisaient flic flac lorsqu'il marchait. d) Atchoum, fit la maîtresse d'école enrhumée. e) On entendait le tic-tac de l'horloge. f) Le iiiiiii du violon d'Olga nous écorchait les oreilles. g) Le train fait tchou, tchou en arrivant au passage à niveau. h) Vroum, vroum, faisait le petit garçon qui jouait avec son gros camion.
4. après-midi, cerf-volant, chauve-souris, chou-fleur, porte-clés, grand-père, haut-parleur, sous-sol, oiseau-mouche
5. a) garde-chasse b) oiseau-mouche c) belle-de-jour d) belle-mère e) homme-grenouille f) montre-bracelet

TEST 11.1
Page 97

1. a) miaou b) wouaf c) cot cot d) hi-han e) bêêê f) meuh
2. Petite perle **cristalline**/Tremblante fille du **matin**,/Au bout de la feuille de thym/Que fais-tu sur la colline ?/Avant la fleur, avant **l'oiseau**,/Avant le réveil de l'aurore,/Quand le vallon sommeille **encore**/Que fais-tu là sur le coteau ?
3. a) **À** partir de maintenant, vous pouvez ranger vos cahiers. b) Il **a** tant rêvé de ce jour où enfin il aurait raison. c) **On** dit qu'après la pluie vient le beau temps. d) Elles **sont** parties cueillir des bleuets pour faire une tarte. e) Claude et Martin **ont** loué un chalet pour l'été f) Solange a prêté **son** lecteur de DVD portatif à son amie Cléo.
4. a) porte-avions b) tire-bouchon c) tête-à-tête d) garde-chasse.

Page 98

1. a) ont b) On
2. a) ou b) Où
3. a) m'ont b) Mon
4. a) m'est b) mais c) Mes
5. a) son b) sont
6. a) à b) a

Page 99

7. Les mots composés sont : portemanteau, madame, autobus, bonjour, passeport, monsieur.
Les mots non composés sont : palace, amour, lait.
8. Réponses au choix.
9. a) glouglou b) pan, pan c) blablabla d) « Beurk ! » e) « Psst ! » f) « Miam miam ! » g) « Hourra ! » h) froufrou

Page 100

10. Réponses au choix.
11. Réponses au choix.
12. Réponses au choix.

TEST 12

La ponctuation

Le point *est le signe de ponctuation dont on se sert pour indiquer la fin d'une phrase déclarative ou impérative.*

Le point d'interrogation *est le signe de ponctuation dont on se sert pour indiquer la fin d'une phrase interrogative.*

Le point d'exclamation *est le signe de ponctuation dont on se sert pour indiquer la fin d'une phrase exclamative.*

La virgule est le signe de ponctuation dont on se sert pour séparer les éléments d'une énumération ou isoler un mot ou un groupe de mots.

S'autocorriger

Je lis mon texte phrase par phrase et je m'assure qu'elles contiennent les deux constituants obligatoires : le groupe sujet et le groupe du verbe.

J'élimine toutes les répétitions inutiles. J'utilise des synonymes ou des pronoms pour alléger le texte.

Je souligne la majuscule en début de phrase et le signe de ponctuation de la fin de la phrase. Je m'assure d'avoir utilisé le bon signe de ponctuation : le point, le point d'exclamation ou le point d'interrogation.

Je souligne tous les noms en jaune. J'écris au-dessus son genre et son nombre. Je trace une flèche pour relier le nom au déterminant et aux adjectifs qui l'accompagnent. Je vérifie l'accord du pluriel et du féminin.

J'encadre tous les verbes. Je trouve le groupe sujet en posant la question « Qui est-ce qui ? » ou « Qu'est-ce qui ? » Je mets le groupe sujet entre crochets. Je trace une flèche pour relier le verbe au groupe sujet. Je vérifie l'accord des verbes avec leur sujet.

Je porte une attention particulière aux homophones. J'utilise les conseils donnés précédemment pour les différencier.

Page 101

1. Les réponses peuvent varier selon le dictionnaire utilisé. Toutes les définitions données sont tirées du *Petit Robert*.
a) diététiste : n. Spécialiste de la nutrition, de l'alimentation et de la diététique. b) très : adv. À un haut degré.
c) obélisque : n. m. Dans l'art égyptien, colonne en forme d'aiguille quadrangulaire surmontée d'un pyramidion.
d) fastidieux : adj. Qui rebute en provoquant l'ennui, la lassitude. e) matériau : n. m. Matière servant à la fabrication.
f) tanguer : v. intr. Se balancer par un mouvement de tangage.
2. a) orthographe b) texte c) demande d) automne
e) ponctuation f) phrase
3. bateau, batterie, bonheur, bonjour
4. Sofia est allée à l'épicerie. Qu'a-t-elle acheté ? Des pommes, des oranges, des cerises et des bananes. Quels beaux fruits !

Page 102

1. a) scarifier, scarole b) rechausser, réchauffage
c) garcette, garçonne d) cuissarde, cuisseau
e) accéléromètre, accentuation f) parmenture, parmi
g) reliage, relier h) tien, tiercé i) vol-au-vent, volcanique
j) wagnérien, wagon-bar
2. a) coiffe : Coiffure féminine en tissu, portée autrefois par toutes les femmes à la campagne. b) divis : Partagé, divisé.
c) mazurka : Danse à trois temps d'origine polonaise.
d) puriste : Partisan du purisme. e) opaque : Qui s'oppose au passage de la lumière.

Page 103

4. C'est une journée **importante** demain. Je suis tellement **nerveux**. Toute la journée, nous aurons des **examens**. J'ai **révisé** toute la semaine, mais j'ai peur de ne pas **réussir**. Que **vais-je** faire si j'échoue à un ou à **plusieurs** examens ? Ma mère me dit de ne pas m'en faire, que je n'ai **jamais** échoué à un examen. Je suis couché et je n'arrive pas à **dormir**. Mon cœur bat **rapidement**. Je me tourne et **retourne** sans cesse dans mon lit. Ma mère vient me voir avec une tasse de lait chaud et me **rassure**. Elle me parle **longtemps** et mes inquiétudes finissent par se **dissiper**. Merci, maman !

Page 104

5. Quelle belle journée ensoleillée! Mes amis et moi avons décidé d'aller faire du vélo sur la piste cyclable qui longe le fleuve Saint-Laurent. J'ai mis dans mon sac à dos de la crème solaire, une bouteille d'eau, une collation et ma casquette. Est-ce que j'ai oublié quelque chose ? Non, je ne crois pas. Je suis prêt à partir.

Un aigle a foncé sur un serpent et l'a saisi avec ses serres dans l'intention de l'emporter et de le dévorer. Mais le serpent était plus rapide pour l'aigle. Il enserra son corps et une lutte s'engagea entre les deux. Un homme, témoin de cette bagarre, est venu en aide à l'aigle et a réussi à le libérer du serpent et à lui permettre de s'échapper. Par vengeance, le serpent a mis un peu de son poison dans la gourde de l'homme. Assoiffé par ses efforts, l'homme était sur le point d'étancher sa soif avec un peu d'eau, quand l'aigle l'a frappé et a renversé le contenu de la gourde sur le sol.

La morale de l'histoire : une bonne action en amène une autre.

TEST 12.1
Page 105

1. a) fucus : Algue brune. b) minaret : Tour d'une mosquée du haut de laquelle le muezzin invite les fidèles à la prière.
c) préside : Poste fortifié espagnol, place forte servant de bagne. d) ronceraie : Terrain inculte où croissent les ronces.
e) tison : Reste d'un morceau de bois, d'une bûche dont une partie a brûlé.
2. a) carrousel b) montgolfière c) mensonge
d) habituellement e) passionnément f) vivifiant
3. camion, carotte, carouge, cartable, cent, chaleur, champion, château, collectionner, confiserie, conversation, couper, courage, cracher, crypte, cube, culbuter, curieux, cybercafé, cyclope
4. a) point d'exclamation b) virgule c) point d) point d'interrogation

Page 106

1. Pour les trouver beaucoup plus facilement.
2. a) plaider : Soutenir ou contester quelque chose en justice. Ce mot est un verbe. b) plaidoirie : Action de plaider. Ce mot est un nom. c) plaideur : Personne qui plaide en justice. Ce mot est un nom. d) plaidoyer : Discours prononcé à l'audience pour défendre le droit d'une partie. Ce mot est un nom.
3. Ils sont tous de la même famille.
4. a) promu : Qui vient d'avoir une promotion. b) cloaque : lieu destiné à recevoir des immondices. c) tajine : Ragoût de mouton, de poulet, d'origine nord-africaine. d) nacre : Substance à reflets irisés qui tapisse l'intérieur de la coquille de certains mollusques. e) labbe : Oiseau de mer.
f) grume : Grain de raisin. g) exosquelette : Structure externe et dure que sécrètent certains invertébrés.

Page 107

5. Le vent et le soleil se **disputaient** pour savoir **lequel** était le plus fort. **Soudain**, ils ont vu un voyageur venir vers eux, et le soleil a dit : « Il y a une façon de trancher notre **discussion**. Celui de nous qui pourra faire **retirer** son manteau à ce **voyageur** sera considéré comme le plus fort. **Commençons.** »
Le soleil s'est retiré **derrière** un nuage, et le vent a commencé à **souffler** aussi fort qu'il le pouvait sur le voyageur. Mais plus il soufflait, plus le voyageur

s'enveloppait étroitement dans son manteau. Le vent a donc dû abandonner en **désespoir** de cause. Le soleil est **alors** sorti et s'est mis à briller dans toute sa **gloire** sur le voyageur, qui l'a **bientôt** trouvé trop chaud pour **marcher** avec son manteau sur le dos. Le soleil avait **gagné**.

6. Tous les samedis après-midi, Jonathan va faire du vélo avec son père pendant que sa mère et son petit frère de six mois font la sieste. Jonathan et son père empruntent la piste cyclable qui longe la rivière. Ils en profitent pour observer les oiseaux qui vivent dans ce magnifique endroit. Deux heures plus tard, ils rentrent à la maison, fatigués mais heureux du bel après-midi qu'ils ont passé ensemble.

Page 108

7. bouteille, cadre, crayon, dictionnaire, disque, fenêtre, feuille, gomme, hibou, imprimante, jaune, kangourou, livre, lune, nom, note, panier, peinture, photo, plume, radio, sac, tableau, tablette, tasse, téléphone, vitre, wagon, yeux, zen.

8. a) mhnov b) dtsop c) ylgvj d) ulrci

9. a) lxwbj b) nzdtm c) uqmty d) pvsgh

TEST 13

Le sens propre
Un mot peut avoir différents sens selon le contexte dans lequel il est employé. Le sens propre s'oppose au sens figuré.

Le sens figuré
Un mot peut avoir différents sens selon le contexte dans lequel il est employé. Lorsque le mot est utilisé pour créer une image, on dit que son sens est figuré.

> *Exemple : Il est tombé dans les pommes. (Sens figuré)*
> *Il est tombé de son cheval. (Sens propre)*

Les anglicismes
Mots ou expressions empruntés à l'anglais. Certains anglicismes sont acceptés comme hot-dog, jogging, short, cowboy. D'autres sont incorrects et ne doivent pas être utilisés :

> *Un **bicycle** pour une bicyclette ou un vélo.*
> *J'ai **downloadé** de la musique pour télécharger.*
> ***Prendre une marche** pour faire une marche.*
> *Une **liqueur** pour une boisson gazeuse.*

Page 109

1. a) Prendre une plus grande quantité de nourriture que l'appétit que nous avons. b) Avoir des pensées négatives. c) Être absorbé dans ses pensées. d) Être vraiment jaloux. e) Manger beaucoup. f) Mourir.

2. a) Le pare-chocs de la voiture est abîmé. b) J'ai eu un bon rabais sur mes vêtements. c) J'ai remplacé les piles de la télécommande. d) J'ai rappelé quelqu'un. e) Ils servaient des boissons au restaurant.

3. a) Ce proverbe est tiré des fables de La Fontaine. Le lièvre, convaincu de gagner la course contre la tortue, a retardé son départ. La tortue, elle, a fait tranquillement sa course et est arrivée la première. b) Ça ne vaut pas la peine. c) Le châtiment doit être identique à l'offense. d) Une tâche difficile exige du temps. e) Plus il y a de monde, plus on s'amuse. f) À force de s'exercer à faire quelque chose, on y devient meilleur. g) On néglige souvent les avantages qui sont à notre portée.

Page 110

1. a) Dire sincèrement ce qu'on pense. b) Être sans pitié, dur. c) Ne pas sentir facilement le vertige. d) Approfondir la question. e) Compatir au malheur de quelqu'un. f) Avoir de la peine. g) Avoir de la peine. h) Avoir mal au cœur. i) Avoir de la peine. j) Être généreux. k) Avoir la bouche en forme de cœur.

Page 111

2. a) <u>Marra et moi allons prendre une marche.</u> b) <u>Il n'y a plus de pâte à dents.</u> c) <u>J'ai ciré mes skis.</u> d) <u>Nous lui avons donné une bonne main d'applaudissement.</u> e) <u>Je regarde la télévision à la journée longue.</u> f) <u>J'ai chatté toute la soirée avec mes amis.</u> g) <u>Ma mère a acheté un nouveau toaster.</u> h) <u>J'ai un appointement chez le médecin.</u> i) <u>Le facteur a laissé des pamphlets publicitaires dans la boîte aux lettres.</u> j) <u>Nous supportons l'équipe de football</u> de notre école. k) <u>À date, tout va bien.</u> l) <u>Mon oncle a des billets de saison au théâtre du Bois.</u> m) <u>Nous avons acheté des livres pour une bouchée de pain.</u> n) <u>Les élèves ont demandé une question.</u> o) <u>Ma mère a abîmé le bumper de la voiture.</u> p) <u>Bruno a downloadé des fichiers.</u>

Page 112

3. a) 2 b) 3 c) 9 d) 5 e) 6 f) 8 g) 7 h) 10 i) 1 j) 4

TEST 13.1
Page 113

1. a) Avoir de la peine. b) Perdre la raison, devenir fou. c) Partir sur l'impulsion du moment. d) S'immiscer dans une affaire qui ne nous concerne pas. e) Dormir profondément. f) Être mort et enterré.

2. a) Je n'ai pas de <u>monnaie</u> pour 10 $. b) L'<u>entraîneur</u> était content de notre victoire. c) Je ne trouve plus la <u>télécommande</u>. d) Félix a <u>botté</u> le ballon. e) Il faut un <u>ballon</u> pour jouer au soccer.

3. a) Celui qui vient d'un pays lointain peut mentir sans peur d'être démasqué. b) Les mœurs changent d'une époque à l'autre. c) Avec des hypothèses, on peut faire n'importe quoi. d) Quand on promet quelque chose, il faut le faire. e) Celui qui quitte sa place doit s'attendre à la trouver prise à son retour.

Page 114

1. a) Avoir la tête dans les nuages. b) Avoir la langue bien pendue. c) Décrocher la lune. d) Dévorer un livre. e) Tomber dans les pommes. f) Prendre les jambes à son cou. g) Mettre sa main au feu. h) Casser les oreilles. i) Les murs ont des oreilles. j) Se mettre les pieds dans les plats.

Page 115

2. a) Elle a acheté une robe <u>pas chère ou de mauvaise qualité</u>. b) Mathieu est mon grand <u>ami</u>. c) <u>Assurément</u>, je n'irai pas. d) La partie a été <u>annulée</u> en raison de la pluie. e) Ce film est vraiment <u>bon, intéressant, etc.</u> f) Mon professeur de musique est <u>très</u> intéressant. g) Il a vraiment une attitude de <u>perdant</u>. h) Les vis de la lampe étaient <u>desserrées</u>. i) La sœur de mon ami m'a <u>reconduit</u>. j) Martine a <u>branché</u> la télévision. k) J'ai vu un super bon <u>spectacle</u> hier soir.

Page 116

3. a) 1 b) 7 c) 9 d) 5 e) 4 f) 8 g) 6 h) 3 i) 11 j) 2 k) 10

Stratégies de lecture

J'indique les mots nouveaux en combinant plusieurs sources d'information : en les surlignant ou les encerclant, en cherchant des mots de même famille dans le texte, en cherchant des illustrations ou des schémas.

Je repère les mots porteurs de sens : en soulignant ou encerclant les noms (sujets ou compléments), les verbes (actions), les adjectifs et les adverbes qui sont essentiels à la compréhension.

Je précise mon intention de lecture et je la garde à l'esprit : en déterminant le genre de texte, récit (qui raconte), description (qui décrit), explication (qui explique), etc., en définissant la raison pour laquelle je lis, en déterminant la tâche à accomplir par la suite.

J'explore la structure du texte pour orienter la recherche de sens : en examinant le schéma du type de texte présenté (récit en cinq temps pour un texte qui raconte : introduction, développement et conclusion pour un texte qui informe), en repérant les marques de dialogue, en lisant les titres et les sous-titres et les intertitres.

Je survole le texte pour connaître son sujet : en lisant la jaquette du livre, la première couverture, le titre et les sous-titres, les illustrations et les diagrammes, la table des matières, le glossaire, les mots qui sont soulignés ou mis en caractères gras, les encarts, l'introduction ou les premières lignes du texte.

Je formule des hypothèses et les réajuste au fur et à mesure : en lisant un chapitre ou une section à la fois, en prenant une pause pour imaginer la suite, en activant mes connaissances antérieures, en comparant avec des textes appartenant au même genre.

Je me sers du contexte pour donner du sens aux expressions figées ou aux proverbes : en décrivant les émotions et sentiments éprouvés, en faisant des liens entre des mots et des images, en repérant des indices (adjectifs, verbes, adverbes).

J'évoque les liens établis par les connecteurs ou marqueurs de relation rencontrés dans le texte : un surlignant les connecteurs et en précisant leur raison d'être (pour marquer une séquence, pour exprimer la cause ou la conséquence, pour comparer, pour coordonner deux informations), en les reliant par des flèches selon le rapport qui peut être établi entre eux, en les associant aux étapes du récit en cinq temps ou du texte courant.

Je regroupe les éléments d'information éloignés les uns des autres : en découpant le texte pour en regrouper les catégories d'information, en surlignant de la même couleur les informations semblables, en remplissant un tableau ou un diagramme, en numérotant les informations, etc.

J'infère les éléments d'information implicites à partir de divers indices : en trouvant une signification qui n'est pas énoncée clairement, mais qui est sous-entendue par l'auteur, en faisant des liens (par exemple, inférer qu'un personnage est anxieux parce qu'il tremble et qu'il a mal au cœur), en tirant des conclusions (par exemple, inférer qu'un personnage a été capturé parce qu'il ne s'est pas présenté à un rendez-vous) en ajoutant les informations manquantes.

Je retiens l'essentiel de l'information recueillie dans le texte : en résumant le contenu du texte, en prenant des notes, en remplissant des fiches de lecture, en surlignant les informations qui semblent importantes, en reformulant l'idée principale de chaque paragraphe ou section, en annotant dans la marge, en écrivant les mots-clés, en relisant une seconde fois les passages importants ou intéressants.

Je surmonte les obstacles de compréhension par la poursuite de la lecture, des retours en arrière, la relecture d'un mot, d'une phrase, la reformulation intérieure, le questionnement du texte, l'ajustement de ma vitesse de lecture, la consultation d'outils de référence, le recours aux illustrations, aux schémas et aux graphiques avec mes pairs.

Page 118

1. a) Dragon de Komodo. b) Komodo, Florès, Rintja et Padar. c) Ils se nourrissent de cochons, de sangliers, de cerfs, de chiens, de buffles. d) Pour protéger le varan de Komodo. e) 5 km. f) De 2500 à 5000 individus. g) 140 millions d'années. h) Il leur casse d'abord la colonne vertébrale pour ensuite les déchiqueter à l'aide de ses 60 dents ressemblant à celles d'un requin. i) Il les attrape dans sa gueule et les secoue jusqu'à ce que leur corps éclate. j) Il a des dents qui ressemblent à celles d'un requin, il a une queue puissante, il peut atteindre 3 m de longueur ou plus et peser jusqu'à 126 kg. k) 11 km/h. l) Parce que la salive du varan contient des bactéries mortelles. m) 25 œufs. n) 26 kilos. o) 80 ans.

Page 121

1. a) Peter et Max. b) Dans le grenier de la grand-mère de Peter. c) C'est une journée pluvieuse. d) Elle est en bordure de la rivière. e) La clé est cachée sous un pot de fleurs. f) Un chapeau haut-de-forme. g) Une étrange machine. h) Ils tournent une roulette vers la gauche, une vers la droite, enfoncent un bouton rouge et un bouton vert. i) On peut voir un homme en smoking portant un haut-de-forme. Il est accompagné d'une femme vêtue d'une magnifique robe de bal. On les voit se diriger vers une voiture tirée par des chevaux. j) Trois ans. k) Toute l'histoire de la famille de Peter. l) En s'agrippant aux plantes grimpantes qui tapissent les murs de la maison. m) La grand-mère de Peter lui avait interdit d'y aller sans sa permission. n) Non. o) L'âge n'est pas spécifié. On dit qu'il était très vieux. p) Il est mort.

TEST 14.1
Pages 122-123

1. a) livre de recettes b) roman policier c) roman d'amour d) recueil de poésie e) grammaire f) bande dessinée g) contes h) recueil de fables i) pièce de théâtre j) roman de science-fiction k) guide pratique l) dictionnaire

Page 124

1. a) Avarice : attachement excessif à l'argent. Chiche : Qui répugne à dépenser ce qu'il faut. b) Un œuf d'or. c) Il croyait trouver un trésor. d) Pendant ces derniers temps, combien a-t-on vus/Qui du soir au matin sont pauvres devenus,/Pour vouloir trop tôt être riches ! e) Réponses au choix : il existe des centaines de fables de La Fontaine.

TEST 15
Page 126

1. a) *Bounty*. b) *Les révoltés de la* Bounty. c) 46. d) William Bligh. e) Ramener l'arbre à pain. f) Aux îles des Amis. g) Spithead. h) De décembre 1787 à avril 1789. i) Soupçonneux et emporté. j) Quelques matelots s'accostent, échangent deux ou trois paroles à voix basse, puis disparaissent à petits pas. k) Réponse au choix, mais l'équipage se révolte contre la tyrannie de Bligh. Son second, Christian Fletcher, se met en tête de l'insurrection.

Page 129

1. a) D'or. b) Ils avaient peur qu'il se fasse voler. c) Sa tête était trop lourde. d) 18 ans. e) La grosseur d'une noix. f) Les pompons, les plumes blanches et les jolis glands mordorés battant le long des bottines. g) Le veuf fit faire à sa chère morte un bel enterrement. Cloches à toute volée, lourds carrosses tendus de noirs chevaux empanachés, larmes d'argent dans le velours. Il en donna pour l'église, pour les porteurs, pour les revendeuses d'immortelles. h) Deux bottines de satin bleu bordées de duvet de cygne.

TEST 15.1
Page 132

1. a) Bûcheron. b) Blaise. c) Fanchon. d) La vie ne lui avait jamais accordé ses souhaits. e) Jupiter. f) La foudre. g) Du monde entier. h) Trois. i) Il fait du feu et il a raconté son aventure à sa femme. j) D'avoir du boudin. k) Que le boudin pende au nez de sa femme. l) Que sa femme n'ait plus de boudin qui lui pende au bout du nez. m) Réponse au choix n) Réponse au choix o) Réponses au choix

TEST 16
Pages 133-136

Réponses au choix

TEST 16.1
Pages 137-140

Réponses au choix

TEST 17
Page 141

1. Le papillon monarque
C'est un papillon aux couleurs vives. On le reconnaît aisément à ses ailes noir et orangé. Il a une envergure de 10 cm. Il vit en Amérique, en Australie, en Nouvelle-Zélande, en Nouvelle-Guinée et dans les îles Canaries. **On le trouve parfois en Europe.**
Deux fois par an, lorsque les nuits deviennent plus longues et les températures plus fraîches, les monarques se regroupent par millions et migrent sur plusieurs milliers de kilomètres (entre 3 900 et 4 500 km). Leur long voyage dure un mois. **Ils partent du Canada et du sud de la Californie pour aller vers le Mexique.**
C'est là qu'ils se reproduisent en s'installant dans des arbres. Imaginez des millions et des millions de monarques qui se posent et recouvrent une forêt entière. **À certains endroits, on ne peut même plus distinguer le moindre bout d'écorce.**
Le mâle meurt avant la naissance des petits alors que la femelle mourra seulement après l'éclosion des œufs. C'est plusieurs mois plus tard que les jeunes papillons, qui sont passés de l'état de larve à celui de chenille pour ensuite devenir une chrysalide et se transformer en papillon, effectueront la migration inverse, vers le nord.
Puis, à l'automne, le petit devenu adulte, reprendra le même cycle pour s'accoupler, mourir et laisser la place à de nouveaux petits.

Page 142

1. a) Marie voudrait un nouveau cellulaire pour son anniversaire le mois prochain.
   b) Je n'ai pas envie de sortir parce qu'il pleut et qu'il fait froid.
   c) Le soir avant de m'endormir, je regarde mes poissons dans l'aquarium.
   d) J'ai trouvé une excellente recette dans le livre de ma tante.
   e) J'ai vu des sarcophages lors de mon dernier voyage en Égypte.
   f) Toutes les fins de semaine, je fais le l'alpinisme.
   g) Quand j'étais petit, je voulais devenir un chevalier et porter une armure.
   h) Mon père a vraiment peur d'aller chez le dentiste.
   i) L'épouvantail dans notre champ ne fait même pas peur aux oiseaux.
   j) L'été prochain, mon frère sera sauveteur à la piscine municipale.
   k) J'ai cueilli des fleurs que je ferai sécher pour les conserver.
   l) Le muguet est la fleur préférée de ma tante Monique.

Page 143

2. 1) restaurant 2) sauver 3) minuit
4) expliquer 5) différente 6) arranger
7) tranquille 8) ouvrage 9) cadeau
10) monsieur 11) dangereuse 12) chanceux
13) spectacle 14) théâtre 15) pierre
16) mariage 17) construire 18) longtemps
19) certaine 20) tellement 21) valoir
22) croix 23) langue 24) hauteur
25) guerre 26) ordinaire 27) souhaiter
28) poche 29) plusieurs 30) recherche

Page 144

3. Les phrases à dicter sont en caractères gras.
Le lièvre est souvent confondu avec le lapin. Pourtant, il est bien différent. **Son pelage est plus roux, ses oreilles aux extrémités noires sont plus longues.** Les pattes arrière du lièvre sont beaucoup plus longues que celles de devant. Sa queue est noire sur le dessus et blanche en dessous. Un lièvre adulte pèse de trois à cinq kilogrammes. **Il est aussi plus grand que le lapin.**
Le lièvre est un animal nocturne. **C'est la nuit qu'il vit et qu'il recherche sa nourriture.** Il mange des semences et des plantes qu'il trouve dans les bois et les champs. **Il aime aussi venir fouiner dans les potagers où il mange des carottes, de la luzerne, des betteraves, du maïs, de la laitue, etc.** Il mange aussi parfois l'écorce des jeunes arbres quand il n'a rien d'autre à se mettre sous la dent l'hiver. Il possède une très bonne vue et un odorat extrêmement sensible. **Ses dents, particulièrement ses incisives, sont très tranchantes.** À mesure qu'elles s'usent, elles repoussent comme celles du castor.
L'été, son pelage brun se confond à merveille avec les couleurs du sous-bois, ce qui lui assure une protection contre ses prédateurs. **À la fin septembre, quand les heures d'ensoleillement raccourcissent, sa fourrure passe graduellement du brun au blanc. Le lièvre mue.**
Pourquoi le pelage du lièvre devient-il blanc ? **Parce que cela lui permet de mieux se fondre dans la nature durant l'hiver et d'échapper à ses nombreux prédateurs.**
En plus d'un pelage tout blanc, ses poils son plus longs qu'en été et plus épais. **C'est ce qui permet de garder le lièvre au chaud lors des grands froids.**
Au mois de mai, le lièvre perdra alors ses poils blancs pour se recouvrir de poils bruns. **Il vit alors sa deuxième mue de l'année.**

La femelle du lièvre s'appelle la hase et le petit le levraut. **Il peut avancer jusqu'à trois mètres en un seul bond et se déplacer à une vitesse atteignant jusqu'à quarante-cinq kilomètres par heure.**

Page 145

4. a) Mon grand-oncle possède une orangeraie en Floride.
   b) Ma sœur rêve de devenir romancière et d'écrire des romans de science-fiction.
   c) Je me suis déguisée en sorcière pour l'Halloween.
   d) Je me brosse toujours les dents après avoir mangé des bonbons.
   e) Maxime possède plusieurs ballons pour différents sports et jeux.
   f) Mon groupe de scouts a fait un feu de camp dans la forêt.
   g) Henri est un excellent pâtissier.
   h) William boit du jus d'orange tous les matins.
   i) Jasmine a aimé jouer avec mon chien Milou.

Page 146

5. 1) immédiatement
   2) betterave
   3) industriel
   4) majesté
   5) parodie
   6) consulter
   7) trompette
   8) sévèrement
   9) humidité
   10) lointain
   11) obstacle
   12) désastre
   13) embrasser
   14) quinze
   15) vigueur
   16) réfugier
   17) disparition
   18) ambiance
   19) honneur
   20) garantir
   21) araignée
   22) brindille
   23) espèce
   24) brouillard
   25) rhume
   26) arrondissement
   27) sirène
   28) forestier
   29) mensonge
   30) semblable

Quelques différences entre l'ancienne et la nouvelle grammaire

L'ancienne grammaire	La nouvelle grammaire
Adjectif démonstratif	Déterminant démonstratif
Adjectif exclamatif	Déterminant exclamatif
Adjectif indéfini	Déterminant indéfini
Adjectif interrogatif	Déterminant interrogatif
Adjectif numéral	Déterminant numéral
Adjectif possessif	Déterminant possessif
Adjectif qualificatif	Adjectif
Article	Déterminant
Attribut	Attribut du sujet
Complément circonstanciel	Complément de phrase
Complément d'objet direct	Complément direct
Complément d'objet indirect	Complément indirect
Épithète	Complément du nom
Verbe d'état	Verbe attributif

Corrigé • Français

TEST 18

Page 149

1. *On doit ajouter une unité au nombre 47 995, puis à chaque nombre obtenu, et ce, jusqu'à 48 020.*

2. *Pour écrire les nombres en chiffres, on doit séparer les milliers, des centaines et des dizaines, puis additionner les nombres obtenus :*
   a) trois mille / huit cents / quatre-vingt-quatre
      = 3 000 + 800 + 84 = 3884
   b) soixante-sept mille / neuf cents / cinquante et un
      = 67 000 + 900 + 51 = 67 951
   c) quatre mille / trente-neuf = 4 000 + 39 = 4039
   d) cinquante mille / quatre-vingt-dix-sept = 50 000 + 97
      = 50 097
   e) soixante-cinq mille / six cents / quarante-deux
      = 65 000 + 600 + 42 = 65 642

3. *On doit trouver la différence entre deux nombres qui se suivent pour trouver la règle :*
   a) 33 568, 33 569, 33 571, 33 572
      [33 566, 33 567 = 1 (la règle est + 1)]
   b) 82 760, 82 766, 82 768, 82 772
      [82 762, 82 764 = 2 (la règle est + 2)]
   c) 10 993, 10 995, 10 997, 11 001
      [10 989, 10 991 = 2 (la règle est + 2)]
   d) 46 980, 46 985, 46 995, 47 000
      [47 005, 47 010 = 5 (la règle est + 5)]
   e) 74 253, 74 273, 74 293, 74 303
      [74 233, 74 243 = 10 (la règle est + 10)]

4. *L'ordre croissant consiste à placer les nombres dans un ordre qui va du plus petit au plus grand. Pour ce faire, on doit tenir compte des dizaines de mille, des unités de mille, des centaines, des dizaines, puis des unités.*
   36 074, 37 406, 40 376, 40 763, 43 607, 47 360, 47 603, 64 370, 64 730, 67 304, 67 403, 70 364, 70 436, 76 034, 76 634

Page 150

5. *Les nombres pairs sont ceux qui se terminent par 0, 2, 4, 6 ou 8. Les nombres impairs sont ceux qui se terminent par 1, 3, 5, 7 ou 9.*
   Nombres pairs (encerclés) : 85 912, 26 954, 30 620, 93 188, 52 476, 27 914, 74 986, 31 580, 86 434.
   Nombres impairs (soulignés) : 62 079, 74 243, 59 307, 43 245, 10 761, 84 349, 76 975, 37 143, 59 827, 49 755, 70 011

6. *Les nombres premiers n'ont pour diviseurs que 1 et eux-mêmes (ex. : 1 x 5 = 5 ; donc, les diviseurs de 5 sont 1 et 5).*
   Les nombres composés comptent trois diviseurs ou plus (ex. : 1 x 4 = 4 et 2 x 2 = 4 ; donc, les diviseurs de 4 sont 1, 2 et 4).
   Nombres premiers (encerclés) : 31, 17, 23, 71, 53, 67, 13, 37, 19, 73. Nombres composés (soulignés) : 24, 72, 48, 60, 99, 39, 21, 81, 55, 33, 42, 75, 49, 54, 56, 82, 77, 90, 68, 27, 46, 70, 51, 36, 26, 63

7. *Les nombres carrés sont des nombres obtenus par la multiplication d'un nombre quelconque par lui-même. Par exemple, 8 x 8 = 64. Le nombre 64 est un nombre carré. Il est le carré de 8.*
   Nombres encerclés : 64 (8), 81 (9), 25 (5), 49 (7), 16 (4)

8. *Pour comparer un nombre, on doit tenir compte des dizaines de mille, des unités de mille, des centaines, des dizaines, puis des unités.*

Le symbole < signifie « est plus petit que ».
Le symbole > signifie « est plus grand que ».
Le symbole = signifie « est égal à ».
   a) >   b) <   c) <   d) >   e) <   f) =

Page 151

1. *L'ordre décroissant consiste à placer les nombres dans un ordre qui va du plus grand au plus petit. Pour ce faire, on doit tenir compte des dizaines de mille, des unités de mille, des centaines, des dizaines, puis des unités.*
   94 845, 93 458, 89 354, 85 943, 59 348, 58 934, 49 435, 49 345, 39 458, 35 489

2. *Pour recomposer les nombres, on doit les convertir en chiffres, s'il y a lieu, et additionner les nombres obtenus. Par exemple : 8 d de m = 80 000 ; 4 u de m = 4 000 ; 1 c = 100 ; 3 d = 30 ; 2 u = 2.*

$$\begin{array}{r} 80\ 000 \\ 4\ 000 \\ 100 \\ 30 \\ +\quad 2 \\ \hline 84\ 132 \end{array}$$

   a) 53 287   b) 84 132   c) 72 596   d) 73 425
   e) 94 563   f) 92 547   g) 60 458   h) 34 204
   i) 41 732   j) 85 237

Page 152

3. *L'ordre décroissant consiste à placer les nombres dans un ordre qui va du plus grand au plus petit. Pour ce faire, on doit tenir compte des dizaines de mille, des unités de mille, des centaines, des dizaines, puis des unités.*
   Le colis est dans la case 38 528.

4. *On doit additionner le nombre de points pour obtenir la valeur du bond à effectuer. Pour chaque bond, on additionne la valeur du bond.*
   a) 53, 58, 63, 68, 73, 78, 83, 88
   b) 399, 406, 413, 420, 427, 434, 441, 448
   c) 5 710, 5 714, 5 718, 5 722, 5 726, 5 730, 5 734, 5 738
   d) 64 407, 64 415, 64 423, 64 431, 64 439, 64 447, 64 455, 64 463
   e) 25 233, 25 236, 25 239, 25 242, 25 245, 25 248, 25 251, 25 254

Page 153

5. *Un nombre carré est obtenu par la multiplication d'un nombre quelconque par lui-même. Pour dresser la liste des nombres carrés inférieurs ou égaux à 100, il suffit de les représenter par un carré dont deux côtés perpendiculaires comptent le même nombre de cases ou de points. Par exemple :*

4 x 4 = 16 ou

Boîtes encerclées : b, c, e, g, i, k, l

6. *Les nombres pairs sont ceux qui se terminent par 0, 2, 4, 6 ou 8 : on doit donc les placer à gauche. Les nombres impairs sont ceux qui se terminent par 1, 3, 5, 7 ou 9 : on doit donc les placer à droite.*

Nombres pairs : 86 504, 9 652, 5 988, 10 000, 7 464, 39 526, 35 098, 75 494, 1 308, 24 836
Nombres impairs : 64 033, 45 739, 20 821, 72 635, 61 587, 95 723, 541, 94 695, 39 047, 333

Page 154

7. Pour relier les nombres écrits en toutes lettres correspondant à ceux écrits en chiffres, on doit séparer les milliers, les centaines et les dizaines/unités, puis additionner les nombres obtenus.
a) 26 537   b) 99 476   c) 70 319   d) 63 743
e) 8 622   f) 57 098   g) 35 961   h) 3 078

8. Pour comparer les nombres, on doit d'abord recomposer ceux qui ont été décomposés en additionnant leurs termes. Par exemple : 9 d = 90 ; 3 u de m = 3 000 ; 8 c = 800 ; 7 u = 7

$$
\begin{array}{r}
90 \\
3\,000 \\
800 \\
+7 \\
\hline
3897 \quad \text{est plus petit que 8397.}
\end{array}
$$

a) est plus grand que   b) est plus petit que   c) est plus petit que   d) est égal à   e) est plus petit que   f) est plus grand que   g) est plus grand que   h) est plus petit que

TEST 18.1
Page 155

1. Pour écrire les nombres en toutes lettres, on doit décomposer le nombre en centaines et en dizaines/unités.
Par exemple : 750 = 700 + 50 = sept cent cinquante.
a) sept cent cinquante   b) quatre cent trente-huit
c) six cent soixante-quinze   d) trois cent quatre-vingt-douze   e) cinq cent vingt-trois

2. Pour compléter les suites, on doit effectuer les bonds en respectant la règle. Par exemple, avec la règle – 2 + 1 :
8491 – 2 = 8489 ;   8489 + 1 = 8490 ;
8490 – 2 = 8488 ;   8488 + 1 = 8489 ;
8489 – 2 = 8487 ;   8487 + 1 = 8488 ;
a) 7 391, 7 397, 7 403, 7 409, 7 415, 7 421
b) 2 739, 2 736, 2 733, 2 730, 2 727, 2 724
c) 8 499, 8 494, 8 502, 8 497, 8 505, 8 500
d) 4 811, 4 812, 4 810, 4 811, 4 809, 4 810
e) 1 263, 1 272, 1 279, 1 288, 1 295, 1 304

3. L'ordre décroissant consiste à placer les nombres dans un ordre qui va du plus grand au plus petit. Pour ce faire, on doit tenir compte des dizaines de mille, des unités de mille, des centaines, des dizaines, puis des unités.
Par exemple : 750 = 700 + 50 = sept cent cinquante.
a) 9 723, 9 273, 7 932, 7 239, 3 927, 3 792
b) 8 405, 8 045, 5 804, 5 480, 4 850, 4 508
c) 2 861, 2 618, 2 168, 1 862, 1 826, 1 286
d) 54 973, 54 739, 54 379, 53 794, 53 749, 53 497
e) 92 160, 91 206, 91 062, 90 621, 90 612, 90 126
f) 34 251, 34 125, 32 541, 32 145, 31 542, 31 254

Page 156

4. Pour trouver la valeur de position d'un ou de plusieurs chiffres dans un nombre, on doit remplacer les chiffres qui suivent par des 0 et supprimer ceux qui précèdent.
Par exemple : 45 382 = 45 000 = 5 000.
a) 5 000   b) 850   c) 900   d) 92 000   e) 30 000
f) 19   g) 6   h) 7 500   i) 30   j) 5 000

5. Pour comparer les nombres, on doit d'abord recomposer ceux qui ont été décomposés en additionnant leurs termes. Par exemple :   9 u de m = 9 000 ; 4 d = 40 ; 2 c = 200 ; 8 u = 8
Note : Le symbole < signifie « est plus petit que ».
Le symbole > signifie « est plus grand que ».
Le symbole = signifie « est égal à ».

$$
\begin{array}{r}
9\,000 \\
40 \\
200 \\
+8 \\
\hline
9\,248
\end{array}
\;<\;
\begin{array}{r}
80 \\
2 \\
400 \\
+\,9\,000 \\
\hline
9\,482
\end{array}
\;<\; 9484
$$

a) <, <   b) >, >   c) =, <   d) <, >   e) =, =

6. Les nombres pairs sont ceux qui se terminent par 0, 2, 4, 6 ou 8. Les nombres impairs sont ceux qui se terminent par 1, 3, 5, 7 ou 9. Les nombres premiers n'ont pour diviseurs que 1 et eux-mêmes (ex. : 1 x 5 = 5 ; donc, les diviseurs de 5 sont 1 et 5). Les nombres composés comptent trois diviseurs ou plus (ex. : 1 x 4 = 4 et 2 x 2 = 4 ; donc, les diviseurs de 4 sont 1, 2 et 4).

	Nombre pair	Nombre impair	Nombre premier	Nombre composé
364	X			X
59		X	X	
425		X		X
81		X		X
127		X	X	
730	X			X
92	X			X
648	X			X

7. Pour décomposer un nombre, on doit représenter la somme de ses termes en base 10 (en d'autres mots, séparer les unités de mille, les centaines, les dizaines et les unités). Par exemple : 4 872 = 4 000 + 800 + 70 + 2 ou 4 u de m + 8 c + 7 d + 2 u.
a) 4 000 + 800 + 70 + 2 ou 4 u de m + 8 c + 7 d + 2 u
b) 5 000 + 900 + 30 + 6 ou 5 u de m + 9 c + 3 d + 6 u
c) 9 000 + 400 + 10 + 5 ou 9 u de m + 4 c + 1 d + 5 u
d) 8 000 + 60   ou 8 u de m + 6 d
e) 2 000 + 500 + 80 + 4 ou 2 u de m + 5 c + 8 d + 4 u

Page 157

1. Pour trouver l'intrus dans les suites de nombre, on doit d'abord identifier la règle. Pour cela, on doit choisir deux nombres qui se suivent. Si le premier nombre choisi est plus petit que le second, la règle consistera en une addition. Si le premier nombre choisi est plus grand que le second, la règle consistera en une soustraction. La valeur du bond dépend de la différence entre les deux nombres considérés.
Par exemple 853 et 846 : puisque le premier nombre est plus grand que le second, la règle consiste en une soustraction, et puisque 853 – 846 = 7, la règle est – 7. Attention : il faut s'assurer que la règle s'applique à tous les nombres de la suite, car certaines règles sont variables.
a) 294   b) 780   c) 4 105   d) 53 984   e) 3 595

2. Pour trouver les nombres carrés, on doit dessiner un carré comportant le même nombre de cases horizontalement et verticalement. Par exemple, avec 5, on obtient un carré qui compte 5 cases à l'horizontale et 5 cases à la verticale. En comptant le nombre de cases totales, on arrive à 25.
3 = 9, 4 = 16, 5 = 25, 6 = 36, 7 = 49, 8 = 64

Corrigé • Mathématique

Page 158

3. L'ordre croissant consiste à placer les nombres dans un ordre qui va du plus petit au plus grand. Pour ce faire, on doit tenir compte des dizaines de mille, des unités de mille, des centaines, des dizaines, puis des unités.

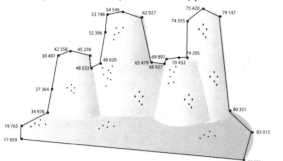

4. Pour trouver ce qui manque au nombre indiqué, on doit recomposer les nombres décomposés en additionnant les termes obtenus pour ensuite le comparer au nombre initial. Par exemple : 5 d + 3 u + 7 u de m

$$
\begin{array}{r}
50 \\
3 \\
+\ 7\ 000 \\
\hline
7\ 053
\end{array}
$$
→ 7 653 − 7053 = 600 ou 6 c

a) 600 ou 6 c   b) 90   c) 7   d) 44 u de m   e) 5 ou 5 u

Page 159

5. On doit encadrer tous les nombres dont le troisième chiffre est un 4 ; on doit encercler tous les nombres dont le premier chiffre est un 5 ; on doit faire un X sur tous les nombres dont le deuxième chiffre est un 2 ; on doit souligner tous les nombres dont le quatrième chiffre est un 9.
a) 5 249, 7 741, 1 443   b) 5 678, 5 427, 5 396, 5 136, 5 768, 5 249, 5 075, 5 894, 5 581   c) 4 250, 5 249, 7 258   d) 2 369, 7 859, 3 579, 5 249, 4 689, 2 039, 6 079, 8 719, 9 899   e) 5 249

6. Pour écrire les nombres en toutes lettres, on doit décomposer le nombre en milliers, en centaines et en dizaines/unités. Par exemple : 72 532 = 72 000 + 500 + 32 = soixante-douze mille cinq cent trente-deux.
a) huit cent quatre-vingt-cinq
b) six cent neuf
c) deux mille quatre cent quatre-vingt-treize
d) cinq mille sept cent quarante et un
e) soixante-douze mille cinq cent trente-deux
f) quarante mille soixante-dix-huit
g) trente-six mille deux cent cinquante-sept
h) vingt-cinq mille soixante-dix

TEST 19
Page 160

1. Pour indiquer la fraction représentée, on doit compter le nombre de parties colorées (numérateur ou terme du haut) et le nombre de parties en tout (dénominateur ou terme du bas).
a) $\frac{2}{3}$ b) $\frac{3}{4}$ c) $\frac{1}{6}$ d) $\frac{2}{5}$ e) $\frac{4}{7}$ f) $\frac{5}{12}$

g) $\frac{8}{9}$ h) $\frac{3}{10}$ i) $\frac{1}{4}$ j) $\frac{6}{8}$ k) $\frac{3}{14}$ l) $\frac{3}{15}$

2. On doit colorier le nombre de parties indiqué par le numérateur (terme du haut). Par exemple, si la fraction comporte un 3 au numérateur et qu'il y a seulement 2 parties colorées, il faut en colorier une troisième.

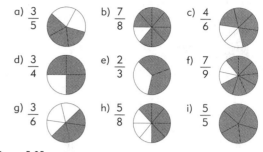

a) $\frac{3}{5}$ b) $\frac{7}{8}$ c) $\frac{4}{6}$

d) $\frac{3}{4}$ e) $\frac{2}{3}$ f) $\frac{7}{9}$

g) $\frac{3}{6}$ h) $\frac{5}{8}$ i) $\frac{5}{5}$

Page 161

3. $\frac{8}{24}$ Pour trouver la fraction des petits gâteaux restants, on doit d'abord trouver le nombre de petits gâteaux mangés en multipliant le nombre d'invités et le fêté (8) par 2 : 8 x 2 = 16. On doit ensuite soustraire ce nombre (16) du nombre total de gâteaux (24) : 24 − 16 = 8. Le nombre obtenu (8) devient le numérateur (terme du haut), et le nombre total de gâteaux devient le dénominateur (24).

4. $\frac{25}{30}$ Pour trouver la fraction des passagers qu'il reste dans l'autobus, on doit d'abord additionner le nombre de passagers lorsqu'ils montent et les soustraire lorsqu'ils descendent : 30 − 5 + 3 − 2 + 8 − 9 + 0 = 25. Le nombre obtenu (25) devient le numérateur (terme du haut), et le nombre total de passagers est le dénominateur (30).

5. On doit encercler le nombre de coccinelles identifié par le numérateur (terme du haut) chaque fois qu'on compte le nombre de coccinelles identifié par le dénominateur (terme du bas). Par exemple : pour $\frac{5}{6}$, chaque fois qu'on compte 6 coccinelles, on doit en encercler 5.
a) 3   b) 10   c) 6   d) 9   e) 2   f) 2

Page 162

1. Pour que chaque fraction soit correctement illustrée, le nombre identifié par le numérateur (terme du haut) doit correspondre au nombre de parties colorées.
a) non   b) oui   c) oui   d) non   e) oui
f) non   g) oui   h) non   i) non

2. Pour relier la fraction à sa figure correspondante, le numérateur (terme du haut) doit correspondre au nombre de parties colorées et le dénominateur (terme du bas) doit correspondre au nombre de parties en tout.
a) $\frac{7}{8}$ b) $\frac{2}{9}$

c) $\frac{1}{4}$ d) $\frac{4}{5}$

3. a) 16 cases – *Chaque fois qu'on compte 5 cases (dénominateur), on doit en colorier 4 (numérateur).*
   b) 5 cases – *Chaque fois qu'on compte 4 cases (dénominateur), on doit en colorier 1 (numérateur).*
   c) 12 cases – *Chaque fois qu'on compte 10 cases (dénominateur), on doit en colorier 6 (numérateur).*
   d) 10 cases – *Chaque fois qu'on compte 2 cases (dénominateur), on doit en colorier 1 (numérateur).*
   e) 9 cases – *Chaque fois qu'on compte 20 cases (dénominateur), on doit en colorier 9 (numérateur).*
   f) 15 cases – *Chaque fois qu'on compte 4 cases (dénominateur), on doit en colorier 3 (numérateur).*
   g) 20 cases – *Chaque fois qu'on compte 2 cases (dénominateur), on doit en colorier 2 (numérateur).*
   h) 8 cases – *Chaque fois qu'on compte 5 cases (dénominateur), on doit en colorier 2 (numérateur).*

4. *On doit avancer l'aiguille des minutes du nombre identifié par le numérateur (terme du haut) chaque fois qu'on compte le nombre identifié par le dénominateur (terme du bas). Par exemple : pour $\frac{1}{6}$, chaque fois qu'on compte 6 espaces, on avance de 1 espace. La petite aiguille doit donc être placée sur le 2, car l'horloge compte 12 espaces.*

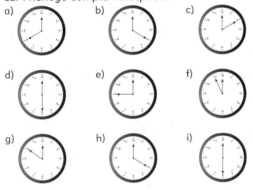

5. a) 1 case – *Chaque fois qu'on compte 24 cases (dénominateur), on doit en colorier 1 (numérateur).*
   b) 4 cases – *Chaque fois qu'on compte 6 cases (dénominateur), on doit en colorier 1 (numérateur).*
   c) 21 cases – *Chaque fois qu'on compte 8 cases (dénominateur), on doit en colorier 7 (numérateur).*
   d) 22 cases – *Chaque fois qu'on compte 12 cases (dénominateur), on doit en colorier 11 (numérateur).*
   e) 12 cases – *Chaque fois qu'on compte 2 cases (dénominateur), on doit en colorier 1 (numérateur).*
   f) 18 cases – *Chaque fois qu'on compte 4 cases (dénominateur), on doit en colorier 3 (numérateur).*
   g) 8 cases – *Chaque fois qu'on compte 3 cases (dénominateur), on doit en colorier 1 (numérateur).*
   h) le guépard – *On doit indiquer celui pour lequel on a colorié le plus de cases.*

6. *Chaque fois qu'on compte 2 cases (dénominateur), on doit en colorier 1 (numérateur). Pour inscrire la fraction représentée, on doit compter le nombre de cases colorées (numérateur) et le nombre total de cases (dénominateur). Par exemple, si 2 cases sur 4 sont colorées, on obtient $\frac{2}{4}$.*

a) $\frac{2}{4}$ b) $\frac{3}{6}$ c) $\frac{6}{12}$
d) $\frac{4}{8}$ e) $\frac{1}{2}$ f) $\frac{6}{12}$

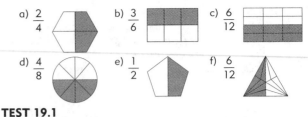

TEST 19.1

1. *Chaque fois qu'on compte 3 cases (dénominateur), on doit en colorier 1 (numérateur) en bleu ; chaque fois qu'on compte 9 cases (dénominateur), on doit en colorier 2 (numérateur) en vert ; chaque fois qu'on compte 6 cases (dénominateur), on doit en colorier 1 (numérateur) en rouge ; chaque fois qu'on compte 12 cases (dénominateur), on doit en colorier 1 (numérateur) en mauve.*

   12 cases en bleu, 8 cases en vert, 6 cases en rouge, 3 cases en mauve

   Partie non coloriée : $\frac{7}{36}$

2. *On représente chaque élève par un cercle (donc 30 cercles). Chaque fois qu'on compte 10 cercles (dénominateur), on doit en colorier 1 (numérateur). Chaque fois qu'on compte 15 cercles (dénominateur), on doit en colorier 2 (numérateur).*

   23 et $\frac{23}{30}$

3. *Dans une fraction, le terme du haut s'appelle le numérateur, et le terme du bas le dénominateur. Si le numérateur est le même que le dénominateur, la fraction est égale à 1. Si le dénominateur correspond au double du numérateur, la fraction est égale à $\frac{1}{2}$.*
   Fractions encerclées : $\frac{2}{2}$ $\frac{11}{11}$ $\frac{8}{8}$ $\frac{3}{3}$ $\frac{5}{5}$
   Fractions marquées d'un X : $\frac{2}{4}$ $\frac{5}{10}$ $\frac{4}{8}$ $\frac{6}{12}$ $\frac{3}{6}$ $\frac{8}{16}$

4. *Pour compléter chaque fraction, on doit compter le nombre de parties colorées, qui correspond au numérateur.*

   a) $\frac{3}{10}$ b) $\frac{5}{8}$ c) $\frac{6}{9}$ d) $\frac{3}{4}$ e) $\frac{1}{3}$ f) $\frac{1}{2}$ g) $\frac{2}{3}$ h) $\frac{3}{5}$

5. *Pour représenter chaque fraction, on doit séparer chaque cercle en parties égales (le nombre de parties correspond au dénominateur), puis colorier le nombre de parties qui correspond au numérateur.*

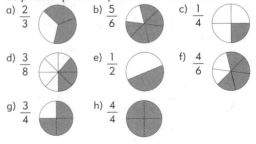

Page 167

1. *Pour représenter chaque fraction, on doit colorier le nombre de boutons identifié par le numérateur (terme du haut) chaque fois qu'on compte le nombre de boutons identifiés par le dénominateur (terme du bas). Par exemple, pour $\frac{4}{7}$, on doit colorier 4 boutons chaque fois qu'on en compte 7. 8 boutons sur 14 doivent donc être coloriés.*
   a) 8 boutons   b) 8 boutons   c) 6 boutons
   d) 15 boutons   e) 15 boutons   f) 6 boutons

2. *Pour représenter chaque fraction, on doit encercler le nombre de points identifié par le numérateur (terme du haut) chaque fois qu'on compte le nombre de points identifié par le dénominateur (terme du bas). Par exemple, pour $\frac{1}{5}$, on doit encercler 1 point chaque fois qu'on en compte 5 : $\frac{6}{30}$. Sur la droite numérique, le nombre de cases correspond au nombre de points. La fraction $\frac{1}{5}$ doit donc être placée sur la sixième ligne verticale après le 0.*
   Alexandrine : 2   Marie-Pierre : 5   Samuel : 6
   Florence : 8   Jonathan : 9

   Droite numérique : $\frac{1}{15}$ (à $\frac{2}{30}$), $\frac{1}{6}$ (à $\frac{5}{30}$), $\frac{1}{5}$ (à $\frac{6}{30}$), $\frac{4}{15}$ (à $\frac{8}{30}$), $\frac{3}{10}$ (à $\frac{9}{30}$)

Page 168

3. *Afin d'identifier la bonne fraction, on doit déterminer la fraction de départ en comptant le nombre de friandises pour en faire le numérateur (le dénominateur est 20). Par exemple, la première plaque compte 15 friandises, ce qui donne $\frac{15}{20}$. On doit ensuite illustrer cette fraction sur une feuille à part (15 friandises coloriées sur 20) en la comparant avec les illustrations faites pour les 3 fractions soumises : $\frac{3}{4}$ ou 15 friandises coloriées sur 20 ; $\frac{1}{5}$ ou 4 friandises coloriées sur 20 ; $\frac{1}{2}$ ou 10 friandises coloriées sur 20.*
   a) $\frac{1}{4}$ b) $\frac{5}{10}$ c) $\frac{1}{4}$ d) $\frac{13}{20}$ e) $\frac{4}{5}$ f) $\frac{9}{10}$ g) $\frac{3}{5}$ h) $\frac{1}{10}$

TEST 20
Page 169

1. *Pour décomposer un nombre décimal, on doit représenter la somme de ses termes en base 10 (en d'autres mots, séparer les unités de mille, les centaines, les dizaines, les unités, les dixièmes et les centièmes) en suivant l'exemple donné.*
   a) 6 dizaines + 9 unités + 5 dixièmes
   b) 8 dizaines + 4 unités + 2 dixièmes
   c) 5 dizaines + 7 unités + 8 dixièmes + 4 centièmes
   d) 3 dizaines + 6 unités + 3 dixièmes + 9 centièmes
   e) 7 centaines + 8 dizaines + 1 unité + 6 dixièmes
   f) 9 centaines + 3 unités + 7 dixièmes + 7 centièmes
   g) 2 dizaines + 9 unités + 4 dixièmes
   h) 8 unités + 1 dixième + 5 centièmes

2. *L'ordre décroissant consiste à placer les nombres dans un ordre qui va du plus grand au plus petit. Pour ce faire, on doit tenir compte des centaines, des dizaines, des unités, des dixièmes et des centièmes. On peut alors utiliser un tableau :*

Centaine	Dizaine	Unité	Dixième	Centième
3	2	5,	6	0
	6	2,	5	3

526,3 – 326,5 – 325,6 – 256,3 – 235,6 – 65,23 – 63,25 – 62,53 – 56,32 – 53,26

3. *Pour placer les nombres décimaux au bon endroit, on doit tenir compte de leur valeur. Pour ce faire, on peut utiliser le même tableau que précédemment :*

Centaine	Dizaine	Unité	Dixième	Centième
		7,	5	0
	1	5,	0	0
	2	2,	5	0
	3	0,	0	0
	1	7,	3	0

Par exemple, on se rend compte que 17,3 est plus grand que 15, mais plus petit que 22,5.

0 à 7,5	7,5 à 15	15 à 22,5	22,5 à 30
3,6	14,57	17,3	24,68
1,46	9,8	15,01	26,2
7,2	11,8	18,73	29,99
5,5		20,27	
0,01			
3,3			

Page 170

4. *Pour comparer les nombres, on doit tenir compte de leur valeur. Pour ce faire, on peut utiliser le même tableau que précédemment :*

Centaine	Dizaine	Unité	Dixième	Centième
	3	4,	5	0
	4	5,	3	0

Par exemple, on se rend compte que 34,5 est plus petit que 45,3.

Note : Le symbole < signifie « est plus petit que ».
Le symbole > signifie « est plus grand que ».
Le symbole = signifie « est égal à ».

   a) <   b) <   c) =   d) >   e) >   f) >   g) >   h) <
   i) >   j) <   k) =   l) >

5. *Pour transformer un nombre décimal en nombre fractionnaire, on doit ramener le nombre décimal sur 10 (lorsque le nombre se termine par des dixièmes) ou sur 100 (lorsque le nombre se termine par des centièmes).*
   Par exemple, $3,45 = \frac{345}{100}$ ou $3\frac{45}{100}$.

   a) $3\frac{45}{100}$ b) $67\frac{9}{10}$ c) $48\frac{2}{10}$ d) $9\frac{16}{100}$

   e) $54\frac{70}{100}$ f) $89\frac{30}{100}$ g) $6\frac{61}{100}$ h) $\frac{45}{100}$

6. *Pour placer les nombres décimaux sur la droite numérique, on doit savoir que chaque segment de celle-ci équivaut à 1/10. Par exemple, le nombre 4,35 compte 3,5 dixièmes, soit trois segments et demi.*

   a) 78,9
   b) 4,55
   c) 62,3
   d) 8,55
   e) 35,6

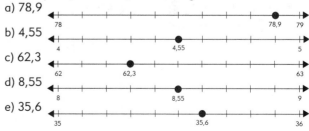

Page 171

1. L'ordre croissant consiste à placer les nombres dans un ordre qui va du plus petit au plus grand. Pour ce faire, on doit tenir compte des centaines, des dizaines, des unités, des dixièmes et des centièmes. On peut utiliser le tableau suivant :

Centaine	Dizaine	Unité	Dixième	Centième
6	5	4,	7	9
5	3	9,	8	2

Par exemple, on se rend compte que 654,79 $ vient après 539,82 $.

208,56 $ 283,91 $ 369,18 $ 395,67 $
528,34 $ 534,77 $ 539,82 $ 647,29 $
654,79 $ 679,45 $

2. Pour décomposer un nombre décimal, on doit représenter la somme de ses termes en base 10 (en d'autres mots, séparer les dizaines de mille, les unités de mille, les centaines, les dizaines, les unités, les dixièmes et les centièmes) en suivant l'exemple donné.

a) $40 + 6 + \frac{2}{10}$

b) $3 + \frac{5}{10} + \frac{9}{100}$

c) $700 + 90 + 4 + \frac{8}{10}$

d) $50 + 8 + \frac{3}{10} + \frac{4}{100}$

e) $100 + 60 + 6 + \frac{7}{10} + \frac{3}{100}$

f) $900 + 70 + 2 + \frac{4}{10} + \frac{5}{100}$

g) $4\,000 + 30 + 1 + \frac{6}{10} + \frac{2}{100}$

h) $70\,000 + 8\,000 + 400 + 90 + 5 + \frac{3}{100}$

Page 172

3. Pour comparer les masses obtenues, on doit tenir compte de leur valeur. Pour ce faire, on peut utiliser le même tableau que précédemment :

Centaine	Dizaine	Unité	Dixième	Centième
	5	4,	0	0
	5	3,	9	0

Par exemple, on se rend compte que 54 est plus grand que 53,9.
Le symbole < signifie « est plus petit que ».
Le symbole > signifie « est plus grand que ».
Le symbole = signifie « est égal à ».
a) >   b) >   c) >   d) =   e) <   f) >   g) =   h) <
i) <   j) <

4. L'ordre croissant consiste à placer les nombres dans un ordre qui va du plus petit au plus grand. Pour ce faire, on doit tenir compte des dizaines, des unités, des dixièmes et des centièmes. On peut utiliser le tableau suivant :

Dizaine	Unité	Dixième	Centième
5	1,	7	9
5	1,	8	0

Par exemple, on se rend compte que 51,79 vient avant 51,8.

TEST 20.1
Page 173

1. Pour décomposer les nombres décimaux, on doit représenter la somme de ses termes en base 10 (en d'autres mots, séparer les unités de mille, les centaines, les dizaines, les unités, les dixièmes et les centièmes).
a) 70 + 6 + 0,9
b) 50 + 3 + 0,7
c) 60 + 4 + 0,3 + 0,02
d) 30 + 8 + 0,1 + 0,09
e) 800 + 40 + 3 + 0,5 + 0,08
f) 9 000 + 600 + 40 + 2 + 0,8 + 0,05

2. L'ordre décroissant consiste à placer les nombres dans un ordre qui va du plus grand au plus petit. Pour ce faire, on doit tenir compte des centaines, des dizaines, des unités, des dixièmes et des centièmes. On peut utiliser le tableau suivant :

Centaine	Dizaine	Unité	Dixième	Centième
2	8	4,	7	9
4	2	8,	9	7

Par exemple, on se rend compte que 284,79 vient après 428,97.
928,74 – 874,29 – 847,29 – 798,42 – 782,49 – 472,98 – 428,97 – 298,74 – 284,79 – 249,78

3. Pour comparer les nombres décimaux, on doit tenir compte de leur valeur. Pour ce faire, on peut utiliser le tableau suivant :

Unité de mille	Centaine	Dizaine	Unité	Dixième	Centième
8	3	7	4,	2	5
7	4	5	3,	4	8

Par exemple, on se rend compte que 8 374,25 est plus grand que 7 453,48.
Le symbole < signifie « est plus petit que ». Le symbole > signifie « est plus grand que ». Le symbole = signifie « est égal à ». a) >   b) <   c) >   d) =   e) =   f) <

4. Pour transformer les additions en nombres décimaux, on doit d'abord les ordonner en commençant par les milliers et en terminant par les centièmes.

Par exemple : $900 + \frac{3}{10} + + 4 + \frac{2}{100} + 20 =$
$900 + 20 + 4 + 0,3 + 0,02 = 924,32$
a) 924,32   b) 1 076,58   c) 3 408,73   d) 5 602,01
e) 407,8   f) 7 000,09

Page 174

1. Pour arrondir au dixième près, on doit observer le chiffre des centièmes, soit le deuxième chiffre après la virgule. Si ce chiffre est égal à 0, 1, 2, 3 ou 4, le chiffre des dixièmes reste le même, et on enlève le chiffre des centièmes. Si ce chiffre est égal à 5, 6, 7, 8 ou 9, on ajoute 1 au chiffre des dixièmes, et on enlève le chiffre des centièmes. Pour arrondir à l'unité près, on doit observer le chiffre qui se situe à la position des dixièmes, soit le premier chiffre situé après la virgule. Si ce chiffre est égal à 0, 1, 2, 3 ou 4, le chiffre des unités reste le même, et on enlève la virgule ainsi que les chiffres des dixièmes et des centièmes, s'il y a lieu. Si ce chiffre est égal à 5, 6, 7, 8 ou 9, on ajoute 1 au chiffre des unités, et on enlève la virgule ainsi que les chiffres des dixièmes et des centièmes, s'il y a lieu.

Au dixième près				À l'unité près			
29,47	29,5	**40,79**	40,8	**86,5**	87	**42,6**	43
18,52	18,5	**95,12**	95,1	**24,08**	24	**67,93**	68
34,19	34,2	**87,30**	87,3	**39,3**	39	**81,4**	81
52,35	52,4	**23,54**	23,5	**45,49**	45	**33,71**	34
43,61	43,6	**72,78**	72,8	**60,9**	61	**54,8**	55
86,24	86,2	**11,96**	12	**73,32**	73	**79,09**	79

2. *Pour écrire en chiffres les nombres décimaux, on doit transformer chaque terme de l'addition en chiffres. Par exemple : trente-cinq = 35 et 4 dixième = 0,4. Donc, on obtient 35,4.*
   a) 35,4 b) 82,69 c) 671,05 d) 7 048,92 e) 555,43

3. *Pour transformer chaque somme en nombre décimal, on doit savoir que les dollars représentent les entiers et les cents les décimales (10 ¢ = 0,10 $ et 1 ¢ = 0,01 $). Par exemple : 3 x 10 $ = 30 $; 5 x 1 $ = 5 $; 4 x 10 ¢ = 0,40 $; 8 x 1 ¢ = 0,08 $. Donc, 30 + 5 + 0,4 + 0,08 = 35,48 $.*
   a) 35,48 $ b) 79,26 $ c) 64,13 $ d) 98,54 $
   e) 25,27 $ f) 90,24 $ g) 57,07 $ h) 3,80 $

Page 175

4. *Pour arrondir à l'unité près, on doit observer le chiffre des dixièmes, soit le premier chiffre situé après la virgule. Si ce chiffre est égal à 0, 1, 2, 3 ou 4, le chiffre des unités reste le même, et on enlève la virgule ainsi que les chiffres des dixièmes et des centièmes, s'il y a lieu. Si ce chiffre est égal à 5, 6, 7, 8 ou 9, on ajoute 1 au chiffre des unités, et l'on enlève la virgule ainsi que les chiffres des dixièmes et des centièmes, s'il y a lieu.*
   a) 23 °C b) 13 °C c) 16 °C d) 21 °C e) 24 °C

5. a) 4,9 – 5 – 5,1 – 5,2
   b) 8,8 – 8,81 – 8,82 – 8,83
   c) 5,45 – 5,5 – 5,55 – 5,6
   d) 2,51 – 2,53 – 2,55 – 2,57
   e) 8,13 – 8,2 – 8,27 – 8,34
   f) 7 – 7,25 – 7,5 – 7,75
   g) 1,58 – 1,56 – 1,54 – 1,52
   h) 8 – 7,5 – 7 – 6,5

TEST 21
Page 176

1. 1 567 km
   On doit additionner les nombres 638 et 929 pour trouver la distance parcourue :

$$\begin{array}{r} {}^{1} \\ 638 \\ + \ 929 \\ \hline 1\ 567 \end{array}$$

2. 78 m
   On doit soustraire le nombre 449 à 527 pour trouver le nombre de mètres à ajouter :

$$\begin{array}{r} {}^{4\ 11} \\ \cancel{52}7 \\ - \ 449 \\ \hline 78 \end{array}$$

3. 13 918 singes
   On doit additionner les nombres 7 384, 2 429 et 4 105 pour trouver le nombre de singes dans la forêt amazonienne :

$$\begin{array}{r} {}^{1\ 1} \\ 7\ 384 \\ 2\ 429 \\ + \ 4\ 105 \\ \hline 13\ 918 \end{array}$$

4. 5 545 km²
   On doit d'abord soustraire le nombre 10 103 à 34 188 pour trouver la superficie du lac Winnipeg. Ensuite, on doit soustraire 18 540 au nombre obtenu pour connaître la superficie du lac Vänern.

$$\begin{array}{r} 34\ 188 \\ - \ 10\ 103 \\ \hline 24\ 085 \end{array} \qquad \begin{array}{r} {}^{1\ 13} \\ \cancel{24}\,085 \\ - \ 18\ 540 \\ \hline 5\ 545 \end{array}$$

Page 177

5. 132 figurines
   Pour trouver le nombre de figurines qui appartiennent à Diego, on doit d'abord soustraire 79 à 186. Ensuite, on doit additionner 25 à ce nombre.

$$\begin{array}{r} {}^{7} \\ 18\cancel{6} \\ - \ 79 \\ \hline 107 \end{array} \qquad \begin{array}{r} {}^{1} \\ 107 \\ + \ 25 \\ \hline 132 \end{array}$$

6. 28 512 personnes
   Pour trouver le nombre de personnes qui devraient déménager, on doit soustraire le nombre d'habitants de Drummondville (46 599) de celui du nombre d'habitants de Repentigny (75 111).

$$\begin{array}{r} {}^{6\ 14\ 10\ 10} \\ \cancel{75\ 111} \\ - \ 46\ 599 \\ \hline 28\ 512 \end{array}$$

7. *Pour trouver la différence de poids entre chaque animal, on doit soustraire le poids de l'éléphant de celui de la baleine (9 800 – 5 900), soustraire celui de l'hippopotame de celui de l'éléphant (5 900 – 3 200), soustraire le poids du rhinocéros de celui de l'hippopotame (3 200 – 2 700), soustraire le poids de la girafe de celui du rhinocéros (2 700 – 985), soustraire le poids de l'ours polaire de celui de la girafe (985 – 325), soustraire le poids du lion de celui de l'ours polaire (325 – 156), soustraire le poids du cerf de celui du lion (156 – 108), et soustraire le poids du cerf de celui de la baleine (9 800 – 108).*
   rhinocéros – girafe : 1 715 kg
   girafe – ours polaire : 660 kg
   ours polaire – lion : 169 kg
   lion – cerf : 48 kg
   cerf – baleine : 9 692 kg
   baleine – éléphant : 3 900 kg
   éléphant – hippopotame : 2 700 kg
   hippopotame – rhinocéros : 500 kg

Corrigé • Mathématique

1. *On doit additionner 12 et 15 (27). On doit additionner 15 et 17 (32). On doit additionner 17 et 13 (30). On doit additionner 13 et 16 (29). On doit additionner 16 et 11 (27). On doit additionner 27 et 32 (59). On doit additionner 32 et 30 (62). On doit additionner 30 et 29 (59). On doit additionner 29 et 27 (56). On doit additionner 59 et 62 (121). On doit additionner 62 et 59 (121). On doit additionner 59 et 56 (115). On doit additionner 121 et 121 (242). On doit additionner 121 et 115 (236). On doit additionner 242 et 236 (478).*

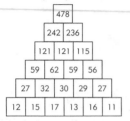

2. *On doit soustraire 29 de 50 (21). On doit soustraire 29 de 46 (17). On doit soustraire 8 de 46 (38). On doit soustraire 38 de 52 (14). On doit soustraire 12 de 52 (40).*
21, 17, 38, 14, 40

3. a) 67 + 28 = 95   b) 45 + 36 = 81   c) 79 + 14 = 93   d) 58 + 25 = 83

e) 234 + 169 = 403   f) 372 + 153 = 525   g) 406 + 247 = 653   h) 595 + 123 = 718

4. a) 97 − 25 = 72   b) 84 − 56 = 28   c) 73 − 28 = 45   d) 60 − 12 = 48

e) 542 − 381 = 161   f) 406 − 234 = 172   g) 859 − 373 = 486   h) 700 − 166 = 534

Page 179

5. a)
3 000	400	60	5	5 000
+ 2 000	+ 300	+ 10	+ 4	700
5 000	700	70	9	70
				+ 9
				5 779

b)
800	70	1	1 000
+ 200	+ 40	+ 6	110
1 000	110	7	+ 7
			1 117

c)
2 000	000	90	6	2 000
+ 0	+ 500	+ 90	+ 3	500
2 000	500	180	9	180
				+ 9
				2 689

d)
4 000	700	30	7	7 000
+ 3 000	+ 200	+ 60	+ 8	900
7 000	900	90	15	90
				+ 15
				8 005

e)
5 000	400	0	6	6 000
+ 1 000	+ 500	+ 80	+ 9	900
6 000	900	80	15	80
				+ 15
				6 995

Page 180

6. a)
8 000	400	90	6	5 000
− 3 000	− 200	− 50	− 3	200
5 000	200	40	3	40
				+ 3
				5 243

b)
7 00	90	3	100
− 6 00	− 30	− 2	60
1 00	60	1	+ 1
			161

c)
6 000	800	50	7	6 000
− 0	− 500	− 30	− 3	300
6 000	300	20	4	20
				+ 4
				6 324

d)
5 000	600	10	9	4 000
− 1 000	− 500	− 0	− 2	100
4 000	100	10	7	10
				+ 7
				4 117

e)
9 000	300	70	4	4 000
− 5 000	− 300	− 20	− 3	0
4 000	0	50	1	50
				+ 1
				4 051

TEST 21.1
Page 181

1. 31 médailles

Pour trouver le nombre de médailles de plus remportées par les athlètes de l'URSS, on doit d'abord additionner le nombre de médailles remportées par ceux-ci : 49 (or) + 41 (argent) + 35 (bronze) = 125.

Ensuite, on doit additionner le nombre de médailles remportées par les athlètes des États-Unis : 34 (or) + 35 (argent) + 25 (bronze) = 94.

Enfin, on doit soustraire le nombre total de médailles remportées par les athlètes des États-Unis (94) du nombre total de médailles remportées par les athlètes de l'URSS (125) : 125 − 94 = 31.

2. *Pour comparer les chaînes d'animaux, on doit d'abord additionner les longueurs des animaux qui les composent : 68 (mouffettes) + 53 (castor) + 6 (souris) = 127 ; 90 (porc-épic) + 24 (tamia) + 87 (raton laveur) = 201 ; 127 est plus petit que 201. Le symbole < signifie « est plus petit que ». Le symbole > signifie « est plus grand que ». Le symbole = signifie « est égal à ».*
a) < b) < c) = d) > e) >

Page 182

3. *Pour relier chaque quantité de liquide au bon contenant, il faut effectuer les opérations demandées afin de trouver les sommes ou les différences.*

a)
```
  1
 258
+ 471
 729 ml
```
b)
```
   4
 364
+ 317
 681 ml
```
c)
```
    1
 95 2
- 543
 409 ml
```
d)
```
  6
 7 09
- 275
 434 ml
```

e)
```
 1 1
 146
+ 588
 734 ml
```
f)
```
 5 13
 64 3
- 255
 388 ml
```
g)
```
   1
  98
  34
+ 77
 209 ml
```
h)
```
       3
 659  4 24
- 235  - 34
 424   390
```

4. **88 et 225 jours**

On doit d'abord trouver le nombre de jours que prend Mercure pour effectuer une orbite autour du soleil en soustrayant 277 de 365, le nombre de jours que prend la Terre pour effectuer la même orbite : 365 – 277 = 88

On doit ensuite additionner 137 à 88, le nombre de jours que prend Mercure pour effectuer cette orbite, pour trouver le nombre de jours que prend Vénus pour effectuer cette même orbite : 88 + 137 = 225.

Page 183

1. a)
```
   1
 674
+ 253
 927
```
b)
```
   1
 409
+ 184
 593
```
c)
```
   1
 528
+ 463
 991
```
d)
```
   1
 383
+ 355
 738
```

e)
```
 1 1 1
 3 295
+  846
 4141
```
f)
```
   1
 5 704
+  631
 6335
```
g)
```
  1 1 1
 8 936
+ 2 565
 11 501
```
h)
```
   1 1
 4 178
+ 3 486
 7 664
```

2. a)
```
   7
 98 4
-  65
 919
```
b)
```
  6 1
 7 35
-  83
 652
```
c)
```
   3
 84 3
- 238
 605
```
d)
```
   6
 67 0
- 454
 216
```

e)
```
   6
 3 67 4
-  349
 3 325
```
f)
```
 4 16
 5 7 08
-  936
 4 772
```
g)
```
   6
 7 593
- 3 671
 3 922
```
h)
```
   7  8
 8 49 0
- 6 525
 1 965
```

3. *Pour trouver les chiffres manquants, on doit y aller par déduction en portant une attention particulière aux retenues (additions) et aux emprunts (soustractions). Aussi, on doit parfois utiliser l'opération contraire. Par exemple :*

```
 486      6 + 3 = 9       8 + 3 = 11
+□33   (pas de retenue)  (retenue à considérer)
 719
```

4 + ? = 7 → 7 – 4 = 3 → 3 – 1 (retenue) = 2

a) 2   b) 3   c) 5 et 7   d) 2 et 8
e) 8   f) 6   g) 6 et 1   h) 5 et 2

Page 184

4. *Pour placer les nombres de 1 à 12 au bon endroit, on doit procéder par tâtonnement en effectuant des additions dont la somme est 26 et dont les termes sont compris entre 1 et 12.*

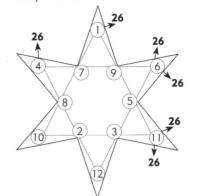

5. **Horizontalement**

1.
```
   1
 473   139
+ 256  - 55
 729    84
```
2.
```
  9       1
 10 4    78
- 39   + 58
  65    136
```
3.
```
   1
 419
+ 379
 798
```

4.
```
   7
 68 3
- 405
 278
```
5.
```
  1      5
 175   16 1
+ 262  - 94
 437    67
```
6.
```
  2        1
 3 07    436
- 250  + 455
  57    891
```

Verticalement

1.
```
  0        1 1
 1 1 4   159
-  38   + 286
  76     445
```
2.
```         7
 158    68 3
+ 99   - 646
 257     37
```
3.
```
   1
 592
+ 335
 927
```

4.
```
  1
 89
+ 98
 187
```
5.
```
 3 12
 43 2    384
- 349  + 485
  83     869
```
6.
```
        1      6
 271   17 0
+ 191  - 99
 462    71
```

TEST 22
Page 185

1. **940 biscuits**
On doit multiplier le nombre de biscuits (235) par le nombre d'heures (4) :
```
  1 2
 235
x   4
 940
```

2. **86 vaches**
On doit diviser le nombre de vaches (258) par le nombre de fois de moins (3) :
```
 258 | 3
- 24   86
  18
 - 18
   0
```

3. **714 météorites**
On doit multiplier le nombre de météorites (357) par le nombre de fois de plus (2) :
```
  1 1
 357
x   2
 714
```

4. **95 degrés Fahrenheit**
On doit diviser le nombre de degrés Fahrenheit (475) par le nombre de fois de moins (5) :
```
 475 | 5
- 45   95
  25
 - 25
   0
```

Page 186

5. *Les diviseurs sont les nombres avec lesquels on peut diviser un nombre donné. Pour trouver les diviseurs d'un nombre, on peut utiliser les tables de multiplication ou vérifier la divisibilité par un nombre. Par exemple :*

24 ÷ 1 = 24	24 ÷ 2 = 12	24 ÷ 3 = 8
24 ÷ 4 = 6	24 ÷ 5 = IMP	24 ÷ 6 = 4
24 ÷ 7 = IMP	24 ÷ 8 = 3	24 ÷ 9 = IMP
24 ÷ 10 = IMP	24 ÷ 11 = IMP	24 ÷ 12 = 2
24 ÷ 13 = IMP	24 ÷ 14 = IMP	24 ÷ 15 = IMP
24 ÷ 16 = IMP	24 ÷ 17 = IMP	24 ÷ 18 = IMP
24 ÷ 19 = IMP	24 ÷ 20 = IMP	24 ÷ 21 = IMP
24 ÷ 22 = IMP	24 ÷ 23 = IMP	24 ÷ 24 = 1

a) 1, 3, 5, 9, 15, 45
b) 1, 2, 3, 4, 6, 9, 12, 18, 36
c) 1, 2, 3, 5, 6, 10, 15, 30
d) 1, 2, 3, 4, 6, 8, 12, 24
e) 1, 2, 3, 4, 5, 6, 10, 12, 15, 20, 30, 60
f) 1, 3, 7, 9, 21, 63

6. *Pour décomposer un nombre en facteurs premiers, on doit utiliser l'arbre des facteurs, un diagramme dans lequel on doit diviser les nombres jusqu'à ce qu'ils ne soient plus divisibles. Par exemple, pour 16 :*

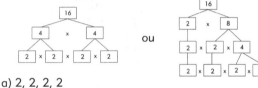

a) 2, 2, 2, 2
b) 2, 3, 3
c) 2, 2, 2, 3
d) 2, 3, 5
e) 2, 2, 2, 2, 2
f) 2, 2, 3, 3

7. a) 24, 28, 32

Truc : les nombres divisibles par 4 se terminent toujours par 0, 2, 4, 6 ou 8. Mais tous les nombres qui se terminent par ces chiffres ne sont pas divisibles par 4. Il faut faire appel aux tables de multiplication.

b) 12, 18, 21, 27, 30

Truc : les nombres divisibles par 3 sont ceux dont la somme des chiffres qui le composent donne un multiple de 3.

c) 18, 24, 30, 36, 42

Truc : les nombres divisibles par 6 se terminent toujours par 0, 2, 4, 6 ou 8. Mais tous les nombres qui se terminent par ces chiffres ne sont pas divisibles par 6. Il faut faire appel aux tables de multiplication.

d) 32, 40, 56, 72

Truc : les nombres divisibles par 8 se terminent toujours par 0, 2, 4, 6 ou 8. Mais tous les nombres qui se terminent par ces chiffres ne sont pas divisibles par 8. Il faut faire appel aux tables de multiplication.

e) 18, 27, 45, 54, 72, 81

Truc : les nombres divisibles par 9 sont ceux dont la somme des chiffres qui le composent donne un multiple de 9.

f) 14, 21, 35, 56, 63

Truc : il faut faire appel aux tables de multiplication.

Page 187

1. a)

$$\begin{array}{r} 48 \\ \times\ 5 \\ \hline \end{array} = \begin{array}{r} 40 \\ \times\ 5 \\ \hline 200 \end{array} \text{ et } \begin{array}{r} 8 \\ \times\ 5 \\ \hline 40 \end{array} = \begin{array}{r} 200 \\ +\ 40 \\ \hline 240 \end{array}$$

b)

$$\begin{array}{r} 63 \\ \times\ 7 \\ \hline \end{array} = \begin{array}{r} 60 \\ \times\ 7 \\ \hline 420 \end{array} \text{ et } \begin{array}{r} 3 \\ \times\ 7 \\ \hline 21 \end{array} = \begin{array}{r} 420 \\ +\ 21 \\ \hline 441 \end{array}$$

c)

$$\begin{array}{r} 29 \\ \times\ 4 \\ \hline \end{array} = \begin{array}{r} 20 \\ \times\ 4 \\ \hline 80 \end{array} \text{ et } \begin{array}{r} 9 \\ \times\ 4 \\ \hline 36 \end{array} = \begin{array}{r} 80 \\ +\ 36 \\ \hline 116 \end{array}$$

d)

$$\begin{array}{r} 52 \\ \times\ 6 \\ \hline \end{array} = \begin{array}{r} 50 \\ \times\ 6 \\ \hline 300 \end{array} \text{ et } \begin{array}{r} 2 \\ \times\ 6 \\ \hline 12 \end{array} = \begin{array}{r} 300 \\ +\ 12 \\ \hline 312 \end{array}$$

e)

$$\begin{array}{r} 76 \\ \times\ 3 \\ \hline \end{array} = \begin{array}{r} 70 \\ \times\ 3 \\ \hline 210 \end{array} \text{ et } \begin{array}{r} 6 \\ \times\ 3 \\ \hline 18 \end{array} = \begin{array}{r} 210 \\ +\ 18 \\ \hline 228 \end{array}$$

f)

$$\begin{array}{r} 37 \\ \times\ 4 \\ \hline \end{array} = \begin{array}{r} 30 \\ \times\ 4 \\ \hline 120 \end{array} \text{ et } \begin{array}{r} 7 \\ \times\ 4 \\ \hline 28 \end{array} = \begin{array}{r} 120 \\ +\ 28 \\ \hline 148 \end{array}$$

g)

$$\begin{array}{r} 95 \\ \times\ 8 \\ \hline \end{array} = \begin{array}{r} 90 \\ \times\ 8 \\ \hline 720 \end{array} \text{ et } \begin{array}{r} 5 \\ \times\ 8 \\ \hline 40 \end{array} = \begin{array}{r} 720 \\ +\ 40 \\ \hline 760 \end{array}$$

h)

$$\begin{array}{r} 81 \\ \times\ 9 \\ \hline \end{array} = \begin{array}{r} 80 \\ \times\ 9 \\ \hline 720 \end{array} \text{ et } \begin{array}{r} 1 \\ \times\ 9 \\ \hline 9 \end{array} = \begin{array}{r} 720 \\ +\ 9 \\ \hline 729 \end{array}$$

Page 188

2. *Pour trouver les paires de diviseurs, on peut utiliser les tables de multiplication ou vérifier la divisibilité par un nombre. Par exemple :*

25 ÷ 1 = 25	25 ÷ 2 = IMP	25 ÷ 3 = IMP
25 ÷ 4 = IMP	25 ÷ 5 = 5	25 ÷ 6 = IMP
25 ÷ 7 = IMP	25 ÷ 8 = IMP	25 ÷ 9 = IMP
25 ÷ 10 = IMP	25 ÷ 11 = IMP	25 ÷ 12 = IMP
25 ÷ 13 = IMP	25 ÷ 14 = IMP	25 ÷ 15 = IMP
25 ÷ 16 = IMP	25 ÷ 17 = IMP	25 ÷ 18 = IMP
25 ÷ 19 = IMP	25 ÷ 20 = IMP	25 ÷ 21 = IMP
25 ÷ 22 = IMP	25 ÷ 23 = IMP	25 ÷ 24 = IMP
25 ÷ 25 = 1		

a) (1 X 25), (5 X 5)
b) (1 X 32), (2 X 16), (4 X 8)
c) (1 X 42), (2 X 21), (3 X 14), (6 X 7)
d) (1 X 48), (2 X 24), (3 X 16), (4 X 12), (6 X 8)
e) (1 X 54), (2 X 27), (3 X 18), (6 X 9)
f) (1 X 68), (2 X 34), (4 X 17)

3. *Pour compléter l'arbre des facteurs, on doit diviser le nombre du haut par le nombre du bas afin de trouver chaque terme manquant.*
a) 2 x 2 x 2 x 2   b) 2 x 2 x 7   c) 7 x 2 x 3
d) 3 x 3 x 5   e) 3 x 3 x 3 x 2   f) 2 x 2 x 2 x 2 x 2 x 2

Page 189

4. a)

$$\begin{array}{r} {}^{4}\ \\ 29 \\ \times\ 5 \\ \hline 145 \end{array}$$

b)

$$\begin{array}{r} {}^{3}\ \\ 45 \\ \times\ 6 \\ \hline 270 \end{array}$$

c)

$$\begin{array}{r} {}^{3}\ \\ 39 \\ \times\ 4 \\ \hline 156 \end{array}$$

d)

$$\begin{array}{r} {}^{1}\ \\ 56 \\ \times\ 3 \\ \hline 168 \end{array}$$

e)

$$\begin{array}{r} {}^{4}\ \\ 87 \\ \times\ 7 \\ \hline 609 \end{array}$$

f)

$$\begin{array}{r} {}^{1}\ \\ 72 \\ \times\ 8 \\ \hline 576 \end{array}$$

g)

$$\begin{array}{r} 90 \\ \times\ 6 \\ \hline 540 \end{array}$$

h)

$$\begin{array}{r} 93 \\ \times\ 2 \\ \hline 186 \end{array}$$

i)

$$\begin{array}{r} {}^{1\ 2}\ \\ 325 \\ \times\ 4 \\ \hline 1\ 300 \end{array}$$

j)

$$\begin{array}{r} {}^{2}\ \\ 482 \\ \times\ 3 \\ \hline 1446 \end{array}$$

k)

$$\begin{array}{r} {}^{5\ 4}\ \\ 276 \\ \times\ 7 \\ \hline 1\ 932 \end{array}$$

l)

$$\begin{array}{r} {}^{4}\ \\ 309 \\ \times\ 5 \\ \hline 1\ 545 \end{array}$$

Corrigé • Mathématique

5. a) $48\overline{)3}$ b) $56\overline{)4}$ c) $90\overline{)6}$ d) $75\overline{)3}$
$-3\quad 16$ $-4\quad 14$ $-6\quad 15$ $-6\quad 25$
18 16 30 15
-18 -16 -30 -15
0 0 0 0

e) $96\overline{)8}$ f) $230\overline{)5}$ g) $336\overline{)7}$ h) $510\overline{)6}$
$-8\quad 12$ $-20\quad 46$ $-28\quad 48$ $-48\quad 85$
16 30 56 30
-16 -30 -56 -30
0 0 0 0

i) $468\overline{)9}$ j) $334\overline{)2}$
$-45\quad 52$ $-2\quad 167$
18 13
-18 -12
0 14
-14
0

Page 190

6. *Pour trouver les chiffres manquants, on doit y aller par déduction en portant une attention particulière aux retenues (multiplications) et aux emprunts (divisions). Aussi, on doit parfois utiliser l'opération contraire. Par exemple :*

$6\square5$ $5 \times 3 = 15$ $3 \times 6 = 18$
$\times\quad 3$ *(retenue à considérer)(retenue à considérer)*
$1\square75$
$7 - 1 = 6 \rightarrow 3 \times ? = 6 \rightarrow 2$ $625 \times 3 = 1875$

a) 2 et 8 b) 6 et 2 c) 5 et 2 d) 1 et 4
e) 1 et 6 et 1 f) 4 et 1 g) 3 et 4 h) 3 et 1
i) 2 et 2 j) 5 et 2

7. a) $3 \times 3 = 9 \rightarrow 9 \times 2 = 18 \rightarrow 18 \times 2 = 36$
b) $3 \times 3 = 9 \rightarrow 9 \times 3 = 27$
c) $2 \times 2 = 4 \rightarrow 4 \times 5 = 20$
d) $2 \times 2 = 4 \rightarrow 4 \times 2 = 8 \rightarrow 8 \times 7 = 56$
e) $2 \times 2 = 4 \rightarrow 4 \times 7 = 28$
f) $2 \times 2 = 4 \rightarrow 4 \times 13 = 52$
g) $2 \times 2 = 4 \rightarrow 4 \times 11 = 44$
h) $3 \times 3 = 9 \rightarrow 9 \times 5 = 45$
i) $3 \times 5 = 15 \rightarrow 15 \times 5 = 75$
j) $2 \times 5 = 10 \rightarrow 10 \times 7 = 70$
k) $2 \times 3 = 6 \rightarrow 6 \times 5 = 30$
l) $2 \times 3 = 6 \rightarrow 6 \times 7 = 42$

TEST 22.1
Page 191

1. 88 fourmis
On doit diviser le nombre total de pattes (528) par le nombre de pattes d'une fourmi (6) :

$528\overline{)6}$
$-48\quad 88$
48
-48
0

2. 585 manchots
On doit diviser le nombre de caribous (234) par le nombre de fois de moins (2), puis multiplier le nombre obtenu par le nombre de fois de plus (5) :

$234\overline{)2}$ $\overset{3}{}117$
$-2\quad 117$ $\times\ 5$
03 $\overline{585}$
-2
14
-14
0

3. a) $3 \times 5 = 15 ; 15 \times 4 = 60 ; 60 \div 2 = 30$
b) $6 \times 3 = 18 ; 18 \div 2 = 9 ; 9 \times 7 = 63$
c) $8 \times 6 = 48 ; 48 \div 4 = 12 ; 12 \div 2 = 6$
d) $20 \div 5 = 4 ; 4 \times 9 = 36 ; 36 \div 3 = 12$
e) $24 \times 2 = 48 ; 48 \div 8 = 6 ; 6 \times 7 = 42$
f) $25 \times 4 = 100 ; 100 \div 10 = 10 ; 10 \times 5 = 50$

Page 192

4. *Pour trouver les diviseurs d'un nombre, on peut utiliser les tables de multiplication ou vérifier la divisibilité par un nombre (voir p. 46 no 2).*
a) $35 = 1, 5, 7, 35$ $50 = 1, 2, 5, 10, 25, 50$
Diviseurs communs : 1, 5
b) $28 = 1, 2, 4, 7, 14, 28$ $32 = 1, 2, 4, 8, 16, 32$
Diviseurs communs : 1, 2, 4
c) $18 = 1, 2, 3, 6, 9, 18$ $81 = 1, 3, 9, 27, 81$
Diviseurs communs : 1, 3, 9
d) $42 = 1, 2, 3, 6, 7, 14, 21, 42$ $72 = 1, 2, 3, 4, 6, 8, 9, 12, 18, 24, 36, 72$
Diviseurs communs : 1, 2, 3, 6
e) $54 = 1, 2, 3, 6, 9, 18, 27, 54$ $56 = 1, 2, 4, 7, 8, 14, 28, 56$
Diviseurs communs : 1, 2

5. *Pour décomposer un nombre en facteurs premiers, on doit utiliser l'arbre des facteurs, un diagramme dans lequel on doit diviser les nombres entiers jusqu'à ce qu'ils ne soient plus divisibles (voir p. 44 no 6).*
a) 2, 2, 5
b) 2, 2, 2, 2, 3
c) 2, 2, 3, 5
d) 2, 2, 2, 3, 3
e) 3, 3, 3, 3

Page 193

1. a) Nombres encerclés : 63, 78, 66, 45
On doit encercler tous les nombres dont la somme des chiffres est un multiple de 3.
b) Nombres marqués d'un X : 95, 100, 45, 50
On doit faire un X sur tous les nombres qui se terminent par 0 ou par 5.
c) Nombres soulignés : 88, 100, 52
On doit faire appel aux tables de multiplication.
d) Nombres encadrés : 47, 83, 67, 71, 19, 37, 59
On doit faire appel aux tables de multiplication.
e) Nombres non touchés : 74, 34, 22, 49

2. a) 55 × 4 × 6 =

$$\begin{array}{r} {}^{2}\\ 55 \\ \times\ 4 \\ \hline 220 \end{array} \qquad \begin{array}{r} {}^{1}\\ 220 \\ \times\ 6 \\ \hline 1\,320 \end{array}$$

b) 47 × 2 × 8 =

$$\begin{array}{r} {}^{1}\\ 47 \\ \times\ 2 \\ \hline 94 \end{array} \qquad \begin{array}{r} {}^{3}\\ 94 \\ \times\ 8 \\ \hline 752 \end{array}$$

c) 82 × 7 × 5 =

$$\begin{array}{r} {}^{1}\\ 82 \\ \times\ 7 \\ \hline 574 \end{array} \qquad \begin{array}{r} {}^{3\ 2}\\ 574 \\ \times\ 5 \\ \hline 2\,870 \end{array}$$

d) 73 × 9 × 4 =

$$\begin{array}{r} {}^{2}\\ 73 \\ \times\ 9 \\ \hline 657 \end{array} \qquad \begin{array}{r} {}^{2\ 2}\\ 657 \\ \times\ 4 \\ \hline 2\,628 \end{array}$$

e) 29 × 8 × 3 =

$$\begin{array}{r} {}^{7}\\ 29 \\ \times\ 8 \\ \hline 232 \end{array} \qquad \begin{array}{r} 232 \\ \times\ 3 \\ \hline 696 \end{array}$$

Page 194

3. a) 276 | 3 → 92 : − 27, 06, − 6, 0 92 | 2 → 46 : − 8, 12, − 12, 0

b) 168 | 4 → 42 : − 16, 08, − 8, 0 42 | 7 → 6 : − 42, 0

c) 546 | 7 → 78 : − 49, 56, − 56, 0 78 | 3 → 26 : − 6, 18, − 18, 0

d) 920 | 8 → 115 : − 8, 12, − 8, 40, − 40, 0 115 | 5 → 23 : − 10, 15, − 15, 0

4. *Pour résoudre les chaînes d'équations, on doit d'abord trouver le produit du nombre de départ par le nombre identifié sur la monnaie (par exemple : 12 x 5 = 60). Ensuite, on doit trouver le quotient du nombre obtenu par le nombre indiqué sur l'autre pièce de monnaie (par exemple : 60 ÷ 2 = 30).*

a) 60 $ et 30 b) 160 $ et 32 c) 400 $ et 40
d) 140 $ et 70 e) 340 $ et 68

Page 195

5. *Pour compléter l'arbre des facteurs, on doit diviser le nombre du haut par le nombre du bas afin de trouver chaque terme manquant.*

2. a)

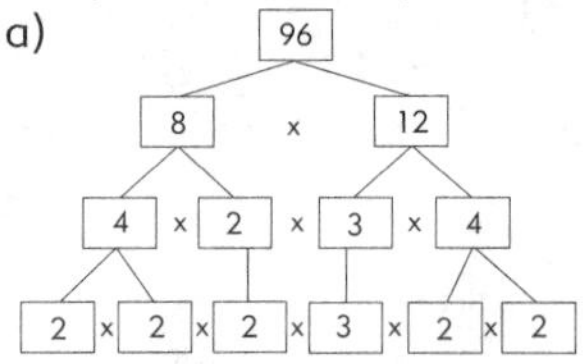

b)

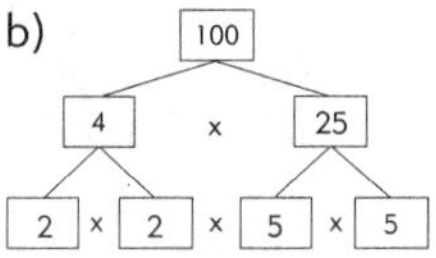

c)

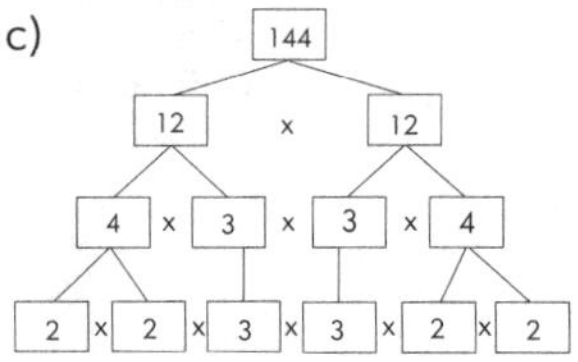

d)

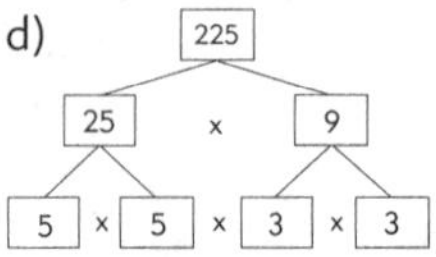

e)

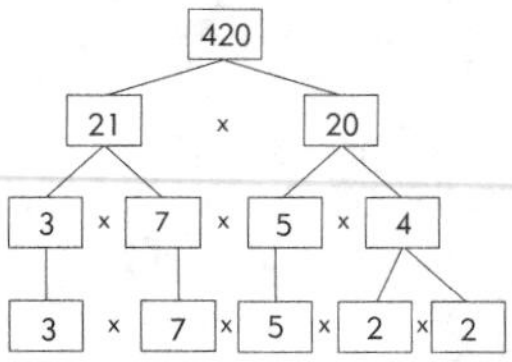

f)

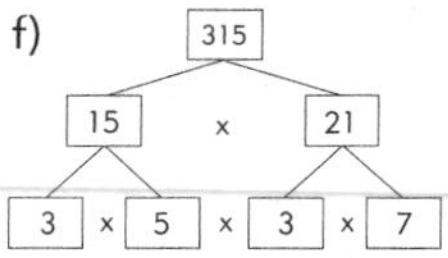

6. a)
$$\begin{array}{r} {}^{2\ 6}\\ 439 \\ \times\ 7 \\ \hline 3\,073 \end{array}$$
b)
$$\begin{array}{r} {}^{3\ 2}\\ 386 \\ \times\ 4 \\ \hline 1\,544 \end{array}$$
c)
$$\begin{array}{r} {}^{7\ 1}\\ 692 \\ \times\ 8 \\ \hline 5\,536 \end{array}$$
d)
$$\begin{array}{r} {}^{2}\\ 283 \\ \times\ 3 \\ \hline 849 \end{array}$$

e) 711 | 3 → 237 : − 6, 11, − 9, 21, − 21, 0
f) 804 | 6 → 134 : − 6, 20, − 18, 24, − 24, 0
g) 945 | 5 → 189 : − 5, 44, − 40, 45, − 45, 0
h) 574 | 2 → 287 : − 4, 17, − 16, 14, − 14, 0

TEST 23

Page 196

1. *Pour former des paires dont la somme est égale à 1, on doit soustraire chaque nombre décimal de 1 en prenant soin d'ajouter des 0 aux dixièmes et aux centièmes, s'il y a lieu. Par exemple :*

$$\begin{array}{r} 1{,}0 \\ -\ 0{,}1 \\ \hline 0{,}9 \end{array}$$
Donc, une des paires est formée de 0,1 et de 0,9.

(0,1 + 0,9) (0,45 + 0,55) (0,99 + 0,01) (0,7 + 0,3) (0,2 + 0,8) (0,6 + 0,4) (0,75 + 0,25) (0,34 + 0,66) (0,94 + 0,06) (0,83 + 0,17)
Il reste le nombre décimal 0,5.

2. *Pour former des paires dont la différence égale 1,5, on doit additionner 1,5 à chaque nombre en prenant soin d'ajouter des 0 aux dixièmes et aux centièmes, s'il y a lieu. Par exemple :*

$$\begin{array}{r} 2{,}03 \\ +\ 1{,}50 \\ \hline 3{,}53 \end{array}$$
Donc, une des paires est formée de 2,03 et de 3,53.

(3,8 – 2,3) (6 – 4,5) (2,2 – 0,7) (1,54 – 0,04) (10,4 – 8,9) (3,53 – 2,03) (3,25 – 1,75) (8,32 – 6,82) (11,49 – 9,99) (10,59 – 9,09)
Il reste le nombre décimal 0,65.

3. 31,6 °C
On doit soustraire la température de Reykjavik (2,9 °C) de celle de Kolkota (34,5 °C).
$$\begin{array}{r} 3\,4{,}{}^{1}5 \\ -\ 2{,}9 \\ \hline 31{,}6 \end{array}$$

Page 197

4. 64,51 $
On doit additionner le montant de Félix (34,67 $) à celui de Frédéric (29,84 $) :
$$\begin{array}{r} {}^{1\ 1\ 1}\\ 34{,}67 \\ +\ 29{,}84 \\ \hline 64{,}51 \end{array}$$

5. 0,08 m
On doit soustraire la taille de Justine (1,29 m) de celle de Victor (1,37 m) :
$$\begin{array}{r} {}^{2}\\ 1{,}3{}^{1}7 \\ -\ 1{,}29 \\ \hline 0{,}08 \end{array}$$

6. 3,81 $
On doit additionner le prix des raisins secs (0,60 $) à celui des graines de tournesol (2,46 $) et à celui de la poire (0,75 $) :
$$\begin{array}{r} {}^{1\ 1}\\ 0{,}60 \\ 2{,}46 \\ +\ 0{,}75 \\ \hline 3{,}81 \end{array}$$

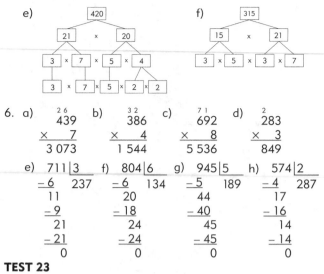

Page 198

1. a)
```
  63,5      60      3      0,5      90
+ 34,2    + 30    + 4    + 0,2       7
  90       90      7      0,7    + 0,7
                                  97,7
```

b)
```
  47,13     40      7     0,1     0,03     50
+ 11,6    + 10    + 1   + 0,6   +   0       8
  50        50      8     0,7     0,03    0,7
                                        + 0,03
                                         58,73
```

c)
```
  56,07     50      6      0       0,07     50
+ 8,7     +  0    + 8    + 0,7   +   0      14
  50        50     14     0,7     0,07     0,7
                                         + 0,07
                                          64,77
```

d)
```
  7,89      0       7      0,8     0,09     40
+ 43,5    + 40    + 3    + 0,5   +   0      10
  40        40     10     1,3     0,09     1,3
                                        + 0,09
                                          51,39
```

e)
```
  40,72     40      0      0,7     0,02     40
+ 8,88    +  0    + 8    + 0,8   + 0,08      8
  40        40      8     1,5     0,10      1,5
                                        + 0,10
                                          49,6
```

f)
```
  3,69      0       3      0,6     0,09     60
+ 63,9    + 60    + 3    + 0,9   +   0       6
  60        60      6     1,5     0,09      1,5
                                        + 0,09
                                          67,59
```

Page 199

2. a)
```
   1 1
  54,8
+  6,73
  61,53
```

b)
```
    1
  72,4
+  3,96
  76,36
```

c)
```
   1 1
   8,31
+ 75,9
  84,21
```

d)
```
    1 1
  274,6
+  53,7
  328,3
```

e)
```
     1
  869,25
+    3,4
  872,65
```

f)
```
    1 1 1
  472,8
+  59,3
  532,1
```

g)
```
   1 1  1
  685,37
+ 219,46
  904,83
```

h)
```
      1
  705,09
+ 340,55
 1045,64
```

i)
```
    1
   2,99
+ 34,7
  37,69
```

3. On doit ajouter des 0 aux dixièmes ou aux centièmes, s'il y a lieu.

a)
```
    5
  76,0
-  0,7
  75,3
```

b)
```
    7
  48,0
-  5,4
  42,6
```

c)
```
     7
  59,80
-  6,45
  53,35
```

d)
```
  2 10
  31 5,4
- 298,2
   17,2
```

e)
```
  89  6
  90 6,7 1
-  57,04
  849,67
```

f)
```
  6 11 15
  72,6 0
-  3,84
  68,76
```

g)
```
   2 9
  83,0 0
-  0,03
  82,97
```

h)
```
   5 9 9
  60,0 0
-  4,32
  55,68
```

i)
```
  6 13 12
  874,3 5
-   9,99
  864,36
```

Page 200

4. On doit effectuer l'opération lorsque le terme manquant est la réponse. On doit effectuer l'opération contraire lorsque le terme manquant est l'un des deux termes de l'opération. On doit aussi ajouter des 0 aux dixièmes et aux centièmes, s'il y a lieu.

a)
```
   2
  25,3 0
-  4,26
  21,04
```

b)
```
    5
  36 5,09
- 357,00
    8,09
```

c)
```
   6
  7, 1 17
- 2,50
  4,67
```

d)
```
   1
  9,74
+ 18,20
  27,94
```

e)
```
    3
  64, 25
-  3,45
  60,80
```

f)
```
  10 11
  1 1 2,5
-  79,8
   32,7
```

g)
```
   5
  56, 0
-  3,2
  52,8
```

h)
```
  6 12 9
  473,0 0
- 436,61
   36,39
```

i)
```
   1 1
  3,68
+ 1,38
  5,06
```

j)
```
  965,2
+  34,7
  999,9
```

k)
```
    5
  28,6 5
-  4,18
  24,47
```

l)
```
   1
  89,2 0
- 88,17
   1,03
```

5.

	3,7	4,9	7,6	8,02	0,43	0,01
5,6	1 5,6 + 3,7 = 9,3	1 5,60 + 4,90 = 10,50	1 5,6 + 7,6 = 13,2	1 5,60 + 8,02 = 13,62	5,60 + 0,43 = 6,03	5,60 + 0,01 = 5,61
4,8	1 4,8 + 3,7 = 8,5	4,8 + 4,9 = 9,7	1 4,8 + 7,6 = 12,4	4,80 + 8,02 = 12,82	4,80 + 0,43 = 5,23	4,80 + 0,01 = 4,81
2,5	1 2,5 + 3,7 = 6,2	1 2,5 + 4,9 = 7,4	1 2,5 + 7,6 = 10,1	2,50 + 8,02 = 10,52	2,50 + 0,43 = 2,93	2,50 + 0,01 = 2,51
7,4	1 7,4 + 3,7 = 11,1	1 7,4 + 4,9 = 12,3	1 7,4 + 7,6 = 15,0	7,40 + 8,02 = 15,42	7,40 + 0,43 = 7,83	7,40 + 0,01 = 7,41
3,05	3,05 + 3,70 = 6,75	3,05 + 4,90 = 7,95	3,05 + 7,60 = 10,65	3,05 + 8,02 = 11,07	3,05 + 0,43 = 3,48	3,05 + 0,01 = 3,06
1,94	1 1,94 + 3,70 = 5,64	1 1,94 + 4,90 = 6,84	1 1,94 + 7,60 = 9,54	1,94 + 8,02 = 9,96	1 1,94 + 0,43 = 2,37	1,94 + 0,01 = 1,95

TEST 23.1
Page 201

1. 38,94 kg

Pour trouver le poids de Ludovic, on doit d'abord trouver celui de Tristan en soustrayant 2,36 kg à 36,4 kg (poids de William). Ensuite, on additionne la différence obtenue avec 4,9.

```
   3
  36,4 0        34,04
-  2,36       +  4,90
  34,04         38,94
```

Corrigé • Mathématique

2. Il lui manquera 1,87 $.

Pour déterminer si Louis peut acheter les deux articles, on doit d'abord additionner les montants associés à ceux-ci (115,59 $ + 136,28 $). Ensuite, puisque le total obtenu dépasse 250 $, on doit soustraire pour connaître la différence.

$$
\begin{array}{r} ^1^1 \\ 115,59 \\ +\ 136,28 \\ \hline 251,87 \end{array}
\qquad
\begin{array}{r} 251,87 \\ -\ 250,00 \\ \hline 1,87 \end{array}
$$

3. 86,98 km

Pour calculer la distance à parcourir, on doit additionner les nombres associés aux deux parcours (67,28 km + 19,7 km).

$$
\begin{array}{r} ^1 \\ 67,28 \\ +\ 19,70 \\ \hline 86,98 \end{array}
$$

Page 202

4. 1,42 $

Pour trouver combien d'argent Cédric et Maïka doivent emprunter à leur frère aîné, on doit d'abord additionner tous les montants qu'ils possèdent (4,55 + 0,78 + 3 + 0,25) $. Ensuite, on doit soustraire la somme obtenue du montant de 10 $.

$$
\begin{array}{r} ^1\ ^1 \\ 4,55 \\ 0,78 \\ 3,00 \\ +\ 0,25 \\ \hline 8,58 \end{array}
\qquad
\begin{array}{r} ^9\ ^9 \\ 10,00 \\ -\ 8,58 \\ \hline 1,42 \end{array}
$$

5. 10,53 heures

Pour trouver le temps que dure une journée entière sur Saturne, on doit soustraire 13,45 h de 23,98 h.

$$
\begin{array}{r} 23,98 \\ -\ 13,45 \\ \hline 10,53 \end{array}
$$

6. 1,9 sur l'échelle de Richter

Pour déterminer à quel échelon on peut se rendre compte qu'un séisme se produit, on doit soustraire 0,85 de 2,75.

$$
\begin{array}{r} ^1 \\ 2,75 \\ -\ 0,85 \\ \hline 1,90 \end{array}
$$

Page 203

1. a)
$$
\begin{array}{r} ^1 \\ 7,5 \\ 2,8 \\ +\ 3,4 \\ \hline 13,7 \end{array}
\qquad
\begin{array}{r} 63,9 \\ -\ 13,7 \\ \hline 50,2 \end{array}
$$

b)
$$
\begin{array}{r} ^{7\ 13} \\ 84,17 \\ -\ 26,50 \\ \hline 57,67 \end{array}
\qquad
\begin{array}{r} 57,67 \\ +\ 30,30 \\ \hline 87,97 \end{array}
$$

c)
$$
\begin{array}{r} ^5 \\ 7,60 \\ -\ 2,39 \\ \hline 5,21 \end{array}
\qquad
\begin{array}{r} ^{7\ 9} \\ 48,00 \\ -\ 5,21 \\ \hline 42,79 \end{array}
$$

d)
$$
\begin{array}{r} ^1 \\ 0,23 \\ 0,36 \\ +\ 0,15 \\ \hline 0,74 \end{array}
\qquad
\begin{array}{r} ^8 \\ 0,91 \\ -\ 0,74 \\ \hline 0,17 \end{array}
$$

e)
$$
\begin{array}{r} ^{4\ 16} \\ 57,04 \\ -\ 18,90 \\ \hline 38,14 \end{array}
\quad
\begin{array}{r} ^{2\ \ 5} \\ 32,60 \\ -\ 7,48 \\ \hline 25,12 \end{array}
\quad
\begin{array}{r} ^1 \\ 38,14 \\ +\ 25,12 \\ \hline 63,26 \end{array}
$$

f)
$$
\begin{array}{r} ^{9\ 9} \\ 100,0 \\ -\ 64,2 \\ \hline 35,8 \end{array}
\quad
\begin{array}{r} ^{1\ 1} \\ 42,6 \\ +\ 17,9 \\ \hline 60,5 \end{array}
\quad
\begin{array}{r} ^1 \\ 35,8 \\ +\ 60,5 \\ \hline 96,3 \end{array}
$$

2.
$$
\begin{array}{r} ^1 \\ 2,5 \\ +\ 3,5 \\ \hline 6,0 \end{array}
\quad
\begin{array}{r} ^1 \\ 1,8 \\ +\ 3,2 \\ \hline 5,0 \end{array}
\quad
\begin{array}{r} ^1\ ^1 \\ 2,55 \\ +\ 2,45 \\ \hline 5,00 \end{array}
\quad
\begin{array}{r} 4,90 \\ +\ 0,01 \\ \hline 4,91 \end{array}
\quad
\begin{array}{r} ^1 \\ 3,7 \\ +\ 2,3 \\ \hline 6,0 \end{array}
$$

$$
\begin{array}{r} ^1 \\ 1,4 \\ +\ 3,6 \\ \hline 5,0 \end{array}
\quad
\begin{array}{r} ^1\ ^1 \\ 2,13 \\ +\ 2,87 \\ \hline 5,00 \end{array}
\quad
\begin{array}{r} ^1 \\ 0,4 \\ +\ 4,6 \\ \hline 5,0 \end{array}
\quad
\begin{array}{r} ^1\ ^1 \\ 0,75 \\ +\ 3,25 \\ \hline 4,00 \end{array}
\quad
\begin{array}{r} ^1 \\ 2,96 \\ +\ 2,40 \\ \hline 5,36 \end{array}
$$

$$
\begin{array}{r} ^1\ ^1 \\ 3,72 \\ +\ 2,28 \\ \hline 6,00 \end{array}
\quad
\begin{array}{r} ^1\ ^1 \\ 1,11 \\ +\ 3,99 \\ \hline 5,10 \end{array}
\quad
\begin{array}{r} ^1\ ^1 \\ 3,05 \\ +\ 1,95 \\ \hline 5,00 \end{array}
\quad
\begin{array}{r} ^1 \\ 1,01 \\ +\ 2,90 \\ \hline 3,91 \end{array}
\quad
\begin{array}{r} ^1\ ^1 \\ 1,51 \\ +\ 3,49 \\ \hline 5,00 \end{array}
$$

3.
$$
\begin{array}{r} ^8\ ^1 \\ 9,3 \\ -\ 5,8 \\ \hline 3,5 \end{array}
\quad
\begin{array}{r} ^9 \\ 10,0 \\ -\ 7,5 \\ \hline 2,5 \end{array}
\quad
\begin{array}{r} ^3\ ^1 \\ 4,2 \\ -\ 0,7 \\ \hline 3,5 \end{array}
\quad
\begin{array}{r} ^7\ ^1 \\ 8,05 \\ -\ 4,45 \\ \hline 3,60 \end{array}
\quad
\begin{array}{r} ^5\ ^1 \\ 6,28 \\ -\ 2,88 \\ \hline 3,40 \end{array}
$$

$$
\begin{array}{r} 7,9 \\ -\ 4,4 \\ \hline 3,5 \end{array}
\quad
\begin{array}{r} 9,61 \\ -\ 6,11 \\ \hline 3,50 \end{array}
\quad
\begin{array}{r} ^{4\ 9} \\ 5,00 \\ -\ 1,05 \\ \hline 3,95 \end{array}
\quad
\begin{array}{r} ^2\ ^1 \\ 3,89 \\ -\ 0,99 \\ \hline 2,90 \end{array}
\quad
\begin{array}{r} 10,6 \\ -\ 6,1 \\ \hline 4,5 \end{array}
$$

$$
\begin{array}{r} ^5\ ^1 \\ 6,09 \\ -\ 2,49 \\ \hline 3,60 \end{array}
\quad
\begin{array}{r} ^3\ ^1 \\ 4,0 \\ -\ 0,5 \\ \hline 3,5 \end{array}
\quad
\begin{array}{r} 8,5 \\ -\ 4,0 \\ \hline 4,5 \end{array}
\quad
\begin{array}{r} 9,7 \\ -\ 6,2 \\ \hline 3,5 \end{array}
\quad
\begin{array}{r} ^6\ ^1 \\ 7,32 \\ -\ 3,92 \\ \hline 3,40 \end{array}
$$

Page 204

4. *Avant de compléter chaque suite de nombres, on doit d'abord trouver la règle en trouvant la différence d'un nombre à l'autre.*

a) 6,4 – 6,6 – 6,8 – 7,0
[6,2 – 6 = <u>0,2</u>; 6 – 5,8 = <u>0,2</u>; 5,8 – 5,6 = <u>0,2</u>.
La règle de cette suite est + 0,2.]

b) 7,7 – 7,3 – 6,9 – 6,5
[9,3 – 8,9 = <u>0,4</u>; 8,9 – 8,5 = <u>0,4</u>; 8,5 – 8,1 = <u>0,4</u>.
La règle de cette suite est – 0,4.]

c) 4,5 – 4,75 – 5 – 5,25
[4,25 – 4 = <u>0,25</u>; 4 – 3,75 = <u>0,25</u>; 3,75 -3,5 = <u>0,25</u>.
La règle de cette suite est + 0,25.]

d) 7,8 – 7,65 – 7,5 – 7,35
[8,4 – 8,25 = <u>0,15</u>; 8,25 – 8,1 = <u>0,15</u>; 8,1 – 7,95 = <u>0,15</u>.
La règle de cette suite est – 0,15.]

e) 13,7 – 14,2 – 14,8 – 15,5
[13,3 – 13 = <u>0,3</u>; 13 – 12,8 = <u>0,2</u>; 12,8 – 12,7 = <u>0,1</u>.
La règle de cette suite est + 0,4 + 0,5 + 0,6 + 0,7.]

f) 43,1 – 42 – 40,9 – 39,8
[47,5 – 46,4 = <u>1,1</u>; 46,4 – 45,3 = <u>1,1</u>; 45,3 – 44,2 = <u>1,1</u>.
La règle de cette suite est – 1,1.]

g) 7,75 – 7,83 – 7,91 – 7,99
[7,67 – 7,59 = <u>0,08</u>; 7,59 – 7,51 = <u>0,08</u>; 7,51 – 7,43 = <u>0,08</u>.
La règle de cette suite est + 0,08.]

h) 36 – 35,95 – 35,9 – 35,85
[36,2 – 36,15 = <u>0,05</u>; 36,15 – 36,1 = <u>0,05</u>; 36,1 – 36,05 = <u>0,05</u>.
La règle de cette suite est – 0,05.]

5. a)
$$
\begin{array}{r} 79,68 \\ -\ 62,03 \\ \hline 10 \end{array}
\ \begin{array}{r} 70 \\ -\ 60 \\ \hline 10 \end{array}
+ \begin{array}{r} 9 \\ -\ 2 \\ \hline 7 \end{array}
+ \begin{array}{r} 0,6 \\ -\ 0,0 \\ \hline 0,6 \end{array}
+ \begin{array}{r} 0,08 \\ -\ 0,03 \\ \hline 0,05 \end{array}
\quad
\begin{array}{r} 10 \\ 7 \\ 0,6 \\ +\ 0,05 \\ \hline 17,65 \end{array}
$$

b)
$$
\begin{array}{r} 95,45 \\ -\ 33,33 \\ \hline 60 \end{array}
\ \begin{array}{r} 90 \\ -\ 30 \\ \hline 60 \end{array}
+ \begin{array}{r} 5 \\ -\ 3 \\ \hline 2 \end{array}
+ \begin{array}{r} 0,4 \\ -\ 0,3 \\ \hline 0,1 \end{array}
+ \begin{array}{r} 0,05 \\ -\ 0,03 \\ \hline 0,02 \end{array}
\quad
\begin{array}{r} 60 \\ 2 \\ 0,1 \\ +\ 0,02 \\ \hline 62,12 \end{array}
$$

c)
$$
\begin{array}{r} 68,76 \\ -\ 10,21 \\ \hline 50 \end{array}
\ \begin{array}{r} 60 \\ -\ 10 \\ \hline 50 \end{array}
+ \begin{array}{r} 8 \\ -\ 0 \\ \hline 8 \end{array}
+ \begin{array}{r} 0,7 \\ -\ 0,2 \\ \hline 0,5 \end{array}
+ \begin{array}{r} 0,06 \\ -\ 0,01 \\ \hline 0,05 \end{array}
\quad
\begin{array}{r} 50 \\ 8 \\ 0,5 \\ +\ 0,05 \\ \hline 58,55 \end{array}
$$

Corrigé · Mathématique

Page 205

6. *On doit additionner deux nombres consécutifs pour trouver le nombre supérieur.*

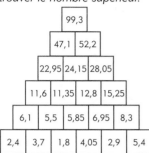

7. *Il faut soustraire les deux nombres qui entourent le nombre manquant. Si deux nombres se suivent de manière croissante et que l'un d'eux est complètement en bas, on doit les additionner. Si deux nombres se suivent en montant et que l'un d'eux est complètement en haut, on doit les soustraire. Si deux nombres se suivent en descendant et que l'un d'eux est en bas, on doit les additionner. Si deux nombres se suivent en descendant et que l'un d'eux est en haut, on doit les soustraire.*
   a) 2,3 – 0,91 – 0,55 – 1,72 – 5,23 – 1,03
   b) 1,2 – 5,8 – 3,35 – 5 – 1,6
   c) 5,64 – 8,34 – 9,5 – 7,75 – 1,55 – 4,6
   d) 4,8 – 4,91 – 1,77 – 0,84 – 5,23 – 6,07
   e) 9,29 – 8,45 – 0,08 – 0,7 – 8,29 – 7,99

TEST 24
Page 206

1. *Pour colorier les cases associées aux bonnes coordonnées, on doit être à l'intersection de l'axe des ordonnées (lettres) et l'axe des abscisses (chiffres).*
   a) P   b) K   c) 2   d) 4   e) G   f) 7

Page 207

2. *Pour compléter le plan de la ville, il faut savoir que le nord correspond au haut de la page, le sud au bas de la page, l'est à la droite de la page, et l'ouest à la gauche de la page.*

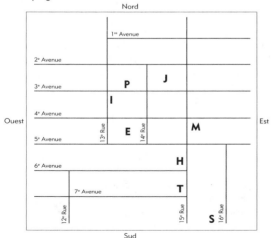

Page 208

1. *Avant de relier les coordonnées entre elles, il faut tracer le point de chacune d'elles. Pour ce faire, on doit suivre la ligne horizontale (axe des abscisses) pour la lettre et la ligne verticale (axe des ordonnées) pour le chiffre, et ce, jusqu'à leur intersection.*

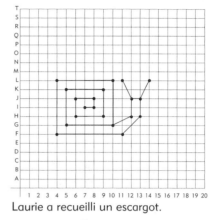

Laurie a recueilli un escargot.

Page 209

2. *On doit situer le point qui accompagne chaque figure par rapport à l'axe des abscisses (axe horizontal sur lequel se trouvent les lettres), puis par rapport à l'axe des ordonnées (axe vertical sur lequel se trouvent les chiffres). On sépare les deux coordonnées par une virgule.*
   a) G,9   b) P,17   c) C,3   d) E,14   e) R,10
   f) M,12   g) O,4

Page 210

3. *Pour inscrire le nom de chaque allée au bon endroit, on doit savoir que les rues parallèles sont celles qui sont voisines en gardant la même distance entre elles et que les rues perpendiculaires sont celles qui se croisent en formant un angle droit (90°).*

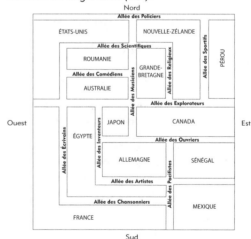

TEST 24.1
Page 211

1. *Pour compléter l'axe, on doit procéder en débutant par les données connues : Germain est assis en D et Zacharie est assis en I (complètement à droite). À partir de la place de Germain, on sait que Xavier est assis à sa gauche, donc en C. À partir de la place de Xavier, on sait que Daphnée est assise entre Xavier et Noémie, donc Daphnée est en B, et Noémie est située en A.*

À partir de la place de Zacharie, on sait que Jade est assise à sa gauche, en H. À partir de la place de Jade, on sait que Magalie est assise en G et qu'Isaac est assis en F. Enfin, il ne reste plus qu'Antoine en E.

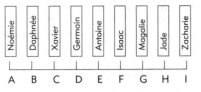

2. *Pour trouver les coordonnées de chaque carré gris, on doit suivre la ligne des lettres (axe des abscisses) et la colonne des chiffres (axe des coordonnées) jusqu'à leur intersection.*
   A – B2, C2, B3, C3   B – K1, L1, K2, L2   C – F4, G4, F5, G5   D – C6, D6, C7, D7   E – I6, J6, I7, J7

Page 212

3. *Pour trouver les coordonnées de chaque point, on doit suivre la ligne des chiffres (axe des abscisses) et la colonne des lettres (axe des coordonnées) jusqu'à leur intersection.*
   F16, G14, I14, G12, H9, F11, D9, E12, C14, E14

Page 213

1. *Pour compléter l'axe, on doit procéder en débutant par les données connues : l'érable est en B et le thuya est en C, car situé à droite de l'érable. Le peuplier est en D, car entre situé le thuya et le mélèze. Le mélèze est en E, car le peuplier est entre le thuya et lui. Pour le hêtre, le cyprès, le châtaignier et le bouleau, il faut y aller par tâtonnement en tenant compte des indices.*
   A – châtaignier   B – érable   C – thuya   D – peuplier   E – mélèze   F – bouleau   G – hêtre   H – cyprès

2. *Pour compléter le plan, on doit procéder dans l'ordre établi (il faut seulement différencier la droite de la gauche, le haut du bas et se déplacer dans les colonnes et sur les lignes).*
   valet de cœur – trois de trèfle – huit de pique – quatre de carreau
   dame de pique – sept de carreau – roi de trèfle – dix de pique
   cinq de trèfle – dame de cœur – as de carreau – as de cœur

Page 214

3. *Pour découvrir le nom de la constellation, on doit d'abord dessiner des étoiles sur les bonnes coordonnées dans le plan cartésien. Pour ce faire, on doit suivre la ligne des chiffres (axe des abscisses) et la colonne des lettres (axe des coordonnées) jusqu'à leur intersection. Lorsque les étoiles sont dessinées, il ne reste plus qu'à relier les points dans l'ordre établi.*

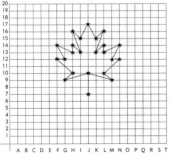

Les étoiles forment la constellation de la feuille d'érable.

TEST 25
Page 215

1. a) prisme à base carrée
   Le prisme à base carrée possède 2 bases carrées et 4 faces latérales qui sont des parallélogrammes. Il possède 12 arêtes et 8 sommets.
   b) pyramide à base triangulaire
   La pyramide à base triangulaire possède 1 base triangulaire et 3 faces latérales qui sont des triangles. Elle possède 6 arêtes et 4 sommets.
   c) sphère
   La sphère est délimitée par 1 surface sphérique. Elle ne possède ni arête ni sommet.
   d) pyramide à base carrée
   La pyramide à base carrée possède 1 base carrée et 4 faces latérales qui sont des triangles. Elle possède 8 arêtes et 5 sommets.
   e) prisme à base triangulaire
   Le prisme à base triangulaire possède 2 bases triangulaires et 3 faces latérales qui sont des rectangles. Il possède 9 arêtes et 6 sommets.
   f) cube
   Le cube possède 6 faces carrées, 12 arêtes et 8 sommets.
   g) cylindre
   Le cylindre possède 2 bases circulaires et 1 face latérale. Il possède 3 arêtes, mais aucun sommet.
   h) prisme à base rectangulaire
   Le prisme à base rectangulaire possède 2 bases rectangulaires et 4 faces latérales qui sont des parallélogrammes. Il possède 12 arêtes et 8 sommets.
   i) cône
   Le cône possède 1 base circulaire et 1 face latérale. Il possède 1 arête, mais aucun sommet.

2. *Truc : on doit observer chaque solide et se le représenter mentalement. Voir précédemment.*
   a) 2 petits rectangles + 4 grands rectangles
   b) 1 carré + 4 triangles
   c) 2 cercles + 1 rectangle
   d) 4 triangles

Page 216

3. *Dans un solide, les faces sont les surfaces planes ou courbes qui le délimitent, les arêtes sont les segments déterminés par la rencontre de 2 faces et les sommets sont les points déterminés par la rencontre de trois arêtes. Attention : le bout du cône n'est pas un sommet, on l'appelle l'apex.*
   a) Cube : 6 faces + 8 sommets + 12 arêtes
   b) Prisme à base carrée : 6 faces + 8 sommets + 12 arêtes
   c) Prisme à base rectangulaire : 6 faces + 8 sommets + 12 arêtes
   d) Prisme à base triangulaire : 5 faces + 6 sommets + 9 arêtes
   e) Pyramide à base carrée : 5 faces + 5 sommets + 8 arêtes
   f) Pyramide à base rectangulaire : 5 faces + 5 sommets + 8 arêtes
   g) Pyramide à base triangulaire : 4 faces + 4 sommets + 6 arêtes

4. *Voir exercice précédent. Attention : le polyèdre est un solide dont les faces sont des polygones.*
   a) F   b) F   c) V   d) V   e) F   f) F

Corrigé • Mathématique

1. *Truc : on doit observer chaque solide et se le représenter mentalement (voir aussi page 73, numéro 1).*
   a) 4 triangles
   b) 2 carrés + 4 rectangles
   c) 4 triangles + 1 rectangle
   d) 6 carrés
   e) 2 triangles + 3 rectangles
   f) 4 triangles + 1 carré
   g) 6 rectangles

Page 218
2. *Truc : on doit observer chaque solide et se le représenter mentalement (voir aussi page 73, numéro 1).*
   a) 4 – 5 – 8   b) 1 – 4 – 5 – 6 – 8 – 10   c) 5 – 6 – 10
   d) 2 – 5 – 6 – 10   e) 1 – 2 – 4 – 6 – 8   f) 3 – 7 – 9

TEST 25.1
Page 219
1. 26 faces, 32 sommets et 48 arêtes
   Le prisme à base carrée compte 6 faces, 8 sommets et 12 arêtes (6 x 2 = 12 faces ; 8 x 2 = 16 sommets ; 12 x 2 = 24 arêtes). Le prisme à base rectangulaire compte 6 faces, 8 sommets et 12 arêtes (6 x 1 = 6 faces ; 8 x 1 = 8 sommets ; 12 x 1 = 12 arêtes). La pyramide à base triangulaire compte 4 faces, 4 sommets et 6 arêtes (4 x 2 = 8 faces ; 4 x 2 = 8 sommets ; 6 x 2 = 12 arêtes). 12 + 6 + 8 = 26 faces ; 16 + 8 + 8 = 32 sommets ; 24 + 12 + 12 = 48 arêtes.
2. 12 triangles et 3 carrés
   La pyramide à base carrée compte 5 faces, dont 1 est un carré et 4 sont des triangles. 1 x 3 = 3 carrés ; 4 x 3 = 12 triangles.
3. 78 pailles à boire et 51 boules de gommette
   Le cube compte 12 arêtes (pailles) et 8 sommets (boules de gommette) → 12 x 3 = 36 arêtes ; 8 x 3 = 24 sommets. Le prisme à base triangulaire compte 9 arêtes et 6 sommets → 9 x 2 = 18 arêtes ; 6 x 2 = 12 sommets. La pyramide à base rectangulaire compte 8 arêtes et 5 sommets → 8 x 3 = 24 arêtes ; 5 x 3 = 15 sommets. 36 + 18 + 24 = 78 arêtes (pailles) ; 24 + 12 + 15 = 51 sommets (boules de gommette).

Page 220
1. *Truc : on doit se représenter chaque solide mentalement (voir aussi page 73, no 1).*

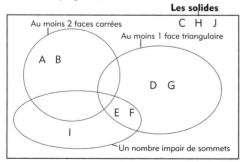

Les solides

Au moins 2 faces carrées   C H J
Au moins 1 face triangulaire
A B
D G
E F
I
Un nombre impair de sommets

2. *Truc : on doit compter le nombre de faces et assembler mentalement chaque développement de solide pour compter le nombre d'arêtes et de sommets afin d'identifier chaque solide (voir aussi page 73, no 1).*

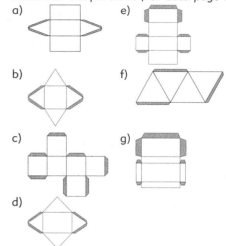

a)   e)
b)   f)
c)   g)
d)

Page 221
3. a) 6 + 5 = 11 faces ; 8 + 5 = 13 sommets ; 12 + 8 = 20 arêtes
   b) 5 + 6 = 11 faces ; 5 + 8 = 13 sommets ; 8 + 12 = 20 arêtes
   c) 5 + 5 = 10 faces ; 5 + 6 = 11 sommets ; 8 + 9 = 17 arêtes
   d) 6 + 6 + 6 = 18 faces ; 8 + 8 + 8 = 24 sommets ; 12 + 12 + 12 = 36 arêtes
   e) 5 + 4 = 9 faces ; 5 + 4 = 9 sommets ; 8 + 6 = 14 arêtes
   f) 6 = 6 = 12 faces ; 8 + 8 = 16 sommets ; 12 + 12 = 24 arêtes
   g) 4 + 4 = 8 faces ; 4 + 4 = 8 sommets ; 6 + 6 = 12 arêtes
   h) 5 + 6 + 5 = 16 faces ; 5 + 8 + 6 = 19 sommets ; 8 + 12 + 9 = 29 arêtes

TEST 26
Page 222
1. *Un polygone est une figure plane et fermée qui est limitée par des lignes droites.*

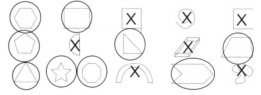

2. *Le polygone convexe comporte des angles qui sont tous inférieurs à 180°. Le polygone non convexe comporte au moins un angle supérieur à 180° (angle entrant).*

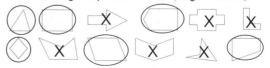

3. *Truc : on peut dessiner chaque figure sur une feuille de papier (voir aussi page 81, no 4).*
   a) quadrilatère   b) parallélogramme   c) carré
   d) trapèze   e) rectangle   f) losange

Corrigé • Mathématique

4. a) Vrai. Le carré possède 4 côtés congrus et 4 angles droits ; le trapèze possède 4 côtés, dont au moins 1 paire de côtés parallèles et 1 paire d'angles congrus.

   b) Vrai. Le rectangle possède 4 côtés, 4 angles droits et 2 paires de côtés congrus ; le parallélogramme possède 4 côtés, 2 paires de côtés parallèles, 2 paires de côtés congrus et 2 paires d'angles congrus.

   c) Faux. Le losange possède 4 côtés congrus et 2 paires d'angles congrus ; le rectangle possède 4 côtés, 4 angles droits et 2 paires de côtés congrus.

   d) Vrai. Le trapèze possède 4 côtés, dont au moins 1 paire de côtés parallèles et 1 paire d'angles congrus ; le quadrilatère possède 4 côtés.

   e) Vrai. Le carré possède 4 côtés congrus et 4 angles droits ; le rectangle possède 4 côtés, 4 angles droits et 2 paires de côtés congrus.

   f) Faux. Le parallélogramme possède 4 côtés, 2 paires de côtés parallèles, 2 paires de côtés congrus et 2 paires d'angles congrus ; le carré possède 4 côtés congrus et 4 angles droits.

   g) Faux. Le trapèze possède 4 côtés, dont au moins 1 paire de côtés parallèles et 1 paire d'angles congrus ; le losange possède 3 côtés congrus et 2 paires d'angles congrus.

   h) Faux. Le rectangle possède 4 côtés, 4 angles droits et 2 paires de côtés congrus ; le carré possède 4 côtés congrus et 4 angles droits.

5. Un angle aigu mesure entre 1° et 89° ; un angle droit mesure exactement 90° ; un angle obtus mesure entre 91° et 179°. Pour mesurer chaque angle, on peut utiliser un rapporteur d'angles.
   a) Tous les angles en rouge
   b) 2 angles en bleu, 2 angles en vert
   c) 5 angles en rouge, 1 angle en vert
   d) 2 angles en bleu, 2 angles en vert

1. Un polygone est une figure plane et fermée qui est limitée par des lignes droites. Un polygone convexe comporte des angles qui sont tous inférieurs à 180°. Le quadrilatère possède 4 côtés. Le parallélogramme possède 4 côtés, 2 paires de côtés parallèles, 2 paires de côtés congrus et 2 paires d'angles congrus.
   a) aucun
   b) polygone, convexe
   c) polygone, convexe, quadrilatère, parallélogramme
   d) aucun
   e) polygone, convexe, quadrilatère
   f) polygone, convexe, quadrilatère, parallélogramme
   g) polygone, convexe
   h) polygone, convexe, quadrilatère, parallélogramme
   i) polygone, convexe, quadrilatère, parallélogramme
   j) polygone, quadrilatère
   k) polygone
   l) polygone, convexe, quadrilatère

2. Note : accepter tout dessin semblable.
   a) *Un angle obtus mesure entre 91° et 179°.*

   b) *Un quadrilatère possède 4 côtés. Un polygone non convexe comporte au moins un angle supérieur à 180° (angle entrant).*

   c) *Deux segments sont perpendiculaires lorsqu'ils se croisent en formant un angle droit (90°).*

   d) *Un angle aigu mesure entre 1° et 89°.*

   e) *Un trapèze possède 4 côtés, dont au moins 1 paire de côtés parallèles et 1 paire d'angles congrus. Un angle droit mesure 90°.*

   f) *Un losange est une figure plane à 4 côtés et à 4 angles dont l'une des paires d'angles mesure entre 1° et 89° et l'autre paire d'angles mesure entre 91° et 179°.*

   g) *Des côtés sont parallèles lorsqu'ils se côtoient sans jamais se croiser.*

   h) *Un parallélogramme possède 4 côtés, 2 paires de côtés parallèles, 2 paires de côtés congrus et 2 paires d'angles congrus. Un angle droit mesure 90°.*

3. *Informations utiles pour tracer les segments afin d'obtenir les bons agencements de figures : un triangle possède 3 côtés et 3 angles ; un rectangle possède 4 côtés, 4 angles droits et 2 paires de côtés congrus ; un trapèze possède 4 côtés, dont au moins 1 paire de côtés parallèles et 1 paire d'angles congrus ; un parallélogramme possède 4 côtés, 2 paires de côtés parallèles, 2 paires de côtés congrus et 2 paires d'angles congrus ; un carré possède 4 côtés congrus et 4 angles droits.*

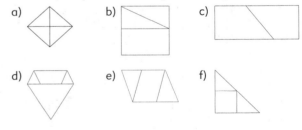

a)   b)   c)

d)   e)   f)

TEST 26.1

1. Réponses variées : les parallèles ne se toucheront jamais même en les prolongeant.
   Des segments sont parallèles lorsqu'ils se côtoient sans jamais se croiser.

2. Réponses variées : les perpendiculaires se croisent en formant un angle de 90 degrés.
   Des segments sont perpendiculaires lorsqu'ils se croisent en formant un angle droit (90°).

3. *Un côté est un segment délimité par 2 points. Un angle est un espace délimité par deux segments qui se coupent.*
   a) 8 côtés et 8 angles   b) 6 côtés et 6 angles
   c) 10 côtés et 10 angles   d) 4 côtés et 4 angles
   e) 4 côtés et 4 angles   f) 5 côtés et 5 angles
   g) 4 côtés et 4 angles   h) 3 côtés et 3 angles

Page 228

4. *Voir les définitions des quadrilatères à la page 81, n° 4.*

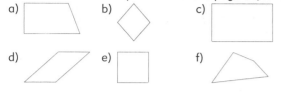

5. *Un polygone est une figure plane et fermée qui est limitée par des lignes droites (voir les définitions des quadrilatères à la page 81, n° 4).*

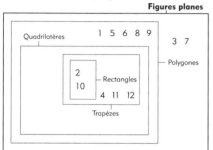

Page 229

1. *Voir les définitions des quadrilatères à la page 81, n° 4.*
   a) quadrilatère irrégulier   b) losange   c) rectangle
   d) trapèze   e) parallélogramme   f) carré

Page 230

2. *Voir les définitions des quadrilatères à la page 81, n° 4.*

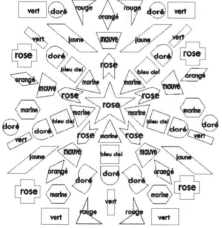

Page 231

3. *Un angle droit mesure 90°. Un côté est un segment délimité par 2 sommets. Des segments sont parallèles lorsqu'ils se côtoient sans jamais se croiser. Un angle aigu mesure entre 1° et 89°.*
   a) 2 – 4 – 1 – 1   b) 4 – 4 – 2 – 0
   c) 0 – 3 – 0 – 3   d) 0 – 4 – 2 – 2
   e) 0 – 1 – 0 – 0   f) 0 – 4 – 2 – 2
   g) 0 – 4 – 1 – 2   h) 0 – 5 – 0 – 0
   i) 1 – 4 – 0 – 2   j) 0 – 6 – 1 – 4
   k) 4 – 4 – 2 – 0

TEST 27
Page 232

1. *La frise est la reproduction d'un motif par symétrie alternée sur une même ligne. On doit inverser l'image par rapport à l'axe de réflexion vertical afin d'obtenir des figures symétriques. Pour ce faire, on peut utiliser un miroir ou du papier calque.*

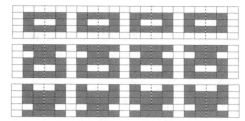

2. *Le dallage est la reproduction d'un motif par symétrie dans un plan où les axes de réflexion sont perpendiculaires. On doit inverser l'image par rapport à l'axe de réflexion horizontal ou vertical afin d'obtenir des figures symétriques. Pour ce faire, on peut utiliser un miroir ou du papier calque.*

Page 233

1. *Une figure est symétrique lorsqu'un motif ou une partie de motif correspond à ce qui est placé de l'autre côté d'un axe de réflexion. Pour ce faire, on doit tracer un axe horizontal, vertical ou diagonal. Ensuite, on peut procéder par pliage, à l'aide d'un miroir ou de papier calque pour vérifier si les deux côtés de part et d'autre de l'axe sont symétriques. S'ils ne le sont pas, la figure est alors asymétrique.*

2. *Pour reproduire les polygones par réflexion, chaque sommet doit être reproduit de l'autre côté de l'axe de réflexion en respectant la distance qui le sépare de l'axe, et ce, à la même hauteur. Par exemple, si un sommet est placé à 2 cases à gauche de l'axe, on doit reproduire ce sommet à 2 cases à droite de l'axe. On peut aussi procéder par pliage, à l'aide d'un miroir ou à l'aide de papier calque.*

a)   b)

c)   d)

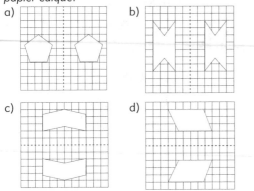

3. *Pour reproduire chaque chiffre par réflexion, on doit tracer un axe de réflexion en prenant soin de laisser une colonne vide. Ensuite, on doit noircir chaque case en respectant la distance qui la sépare de l'axe, et ce, à la même hauteur. Par exemple, si une case est noircie à 4 cases à gauche de l'axe, on doit noircir la case de l'autre côté de l'axe en comptant 4 cases à droite.*

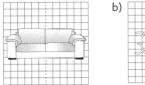

TEST 27.1
Page 235

1. Voir page 90, n° 1.   2. Voir page 90, n° 2.

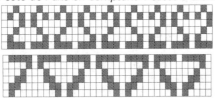

Page 236

1. *Pour reproduire chaque illustration par réflexion, chaque élément qui la constitue doit être reproduit de l'autre côté de l'axe de réflexion en respectant la distance qui le sépare de l'axe, et ce, à la même hauteur. Pour cet exercice, l'utilisation d'un miroir ou de papier calque est fortement suggérée.*

a)   b)

c)   d)

2. *Pour reproduire chaque polygone par réflexion, on doit tracer un axe de réflexion en prenant soin de laisser une colonne vide après le polygone. Chaque sommet doit être reproduit de l'autre côté de l'axe de réflexion en respectant la distance qui le sépare de l'axe, et ce, à la même hauteur. Par exemple, si un sommet est placé à 3 cases à gauche de l'axe, on doit reproduire ce sommet à 3 cases à droite de l'axe. On peut aussi procéder par pliage, à l'aide d'un miroir ou à l'aide de papier calque.*

Page 237

3. *Voir page 90, n° 1. Pour cet exercice, l'utilisation d'un miroir ou de papier calque est fortement suggérée.*

4. *Voir page 90, n° 2. Pour cet exercice, l'utilisation d'un miroir ou de papier calque est fortement suggérée.*

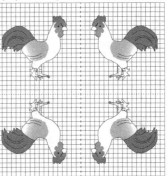

TEST 28
Page 238

1. *Pour comparer des mesures exprimées avec des unités de mesure différentes, on doit convertir chaque mesure en utilisant le tableau du Système international. Lorsqu'on se déplace vers la droite, on multiplie par 10 (et l'on déplace la virgule vers la gauche). Lorsqu'on se déplace vers la gauche, on divise par 10 (et l'on déplace la virgule vers la droite). Par exemple, pour comparer 5 dm et 34 cm :*

kilomètre	hectomètre	décamètre	mètre	décimètre	centimètre	millimètre
				5	0	
				3	4	

Le chiffre représentant les unités dans la mesure doit être placé sous l'unité de mesure adéquate. Le chiffre des dizaines est placé dans la case précédente, etc. Le

symbole < signifie « est plus petit que ». Le symbole > signifie « est plus grand que ». Le symbole = signifie « est égal à ».
a) > b) = c) > d)< e)< f) > g) = h) > i) > j) >

2. L'ordre croissant consiste à placer les nombres dans un ordre qui va du plus petit au plus grand. Pour ce faire, on doit tenir compte des dizaines de mille, des unités de mille, des centaines, des dizaines, puis des unités. Pour comparer des mesures exprimées avec des unités de mesure différentes, on doit convertir chaque mesure en utilisant le tableau du Système international (voir l'exercice précédent).
4 m – 46 dm – 4 853 mm – 487 cm – 4 899 mm – 49 dm – 491 cm – 5 m – 501 cm – 525 cm – 54 dm – 5 423 mm – 58 dm – 6 m – 61 dm

3. **Le mètre** est plus adéquat pour mesurer les objets qui sont plus ou moins de la longueur d'une jambe.
Le décimètre est plus adéquat pour mesurer les objets qui sont plus ou moins de la longueur d'une main.
Le centimètre est plus adéquat pour mesurer les objets qui sont plus ou moins de la longueur d'un ongle.
Le millimètre est plus adéquat pour mesurer les objets qui sont plus ou moins de l'épaisseur d'un ongle.
a) m   b) dm   c) mm   d) dm   e) cm   f) dm
g) m   h) cm   i) dm   j) dm   k) mm   l) dm

Page 239
4. Pour mesurer la longueur de chaque échelle, on doit placer la ligne qui correspond à 0 sur la règle, exactement au début de l'image de l'échelle. On inscrit ensuite la mesure obtenue au bout de cette image sur la règle. On doit convertir chaque mesure en utilisant le tableau du Système international.
a) 9 cm   b) 75 mm   c) 3 cm   d) 45 mm
e) 1 dm   f) 5,5 cm   g) 0,7 dm

5. Pour trouver le périmètre de chaque figure, on doit additionner les mesures de chaque côté de cette figure. Pour trouver les mesures manquantes, on cherche un côté parallèle qui a la même longueur ou on additionne deux côtés parallèles qui ont ensemble la même longueur.
a) 36 cm   b) 22 cm   c) 30 cm

Page 240
1. Pour comparer des mesures exprimées avec des unités de mesure différentes, on doit convertir chaque mesure en utilisant le tableau du Système international. On encercle les mesures plus petites que 5 dm (0,5 m ; 50 cm ; 500 mm), on souligne les mesures plus grandes que 0,7 m (7 dm ; 70 cm ; 700 mm), et l'on fait un X sur les mesures égales à 60 cm (0,6 m ; 6 dm ; 600 mm).
Encercler : 0,75 dm – 8 cm – 0,44 m – 3,25 dm – 0,3 m – 49 cm – 0,25 m – 40 cm – 438 mm
Souligner : 9 dm – 93 cm – 8 dm
Faire un X sur : 6 dm – 600 mm – 0,6 m

2. Pour mesurer la longueur de chaque clou, on doit placer la ligne qui correspond à 0 sur la règle, exactement au début de l'image du clou. On inscrit ensuite la mesure obtenue au bout de cette image sur la règle. On doit convertir chaque mesure en utilisant le tableau du Système international.
a) 105 mm   b) 0,5 dm   c) 8 cm   d) 0,45 dm
e) 0,6 dm   f) 4 cm   g) 25 mm   h) 1,2 dm

Page 241
3. Pour calculer le périmètre de chaque figure, on doit compter le nombre de cases ombragées formant le contour de cette figure (ou chaque côté d'une case ombragée qui touche à une case vide).
a) 20   b) 18   c) 24   d) 28   e) 32   f) 32   g) 44   h) 24

Page 242
4. On doit convertir chaque mesure en utilisant le tableau du Système international.
a) 15 cm + 30 cm = 45 cm
b) 60 dm – 18 dm = 42 dm
c) 47 mm + 90 mm = 137 mm
d) 3 600 mm – 453 mm = 3 147 mm
e) 800 cm – 44 cm = 756 cm
f) 7 dm + 0,65 dm = 7,65 dm
g) 2 cm + 200 cm + 20 cm = 222 cm
h) 9 m – 0,9 m = 8,1 m

5. Pour tracer chaque segment, on peut convertir chaque mesure en utilisant le tableau du Système international.
a) 30 mm = 3 cm
b) 1 dm = 10 cm
c) 4 cm
d) 0,08 m = 8 cm
e) 0,7 dm = 7 cm

TEST 28.1
Page 243
1. Pour calculer la longueur du sentier, on additionne ensemble les mesures des rubans en convertissant les unités de mesure à l'aide du tableau du Système international. Ainsi, 6 400 mm devient 640 cm ; 235 cm reste pareil ; 48 dm devient 480 cm ; 7 m devient 700 cm.

```
    640
    235
    480
 +  700
  2 055 cm
```

2. Pour calculer la distance parcourue par Horace la limace, on doit préalablement convertir les unités de mesure à l'aide du tableau du Système international. Ainsi, 9 dm reste pareil ; 35 cm devient 3,5 dm.

mardi :   mercredi :   jeudi :   vendredi :
+ 9 dm   – 3,5 dm   + 9 dm   – 3,5 dm

samedi :   dimanche :   lundi :   mardi :
+ 9 dm   + 9 dm   – 3,5 dm   + 9 dm

mercredi :   jeudi :
– 3,5 dm   + 9 dm

9 – 3,5 + 9 – 3,5 + 9 + 9 – 3,5 + 9 – 3,5 + 9 = 40 dm

3. Pour calculer le périmètre du pâturage, on doit additionner les mesures des côtés :
9 + 15 + 10 + 12 + 19 + 27 = 92 m

4. Pour calculer le périmètre de la piste de course, on doit savoir qu'un rectangle possède 2 paires de côtés congrus. Ainsi, on doit doubler la longueur de chaque côté avant de les additionner.
0,78 x 2 = 1,56
1,6 x 2 = 3,2
1,56 + 3,2 = 4,76 km

Page 244
1. Il suffit d'utiliser le tableau de conversion (voir page 96, n°1).
a) 154 cm   b) 2 520 mm   c) 4,6 m
d) 54,97 dm   e) 366,3 cm   f) 4 695 mm

Corrigé • Mathématique

2. a) *Sachant qu'un carré possède 4 côtés congrus et 4 angles droits, on doit diviser le périmètre (16 cm) par 4. Chaque côté doit donc mesurer 4 cm.*

b) *Sachant qu'un rectangle possède 2 paires de côtés congrus et 4 angles droits, le rectangle peut mesurer 1 cm sur 5 cm, 2 cm sur 4 cm ou 3 cm sur 3 cm.*

c) *Sachant qu'un rectangle possède 2 paires de côtés congrus et 4 angles droits, le rectangle peut mesurer 2 cm sur 7 cm ou 4 cm sur 5 cm pour s'insérer dans la grille.*

d) *Une configuration possible : 2 côtés mesurant 3 cm, 1 côté mesurant 4 cm, 3 côtés mesurant 2 cm et 2 côtés mesurant 1 cm.*

e) *Une configuration possible : 2 côtés mesurant 5 cm, 2 côtés mesurant 2 cm et 2 côtés mesurant 3 cm.*

f) *Sachant qu'un carré est un quadrilatère qui possède 4 côtés congrus et 4 angles droits, on doit diviser le périmètre (20 cm) par 4. Chaque côté doit donc mesurer 5 cm.*

Page 246

3. *On doit convertir chaque mesure en utilisant le tableau du Système international (voir page 96, n° 1).*

	24 cm	32 m	7 850 mm	15 dm	430 cm	5,5 m	0,7 m	2 600 mm
mm	240 mm	32 000 mm	X	1 500 mm	4 300 mm	5 500 mm	700 mm	X
cm	X	3 200 cm	785	150 cm	X	550 cm	70 cm	260 cm
dm	2,4 dm	320 dm	78,5 dm	X	43 dm	55 dm	7 dm	26 dm
m	0,24 m	X	7,85 m	1,5 m	4,3 m	X	X	2,6 m

4. *On doit convertir chaque mesure en utilisant le tableau du Système international (voir page 96, n° 1).*
   a) 2 cm + 4 cm = 6 cm
   b) 5 cm + 3 cm = 8 cm
   c) 10 cm − 5 cm = 5 cm
   d) 100 cm − 96 cm = 4 cm
   e) 4 cm + 3 cm = 7 cm
   f) 4,5 cm + 4,5 cm = 9 cm

TEST 29
Page 247

1. *L'aire de la surface ou la superficie correspond à l'étendue d'une surface plane. Il suffit de compter le nombre de cases ombragées.*
   L – 16 cases   T – 20 cases   C – 24 cases
   P – 17 cases   Y – 17 cases   Z – 28 cases

2. *Pour trouver l'aire du plancher de la salle de bain, on peut illustrer celui-ci sur du papier quadrillé en s'assurant que les côtés du rectangle ainsi formé mesurent respectivement 15, 8, 15 et 8 cases. 15 x 8 = 120 cases ou tuiles.*

3. *Pour trouver l'aire de la pochette du disque compact, on peut illustrer celle-ci sur du papier quadrillé en s'assurant que les côtés du carré ainsi formé mesurent tous 9 cases. 9 x 9 = 81 cases ou dés.*

Page 248

1. *Pour calculer l'aire de chaque figure, il faut compter le nombre de cases ombragées qui la composent.*
   a) 28 b) 22 c) 22 d) 30 e) 17 f) 31 g) 31 h) 22

Page 249

2. a) *Puisque les côtés du carré sont congrus, ce dernier mesure 8 cases sur 8 → 8 x 8 = 64 cases.*
   b) *Puisque les côtés du rectangle sont congrus en paires, ce dernier mesure 3 cases sur 9 → 3 x 9 = 27 cases.*
   c) 5 x 8 = 40 → 4 x 4 = 16 → 40 + 16 = 56 cases.

3. *Pour calculer l'aire de chaque figure, il faut compter le nombre d'hexagones ombragés qui la composent.*
   A – 12 hexagones   B – 15 hexagones   C – 18 hexagones   D – 18 hexagones   E – 23 hexagones
   Les figures C et D recouvrent la même surface.

TEST 29.1
Page 250

1. *Pour calculer l'aire de chaque figure, on peut tracer des lignes pour la diviser en rangées et en colonnes à partir des indications. Par exemple, pour la première figure, on doit tracer 6 lignes verticales pour obtenir 7 colonnes et tracer 5 lignes horizontales pour obtenir 6 rangées.*
   a) 7 x 6 = 42 cases
   b) 8 x 8 = 64 cases (un carré possède 4 côtés congrus)
   c) 3 x 5 = 15; 3 x 2 = 6; 15 + 6 = 21 cases
   d) 9 x 3 = 27; 6 x 3 = 18; 27 + 18 = 45 cases
   e) 4 x 4 = 16; 4 x 4 = 16; 16 + 16 = 32 cases (un carré possède 4 côtés congrus)
   f) 5 x 5 = 25; 1 x 7 = 7; 25 + 7 = 32 cases
   g) 10 x 4 = 40; 15 x 6 = 90; 40 + 90 = 130 cases

Page 251

1. *Pour calculer l'aire de chaque figure, il faut compter le nombre de triangles ombragés qui la composent.*
   A – 12 triangles   B – 15 triangles   C – 16 triangles
   D – 19 triangles   E – 30 triangles

2. *Pour calculer l'aire de chaque figure, il faut compter le nombre de triangles ombragés qui la composent.*

   Parallélogramme   Losange   Trapèze

   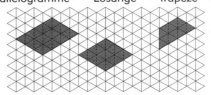

Page 252

3. *Voir page 108, n° 1.*
   a) 4 x 1 = 4; 1 x 2 = 2; 4 x 1 = 4; 4 + 2 + 4 = 10 cases
   b) 5 x 3 = 15; 2 x 3 = 6; 3 x 5 = 15; 15 + 6 + 15 = 36 cases
   c) 7 x 6 = 42; 6 x 1 = 6; 42 + 6 = 48 cases
   d) 4 x 2 = 8; 1 x 3 = 3; 2 x 1 = 2; 8 + 3 + 2 = 13 cases
   e) 5 x 25 = 125 cases
   f) 23 x 4 = 92 cases

TEST 30
Page 253
1. *Le volume est la mesure de l'espace à trois dimensions occupé par un solide : on peut le calculer en comptant le nombre de cubes-unités qui composent celui-ci ou en multipliant la longueur par la largeur par la profondeur. On doit parfois se représenter mentalement certaines parties cachées de l'assemblage en extrapolant.*
    a) 20   b) 20   c) 24   d) 20   e) 30   f) 24   g) 14   h) 12
Page 254
1. *Voir page 111, n° 1.*
    a) 8   b) 18   c) 40   d) 72   e) 16   f) 36   g) 20   h) 14
Page 255
2. *Voir page 111, n° 1. Lorsqu'il s'agit d'une addition, on doit d'abord soustraire le nombre de cubes-unités de la somme indiquée. Lorsqu'il s'agit d'une soustraction, on doit compter le nombre d'unités-cubes et soustraire la différence indiquée. On doit ensuite représenter la différence en dessinant les cubes-unités.*
    a) 12 – 8 = 4 cubes-unités
    b) 10 – 4 = 6 cubes-unités
    c) 25 – 11 = 14 cubes-unités
    d) 15 – 9 = 6 cubes-unités
    e) 20 – 11 = 9 cubes-unités

TEST 30.1
Page 256
1. *On doit compter le nombre de prismes-unités en se représentant mentalement certaines parties cachées de l'assemblage en extrapolant.*
    a) 15   b) 8   c) 12
2. 8 x 3 = 24 → 24 x 5 = 120 appartements
3. 12 x 4 = 48 → 48 x 5 = 240 boîtes
4. Puisque 42 correspond au volume, on doit diviser ce nombre par le nombre de nichoirs en façades (3), puis par le nombre de nichoirs en profondeur (2) : 42 ÷ 3 = 14 → 14 ÷ 2 = 7 étages
Page 257
1. *On doit compter le nombre d'unités en se représentant mentalement certaines parties cachées de l'assemblage en extrapolant. Le symbole < signifie « est plus petit que ». Le symbole > signifie « est plus grand que ». Le symbole = signifie « est égal à ».*
    a) <   b) =   c) >   d) >   e) >   f) =   g) =   h) <

TEST 31
Page 258
1. *Sur chaque horloge, la petite aiguille indique les heures et la grande aiguille les minutes. Pour l'après-midi, il faut ajouter 12 à l'heure indiquée.*

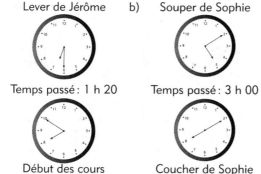

a) Lever de Jérôme   b) Souper de Sophie
Temps passé : 1 h 20   Temps passé : 3 h 00
Début des cours   Coucher de Sophie

45 + 35 = 80 minutes
ou 1 h 20 min →
6 h 30 + 1 h 20 =
7 h 50

75 + 30 + 30 + 30 +
15 = 3 h → 17 h 10 +
3 h = 20 h 10

2. *Lorsqu'on additionne des heures et des minutes, on avance les aiguilles de l'horloge. Lorsqu'on soustrait des heures et des minutes, on recule les aiguilles de l'horloge.*
    a) 13 h 20 – 4 h 30 = 8 h 50
    b) 22 h 50 + 7 h = 5 h 50 (la journée se termine à 23 h 59 et la suivante commence à 0 h)
    c) 9 h 45 + 6 h = 15 h 45 (pour l'après-midi, on doit ajouter 12 heures au chiffre indiqué sur l'horloge)
Page 259
1. *Sur chaque horloge, la petite aiguille indique les heures et la grande aiguille les minutes. Pour l'après-midi, il faut ajouter 12 à l'heure indiquée.*
    a) 16 h 40   b) 21 h 30   c) 5 h 15   d) 3 h 25   e) 11 h 50
    f) 13 h 50   g) 12 h 45   h) 10 h 10   i) 18 h 30
2. *Sur chaque horloge, on doit dessiner une petite aiguille pour indiquer les heures et une grande aiguille pour indiquer les minutes. Si le chiffre des heures est supérieur à 12, on doit soustraire ce nombre pour obtenir un chiffre inférieur à 12.*

a)   b)   c)

TEST 31.1
Page 260
1. a) 1 heure compte 60 minutes : 60 x 4 = 240 minutes
    b) 1 semaine compte 7 jours et 1 jour compte 24 heures : 7 x 24 = 168 heures
    c) 1 an compte 52 semaines : 5 x 52 = 260 semaines
    d) 1 semaine compte 7 jours : 36 x 7 = 252 jours
    e) 1 an compte 12 mois : 8 x 12 = 96 mois
    f) 1 minute compte 60 secondes : 7 x 60 = 420 secondes
    g) 1 jour compte 24 heures : 6 x 24 = 144 heures
    h) 1 an compte 365 jours : 2 x 365 = 730 jours
2. *Le symbole < signifie « est plus petit que ».*
    Le symbole > signifie « est plus grand que ».
    Le symbole = signifie « est égal à ».
    a) 1 jour compte 24 heures : 2 x 24 = 48 → 48 > 36
    b) 1 heure = 60 minutes : 3 x 60 = 180 → 180 < 240
    c) 1 minute = 60 secondes : 5 x 60 = 300 → 300 = 300
    d) 1 semaine = 7 jours : 17 x 7 = 119 → 120 > 119
    e) 1 an = 12 mois : 9 x 12 = 108 → 108 = 108
    f) 1 heure = 60 minutes : 8 x 60 = 480 → 400 < 480
    g) 1 jour = 24 heures : 6 x 24 = 144 → 144 < 150
    h) 1 semaine = 7 jours : 10 x 7 = 70 → 70 = 70
    i) 1 an = 12 mois : 3 x 12 = 36 → 36 > 18
    j) 1 jour = 24 heures : 8 x 24 = 192 → 168 < 192
Page 261
1. *L'ordre croissant consiste à placer les nombres dans un ordre qui va du plus petit au plus grand. Pour effectuer cet exercice, on doit tenir compte des informations suivantes : 1 an compte 4 saisons, 12 mois ou 52 semaines ; 1 saison compte 3 mois ; 1 mois compte 28, 29, 30 ou 31 jours ou 4 ou 5 semaines selon le cas ; 1 semaine compte 7 jours ; 1 jour compte 24 heures ; 1 heure compte 60 minutes ; 1 minute compte 60 secondes.*

540 secondes, 10 minutes, 5 heures, 360 minutes,
48 heures, 3 jours, 21 jours, 4 semaines,
2 mois, 1 saison, 52 semaines, 2 ans

2. *Pour trouver la durée de chaque activité, il faut se
représenter mentalement le fait de vivre cette activité.*
a) heure b) saison c) jour d) seconde e) année
f) semaine g) minute h) mois

3. *Les réponses varient en fonction des habitudes de vie.
Généralement, on se lève le matin (entre 6 h et 12 h) et
l'on se couche en soirée (entre 18 h et 0 h).*

TEST 32
Page 262

1. *Dans ce diagramme à bandes, le nombre des
répondants est indiqué par un ruban vertical. Pour
trouver le nombre de répondants associé à chaque
dessert, il suffit de suivre la ligne horizontale vis-à-vis du
dessert et menant à la colonne des nombres.*
a) gâteau au fromage (avec 45 répondants).
b) biscuits au gingembre (avec 5 répondants).
c) 30 répondants.
d) 35 − 10 = 25 répondants.
e) 40 − 5 = 35 répondants.
f) 40 + 15 + 35 + 45 + 10 + 20 + 15 + 30 + 5 + 25 =
240 personnes.

Page 263

2. *Dans ce diagramme à ligne brisée, la température
moyenne pour chaque mois est indiquée par un point.
Pour trouver la température moyenne de chaque mois,
il suffit de suivre la ligne horizontale vis-à-vis du mois et
menant à la colonne des nombres.*
a) juillet, avec 21°
b) novembre, avec 2°
c) 18 − 8 = 10°
d) 19 − 6 = 13°
e) entre juillet et août, avec un écart de 2°
f) 6 + 7 + 5 + 3 − 2 − 4 − 7 − 6

Page 264

1. *Dans ce diagramme à bandes, le nombre de décibels
est indiqué par un ruban horizontal. Pour trouver le
nombre de décibels associé à chaque bruit, il suffit
de suivre la ligne verticale vis-à-vis le bruit et menant
à la ligne horizontale des nombres.*
a) 90 dB.
b) 50 dB.
c) Le ballon éclate avec 150 dB.
d) Le téléviseur, avec 60 dB, et le lecteur de musique
numérique, avec 70 dB.
e) L'ordre décroissant consiste à placer les nombres
dans un ordre qui va du plus grand au plus petit : ballon
qui éclate (150 dB), avion au décollage (140 dB),
tonnerre (130 dB), marteau-piqueur (120 dB), concert
rock (110 dB), camion à ordures (100 dB), tondeuse à
gazon (90 dB), aspirateur (80 dB), lecteur de musique
numérique (70 dB), téléviseur (60 dB), conversation
normale (50 dB), tic-tac d'une montre (40 dB),
réfrigérateur (30 dB), chuchotement (20 dB),
respiration normale (10 dB).

Page 265

2. *Dans ce diagramme à ligne brisée, le prix de chaque
accessoire est indiqué par un point. Pour trouver le prix
de chaque accessoire, il suffit de suivre la ligne*

*horizontale vis-à-vis du nom de l'accessoire et menant à
la colonne des prix.*
a) Boussole et étui (18,50 $).
b) 21,00 $ − 19,25 $ = 1,75 $
c) 20,50 $ + 20,75 $ = 41,25 $
d) 21,50 $ − 19,75 $ = 1,75 $
e) Lampe de poche et sac à dos (19,25 $ + 21,50 $) ;
bâton de marche et ration de survie (21,00 $ +
19,75 $) ; gourde et bouteille isolante (20,25 $ +
20,50 $).

Page 266

3. *Dans ce diagramme à bandes, on doit colorier le
nombre de cases correspondant au nombre de
kilomètres parcourus par chaque équipe. Pour ce faire,
on doit procéder en débutant par les données connues
et en suivant cet ordre : l'équipe 3 a complété un trajet
de 8950 km ; l'équipe 7 a franchi 150 km de plus que
l'équipe 3 (8950 + 150) ; l'équipe 1 a franchi 300 km
de moins que l'équipe 7 (9100 − 300) ; l'équipe 4 a
franchi 250 km de plus que l'équipe 1 (8800 + 250) ;
l'équipe 6 a franchi 50 km de moins que l'équipe 4
(9050 − 50) ; l'équipe 5 a franchi 250 km de plus que
l'équipe 6 (9000 + 250) ; l'équipe 2 a franchi 400 km
de moins que l'équipe 5 (9250 − 400) ; l'équipe 8 a
franchi 350 km de plus que l'équipe 2 (8850 + 350).*

Équipe 1 : 8 800 km	Équipe 2 : 8 850 km
Équipe 3 : 8 950 km	Équipe 4 : 9 050 km
Équipe 5 : 9 250 km	Équipe 6 : 9 000 km
Équipe 7 : 9 100 km	Équipe 8 : 9 200 km

C'est l'équipe 5 qui a franchi la plus grande distance.

TEST 32.1
Page 267

1. *Dans ce diagramme à bandes, le nombre garçons et de
filles est indiqué par un ruban vertical. Pour trouver le
nombre de garçons ou de filles inscrits à chaque activité
parascolaire, il suffit de suivre la ligne horizontale vis-
à-vis de l'activité et menant à la colonne des nombres.*
a) Le soccer (24 + 13 = 37 inscriptions).
b) Le violon (4 inscriptions).
c) 28 élèves (7 + 21).
d) 18 filles.
e) 53 garçons (24 + 17 + 12).
f) 21 − 7 = 14 garçons.
g) Puisqu'on compte 325 élèves dans cette école,
on doit soustraire de ce nombre la somme de tous
les élèves inscrits : 13 + 24 + 18 + 9 + 21 + 7 +
10 + 8 + 5 + 17 + 6 + 6 + 11 + 12 + 18 + 4 =
189 → 325 − 189 = 136 élèves.

Page 268

2. *Dans ce diagramme à ligne brisée, on doit tracer un
point correspondant au nombre de fraises cueillies par
chaque personne. Pour ce faire, on doit procéder en
débutant par les données connues et en suivant cet
ordre : Laurine a cueilli 20 fraises ; Germain a cueilli
2 fois plus de fraises que Laurine (20 x 2) ; Tamara a
cueilli 24 fraises de moins que Germain (40 − 24) ;
Raphaëlle a cueilli 4 fois moins de fraises que Tamara
(16 ÷ 4) ; Ovide a cueilli 28 fraises de plus que
Raphaëlle (4 + 28) ; César a cueilli 16 fraises de plus
qu'Ovide (32 + 16) ; Patrick a cueilli 6 fois moins de
fraises que César (48 ÷ 6) ; Vanessa a cueilli 3 fois plus
de fraises que Patrick (8 x 3).*

Germain : 40　　Raphaëlle : 4　　Patrick : 8
Vanessa : 24　　César : 48　　Laurine : 20
Ovide : 32　　　Tamara : 16
C'est Raphaëlle qui a cueilli le moins de fraises.

Page 269

1. *Dans ce diagramme à bandes, on doit colorier le nombre de cases correspondant au nombre d'habitants de chaque municipalité. Pour ce faire, on doit procéder en débutant par les données connues et en suivant cet ordre : Batiscan compte 1000 habitants ; Fermont compte 1 500 habitants de plus que Batiscan (1000 + 1500) ; Saint-Mathieu compte 500 habitants de moins que Fermont (2500 − 500) ; Péribonka compte 4 fois moins d'habitants que Saint-Mathieu (2000 ÷ 4) ; Dunham compte 7 fois plus d'habitants que Péribonka (500 x 7) ; Portneuf compte 500 habitants de moins que Dunham (3500 − 500) ; Ripon compte 2 fois moins d'habitants que Portneuf (3000 ÷ 2) ; Maniwaki compte 2500 habitants de plus que Ripon (1500 + 2500).*
   Batiscan : 1 000 h　　Saint-Mathieu : 2 000 h
   Fermont : 2 500 h　　Maniwaki : 4 000 h
   Péribonka : 500 h　　Dunham : 3 500 h
   Ripon : 1 500 h　　Portneuf : 3 000 h
   La municipalité la moins populeuse est Péribonka avec 500 habitants.

Page 270

2. *Pour transférer les données d'un tableau à l'autre, il faut considérer que les lignes et les colonnes ont été interverties : la maternelle compte 14 élèves ; la 1ʳᵉ année compte 18 élèves ; la 2ᵉ année compte 16 élèves ; la 3ᵉ année compte 22 élèves ; la 4ᵉ année compte 24 élèves ; la 5ᵉ année compte 20 élèves ; la 6ᵉ année compte 26 élèves.*

TEST 33
Page 271

1. *Truc : on doit éviter de répéter la même combinaison. Pour s'aider, on peut utiliser de vraies pièces de monnaie jusqu'à obtenir les 15 combinaisons possibles.*

1 ¢ et 5 ¢	1 ¢ et 10 ¢	1 ¢ et 25 ¢
1 ¢ et 1 $	1 ¢ et 2 $	5 ¢ et 10 ¢
5 ¢ et 25 ¢	5 ¢ et 1 $	5 ¢ et 2 $
10 ¢ et 25 ¢	10 ¢ et 1 $	10 ¢ et 2 $
25 ¢ et 1 $	25 ¢ et 2 $	1 $ et 2 $

Page 272

1. *Truc : on doit éviter de répéter la même combinaison. Pour s'aider, on peut utiliser de vrais crayons de cire jusqu'à obtenir les 10 combinaisons possibles.*
   bleu-rouge-violet ; bleu-rouge-vert ; bleu-rouge-jaune ; bleu-violet-vert ; bleu-violet-jaune ; bleu-vert-jaune ; rouge-violet-vert ; rouge-violet-jaune ; rouge-vert-jaune ; violet-vert-jaune

Page 273

2. a) B Plus on compte de pièces de monnaie, plus on a de chances de tomber sur l'une d'elles.
   b) F On doit compter le même nombre de 1 $ et de 25 ¢.
   c) C Plus on compte de billets de banque, plus on a de chances de tomber sur l'un d'eux.
   d) C Moins on compte de 10 $, moins on a de chances de tomber sur l'un d'eux.
   e) D On doit compter le même nombre de billets de banque et de pièces de monnaie.
   f) C Plus on compte de 5 $, plus on a de chances de tomber sur l'un d'eux.

TEST 33.1
Page 274

1. *Un événement est certain s'il y a plus de chances qu'il se produise qu'il ne se produise pas. Un événement est possible s'il y a autant de chances qu'il se produise qu'il ne se produise pas. Un événement est impossible s'il n'y a aucune chance qu'il se produise.*
   a) Impossible b) Possible c) Possible d) Impossible
   e) Certain f) Possible g) Certain h) Impossible

2. *Pour s'aider, on peut numéroter les boîtes de 1 à 5. Voici les combinaisons possibles :*
   boîte 1 + boîte 2 + boîte 3
   boîte 1 + boîte 2 + boîte 4
   boîte 1 + boîte 2 + boîte 5
   boîte 1 + boîte 3 + boîte 4
   boîte 1 + boîte 3 + boîte 5
   boîte 1 + boîte 4 + boîte 5
   boîte 2 + boîte 3 + boîte 4
   boîte 2 + boîte 3 + boîte 5
   boîte 2 + boîte 4 + boîte 5
   boîte 3 + boîte 4 + boîte 5
   a) Il y a dix combinaisons possibles.
   b) Il a plus de chances de perdre.

Page 275

1. *Plus il a de nombres pairs dans une carte de jeu, plus il y de chance de gagner au Lingo. Moins il y a de nombres pairs, moins il y a de chances de gagner au Lingo.*

La carte qui doit être coloriée en bleu :

d)
L	I	N	G	O
12	27	52	48	16
35	26	74	32	2
28	40	☆	19	22
6	34	56	28	31
14	78	23	10	62

La carte qui doit être coloriée en rouge :

a)
L	I	N	G	O
57	38	75	37	66
33	71	49	50	13
24	19	☆	47	35
41	73	46	67	59
89	45	77	85	63

Page 276

2. 347, 349, 374, 379, 394, 397, 437, 439, 473, 479, 493, 497, 734, 739, 743, 749, 793, 794, 934, 937, 943, 947, 973, 974

3. a) possible (bleu)　b) certain (vert)　c) possible (bleu)
   d) impossible (rouge)　e) certain (vert)　f) impossible (rouge)

Corrigé – Anglais

TEST 34

Possessive Pronouns

Ces derniers remplacent les noms communs (personnes, places, animaux) qui montrent la possession.

Example: *My cupcakes were disgusting, but Laurie's were delicious!*

Dans cette phrase, les petits gâteaux appartenaient à « Laurie ». Son nom peut être remplacé par le pronom « hers ».

*My cupcakes were disgusting, but **hers** were delicious!*

1st person singular: mine

2nd person singular: yours

3rd person singular: his/hers/its

1st person plural: ours

2nd person plural: yours

3rd person plural: theirs

Souvent, lorsque nous entendons les gens parler en anglais, on entend une version plus courte de certains mots.

Types de contractions		
To show possession Pour montrer la possession	My best friend's brother called.
To join a verb to a pronoun Pour joindre un verbe à un pronom	We'd better leave now.
To join a verb to a negation Pour former une négation	Brayden didn't want to see me.

Comment les former		
	Possession	Take the noun and add « s » Ajoute un « s » au nom commun
	Verb and pronoun joined Quand le verbe et le pronom sont joints I will → I'll He will → He'll She will → She'll It will → It'll You will → You'll We will → We'll They will→ They'll I had → I'd He had → He'd She had → She'd It had → It'd You had → You'd We had → We'd They had → They'd I am → I'm He is → He's She is → She's It is → It's You are → You're We are → We're They are → They're	Verb and negation joined Quand le verbe et une négation sont joints Cannot → Can't Could not → Couldn't Should not → Shouldn't Must not → Mustn't Will not → Won't Shall not → Shan't I have not → I haven't He has not → He hasn't She has not → She hasn't It has not → It hasn't You have not → You haven't We have not → We haven't They have not → They haven't

Personal Pronouns

Ce type de pronom est employé pour remplacer des personnes, des objets et des choses. Il y a trois types de pronoms personnels.

Subject Pronouns

Ce type de pronom est le plus souvent utilisé. C'est le **sujet** de la phrase.

Exemple: ***She** baked chocolate cupcakes for us.*

Dans cette phrase, la personne qui fait l'action est « she ». Le verbe qui suit sera conjugué en fonction du pronom utilisé.

First person singular: I

Second person singular: you

Third person singular: he/she/it

First person plural: we

Second person plural: you

Third person plural: they

Corrigé • Anglais

* Note : En anglais, le pronom *I* a toujours une majuscule!

Object Pronouns

Ce pronom nous dit vers qui l'action est dirigée. C'est l'**objet** de la phrase.

Example: *She baked chocolate cupcakes for **us**.*

Dans cette phrase, celui qui reçoit l'action est « us ».

First person singular: me

Second person singular: you

Third person singular: him/her/it

First person plural: us

Second person plural: you

Third person plural: them

* Note : Certains pronoms personnels sont les mêmes que les *object pronouns*.

Le pluriel

Il y a plusieurs exceptions en ce qui a trait à la formation des pluriels en anglais.

Cas	Que faire ?	Exemples
Most nouns, without exception La plupart des noms, sans exception	Add -s Ajouter -s	Friend – Friends Book – Books
Words ending in -s Se terminant par -s	Add -es Ajouter -es	Bus – Buses Class – Classes
Words ending in -ch (k sound) (son k)	Add -s Ajouter -s	Stomach – Stomachs Monarch – Monarchs
Words ending in -ch (sh sound) (son sh)	Add -es Ajouter -es	Church – Churches Witch – Witches
Words ending in -sh	Add -es Ajouter -es	Brush – Brushes Crash – Crashes
Words ending in -x, -o	Add -es	Box – Boxes Potato – Potatoes
Words ending in -y (preceded by a vowel)	Add -s Ajouter -s	Valley – Valleys Turkey – Turkeys

Cas	Que faire ?	Exemples
Words ending in -y (preceded by a consonant)	Change the -y to -i and add -es Remplacer le -y par -i et ajouter -es	Puppy – Puppies Kitty – Kitties
Words ending in -f	Remove the -f and add -ves to the end of the noun. Enlever le -f et ajouter -ves à la fin du nom.	Leaf – Leaves Thief – Thieves

Certains mots changent complètement lorsque mis au pluriel.

Tu dois les apprendre, car il n'y a pas de truc pour les connaître.

Child → Children
Mouse → Mice
Ox → Oxen
Person → People
Tooth → Teeth
Foot → Feet
Woman → Women
Man → Men
Goose → Geese

La dernière catégorie appartient aux mots qui ne changent pas.

Ils restent pareils au singulier et ou pluriel.

Beef
Corn
Dairy
Deer
Equipment
Evidence
Gold
Information
Jewellery
Luck
Moose
Music
Poultry

Sheep
Silver
Swine
Trout
Wheat

Quand utiliser «An»?

Quand la lettre qui suit l'article est une voyelle.
(a, e, i, o, u)

Quand utiliser «A»?

Quand la lettre qui suit l'article est une consonne.

Example: *a party*

Page 279

1. a) My father's computer is slow. b) My mother's favourite song is playing on the radio. c) My sister's shoes are in the closet.
2. a) I b) He or she or it c) They d) We
3. a) pencils b) glasses c) hearts d) pages e) girls f) babies
   g) songs h) apples i) birds
4. a) We're b) You've done c) They didn't
5. a) a b) a c) an d) nothing e) an f) a g) an h) a i) an

Page 280

1. a) 7 b) 4 c) 13 d) 5 e) 2 f) 8 g) 14 h) 10 i) 12 j) 1 k) 3 l) 18 m) 19 n) 9 o) 16 p) 6 q) 15 r) 11 s) 17
2. a) books b) forks c) doors d) brothers e) names f) trees g) schools h) calendars i) friends j) carrots k) papers l) shirts

Page 281

3. a) I borrowed my friend's bicycle. b) John's living room is dirty. c) My grandmother's house is old. d) The construction worker's hammer is heavy. e) My sister's skirt is red.
4. a) 5 b) 4 c) 10 d) 3 e) 9 f) 1 g) 7 h) 6 i) 2 j) 8

Page 282

5. a) She b) They c) They d) We e) It f) You g) They h) I i) He j) They k) You l) They m) I n) He o) We p) They q) They
6. a) an b) a c) nothing d) nothing e) an f) a g) nothing h) a i) an

TEST 34.1

Page 283

1. a) She hasn't b) We haven't c) I'm d) It isn't/ it's not e) You don't f) They won't
2. a) an b) a c) an d) an e) a f) an
3. a) My father's books are on the bookshelves. b) My mother's watch is small. c) My sister's freezer is broken.
4. a) we b) he/she/it c) you d) they e) I f) you
5. a) hotels b) kids c) boats d) bodies e) babies f) bones g) times h) children i) cups

Page 284

1. *Start*

WE	EYES	SO	OUT	SPACE	REACH	LIFE
YOU	IS	GIVE	NEVER	BETWEEN	HEART	CALL
HE	SHE	IT	I	SMILE	EASY	SONG
MORE	ARE	ONLY	THEY	BUT	ROAD	TIME
SIT	NEED	AWAY	WE	FOR	DRIVER	MUSIC
WHEN	CLOSE	LOVE	YOU	THEY	HE	IT
CLOSE	WITH	HOLD	THERE	DO	HONEY	SHE

2. green: b, d, j, k, l, n, o, s. blue: a, c, e, f, g, h, i, m, p, q, r

Page 285

3. a) We haven't told you the entire story. b) She hasn't received your gift. c) I'm not a fast runner. d) They won't go to camp this summer. e) You don't want to go with them. f) It's not your fault / it isn't your fault. g) She didn't want to share her popcorn. h) I haven't done a really good job. i) They don't want to see your new car. j) It's not your turn to play with the band / it isn't your turn to play with the band. k) They aren't ready to leave the house. / They're not ready to leave the house.

Page 286

4. a, b, c, d, f, j, l, m, n, p, r, s, w, y, z

TEST 35

Verbes

Le verbe être et le verbe avoir

Il est impossible de parler à quelqu'un en anglais sans jamais utiliser les verbes être et avoir. On emploie ces verbes partout. On s'en sert aussi lorsque l'on forme d'autres verbes. C'est la base de la langue anglaise. Afin de bien apprendre l'anglais, il est essentiel de maîtriser ces verbes importants.

Corrigé • Anglais

Le verbe être se conjugue :

Simple present	Present progressive	Simple past	Future
I am	I am being	I was	I will be
You are	You are being	You were	You will be
He/She/It is	He/She/It is being	He/She/It was	He/She/It will be
We are	We are being	We were	We will be
They are	They are being	They were	They will be

Le verbe avoir se conjugue :

Simple present	Present progressive	Simple past	Future
I have	I am having	I had	I will have
You have	You are having	You had	You will have
He/She/It has	He/She/It is having	He/She/It had	He/She/It will have
We have	We are having	We had	We will have
They have	They are having	They had	They will have

Simple Present Tense

Quand l'utiliser ?

Pour parler de choses que l'on fait souvent.

Exemple: *Laurence **reads** a new book every week.*

Pour parler de faits.

Exemple: *Fish **live** underwater.*

Pour exprimer ce que l'on aime et ce que l'on n'aime pas.

Exemple: *Mireille loves Danny.*

La troisième personne

Les verbes à la troisième personne (he, she, it) au présent se terminent toujours avec "-s." Exemple: *Lester **cooks** spaghetti and meatballs every day for supper.*

Si le verbe est un verbe régulier qui se termine avec « y », alors tu dois changer « y » pour « i » et ajouter « -es ».

Exemple : *Frédérique studies hard before every exam.*

*Note: Si le sujet est un nom propre comme Dana, il compte comme étant à la 3ᵉ personne du singulier.

Exemple : *Dana **enjoys** David's company.*

Pour un animal ou un objet, tu dois suivre la même formule.

Exemple : *Mervin the cat **purrs** whenever his favourite song plays on the radio. My car **costs** me way too much money.*

Present progressive

Comment le former :

Étape 1 : conjuguer le verbe *être* au présent.
Exemple : I am, you are…

Étape 2 : utiliser le verbe à l'infinitif.
Exemple : Study

Étape 3 : ajouter –ing au verbe à l'infinitif.
Exemple : Studying

Étape 4 : joindre tous les éléments.
Exemple : I am studying

Quand l'utiliser :

Quand l'action n'est pas terminée ou qu'elle se passe en ce moment.

Les marqueurs de temps

En plus du temps de verbe, les marqueurs de temps nous indiquent quand l'action s'est produite. Consulte cette grille lorsque tu feras la rédaction de tes textes afin de t'assurer de bien varier les marqueurs de temps que tu emploies.

Passé	Présent	Futur
- Yesterday (hier)	- Right now (maintenant)	- Tomorrow (demain)
- A few days ago (il y a quelques jours)	- At the moment (à ce moment)	- Later on (plus tard)
- Last night (hier soir)	- As we speak (pendant que nous parlons)	- Next week (la semaine prochaine)
- A year ago (il y a un an)	- Now (maintenant)	- Next month (le mois prochain)
- Last week (la semaine dernière)	- At this very second (à ce moment précis)	- In an hour (dans une heure)
- A few years ago (il y a quelques années)	- This instant (à cet instant)	- In two weeks' time (dans deux semaines d'ici)
- Yesterday morning (hier matin)	- This moment (à ce moment)	- Later (plus tard)
- In the past (dans le passé)	- Currently (actuellement)	- In a few moments (dans quelques instants)
- Some time ago (il y a quelque temps)	- As of now (à partir de maintenant)	- The following week (la semaine suivante)

1. a) Simon always <u>brushes</u> his teeth after supper. b) Ursula <u>takes</u> the bus every morning and every night. c) Dennis <u>puts</u> on his yellow and green socks. d) Sophie <u>is</u> late this morning.

2.

	Present (Today)	Past (Yesterday)	Future (Tomorrow)
a) Justin is eating his cereal at this moment.	■	☐	☐
b) Patrick was an Olympic athlete years ago.	☐	■	☐
c) My brother will go to a space camp next summer.	☐	☐	■
d) Maddox and Cole saw a shark yesterday.	☐	■	☐
e) My friend and I looked at the moon last night.	☐	■	☐
f) They are fishing at this moment.	■	☐	☐
g) My mother went to Italy last summer.	☐	■	☐

3. a) is b) are
4. a) are having b) is having

1. a) am b) are c) are d) is e) is f) are g) are h) is i) is j) are
2. a) are talking b) is playing c) is studying d) are writing e) am buying f) are eating g) is working h) is having i) is going

3. a) I am, you are, he/she/it is, we are, you are, they are b) I have, you have, he/she/it has, we have, you have, they have c) I play, you play, he/she/it plays, we play, you play, they play d) I run, you run, he/she/it runs, we run, you run, they run e) I read, you read, he/she/it reads, we read, you read, they read f) I do, you do, he/she/it does, we do, you do, they do g) I like, you like, he/she/it likes, we like, you like, they like h) I watch, you watch, he/she/it watches, we watch, you watch, they watch i) I go, you go, he/she/it goes, we go, you go, they go

4. a) is eating b) is eating c) am eating d) are eating
5. a) ate b) ate c) ate d) ate
6. a) will eat b) will eat c) will eat d) will eat
7. a) Amber <u>talks</u> to Alexandra every night. b) We <u>add</u> water to the swimming pool in the spring. c) My uncle <u>helps</u> my father every Saturday. d) The parrot <u>plays</u> with the pirate.

TEST 35.1

1. a) Chris <u>is running</u> in the school. b) If you <u>like</u> it, I <u>will buy</u> it.
c) Lucy and Nicole <u>listen</u> to the radio. d) Soccer practice <u>is</u> cancelled.

2.

	Present (Today)	Past (Yesterday)	Future (Tomorrow)
a) Megan will do her homework tonight.	☐	☐	■
b) Isabella walked a long time last night.	☐	■	☐
c) My cousins are watching whales at this moment.	■	☐	☐
d) Brooke and Haley were sick yesterday.	☐	■	☐
e) Henry and Connor understand the teacher.	■	☐	☐
f) The cows and the pigs will stay inside for the winter.	☐	☐	■
g) Sebastian rides his bicycle with Bryan.	■	☐	☐

3. a) reads b) read
4. a) are looking b) is looking

1. a) I write, you write, he/she/it writes, we write, you write, they write b) I drive, you drive, he/she/it drives, we drive, you drive, they drive c) I eat, you eat, he/she/it eats, we eat, you eat, they eat d) I look, you look, he/she/it looks, we look, you look, they look e) I give, you give, he/she/it gives, we give, you give, they give f) I drink, you drink, he/she/it drinks, we drink, you drink, they drink g) I walk, you walk, he/she/it walks, we walk, you walk, they walk h) I run, you run, he/she/it runs, we run, you run, they run i) I think, you think, he/she/it thinks, we think, you think, they think

2. a) Is Julien sleeping on his desk? b) She is in the school. c) Anita and Caroline are not sisters. d) Are they sitting on a bench? e) It is on the table. f) I am not sorry. g) Are we taking guitar lessons at school? h) You are doing your homework. i) Our school is not big. j) Is he drawing a picture?

3. a) 4 b) 5 c) 7 d) 1 e) 3 f) 6 g) 2 h) 8

TEST 36

Simple past

Comment le conjuguer :

En ajoutant –ed (ou –d) à la fin si c'est un verbe régulier.

Pour les verbes irréguliers, il n'y a pas de recettes. Il faut les apprendre par cœur.

Quand l'utiliser :

Pour parler de quelque chose qui est terminé.

Exemple : I finished watching the movie.

Liste des principaux verbes irréguliers

Infinitif	Passé	Traduction
to arise	arose	s'élever, survenir
to awake	awoke	(se) réveiller
to be	was, were	être
to bear	bore	supporter
to beat	beat	battre
to begin	began	commencer
to bend	bent	(se) courber
to bind	bound	lier, relier
to bite	bitten	mordre
to bleed	bled	saigner
to blow	blew	souffler
to break	broken	casser
to breed	bred	élever (du bétail)
to bring	brought	apporter
to build	built	construire
to burn	burned/burnt	brûler
to buy	bought	acheter
to catch	caught	attraper
to choose	chose	choisir
to cling	clung	s'accrocher
to come	came	venir
to creep	crept	ramper
to cut	cut	couper
to deal	dealt	distribuer
to dig	dug	creuser
to do	did	faire
to draw	drew	dessiner
to dream	dreamed/dreamt	rêver
to drink	drank	boire
to drive	drove	conduire
to dwell	dwelt/dwelled	habiter
to eat	ate	manger
to fall	fell	tomber

Infinitif	Passé	Traduction
to feed	fed	nourrir
to feel	felt	sentir, éprouver
to fight	fought	combattre
to find	found	trouver
to flee	fled	s'enfuir
to fling	flung	jeter violemment
to fly	flew	voler
to forbid	forbidden	interdire
to forget	forgot	oublier
to forgive	forgave	pardonner
to freeze	froze	geler
to get	got	obtenir
to give	gave	donner
to go	went	aller
to grow	grew	grandir
to hang	hung	pendre, accrocher
to have	had	avoir
to hear	heard	entendre
to hide	hid	(se) cacher
to hit	hit	frapper, atteindre
to hold	held	tenir
to hurt	hurt	blesser
to keep	kept	garder
to kneel	knelt	s'agenouiller
to know	knew	savoir, connaître
to lay	laid	poser à plat
to lead	led	mener
to learn	learned/learnt	apprendre
to leave	left	laisser, quitter
to lend	lent	prêter
to let	let	permettre, louer
to lie	lay	être étendu
to light	lit/lighted	allumer
to lose	lost	perdre
to make	made	faire, fabriquer
to mean	meant	signifier
to meet	met	(se) rencontrer
to pay	paid	payer
to put	put	mettre
to quit	quit	cesser (de)
to read	read	lire
to rid	rid	débarrasser
to ride	rode	chevaucher
to ring	rang	sonner
to rise	rose	s'élever, se lever
to run	ran	courir
to say	said	dire
to see	saw	voir

Infinitif	Passé	Traduction
to seek	sought	chercher
to sell	sold	vendre
to send	sent	envoyer
to shake	shook	secouer
to shine	shone	briller
to shoot	shot	tirer
to shrink	shrank	rétrécir
to shut	shut	fermer
to sing	sang	chanter
to sink	sank	couler
to sit	sat	être assis
to sleep	slept	dormir
to slide	slid	glisser
to slink	slunk	aller furtivement
to smell	smelt	sentir (odorat)
to speak	spoke	parler
to speed	sped	aller à toute vitesse
to spell	spelt/spelled	épeler
to spend	spent	dépenser
to spill	spilt/spiled	renverser (un liquide)
to spit	spat	cracher
to spread	spread	répandre
to spring	sprang	jaillir, bondir
to stand	stood	être debout
to steal	stole	voler, dérober
to stick	stuck	coller
to sting	stung	piquer
to stink	stank	puer
to strike	struck	frapper
to swear	swore	jurer
to swim	swam	nager
to swing	swung	se balancer
to take	took	prendre
to teach	taught	enseigner
to tear	tore	déchirer
to tell	told	dire, raconter
to think	thought	penser
to throw	threw	jeter
to understand	understood	comprendre
to undo	undid	défaire
to upset	upset	(s') inquiéter
to wake	woke	(se) réveiller
to wear	wore	porter (des vêtements)
to weep	wept	pleurer
to win	won	gagner
to wind	wound	enrouler
to write	wrote	écrire

Corrigé • Anglais

Simple Future

Comment le conjuguer:

En ajoutant will ou will not devant le verbe à l'infinitif.

Exemples : I will go to the movie. I will not go to the movie.

Quand l'utiliser:

Pour parler de choses qui se produiront bientôt.

Exemple : I will eat pasta for supper.

Page 295

1.

	Simple Past	Future
a) My friend was ready to leave.	■	☐
b) The plane landed late last night.	■	☐
c) Damian will make a reservation for us tomorrow.	☐	■
d) Alexis and Samantha lived in France last year.	■	☐
e) Keira and Emma will come with us next week.	☐	■
f) Liam stopped biting his nails yesterday.	■	☐
g) Tristan will not call you tonight.	☐	■
h) The lion killed a zebra.	■	☐
i) Noah didn't wait for me this morning.	■	☐
j) I will sing for my grandparents next month.	☐	■

2. a) will be b) will be c) will be

3. a) was b) were c) were

Page 296

1. a) was b) were c) was d) was e) was f) were
   g) were h) were i) were j) were

2. a) read b) saw c) did d) loved e) had f) said
   g) wrote h) looked

Page 297

3. a) I was, you were, he/she/it was, we were, you were, they were b) I had, you had, he/she/it had, we had, you had, they had c) I played, you played, he/she/it played, we played, you played, they played d) I ran, you ran, he/she/it ran, we ran, you ran, they ran e) I read, you read, he/she/it read, we read, you read, they read f) I loved, you loved, he/she/it loved, we loved, you loved, they loved

4. a) I will love, you will love, he/she/it will love, we will love, you will love, they will love b) I will read, you will read, he/she/it will read, we will read, you will read, they will read c) I will play, you will play, he/she/it will play, we will play, you will play, they will play

Page 298

5. a) will read b) will see c) will do d) will love e) will have f) will say g) will write h) will look

6. a) stopped b) played c) read d) talked e) ate
   f) called g) studied h) paid i) finished j) drank
   k) said

TEST 36.1

Page 299

1.
	Past	Future
a) Monday will be a ped day.	☐	■
b) Roberto wanted to go home.	■	☐
c) Fatima will go to the shopping centre.	☐	■
d) William broke a glass.	■	☐
e) Andrew and Nathan will play with us.	☐	■
f) Isabelle and Madeline took a day off last week.	■	☐
g) We will take care of everything.	☐	■
h) The birds will fly south before winter.	☐	■
i) Arianna sang a beautiful song yesterday.	■	☐
j) Reese will visit the zoo next summer.	☐	■

2. a) will be b) was c) were d) was
3. a) looked b) will love

Page 300

1. a) I wrote, you wrote, he/she/it wrote, we wrote, you wrote, they wrote b) I drove, you drove, he/she/it drove, we drove, you drove, they drove c) I went, you went, he/she/it went, we went, you went, they went d) I looked, you looked, he/she/it looked, we looked, you looked, they looked e) I gave, you gave, he/she/it gave, we gave, you gave, they gave f) I drank, you drank, he/she/it drank, we drank, you drank, they drank

2. a) I will look, you will look, he/she/it will look, we will look, you will look, they will look b) I will give, you will give, he/she/it will give, we will give, you will give, they will give c) I will write, you will write, he/she/it will write, we will write, you will write, they will write

Page 301

3. b, c
4. a) will draw b) play c) climbing d) is raining
5.

Yesterday (Past)	Tomorrow (Future)
I slept	You will laugh
I walked	You will see
We looked	I will send
She ate	I will sing
We ran	We will dance
They listened	They will run

Page 302

6. a) I will shuffle the cards. I shuffled the cards.
   b) The lumberjack will cut the tree. The lumberjack cut the tree. c) My family will eat cake. My family ate cake. d) The man will talk with me. The man talked with me. e) He will swim with a dolphin. He swam with a dolphin. f) The fairy will read a book. The fairy read a book. g) My brother will wash his hands. My brother washed his hands. h) My sister will watch TV. My sister watched TV.

TEST 37

Quelques expressions utiles en anglais

Goodnight : bonne nuit
Listen : écoute
Look : regarde
Cut : coupe
Write : écris
Goodbye : au revoir
I'm sorry : je suis désolé
Thank you : merci
Please : merci
Good morning : bonjour
Please : s'il vous plait
You're welcome : de rien

Page 303

1. a) Look b) Listen c) Write d) Draw e) Cut
2. a) I'm sorry b) goodbye c) thank you d) good night
3. a

Page 304

1. a) sleep b) play c) stand up d) drink e) dress
   f) draw g) write h) walk i) wash j) walk

Page 305

2. "Good morning, Mr. Smith. How are you today?"
   "I'm fine and you, Robert?"
   "Very well, thank you!"
   "I'm sorry to disturb you, I'm selling chocolate to collect funds
   for our school. Would you like to buy some?"
   "Of course. How much is it?"
   "It's $3."
   "Here it is."
   "Thank you very much, Mr. Smith."
   "You're welcome, Robert."

3. b, c, d, g, h
4. a) open b) erase c) write d) raise your hand e) take out f) close

Corrigé • Anglais

Page 306

5. a) This is an eraser. b) This is a ruler. c) This is a book. d) This is a desk. e) This is a window.

6. Answers will vary.

TEST 37.1

Page 307

1. a) eat b) Look c) put d) throw e) run f) play
2. a) Bye/Goodbye b) Hello/Hi c) Hello, Mrs. Gordon. It's Peter. May I speak to Anthony, please? d) Good morning, Good afternoon, Good evening, Good night e) Please, thank you f) sorry

Page 308

1. a) Hello b) call c) please d) message e) much f) Goodbye
2. a) 4 b) 6 c) 7 d) 5 e) 3 f) 1 g) 8 h) 2

Page 309

3. a) 6 b) 8 c) 1 d) 7 e) 9 f) 2 g) 5 h) 3 i) 4

Page 310

4. a) colour b) put c) come here d) eat e) read f) run g) cut h) listen i) slide j) sing

TEST 38

Poser des questions en anglais

Questions dont la réponse est oui ou non :

Utiliser les verbes Do, Can, Have, Would, Could, Should, Shall.

Ajouter le sujet.

Ajouter le verbe.

Terminer avec un point d'interrogation (?)

Example: Can I have some water?

Questions Word

On utilise un pronom interrogatif. On le choisit en fonction de l'information recherchée.

Information	Question Word
chose, idée, concept	What
Temps	When
Endroit	Where
Manière	How
Personne	Who
Raison, explication	Why

Utiliser les verbes to do, to have, to be.

Ajouter le sujet.

Ajouter le verbe principal.

Ajouter des informations supplémentaires si nécessaire.

Terminer avec un point d'interrogation (?)

Exemple: What will you eat tonight?

Page 311

1. a) Person/People b) Thing(s) c) Place(s) d) Date/Time
2. a) when b) what c) where d) where e) who f) when g) who h) what i) what
3. a) When b) Where c) Who d) What e) Who

Page 312

1. a) Does b) Do c) Do d) Does e) Do f) Do g) Do h) Does i) Do j) Does
2. a) Yes, she is. / No, she is not. b) Yes, he is. / No, he is not. c) Yes, I am. / No, I am not. d) Yes, you are. / No, you are not. e) Yes, it is. / No, it is not. f) Yes, we are. / No, we are not. g) Yes, I am. / No, I am not. h) Yes, I am. / No, I am not. i) Yes, I am. / No, I am not.

Page 313

3. a) How old b) How many c) How much d) How many e) How tall f) How long g) How long h) How many i) How long j) How much k) How many l) How tall m) How old n) How much o) How old p) How long q) How much r) How many s) How long

Page 314

4. a) 7 b) 1 c) 8 d) 6 e) 11 f) 4 g) 3 h) 2 i) 12 j) 9 k) 10 l) 5

TEST 38.1

Page 315

1. a) Where b) When c) When d) Where e) Where f) Who g) Where h) Who i) What j) What k) Where l) When m) What n) What
2. a) Does b) Do c) Do d) Does e) Do

Page 316

1. a) How old are you? b) Where does your aunt live? c) What time do you get up? d) Where is Martin going? e) Who is your new neighbour? f) Where do you live? g) Who is with you? h) What are you eating? i) What do you like?
2. a) Where b) When c) Who d) How e) Who f) What g) When

Corrigé • Anglais

3. a) How many b) How many c) How many d) How much e) How tall f) How long g) How long h) How many i) How long

4. a) <u>Who</u> is your teacher? b) <u>What</u>'s your favourite meal? c) <u>Where</u> were you born? d) <u>How</u> old are you? e) <u>What</u> is your favourite dessert? f) <u>What</u>'s your best friend's name? g) <u>Where</u> do you live? h) <u>How</u> do you go to school? i) <u>What</u> is the first month of the year?

Page 318

5. a) 10 b) 1 c) 9 d) 2 e) 5 f) 6 g) 8 h) 11 i) 7 j) 4 k) 3 l) 12

TEST 39

Prepositions of time

Préposition	Utilisation	Exemple
At	Pour indiquer quand quelque chose est arrivé.	I will meet you in front of the arena **at** noon.
On	Pour donner une date précise.	**On** August 13, 1995, my parents got married.
Through	Pour expliquer quelque chose du début à la fin.	My friend Laura helped me get **through** my breakup.
During	Pour expliquer quelque chose qui est arrivé lors d'une période bien précise.	**During** my math class, the guy next to me fell asleep!
In	Pour donner un mois, une année, une décennie, un siècle, un millénaire.	**In** 2010, my sister had a cute baby girl.
While	Pour expliquer quelque chose qui arrive au même moment que quelque chose d'autre.	**While** I was in class, my best friend kept texting me.
For	Pour expliquer la durée d'une action.	**For** the rest of the day, I will relax.
Until	Pour expliquer la situation juste avant la resolution d'une situation.	**Until** I met with my doctor, I was so nervous.

Préposition	Utilisation	Exemple
Since	Pour donner la durée.	I have known Mark **since** elementary school.

Prepositions of place and direction

Préposition	Exemple
On	I can't believe I left my lip gloss **on** the kitchen table.
At	Mirko asked me if I would be **at** the party.
From	Sophia comes **from** Sicily.
Between	Rose is sitting **between** two fishermen.
Right	Dicey wears a bracelet on her **right** wrist.
Left	Maybeth wears the ring her mother gave her on her **left** hand.
To	We drove all the way **to** Toronto last night.
Above	The bird is right **above** your head.
Across	There is such a cute girl sitting **across** from me in science class!
After	The number 5 comes **after** the number 4.
Around	All **around** the table, there were pretty rose petals.
Down	It was so icy that I fell **down** on the ground.
Up	Matteo loves to be thrown **up** in the air by his father.
Near	Anytime Zach comes **near** me, I get so nervous!
Opposite	We sat at **opposite** sides of the table.
Below	**Below** this floor, there are even more floors for shopping.
Outside	You want to go talk **outside**?
Inside	Let's go **inside**. I am freezing!
Beside	May sat **beside** the football player on the bus.
Next to	The snowball was thrown right **next to** my head.

Autres prépositions

Préposition	Exemple
Without	Samantha cannot live **without** seeing her best friends for more than a day.
About	The magazine I bought is **about** fashion.
Against	Our school's football team is playing **against** the best team in the division.
But	I did all my homework **but** this complicated math problem.
By	The painting was done **by** a local artist.
Except	I like everything about her **except** her gum-chewing habit.
Versus	I am watching the Junior Hockey Championships: Canada **versus** Russia. Go, team!

Page 319

1.

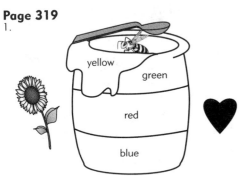

Page 320

1.

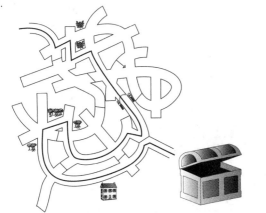

Page 321

2. a) b) c) d) e) f)

Page 322

3.

TEST 39.1
Page 323

1. a) true b) false c) true d) false e) true

2.

Page 324

1.

Page 325

2.

Page 326

3.

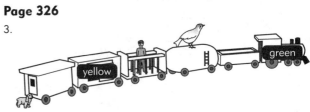

Corrigé • Anglais

TEST 40

Page 327

1.

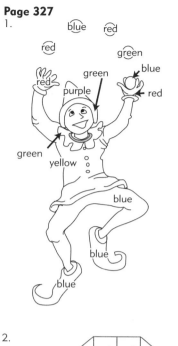

red blue red

red green

red green blue

purple blue red

green yellow

blue

blue

blue

2.

	orange	red	red	orange	
green	green		green		
	black			black	

3. a) one b) two c) three d) four e) five f) six g) seven h) eight
   i) nine j) ten

Page 328

1. 1: purple ☐ 2: blue ☐ 3: red ☐ 4: brown ☐ 5: dark blue ☐

Page 329

2.

1 one	2 two	3 three	4 four	5 five	6 six	7 seven
8 eight	9 nine	10 ten	11 eleven	12 twelve	13 thirteen	14 fourteen
15 fifteen	16 sixteen	17 seventeen	18 eighteen	19 nineteen	20 twenty	21 twenty-one
22 twenty-two	23 twenty-three	24 twenty-four	25 twenty-five	26 twenty-six	27 twenty-seven	28 twenty-eight
29 twenty-nine	30 thirty	31 thirty-one	32 thirty-two	33 thirty-three	34 thirty-four	35 thirty-five
36 thirty-six	37 thirty-seven	38 thirty-eight	39 thirty-nine	40 forty	41 forty-one	42 forty-two
50 fifty	60 sixty	70 seventy	80 eighty	90 ninety	100 one hundred	0 zero

3. a) first b) second d) third c) fourth

4.

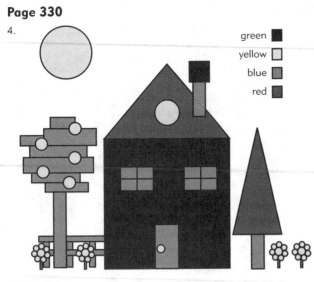

green ■
yellow □
blue ▨
red ▨

TEST 40.1

Page 331

1. a) 68 b) 82 c) 19 d) 47 e) 71 f) 34 g) 53 h) 14

TEST 41

Lire l'heure en anglais

Il faut bien connaître les nombres de 1 à 30 pour être en mesure de lire l'heure en anglais. Contrairement au français, où on utilise un système basé sur 24 heures :

Exemple : Il est 21 h.

En anglais, on fonctionne sur 12 heures. On utilise donc a.m. et p.m. pour différencier 21 h de 9 h.

Exemples : It's nine o'clock p.m. It's nine o'clock a.m.

Il faut toujours mettre les minutes en premier.

Exemples : It's twenty past nine. (vingt minutes passées neuf heures)

It's ten to nine. (dix minutes avant neuf heures)

Il faut aussi connaître la différence entre *past* et *to*.

Past : passé l'heure.

Exemple : It's twenty past nine. (vingt minutes passées neuf heures)

To : il reste xx minutes avant l'heure.

Exemple : It's ten to nine. (Dix minutes avant neuf heures, il est donc neuf heures moins dix minutes.)

Pour dire l'heure pile : It's nine o'clock.

Pour dire le quart d'heure : It's a quarter past nine. It's a quarter to nine (un quart d'heure passé 9 h et un quart d'heure avant 9 h)

Pour dire la demie de l'heure : It's half past nine (il est une demi-heure après 9 h.).

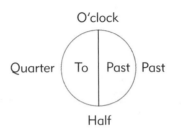

Le nom des jours de la semaine en français :

Sunday : dimanche
Monday : lundi
Tuesday : mardi
Wednesday : mercredi
Thursday : jeudi
Friday : vendredi
Saturday : samedi

En anglais, les jours de la semaine prennent toujours une majuscule.

Le nom des mois de l'année en français :

January : janvier
February : février
March : mars
April : avril
May : mai
June : juin
July : juillet
August : août
September : septembre
October : octobre
November : novembre
December : décembre

En anglais, les mois de l'année prennent toujours une majuscule.

Corrigé • Anglais

Les moments de la journée en français :

Morning : matin

afternoon : après-midi

Evening : soirée

Night : nuit

Day : jour

Le nom des saisons en français

Spring : printemps   summer : été

Fall/ autumn : automne   winter : hiver

Page 335

1. How many days has my baby to play?
   Saturday, Sunday, Monday,
   Tuesday, Wednesday, Thursday, Friday
   Saturday, Sunday, Monday.

2.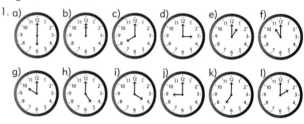

3. a) spring b) summer c) fall d) winter

4. a) December b) October

Page 336

1. a) 4 b) 7 c) 9 d) 10 e) 8 f) 1 g) 5 h) 2 i) 6 j) 3

Page 337

2. a) Easter, March/April b) Halloween, October
   c) Christmas, December d) Father's Day, June

Page 338

3. a) Friday b) Monday c) Monday d) Sofia. Saturday
   e) Monday f) Mom g) She is going to a hockey game.
   h) Sunday i) Wednesday

4. a) March b) June c) September d) December

TEST 41.1

Page 339

1. a) Sunday b) Thursday

2. a) February b) March c) Answers will vary

3. Spring, summer, fall, winter

4. a) It is twenty past twelve. b) It is five past six. c) It
   is ten to four. d) It is ten thirty. e) It is twenty-five to
   ten.

Page 340

1. a) Sunday b) Thursday c) Tuesday d) Monday
   e) Saturday
   f) Wednesday g) Friday

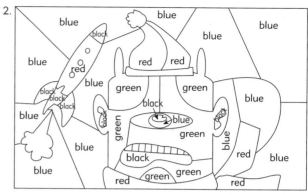

Page 341

3. a) Birthday b) Easter c) Halloween d) Christmas
   e) Valentine's Day f) St. Patrick's Day

4. January, February, March, April, May, June, July,
   August, September, October, November, December

Page 342

1. a) ... b) ... c) ... d) ... e) ... f) ...
   g) ... h) ... i) ... j) ... k) ... l) ...

TEST 42

Le nom de quelques passe-temps en français :

bicycling : faire de la bicyclette

bowling : jouer aux quilles

chatting : clavarder

collecting hockey cards : collectionner des cartes de hockey

collecting stamps : collectionnner des timbres

dancing : danser

dominoes : dominos

fishing : pêcher

listening to music : écouter de la musique

making a puzzle : faire un casse-tête

playing cards : jouer aux cartes

ping-pong : ping-pong

playing board games : jouer à un jeu de société

playing cards : jouer aux cartes

playing chess : jouer aux échecs

playing computer game : jouer à des jeux à l'ordinateur

playing outside : jouer dehors

playing piano : jouer du piano

playing snakes and ladders : jouer à serpents et échelles

playing video games : jouer à des jeux vidéo

reading : lire
scooter : trottinette
sewing : coudre
singing : chanter
skateboarding : faire de la planche à roulettes
skipping rope : corde à danser
sliding : glisser
snowboarding : faire de la planche à neige
snowshoeing : faire de la raquette
watching a movie : regarder un film
watching TV : regarder la télévision
windsurfing : faire de la planche à voile
yo-yoing : jouer au yoyo

Le nom de quelques tâches en français :

Clean your room : nettoyer sa chambre
Dust the furniture : épousseter
Empty the dishwasher : vider le lave-vaisselle
Make your bed : faire son lit
Mow the lawn : tondre le gazon
Prepare meals : préparer les repas
Rake the leaves : râteler les feuilles
Set the table : mettre la table
Shovel : pelleter
Sweep the floor : balayer le plancher
Wash the dishes : laver la vaisselle

Page 343

1. a) $10.05 b) $1.20 c) $62.40 d) $5.50 e) $2.26
   f) $1.47
2. Answers will vary.
3. a) board game b) snakes and ladders c) dominoes
   d) acting
   e) camping f) bike ride

Page 344

1. a) 1 one-dollar coin and 1 two-dollar coin   b) 1
   quarter, 1 nickel, 1 dime and 1 penny c) 2 pennies,
   2 two-dollar coins and 1 one-dollar coin d) 2
   nickels, 2 dimes and 2 one-dollar coins
   e) 2 nickels and 2 dimes f) 1 twenty-dollar bill and 2
   ten-dollar bills g) 1 one-hundred-dollar bill and 1 fifty-
   dollar bill h) 2 nickels, 2 dimes and 2 one-dollar coins
   i) 2 five-dollar bills, 3 ten-dollar bills and 2 two-dollar
   coins j) 1 two-dollar coin k) 1 one-dollar coin

Page 345

2. a) 4 b) 6 c) 3 d) 8 e) 2 f) 7 g) 5 h) 9 i) 1

Page 346

3. a) 4 b) 3 c) 1 d) 6 e) 7 f) 2 g) 9 h) 5 i) 8

TEST 42.1

Page 347

1. a) $15.50 b) $1.27 c) $13.20 d) $4.80
2. b) e) f)
3. a) playing piano b) cooking c) listening to music
   d) watching television e) collecting hockey cards
   f) singing

Page 348

1. a) $45 b) $3.27 c) 98¢ d) $18 e) $75
2. a) 2 one-hundred dollar bills, 3 one-dollar coins,
   1 five-dollar bill and 2 twenty-dollar bills b) 3
   quarters, 3 five-dollar bills and 2 twenty-dollar bills
   c) 2 nickels, 2 dimes and 2 one-dollar coins
   d) 1 twenty-dollar bill, 1 five-dollar bill, 2 dimes and
   2 quarters e) 2 quarters, 1 dime, 4 pennies and
   1 nickel f) 2 nickels, 2 dimes and 2 one-dollar coins
   g) 2 ten-dollar bills, 1 one-dollar coin,
   2 two-dollar coins and 1 five-dollar bill

Page 349

3. a) 4 b) 6 c) 7 d) 2 e) 1 f) 5 g) 8 h) 3 i) 9

Page 350

4. a) 7 b) 2 c) 9 d) 8 e) 4 f) 1 g) 5 h) 3 i) 6

TEST 43

Le nom de quelques parties du corps en français :

arm : bras
ear : oreille
eye : oeil
eyes : yeux
feet : pieds
foot : pied
hand : main
head : tête
leg : jambe
mouth : bouche
neck : cou
nose : nez

Le nom de quelques de vêtemens en français :

Apron : tablier
Belt : ceinture
Boot : botte
Cap : casquette
Coat : manteau
Dress : robe
Glasses : lunettes
Glove : gant
Hat : chapeau
Jacket : veston

Corrigé • Anglais

Mitten : mitaine
Nightgown : robe de nuit
Pants : pantalon
Purse : sac à main
Pyjamas : pyjama
Raincoat : imperméable
Running shoe : espadrille
Sandal : sandale
Scarf : écharpe
Shirt : chemise
Shoes : chaussures
Skirt : jupe
Slipper : pantoufle
Socks : chaussettes
Tie : cravate
Toque : tuque
Underwear : sous-vêtement
Winter coat : manteau d'hiver

Page 351

1.

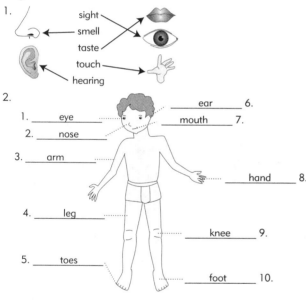

2.

3. a) nightgown b) scarf c) mitten d) glove e) shirt
   f) sock g) skirt h) pants i) tie j) raincoat k) winter
   coat l) jacket

Page 352

1. a) I have two eyes. b) I have two hands. c) I have
   ten fingers. d) I have two ears. e) I have one
   mouth. f) I have ten toes. g) I have one nose.
   h) I have two arms. i) I have two legs.

Page 353

2. a) boot b) hat c) shoe d) shirt e) coat f) glove
   g) toque h) dress i) skirt j) pants k) slipper
   l) mitten

Page 354

3.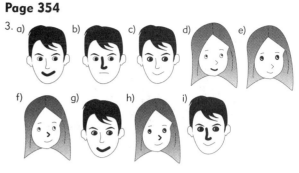

Page 355

1. a) jacket b) toque c) pants d) mittens e) apron
   f) coat g) skirt h) raincoat
2. a) arms b) legs c) nose d) eye e) head f) hand
   g) mouth h) foot i) tooth j) toes k) ear l) hair

Page 356

1.

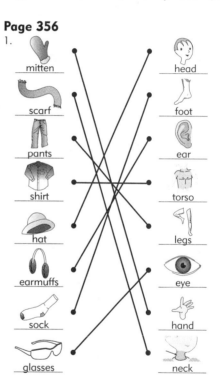

Corrigé • Anglais

Page 357

2.

Page 358

3.

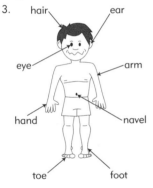

hair, ear, eye, arm, hand, navel, toe, foot

TEST 44

Le nom de quelques animaux en français :

bat : chauve-souris
bear : ours
beaver : castor
bee : abeille
butterfly : papillon
camel : chameau
cat : chat
chameleon : caméléon
clown fish : poisson-clown
cow : vache
crocodile : crocodile
dinosaur : dinosaure
dog : chien
dolphin : dauphin
dragonfly : libellule
elephant : éléphant
fish : poisson
fly : mouche
frog : grenouille

giraffe : girafe
hen : poule
hippopotamus : hippopotame
lobster : homard
monkey : singe
mouse (mice au pluriel) : souris
octopus : pieuvre
owl : hibou
pig : cochon
rabbit : lapin
sea horse : hippocampe
shark : requin
sheep : mouton
snake : serpent
squirrel : écureuil
tiger : tigre
turtle : tortue
whale : baleine
zebra : zèbre

Page 359

1. a) wolf b) bear c) raccoon d) mouse e) dolphin
   f) crab g) fish h) cat i) horse j) ladybug k) camel
   l) eagle m) skunk n) polar bear o) sea horse

Page 360

1.

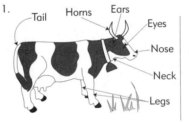

Tail, Horns, Ears, Eyes, Nose, Neck, Legs, Feathers, Beak, Wings, Claws

2. a) pig b) cow c) hen d) horse e) sheep
3. Answer will vary

Page 361

4. a) skunk b) moose c) owl d) beaver

Page 362

5. I walk: panda, hen, rat, goat, boar, dog
   I swim: beluga, killer whale, swordfish, stingray, shark, trout
   I fly: mosquito, butterfly, pelican, bat, ibis, toucan

TEST 44.1

Page 363

1. a) vulture b) snake c) frog d) beaver e) bison
   f) squirrel g) kangaroo h) seal i) dog j) pig k) fly
   l) llama m) octopus
   n) cow o) ant

Corrigé • Anglais

Page 364

1. a) lion b) zebra c) giraffe d) orangutan
   e) elephant f) bison g) rhinoceros h) tiger
2. Feathers: bird, ostrich, duck. Fur: cat, horse, cow.
   Scales: fish, snake, lizard.

Page 365

3. Jungle: giraffe, zebra, lion, rhinoceros, tiger, snake
   Ocean: lobster, dolphin, fish, octopus, shark, whale
   Farm: horse, sheep, hen, pig, rooster, cow

Page 366

4. a) flamingo b) goose c) turtle d) crocodile
   e) iguana f) deer g) rabbit h) woodchuck
   i) chipmunk j) walrus k) penguin l) caterpillar
   m) spider n) cougar o) gazelle

TEST 45

**Le nom de quelques objets et de quelques gens
dans une classe ou une école en français :**

blackboard : tableau noir
book : livre
chair : chaise
desk : pupitre
eraser : gomme à effacer
friends : amis
glue stick : bâton de colle
paper : papier
pen : stylo
pencil : crayon
ruler : règle
school bag : sac d'école
school bus : autobus scolaire
scissors : ciseaux
sharpener : taille-crayon
student : élève
teacher : enseignant(e)

**Le nom de quelques locaux dans une école
en français :**

bathroom : salle de bains
cafeteria : caféteria
classroom : classe
computer room : local d'informatique
gymnasium : gymnase
hallway : corridor
laboratory : laboratoire
library : bibliothèque
principal's office : bureau du directeur (de la directrice)
school : école

Page 367

1. a) 3 b) 4 c) 2 d) 1 e) 6 f) 5 g) 8 h) 7
2. barn, cow, dentist, ambulance, tiger, squirrel, lamb,
   wave, restaurant, lion

Page 368

1. a) janitor b) principal c) English teacher d) gym
   teacher e) nurse f) music teacher g) art teacher
   h) secretary i) computer science teacher

Page 369

2. a) hopscotch b) seesaw c) swings d) slide
   e) monkey bars f) pear ball g) soccer ball
   h) basketball hoop i) jump rope

Page 370

3. a) music room b) library c) art room d) computer
   room e) gymnasium f) cafeteria g) computer room
   h) art room i) gymnasium j) cafeteria k) library
   l) music room

TEST 45.1

Page 371

1. a) pencil case b) pen c) blackboard d) paperclip
   e) sharpener f) protractor g) ruler h) eraser
   i) triangle j) glue k) scissors l) backpack

Page 372

1. a) book b) clock c) globe d) compass e) binder
   f) calendar g) lunch box h) bookcase i) computer
   j) calculator k) pencil l) chair

Page 373

2. a) 6 b) 9 c) 5 d) 1 e) 7 f) 8 g) 3 h) 10 i) 4 j) 2

Page 374

3.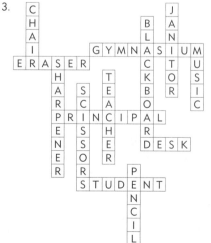

TEST 46

Le nom de quelques aliments en français :

apple : pomme
apricot : abricot
avocado : avocat
banana : banane
blueberry : bleuet
bread : pain
broccoli : brocoli
cabbage : chou
cake : gâteau
candy : bonbon
cantaloupe : cantaloup
carrot : carotte
celery : céleri
cheese : fromage
cherry : cerise
chicken : poulet
corn : maïs
donut : beigne
egg : oeuf
ham : jambon
kiwi : kiwi
lemon : citron
lollipop : sucette
orange : orange
peanut : arachide
pear : poire
pepper : poivron
pie : tarte
pizza : pizza
potato : pomme de terre
pumpkin : citrouille
raddish : radis
raspberry : framboise
rice : riz
strawberry : fraise
watermelon : melon d'eau (pastèque)

Page 375

1. a) broccoli b) cheese c) candy d) egg e) bread
   f) potato g) sausage h) sugar i) avocado j) plate
   k) knife l) fork m) glass n) cup o) refrigerator

Page 376

1. Fruits and Vegetables: potato, apple, broccoli,
   banana, strawberry, kiwi, carrot, beans. Meat:
   hamburger, steak, bacon, hotdog, ham, chicken.
   Drinks: juice, tea, milk, soft drink, coffee, water.
   Desserts: ice cream, cake, cookies, pie.
2. a) soup b) hotdog c) hamburger d) cake e) coffee

3. a) coffee b) cake c) hotdog, hamburger, soup

Page 377

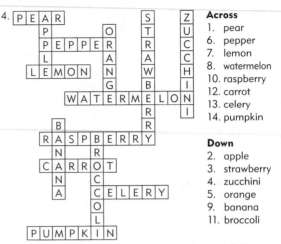

4.

Across
1. pear
6. pepper
7. lemon
8. watermelon
10. raspberry
12. carrot
13. celery
14. pumpkin

Down
2. apple
3. strawberry
4. zucchini
5. orange
9. banana
11. broccoli

Page 378

5. a) rice b) hot chocolate c) ice cream d) cheese
   e) ham f) bread g) pizza h) chicken i) pie j) eggs k)
   sandwich l) cake m) candy n) peanuts o) cotton candy

TEST 46.1

Page 379

1. a) strawberry b) lemon c) cherries d) grapes
   e) kiwi f) tomato g) apple h) carrots i) corn
   j) chair k) coffee machine l) dishwasher m) faucet
   n) table o) toaster

Page 380

1. a) bee b) monkey c) elephant d) mouse e) cat
   f) rabbit g) bird h) squirrel i) seal

Page 381

2. a) The plates are on the table. b) The apples are on
   the counter. c) The towel is on the stove handle.
   d) The toaster is on the counter. e) The cake is on
   the table. f) The spoons are in the drawer. g) The
   bread is on the counter. h) The cheese is on the
   refrigerator. i) The eggs are in the refrigerator.

Page 382

3. Basket #1: $19.65 Basket #2: $14.31 Basket #3:
   $5.33 Basket #4: $16.70

TEST 47

Le nom des membres de la famille en français :

aunt : tante
brother : frère
cousin : cousin(e)

daughter : fille
father : père
grandfather : grand-père
grandmother : grand-mère
mother : mère
sister : sœur
son : fils
uncle : oncle

Quelques noms d'emplois en français :

baker : boulanger
banker : banquier
beekeeper : apiculteur
bus driver : chauffeur d'autobus
butcher : boucher
caterer : traiteur
cook : cuisinier
dentist : dentiste
doctor : médecin
firefighter : pompier
hairdresser : coiffeur
hat-maker : chapelier
lawyer : postier
letter carrier : facteur
lumberjack : bûcheron
mechanic : mécanicien
movie director : réalisateur
newspaper carrier : camelot
nurse : infirmier
painter : peintre
police officier : policier
school crossing guard : brigadier
shoemender : cordonnier
singer : chanteur
teacher : enseignant
waiter : serveur

Il est très important de pouvoir exprimer comment on se sent, surtout quand on parle une langue qui n'est pas notre langue maternelle. Bien entendu, cette liste est limitée mais elle couvre beaucoup d'émotions.

Sentiment	Exemple	Traduction
Happy	Alex was very **happy** when his dad bought him a new cell phone!	content
Sad	This song is too **sad**, it makes me cry.	triste
Mad	When Suzie found out that Julie lied to her, she was really **mad**.	fâché
Nervous	Jim is **nervous**. He did not study for his English test.	nerveux
Sick	After eating at that fast food place, Kristian feels **sick** to his stomach.	malade
Annoyed	Judy was a bit **annoyed** when her neighbour decided to mow his lawn very early Saturday morning.	ennuyé
Excited	We are leaving for Cuba in three hours. I am so **excited**!	excité
Confused	First, you tell me you love Zach. Now, it's Justin. I am **confused**!	confus
Ecstatic	When Nancy found out her sister bought her tickets to see Lady Zaza, she was **ecstatic**!	extatique
Indifferent	Dana is **indifferent**. She could go see a movie or rent one. She does not care.	indifférent
Hurt	I was **hurt** that you did not invite me. I will never forgive you.	blessé
Confident	Nick is very **confident** that he will get his scooter license.	confiant
Surprised	We organized a secret party for our mother. She was very **surprised**!	surpris
Disappointed	Our teacher was very **disappointed** when she found out that some students cheated on the test.	déçu
Bored	I have nothing to do. I am so **bored**!	lassé

Page 383

1. a) brother b) aunt c) uncle d) cousin

e) grandmother f) aunt g) grandfather h) sister
   i) mother
2. a) 4 b) 2 c) 6 d) 5 e) 1 f) 3
3. a) librarian b) dog breeder c) cowboy

Page 384

1. a) 6 b) 8 c) 2 d) 7 e) 1 f) 3 g) 4 h) 5

Page 385

Answers will vary

Page 386

Answers will vary

TEST 47.1

Page 387

1. a) veterinarian b) teacher c) firefighter d) farmer
   e) construction worker f) mover
2. My <u>parents</u> first met at my <u>father</u>'s <u>cousin</u>'s
   wedding. They got married one year later. My
   <u>brother</u> and <u>sister</u> were born two years later. They
   are <u>twins</u>. My <u>uncle</u> Martin is my <u>godfather</u> and my
   <u>aunt</u> Carol is my <u>godmother</u>. My <u>grandfather</u> Joe
   and my <u>grandmother</u> Marianne are my <u>mother</u>'s
   <u>parents</u>. My <u>grandpa</u> Hank and my <u>grandma</u> Rita
   are my <u>father</u>'s <u>parents</u>.
3. a) sad b) surprised c) excited d) good e) angry
   f) sorry g) happy h) afraid i) shy j) bad k) proud
   l) nervous

Page 388

1. a) cobbler b) doctor c) letter carrier d) lumberjack
   e) hairdresser f) dressmaker g) cook h) dentist
   i) waiter j) bus driver
   k) Santa Claus l) caterer

Page 389

2. Start

happy	excited	angry	embarrassed	plate	eraser	spring
blue	radio	dentist	disappointed	fork	picture	ham
name	hour	finger	guilty	apple	work	ruler
square	glue	arm	sad	leave	meal	read
pencil	paper	mother	sorry	door	soccer	write
window	flower	book	proud	floor	ball	number
phone	six	talk	nervous	afraid	good	surprised

Finish

3.

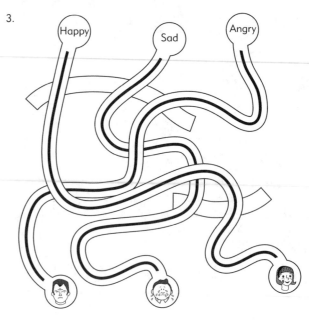

Page 390

4. a) My father is a magician. b) My grandmother is
   knitting a scarf. c) My mother says goodnight to my
   brother. d) My brother is reading a book. e) My
   aunt is a dancer. f) My sister is eating an apple.
   g) My cousin is eating cotton candy. h) My uncles
   are mechanics. i) My grandfather is reading a story.

TEST 48

Les pièces dans la maison en français :

bathroom : salle de bains
bedroom : chambre à coucher
dining room : salle à manger
kitchen : cuisine
living room: salon

Objets dans la maison en français :

bath : bain baignoire (l'objet)
bed : lit
chair : chaise
couch : canapé
dishwasher : lave-vaisselle
dryer : sécheuse
hair dryer : séchoir
lamp : lampe
oven : four
refrigerator : réfrigérateur
table : table
washer : machine à laver

Les moyens de transport en français :

Airplane : avion
Ambulance : ambulance

Corrigé • Anglais

Bicycle : bicyclette
Boat : bateau
Bus : autobus
Canoe : canot
Car : auto
Ferry : traversier
Fire truck : camion de pompier
Helicopter : hélicoptère
Horse-drawn carriage : voiture à cheval
Hot-air balloon : montgolfière
Kayak : kayak
Motorcycle : motocyclette
Pedal boat : pédalo
Race car : voiture de course
Recreational vehicle : véhicule récréatif
Rocket : fusée
Rowboat : chaloupe
Scooter : trottinette
Snowmobile : motoneige
Space shuttle : navette spatiale
Spaceship : vaisseau spatial
Speed boat : hors-bord
Submarine : sous-marin
Subway : métro
SUV : VUS (véhicule utilitaire sport)
Truck : camion
Unicycle : unicycle

Quelques noms d'édifices :

Bank : banque
Gas station : station-service
Library : bibliothèque
Book store : librairie
Castle : château
Grocery store : épicerie
Farm : ferme
Beauty salon : salon de beauté
Florist : fleuriste
Church : église
Windmill : moulin à vent
Lighthouse : phare

Page 391

1. a) bank b) garage or gas station c) library d) airplane
   e) helicopter f) boat or ship g) ambulance h) fire
   truck i) race car
2. a) living room b) kitchen c) bedroom d) bathroom
   e) kitchen f) bedroom

Page 392

1. a) kitchen b) dining room c) bathroom d) living room
2. 1. roof 2. window 3. door 4. door knob

Page 393

3. a) 18 b) 17 c) 9 d) 5 e) 12 f) 2 g) 1 h) 3 i) 8
   j) 15 k) 6 l) 19 m) 10 n) 11 o) 13 p) 4 q) 20 r) 7
   s) 14 t) 16

page 394

4.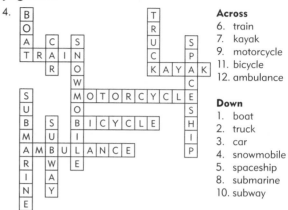

Across
6. train
7. kayak
9. motorcycle
11. bicycle
12. ambulance

Down
1. boat
2. truck
3. car
4. snowmobile
5. spaceship
8. submarine
10. subway

TEST 48.1

Page 395

1. a) church b) restaurant c) grocery store d) truck
   e) canoe f) rocket ship g) motorcycle h) jeep
   i) spaceship
2. a) kitchen b) bedroom c) bedroom d) bathroom
   e) living room f) bathroom

Page 396

1. Answer will vary
2. Answer will vary
3. Kitchen: chair, fridge, oven. Living room: sofa,
   armchair, coffee table. Bathroom: toilet, bathtub,
   mirror. Bedroom: bed, closet, bookshelf.

Page 397

4. a) church b) restaurant c) arena d) hospital
   e) post office f) fire station g) police station
   h) school i) garage j) bank k) theatre l) library
   m) airport n) train station o) harbour

Page 398

5. a) canoe b) airplane c) bicycle d) school bus e) fire
   truck f) boat

TEST 49

**Lorsque tu lis un texte, il y a certains trucs que tu
peux utiliser pour t'aider à bien comprendre ce que
tu lis. Dans les exercices et les tests dans ce livre, tu
pourras mettre ces stratégies en pratique.**

1. Survoler le texte

   - Regarde tous les éléments du texte : titre, lexique

(mots de vocabulaire plus difficiles), mots en caractères gras, colonnes.

Exemple: *The title is,* How to get a Driver's Licence.

2. Faire des associations

- Souligne tous les mots dans le texte qui ressemblent à des mots français. Ceci t'aidera à dégager le sens du texte. Beaucoup de mots se ressemblent.

Exemple: *Bœuf/beef, dolphin/dauphin, contact/ contact…*

3. Nouveaux mots

- Surligne tous les mots dans le texte que tu ne reconnais pas. Utilise un dictionnaire bilingue pour t'aider à te bâtir un lexique.

Exemple: *Welcome – Bienvenue*

4. Lecture rapide

- Fais une première lecture du texte afin d'essayer d'en dégager un sens. C'est normal si tu ne comprends pas tout la première fois, il y a d'autres étapes.

5. Relire le texte

- Reprends chaque paragraphe et écris un court résumé d'une phrase dans tes mots dans la marge. Ceci va t'aider à comprendre le texte.

Exemple: *Driving is a very complex task.*

6. Poser des questions

- Compose au moins trois questions sur le texte que tu as lu. Être capable de composer une question démontre une capacité à bien comprendre le sens du texte. Ensuite, tu pourras demander à quelqu'un d'y répondre.

Exemple: *At what age can you get a driver's licence?*

7. Mettre tous les éléments ensemble

- Relis le texte et toutes les notes que tu as écrites. Tu devrais bien comprendre le texte à ce moment.

Page 399

1. Order of the sentences: 9, 1, 7, 2, 3, 10, 4, 5, 8, 6

Page 400

1. Order of the sentences: 9, 1, 6, 2, 3, 7, 5, 8, 4
2. a) nine o'clock b) Miss Jones c) A loud barking noise.
   d) Back down the hallway towards the school entrance.

Page 401

3. a) four b) Her father would have surely beaten her

because she had not sold one single match all day.
c) A wood stove.

Page 402

4.

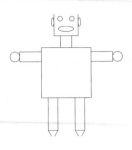

TEST 49.1

Page 403

1.

Page 404

1. a) lion b) shark c) chick d) cow e) fox f) snowman
   g) clown h) pumpkin **Page 405**

2.

Page 406

3. a) Kevin O'Connor b) Caractère c) In a castle
4. a) Scotland b) Lady Margaret c) They solve the mystery of Lady Margaret. There might be other answers.

Corrigé • Anglais

Corrigé – Univers social

TEST 50

Page 409

1. a) variole b) embuscade c) troc d) rabaska e) pemmican f) saccacomi g) achigan h) atoca i) machicoté

2.

Page 410

1. 1500

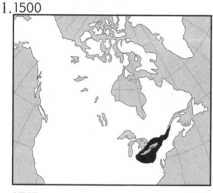

1745

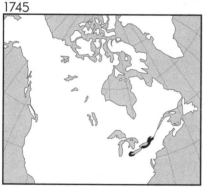

2. a) Les Iroquoiens délaissèrent la culture du maïs pour élever du bétail et de la volaille.

3. b) Les Iroquoiens migrèrent vers les treize colonies anglo-américaines et s'y allièrent.

4. d) Les Algonquins, les Hurons et les Montagnais.

Page 411

5.

Page 412

6. Série de conflits survenus entre 1641 et 1701 qui opposèrent la confédération des cinq nations iroquoises (Agniers ou Mohawks, Onneiouts, Onontagués, Goyogouins et Tsonnontouans) approvisionnées en armes par les Hollandais et les Anglais, à d'autres groupes iroquoiens (Algonquiens, Hurons, Neutres, Nipissings et Pétuns) et aux Français qui durent construire des forts et ériger des palissades ; ces groupes iroquoiens furent dispersés, presque anéantis et obligés de s'installer près des colons français pour être protégés ; l'équilibre commercial entre les Français et les Amérindiens en fut affecté et plusieurs missionnaires français furent massacrés et devinrent des martyrs.

7. La Grande Paix de 1701 est un traité signé à Montréal dans le contexte des guerres iroquoises par les représentants de 39 nations amérindiennes et les représentants de la Nouvelle-France, dont le gouverneur Louis-Hector de Callières ; les Français s'engagent à arbitrer les différends entre les nations amérindiennes et ces dernières s'engagent à demeurer neutres dans les conflits entre Français et Anglais.

8. a) F b) V c) V d) V e) V f) F g) F h) V

9. **Éléments essentiels :** chapelle, maisons longues, maisons de type colonial, bétail ou volaille, Amérindiens et missionnaires.
Éléments facultatifs : canots d'écorce, moulin, cours d'eau, champ cultivé, village de colons entouré d'une palissade en arrière-plan.

Page 413

10. Colorier en vert les aliments suivants : perdrix, ours, orignal, poisson, maïs, glands, fruits sauvages.
Colorier en mauve les aliments suivants : volaille, blé, porc, carottes.
Faire un ✗ sur les aliments suivants : poire, avocat, cobaye, canne à sucre, baleine, alpaga, antilope.

11. a) Les colons français ont adopté les moyens de transport des Amérindiens tels que la raquette, le canot d'écorce et le toboggan ou traîne sauvage.
b) Les colons français ont adopté le style vestimentaire des Amérindiens, plus adapté aux rigueurs de l'hiver, en portant des vêtements tels que les mocassins, les mitasses, les manteaux en peaux d'animaux et les capes de fourrure.
c) Les colons français ont eu recours aux plantes médicinales pour soigner des maladies telles que le scorbut (le ményanthe ou le cèdre blanc), les infections des voies respiratoires (le marrube) et les coliques (l'ariséma).
d) Les colons français ont adopté certains aliments consommés par les Amérindiens comme le maïs, la courge, le sirop d'érable et la viande de gibier.

Page 414

12. a) babiche b) ouaouaron
c) carcajou d) toboggan
e) pécan f) rabaska
g) achigan h) saccacomi
i) ondatra j) sachem
k) wapiti l) micouenne
m) ouananiche n) cacaoui
o) caribou p) atoca
q) sagamité r) pemmican
s) machicoté t) savoyane

13. Colorier les feuilles d'érable sur lesquelles sont écrits les toponymes suivants : Chicoutimi, Matapédia, Coaticook, Kamouraska, Matagami, Rimouski, Natashquan, Maskinongé, Yamaska.

TEST 51
Page 415
1. A : 1735   B : 1663   C : 1665   D : 1663   E : 1710
   F : 1663   G : 1649   H : 1658   I : 1745   J : 1701
2. c) Les soldats n'avaient pas le droit de se marier avec les filles du Roy.
3. b) Le commerce des fourrures s'accentua autour des Grands Lacs et près du Mississippi.

Page 416
1. a) Jean-Baptiste Colbert b) Marie Marguerite d'Youville c) Jean Talon d) Pierre Le Moyne, sieur d'Iberville e) Marie-Madeleine Jarret de Verchères f) Jacques Marquette g) Louis de Buade, comte de Frontenac h) Gilles Hocquart i) René Robert Cavelier de La Salle j) Louis ᴢᴍᴢ k) Pierre-Esprit Radisson l) Louis Jolliet m) François de Montmorency-Laval n) Médard Chouart des Groseilliers

Page 417
2. Colorier en rouge les zones marquées des lettres « B » (baie d'Hudson), « E » (Terre-Neuve) et « G » (Acadie/Nouvelle-Écosse). Colorier en bleu les zones marquées des lettres « D » (Nouvelle-France et Louisiane, incluant le Nouveau-Brunswick et l'Île-du-Prince-Édouard) et « F » (île du Cap-Breton).
3. a) Ériger un manoir habité par un représentant du seigneur; concéder, distribuer, louer et administrer des terrains; construire un moulin à blé; assurer le peuplement de la seigneurie en couvrant les coûts des voyages et en bâtissant une église; conserver le bois de chêne pour la construction navale.
   b) Habiter, défricher et mettre sa terre en valeur; faire moudre son grain au moulin banal de la seigneurie; payer le cens (somme d'argent) et la rente (½ journée de travail par arpent de terre) au seigneur; consacrer 3 ou 4 journées de corvée au seigneur.

Page 418
4. Les divisions de la seigneurie devraient ressembler à ce schéma :

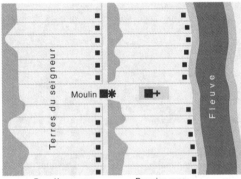

Deuxième rang   Premier rang

5. Facilite les relations et les interactions entre les familles et les voisins; procure un accès au fleuve (principale voie de communication) à tous les censitaires pour la pêche et le transport; favorise des rapports individuels entre le seigneur et ses censitaires; facilite la défense du territoire contre les attaques iroquoises; permet aux censitaires de s'autosuffire en ce qui concerne l'alimentation.
6. c) Les seigneurs étaient issus principalement de la noblesse française. (Les seigneuries pouvaient appartenir à des nobles, à des institutions religieuses, à des officiers militaires et à des administrateurs civils).

TEST 52
Page 419
1. a) 11 b) 9 c) 7 d) 1 e) 8 f) 10 g) 3 h) 6 i) 12 j) 4 k) 2 l) 5
2. b) La population est surtout concentrée autour des Grands Lacs et près du Mississippi.
3. Colorier en jaune les ressources suivantes : poisson.
   Colorier en bleu les ressources suivantes : minerai de fer, bois, blé, pois.
   Colorier en vert les ressources suivantes : fourrure.
   Colorier en mauve les ressources suivantes : tabac, indigotier, riz, houblon.

Page 420
1. a) Paysage composé de plaines, de vallées et de collines.
   b) Paysage composé de plateaux, de collines et de montagnes.
   c) Paysage composé essentiellement de montagnes.
   d) Paysage composé de plaines, de vallées et de dépressions.
2. Colorier les images suivantes : chêne, saule, cyprès.
3. d) Golfe du Mexique et rivières Mississippi, Missouri et Ohio.

Page 421
4.

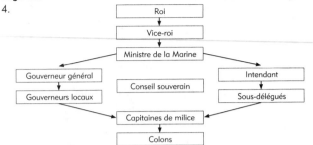

5. a) Responsable de l'armée, de la diplomatie, de la politique étrangère et des relations avec les autochtones.
   b) Responsable du peuplement, des finances, de la justice, de la police et des infrastructures.
   c) Responsable des missions, des hôpitaux et des écoles.
6. c) Charles de la Boische, marquis de Beauharnois, et Gilles Hocquart.

Page 422
7.

Page 423
8. a) Meubles, habitations et bâtiments de ferme, outils et instruments agricoles
   b) Huile à lampe, voiles de navire, cordages, vêtements
   c) Bière
   d) Suppléments alimentaires et médicaments, toiles, voiles de navire, literie, vêtements
   e) Huile à lampe, vêtements et chaussures
   f) Huile à lampe, viande, vêtements
   g) Vêtements, literie, viande
   h) Sacs, bâches, toiles

Page 424
9. Colorier les moyens de transport suivants : calèche tirée par un cheval, charrette tirée par un bœuf, canot d'écorce, traîne sauvage, carriole tirée par un cheval.
10. Activités pour se divertir : assister à des représentations théâtrales, participer à des danses et à des bals populaires, organiser des courses de carrioles, fréquenter les auberges et les cabarets, organiser des veillées au coin du feu avec chants, danses et contes, jouer à des jeux de société (cartes, dames, galet et tric-trac), participer à des fêtes et à des cérémonies religieuses.

TEST 53
Page 425
1. Colorier en bleu la zone marquée de la lettre « D » et en rouge celle marquée de la lettre « E ».
2. c) Baltimore, Boston, Charleston, New York et Philadelphie.
3. b) Les treize colonies anglo-américaines comptent environ 1 200 000 habitants dont la plupart parlent l'anglais et sont de religion protestante.

Page 426
1. a) V b) F c) V d) V e) V f) F g) V h) V i) F
2. a) 11 b) 12 c) 5 d) 8 e) 13 f) 9 g) 1 h) 2 i) 7 j) 3 k) 6 l) 4 m) 10

Page 427
3. Colorier les ressources suivantes : porc, maïs, coton, poisson, tabac, blé, lin et riz.
4. a) Allemands, Écossais, Français et Hollandais.
5. d) Océan Atlantique, rivière Delaware, rivière Hudson, rivière Ohio et rivière Potomac.

6. c) Chaque colonie est administrée par un gouverneur et une assemblée élue.

Page 428

7. Colorier en rouge la zone marquée de la lettre « B », en mauve celle marquée de la lettre « A » et en vert celle marquée de la lettre « C ». Le commerce triangulaire, c'était une façon de mener des opérations ou des transactions qui étaient bénéfiques à la fois à la métropole (l'Angleterre) et à ses colonies (treize colonies et Antilles). Les esclaves noirs originaires d'Afrique transitaient aux Antilles avant d'aller servir comme main-d'œuvre bon marché dans les plantations situées dans les colonies du Sud (Géorgie, Caroline du Sud, Caroline du Nord et Virginie). Les colonies fournissaient des matières premières à la métropole, qui leur procurait en retour des produits transformés et de luxe.
Colorier en rouge les ressources ou articles suivants : porcelaine, tissus, armes, sel et meubles.
Colorier en mauve les ressources ou articles suivants : indigotier, farine, bois et poisson.
Colorier en vert les ressources ou articles suivants : sucre, mélasse et rhum.

Page 429

8. a) Quaker : membre d'un mouvement religieux protestant (Société religieuse des Amis).
b) Soldat britannique : représentant de la puissance militaire de la Grande-Bretagne (environ 12 000).
c) Yeoman ou colon : paysan propriétaire de la terre qu'il cultive (par opposition au censitaire de Nouvelle-France dont la terre appartient à un seigneur).
d) Esclave africain : personne qui n'est pas libre d'agir et qui sert de main-d'œuvre dans les fermes et les plantations ainsi que dans les scieries des colonies du Sud.
e) Iroquois ou Mohican : représentant d'une nation amérindienne iroquoienne alliée des colons anglais.
f) Marchand anglais : commerçant qui participe au commerce triangulaire dans les villes accessibles par des cours d'eau importants (Albany, Boston, Charleston, New York et Philadelphie).

TEST 54

Page 430

1. A : 1773 B : 1763 C : 1789 D : 1815 E : 1776
   F : 1755 G : 1783 H : 1774 I : 1759

2. Acte de Québec – Colorier en bleu la zone marquée de la lettre « C ». Colorier en rouge les zones marquées des lettres « B » et « F ». Acte constitutionnel – Colorier en bleu la zone marquée de la lettre « C ». Colorier en rouge la zone marquée de la lettre « B ».

Page 431

1. a) Charles-Michel d'Irumberry de Salaberry
   b) James Wolfe
   c) Louis-Joseph Papineau
   d) Pierre de Rigaud de Vaudreuil de Cavagnial
   e) Louis Joseph, marquis de Montcalm
   f) Joseph-Octave Plessis
   g) James Murray
   h) Obwandiyag, dit Pontiac
   i) Guy Carleton, baron de Dorchester
   j) Napoléon Bonaparte
   k) François Gaston, duc de Lévis
   l) John Coape Sherbrooke

Page 432

2. Traité par lequel la France cède à la Grande-Bretagne la Nouvelle-France, l'Acadie, l'île de Terre-Neuve et l'île du Cap-Breton tout en conservant les îles de Saint-Pierre et Miquelon ; la Nouvelle-France est alors renommée « Province of Quebec » par les Britanniques et plusieurs nobles, commerçants et marchands français quittent la colonie pour retourner en France ; les Canadiens français sont autorisés à demeurer dans la colonie, à conserver leurs terres, à poursuivre la traite des fourrures et à pratiquer la religion catholique, mais ils doivent prêter allégeance à la Couronne britannique.

3. Les conflits déclenchés par Napoléon Bonaparte entre 1792 et 1815 eurent pour conséquence la guerre de 1812 entre les États-Unis et la Grande-Bretagne (incursions américaines fréquentes sur le territoire canadien) ainsi que le démantèlement des colonies françaises et l'expansion de l'Empire britannique.

4. Opposés à l'indépendance des treize colonies américaines, plus de 6000 loyalistes demeurèrent fidèles à la Couronne britannique et fuirent les États-Unis pour s'établir dans la « Province of Quebec », pour la plupart d'entre eux en Estrie et dans la région des Grands Lacs ; l'Angleterre leur concéda des terres, des semences et du bétail ; les loyalistes s'exprimaient en anglais et étaient de confession protestante ; après quelque temps, ils réclamèrent que le territoire qu'ils habitaient ne soit plus sous la juridiction de Québec, ce qui entraîna la division du territoire en Bas-Canada (à majorité francophone) et Haut-Canada (à majorité anglophone).

5.

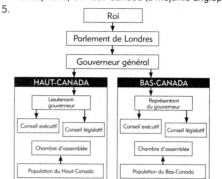

Nomination des membres de la Chambre d'assemblée : les membres ou députés sont élus par la population.
Rôle des membres de la Chambre d'assemblée : voter les lois et les taxes (mais le gouverneur général a un droit de veto et peut refuser l'adoption d'une loi).

Corrigé – Science

TEST 55
Page 435
1. rouge, orange, jaune, vert, bleu, indigo et violet
2. C'est le rapport entre la masse volumique de deux corps ou le quotient de la masse d'un liquide ou d'un solide et de la masse du même volume d'eau (par exemple : l'huile est moins dense que l'eau et aura tendance à flotter au-dessus de celle-ci).
3. Tous les liquides ne se mélangent pas. Certains liquides sont plus denses, d'autres moins. Les liquides moins denses flottent sur les liquides plus denses.
4. Non, l'huile et l'eau ne se mélangent pas. L'huile est moins dense que l'eau et elle flotte au-dessus de celle-ci.
5. Réponses variables.
6. vrai
7. a) La brume et la vapeur, par exemple. b) L'eau, par exemple. c) La glace, par exemple.

Page 438
6. Les trois objets (la pièce de monnaie, le raisin et le bouchon de liège) se déposent sur un des trois liquides (miel, huile et eau). Tous ces liquides ont une densité différente et ne se mélangent donc pas. Le miel est le plus dense et est au fond du bocal.
7. L'eau, en gelant, est devenue moins dense que l'huile, et c'est pourquoi l'huile est maintenant au fond.

Page 439
8. a) L'eau est attirée par le peigne.
b) La balle de ping-pong est attirée par le peigne.
c) Le ballon reste accroché au mur. d) Réponses variables.

Page 441
9. Lorsqu'on éclaire par en dessous, rien ne se passe. Par contre, quand on éclaire les parois du verre, on voit un changement de couleur. Ce phénomène s'appelle la diffusion de Rayleigh.

TEST 56
Page 443
1. pomme
2. Voici quelques fleurs sauvages du Québec : achillée ptarmique, aigremoine striée, amphicarpe bractéolée, anaphale marguerite, ancolie du Canada, ancolie vulgaire, anémone multifide, apios d'Amérique, apocyn à feuilles d'androsème, asclépiade commune, asclépiade incarnate, aster à feuille linaire, aster des bois, aster ponceau, butome à ombelle, calla des marais, calopogon tubéreux, campanule à feuilles rondes, chamédaphné caliculé, chardon vulgaire, chicorée sauvage, chimaphille à ombelles, claytonie de Caroline, clintonie boréale, coptide du Groenland, cornouiller du Canada, cypripède acaule, cypripède royal, cypripède soulier, dentaire à deux feuilles, drosère à feuilles rondes, épervière des prés, épervière orangée, épifage de Virginie, épigée rampante, épilobe à feuilles étroites, épilobe glanduleux, épilobe hirsute, érythrone, érythrone d'Amérique, galane glabre, galéaris remarquable, gentiane à feuilles linéaires, hélénie automnale, hépatique à lobes aigus, iris faux-acore, iris versicolore, kalmia à feuilles étroites, ledon du Groenland, linaire vulgaire, linnée boréale, lis du Canada, liseron des haies, lobélie du cardinal, lotier corniculé, lupin polyphylle, lychnide, maïenthème du Canada, mauve musquée, menthe du Canada, ményanthe trifolié, ariséma rouge foncé, petite bardane, platanthère à gorge frangée, populage des marais, rhododendron du Canada, sanguinaire du Canada, sanguinaire du Canada, thé des bois, trille blanc, trille ondulé, trille rouge, tussilage farfara, uvulaire à feuilles sessiles, uvulaire grandiflore, violette agréable, vipérine vulgaire.
3. a) mammifère marin b) reptile c) mammifère marin d) amphibien e) rongeur f) primate g) oiseau h) primate i) reptile j) amphibien k) oiseau l) rongeur
4. a) marche b) vole c) marche d) marche e) vole f) marche

Page 444
1. a) invertébré b) vertébré c) invertébré d) invertébré e) vertébré f) invertébré g) vertébré h) vertébré i) invertébré j) vertébré k) vertébré l) invertébré m) invertébré n) vertébré o) invertébré p) vertébré q) vertébré r) invertébré s) invertébré t) vertébré

Page 445
2.

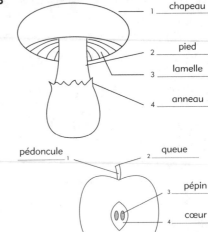

1 chapeau
2 pied
3 lamelle
4 anneau

3.

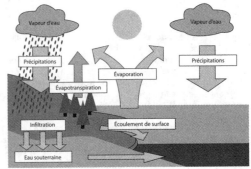

1 pédoncule 2 queue
3 pépin
4 cœur
5 pulpe

Page 448
6. Les noms suivants sont donnés à titre d'exemples.
a) amphibiens : salamandre, triton, rainette, crapaud, grenouille des bois, grenouille léopard. b) reptiles : vipère, couleuvre, caméléon, lézard, cobra, crocodile.
c) oiseaux : merle, pigeon, moineau, urubu, cardinal, ibis. d) rongeurs : mulot, tamia, castor, marmotte, rat, cobaye. e) mammifères ongulés : orignal, girafe, chameau, âne, lama, okapi. f) mammifères marins : otarie, phoque, orque, rorqual, cachalot, dauphin.
g) primates : chimpanzé, gibbon, macaque, ouistiti, babouin, orang-outan. h) félins : lion, tigre, chat, léopard, guépard, panthère.

Page 449
7. œuf, chenille, chrysalide, imago
8. b) œufs, têtard, grenouille c) Les phryganes, les coléoptères, les mouches, les moucherons et les moustiques sont des insectes à métamorphose complète.

Page 450
9. a) vol b) marche c) nage d) friction e) vol f) marche g) marche h) marche i) vol j) friction k) friction l) marche m) vol n) marche o) reptation p) marche q) marche r) reptation s) reptation t) marche

TEST 57
Page 451
1. Réponses variées selon l'ouvrage utilisé.
2. À produire de l'énergie.
3. Réponses variées selon l'ouvrage utilisé.
4. Le soleil réchauffe l'eau qui s'évapore. Les vapeurs d'eau forment des nuages. La condensation se forme et se produisent alors les précipitations de pluie, de neige ou de grêle. L'eau s'écoule vers les cours d'eau ou est absorbée par le sol.

Page 454
Réponses variées selon l'ouvrage utilisé.

Page 456

Corrigé • Science